公共管理系列教材

公共管理学概论
（第2版）

张创新 主 编
刘雪华 刘堂灯 任庆伟 副主编

清华大学出版社
北京

内容简介

本书以面向21世纪新的学术视野，对公共管理学的主体、客体、环境以及公共部门战略、公共资源、公共财政等领域进行了深入研究，并对21世纪公共管理学理论发展趋势进行分析。

本书既是一部高等院校从事公共管理教学研究的教师学术参考书，又是一部面向21世纪公共管理学、公共事业管理学、政治学及其相关专业的本科生、研究生的基本教材，还可供党政领导干部阅读参考。

版权所有，侵权必究。举报：010-62782989，beiqinquan@tup.tsinghua.edu.cn。

图书在版编目(CIP)数据

公共管理学概论/张创新主编.--2版.--北京：清华大学出版社，2015(2024.8重印)
公共管理系列教材
ISBN 978-7-302-38069-6

Ⅰ.①公… Ⅱ.①张… Ⅲ.①公共管理－高等学校－教材 Ⅳ.①D035

中国版本图书馆CIP数据核字(2014)第221120号

责任编辑：周　菁
封面设计：傅瑞学
责任校对：王凤芝
责任印制：丛怀宇

出版发行：清华大学出版社
网　　址：https://www.tup.com.cn, https://www.wqxuetang.com
地　　址：北京清华大学学研大厦A座　　　　邮　编：100084
社 总 机：010-83470000　　　　　　　　　　邮　购：010-62786544
投稿与读者服务：010-62776969, c-service@tup.tsinghua.edu.cn
质量反馈：010-62772015, zhiliang@tup.tsinghua.edu.cn

印 装 者：三河市龙大印装有限公司
经　　销：全国新华书店
开　　本：185mm×230mm　　印　张：24　　插　页：1　　字　数：454千字
版　　次：2010年6月第1版　　2015年1月第2版　　印　次：2024年8月第6次印刷
定　　价：40.00元

产品编号：059147-01

FOREWORD 2

第2版 前言

这本书即将再次付梓。对此我们感到欣慰和肩负的社会责任。欣慰的是它得到同行专家好评、社会认可、出版社的支持,同时这门学问产生的较晚,源于西方发达国家。如何构建具有中国特色的公共管理学理论,这不仅仅是我国理论工作者的历史责任,亦是应尽的义务。在社会责任和义务的驱动下,对初版的《公共管理学》进行了深刻的探索,使之不但具有与时俱进的时代特点,而且尽量对社会发展有较大的指导作用。这又是我们肩负的责任,在这方面修改版较初版的公共管理学有如下变化:

首先,社会科学是随着社会逐渐发展的,人们对其认识亦逐渐深化。公共管理学是一门社会科学,它的构建和确立也是如此。众所周知这门科学实践的历史悠久,但其上升到理论加以抽象形成一门科学却在20世纪七八十年代,值得注意的,它是一门治国平天下的锐利武器,因而发展的十分迅速。它与行政管理学最大的不同点是后者主要是对政府机构内部改革以适应社会发展的需要,而前者则侧重于政府对人民大众的回应,解决人们现实需要和预测现实治理国事中可能出现的未来社会问题。因此,修订本的宗旨在于根据党的十八报告新的治国理念、方式和方法,丰富与发展管理的理论。仅就公共管理而言,我们注意了对政府职能的转变,顶层组织机构的设计、行政执法体制改革、社会治理体制、环境保护管理体制等方面问题的思考,将其纳入到修订本的教材中,使之成为更为有用的理论。

其次,公共权力的合理设计是反腐倡廉的重要举措。为此,修订本教材在这方面进行了有意的尝试。公共权力与其他权力比较,最大特点即是它的公共性。前者之所以产生是因为构建、维持一种社会秩序而形成的一种支配、影响和调控该共同体各种关系的特殊权威力量的需要。只有公共权力良好运行才能有效地提供公共物品,并更好地实现公共利益。公共权力运行就要承担一定责任,否则这种公共权力就失去公共性。当今公共权力亦有被异化的可能,存在以权谋私、权钱交易、滥用职权等,进而使之走向反面,破坏社会秩序。如何避免这种现象发生呢?我们认为刚柔并济,完美融合是一个好办法。即治理国家过程中,要牢牢掌握这两种武器。这就是本修订要深入研究的并积极提倡的构建以制度设计为中心刚性体系和以高尚德行为中心的柔性行为规范达到二者有机结合之目的。

最后,与时俱进的前瞻性。任何一门社会科学都有一些基本问题和主题,或者说都存在共识命题。而与时俱进的前瞻性是一种眼光和境界。学术研究的前瞻性体现了学术研究的视野和深度的拓展,也意味着理论发展的向度和趋势。立足于我国公共管理学改革与发展的现状,修订本主要着眼于公共部门、私人部门以及第三部门,在古为今用和洋为中用基础上,坚持实效性、合理性、简易性的原则,注意古今中外与中国特色政治、经济、社会与文化相结合,注重理性内核的抽象,深入浅出,以保证公共管理理论与实践的迅速结合,提高社会科学成果的转化率,引领理论研究的新潮流。

本书张创新主编,并拟定写作提纲、改稿、统稿和定稿。副主编刘雪华、刘堂灯、任庆伟协助主编,做了大量工作,韩艳丽博士也为本书的出版出了很大气力。本书撰写者及具体分工如下:

前言、第一章:吉林大学张创新;

第二章:吉林大学张创新,燕山大学文法学院韩艳丽;

第三章、第五章第五节:燕山大学文法学院韩艳丽;

第四章:吉林大学刘雪华、河南理工大学陈文静;

第五章第、二、三、四节:吉林大学任庆伟、蓁雪妮;

第六章、第十章:吉林大学任庆伟、单志鹏;

第七章、第十一章:吉林大学孙德超、长春理工大学刘昕;

第八章、第十二章:佳木斯大学谷松;

第九章:吉林大学杨亭亭;

第十三章:大连民族学院刘堂灯,吉林大学南方研究院彭洪。

由于公共管理学是一门新兴的学科,在写作过程中总有力不从心之感,难免有这样或那样的问题,欢迎来自各方面的批评和指正。

张创新

吉林大学博士生导师工作室

2014年4月9日

FOREWORD 1

第1版 前言

　　这本书的写作终于完成,我内心感到极大欣慰。它的出版使我多年来的夙愿得以实现。老实讲,我从事公共管理学的教学与研究已有十余年了,但对教材的写作迟迟不敢动笔。究其原因是因为作为首届教育部公共管理教学指导委员会成员之一,每次学会年会讨论公共管理学研究对象与体系时,与会者都有相当大的分歧和争论,当然我也直截了当地发表了自己的拙见。同时一本又一本有关公共管理学的新著摆在书店的书架上,琳琅满目。其中有学者著的,有党政领导干部写的,亦有大学生、硕士研究生编的……我对他们的写作速度深表羡慕,真是改革开放迎来社会科学的春天呀!但是也应看到,公共管理学的理论源于西方发达国家,在20世纪70年代末80年代初才见雏形,传之我国充其量是在90年代中后期,况且这些理论还要与中国国情相结合,进而产生具有中国特色的公共管理理论。这样看来,前面所说的学术界出现争论亦不可避免。正是由于这种原因,我并没有急于动笔,但是我也自信一部有别于行政管理学、现代管理学的公共管理学教材亦必将问世。[①]

　　对于这一结论,我有如下理由:首先,我有给大学本科生讲授现代管理学的经历,并且我主编的《现代管理学概论》一书先后由吉林大学出版社与清华大学出版社于2000年和2005年出版与再版。这说明我对现代管理学研究的对象和体系了如指掌,为写作公共管理学奠定了宽泛的理论基础。其次,我又有给硕士研究生讲授行政管理学的经历,同时2004年吉林人民出版

---

① 张创新:《现代管理概论·再版前言》,2页,北京,清华大学出版社,2005。

社又出版了我的《行政管理前沿问题专题研究》，并且由我主编的《中国现代政府行政制度比较研究》、《中国当代政府管理模式与方法研究》等著作也于2006年由吉林人民出版社出版。这说明我对行政管理学研究的对象和体系也十分清楚，为写作公共管理学奠定了较雄厚的专业理论基础。最后，我还有给大学本科生讲授公共管理学课程的经历。2005年，因院里工作需要，我辞去讲授现代管理学的教学任务，专门给大学本科生讲授公共管理学课程，使我有更多的时间和机会思考公共管理学研究的对象与体系，并先后写出十余篇文章。更为可喜的是我的专著《公共管理学前沿探微》也即将出版。这说明，我对公共管理学理论的思考已达到一定程度，为构建有特色的公共管理学体系创造了条件。

因此，现在我才敢于动笔。具体说来，本书与其他同类书比较有如下特征：

(1) 研究的对象与范围不同。现代管理学研究的对象不是社会科学中的某一领域，而是一切领域中的管理现象这一层面的理论问题。[①] 行政管理学虽然也对国家重大事务、社会事务管理进行研究，但主要是对各级政府内部事务的管理进行深入探讨，它研究国家重大事务与社会事务的目的主要是促进自身改革。公共管理则不同，它的理论产生与发展是以全能政府转变为有限政府为条件的。这一理论丰富和深化是与解决"政府失灵"现象相匹配的。因此，它研究的对象与范围既包括政府，又包括非政府公共组织，还包括二者之间的关系。其核心点是如何解决二者的合作与互动问题。

(2) 管理主体不同。既然现代管理学研究的对象是一切领域中管理层面的一般理论问题，那么其管理主体是相当广泛的。当然不管主体多么广泛，一旦具体管理事务出现，其主体总是单一的。行政管理学主要研究的对象是各级政府，其管理主体当然是政府及其工作人员。公共管理学研究的对象则是一切公共问题，其管理的主体是多元的，即政府与非政府公共组织。值得注意的是非政府公共组织既包括国内，也包括国外，还包括跨国的公共组织。

(3) 结构不同。与其他同类著作比较，本书的最大突破点是将解决社会公共问题的跨国组织引入公共管理学理论之中，进而使著作整体结构发生变化，因此解决政府与非政府公共组织的均衡与协调发展，便是本书要解决的重点问题。政府要充分发挥核心作用，管理模式的选择是关键。非政府公共组织发挥新兴力量的驱动作用，则是合作的加速器，这样便可形成多元主体相互影响的网络结构。

(4) 所用的资料不同。现代管理学多用经济领域中的资料说明其理论问题，行政管理学多用国家行政机构中的资料对其理论进行深入探讨，而公共管理学所用的资料既包括政府管理案例，又包括非政府组织中的新鲜资料，以此说明二者如何合作解决社会

[①] 张创新：《现代管理学概论》，6页，北京：清华大学出版社，2005。

公共问题。

　　本书由我主编,并拟定写作提纲、改稿、统稿和定稿。副主编刘雪华、刘堂灯协助主编,做了大量工作,韩艳丽博士也为本书的出版出了很大气力。本书撰写者及具体分工如下:

　　前言、第一章:吉林大学张创新;

　　第二章:吉林大学张创新,韩艳丽;

　　第三章、第五章第五节:吉林大学韩艳丽;

　　第四章:吉林大学刘雪华;

　　第五章第一、二、三、四节:吉林大学莘雪妮;

　　第六章、第十章:吉林大学单志鹏;

　　第七章、第十一章:长春理工大学刘昕;

　　第八章、第十二章:佳木斯大学谷松;

　　第九章:吉林大学杨亭亭;

　　第十三章:大连民族学院刘堂灯,吉林大学南方研究院彭洪。

　　总之,本书的出版是作者长期准备与偶然机遇相结合的结果。虽然如此,由于公共管理学是一门新兴的学科,在写作过程中总有力不从心之感,难免有这样或那样的问题,欢迎来自各方面的批评和指正。

张创新

2009 年 11 月 10 日

吉林大学博士生导师工作室

CONTENTS

第一章　绪论 …………………………………………………… 1
　一、公共管理一般理论概述 ………………………………… 1
　二、公共管理学发展的历史进程 …………………………… 6
　三、公共管理学的研究对象和研究方法 …………………… 19

第二章　公共管理的主体 ……………………………………… 22
　一、公共管理的主体：呈多元互动的发展趋势 …………… 22
　二、政府是公共管理的核心主体 …………………………… 25
　三、非政府组织是公共管理的新兴主体 …………………… 29
　四、全球治理下的国际组织是公共管理的辅助主体 ……… 37

第三章　公共管理的客体 ……………………………………… 42
　一、公共管理的客体：一切公共事务 ……………………… 42
　二、社会公共事务的特征 …………………………………… 45
　三、基于公共管理客体的管理思想的演变 ………………… 47
　四、能本管理是时代的召唤 ………………………………… 52

第四章　公共管理中的公共权力 ……………………………… 61
　一、公共权力合理运用：公共管理水平高低的重要
　　　尺度 ………………………………………………………… 61
　二、公共责任：公共权力运行的基本要求 ………………… 69
　三、公共权力异化的治理 …………………………………… 73

第五章　公共物品的供给 … 86

一、公共物品的供给：公共管理的逻辑起点 … 86
二、公共物品的政府供给 … 90
三、公共物品的市场供给 … 94
四、公共物品的非政府组织供给 … 101
五、全球治理下公共物品的国际组织供给 … 104

第六章　公共管理的环境 … 111

一、良好的公共环境：公共管理能力提升的外部条件 … 111
二、生态环境对公共管理的影响 … 117
三、社会环境对公共管理的影响 … 121
四、国际环境对公共管理的影响 … 130
五、公共管理与各种环境的协调发展 … 134

第七章　公共部门战略管理 … 136

一、前瞻性的公共部门战略：公共管理持续发展动因 … 136
二、公共部门战略管理的特性 … 147
三、公共部门战略管理的过程及其内容 … 149
四、公共战略管理的技术和方法 … 157
五、我国公共部门战略管理的问题及其改进 … 163

第八章　公共资源管理 … 168

一、合理配置公共资源：公共管理内在发展的依据 … 168
二、公共部门人力资源管理 … 171
三、公共信息资源管理 … 182
四、自然资源管理 … 192

第九章　公共财政管理 … 203

一、均衡的公共财政预算与收支：公共管理内在发展的基础 … 203
二、公共预算管理 … 209
三、公共收入管理 … 222
四、公共支出管理 … 233

第十章　公共政策 ………………………………………………………… 238
一、构建公共政策协调机制：公共管理协调发展的生命 …………… 238
二、公共政策系统的构成 …………………………………………… 245
三、公共政策的过程分析 …………………………………………… 256
四、我国公共政策过程优化的对策 ………………………………… 272

第十一章　公共部门绩效管理 …………………………………………… 275
一、科学的公共部门绩效机制：公共管理发展的加速器 ………… 276
二、公共部门绩效管理的指标体系构建和技术方法选择 ………… 286
三、我国公共部门绩效管理存在的问题及其对策 ………………… 294

第十二章　公共管理伦理 ………………………………………………… 301
一、与时俱进的公共管理伦理：公共管理能力提升的自滤器 …… 301
二、公共管理过程中伦理困境的形成 ……………………………… 309
三、公共管理伦理困境的化解 ……………………………………… 314
四、和谐社会与我国公共管理伦理建设 …………………………… 319

第十三章　公共管理改革与创新 ………………………………………… 331
一、改革与创新：公共管理发展的永恒主题 ……………………… 331
二、西方国家公共管理改革与创新的理论与实践 ………………… 342
三、21世纪中国公共管理改革与创新的任务 ……………………… 351
四、善治是公共管理的未来发展趋势 ……………………………… 365

参考文献 …………………………………………………………………… 372

第一章 绪 论

公共管理学作为一个相对独立的研究领域和学科,是在20世纪70年代以后逐步发展起来的。它以对传统公共行政学批判性继承、发展和超越的态势,回应了时代变迁对理论创新的要求。经过短短几十年的发展,公共管理学以其巨大的理论和实用价值,正在成为一个新兴学科。因此,为了能够更好地理解公共管理学,本章首先阐释公共管理的一般理论,进而阐释公共管理学发展的历史进程,最后剖析公共管理学的研究对象和方法。

一、公共管理一般理论概述

简单而言,公共管理学是针对公共管理这一实践活动所展开的理论研究。因此,要对作为一门学科形态的公共管理学进行深入理解,首先就要掌握公共管理的一般理论,而其中最重要的就是要准确认识公共管理的内涵以及特征。

(一) 公共管理的内涵

对于公共管理(Public Management)内涵的界定,当前理论界还没有形成共识,至少还没有一个能够广泛被接受且得到认可的概念。在研究和实践的过程中,对公共管理、公共行政和行政管理这些相近概念以及它们之间关系的争论一直不断,并形成了不同的看法和理解,从而导致公共管理在内涵界定上的模糊不清。因而,要准确理解公共管理的内涵,首要的任务在于厘清这些概念,把握它们之间的异同。

1. 公共管理与公共行政

无论是在英文还是在中文中,"管理(management)"和"行政(administration)"这两个词都是近义词。人们有时常常将两者混用,比如美国著名的管理学家赫伯特·西蒙(Herbert A. Simon)的 *Administrative Behavior* 这一名著被翻译成中文版本时就叫作《管理行为——管理组织决策过程的研究》;在 Master of Public Administration(MPA)

引入我国时,称之为公共管理专业硕士,亦将 Administration 翻译为"管理";我国行政学界公认的学术权威夏书章教授在其主编的教材中也指出:"行政管理学又称行政学,或公共行政学,或公共管理学,或公共行政管理学。"其中"行政"和"管理"也是通用的。可见,虽然当前国内对于将 Public administration 译为"公共行政"和将 Public management 译为"公共管理"的译法上,基本取得了一致看法,但并不排除在某些条件下两者的互换使用。在西方理论界,同样也存在这样的情况。西方坚持传统范式的学者认为公共管理完全等同于公共行政,代表人物就是罗森布罗姆。他在《公共行政学:管理、政治和法律的途径》一书中认为:公共行政是管理的、政治的和法律的理论的应用和为全社会或社会的一部分履行规制和服务职能而执行立法的和司法的政府法令的过程。这是一种相当广泛的定义,涵盖了所有的公共部门及其管理活动,这与公共管理学派所理解的"公共管理"没有实质上的不同。美国当代著名行政学家 Syracuse 大学 Maxwell 学院梅戈特女士也认为,公共管理与公共行政在本质上没有区别,而它们之间的细致差别在于:从行政价值方面看,传统公共行政注重的是效率,而现代的公共管理除了效率以外,还注重社会公正与平等。

但通过对"行政"和"管理"进行详细的语义分析,我们发现这两个概念的内在差别还是比较明显的。Administration 源于拉丁文 Adminiatrare,是一个出现得比较早、词义丰富的概念。《牛津英语词典》对行政一词的解释是:一种行政的活动,这种活动又被解释为处理事务、指导或监督执行、运用或引导;在我国的通用译法主要有:① 管理、经营;② 行政、行政机关、局(或署、处等)、政府;③(行政官员或机关的)任职期;④(军)后方勤务;⑤执行等[①];在我国的释义为:①行使国家权力的机构;②指机关、企业、团体等内部的管理工作。[②]对于管理而言,《牛津英语词典》的解释为:管理是通过自己的行动引导、控制事务的过程,照看或看管。《韦伯斯特词典》对管理的解释则更细致,定义为"管理的行动或艺术","引导或监督商业一类的事务,特别是指商业活动项目中的计划、组织、协调、指导、控制等执行功能,以对结果负责","为达到目的而明智地使用各种手段"。在我国的释义为"主持或负责某项工作"、"经营、料理"、"约束、照管"。从中可见,"行政"一词虽然也有管理的内容,但是多针对行政机构的活动;"管理"则是就一般管理而言,对管理的主体形式没有特别的限定;另外,行政多局限在行政机构的内部活动,而管理的活动内容则比较宽泛。从而,管理活动的边界要大于行政活动的边界,行政只是管理的一种特殊表现形式。基于以上行政和管理含义的不同,加上"公共"一词后的公共行政和公共管理也应有所不同。就公共管理而言,虽然管理活动带了"公共性",但是与公共行

---

① 《新英汉词典》,第 2 版,15、1067 页,上海,上海译文出版社,1985。
② 《现代汉语词典》,第 3 版,1409、435 页,上海,商务印书馆,1996。

政相比,它关注的范围依然要大于公共行政的视野,它不仅包括对公共部门自身的管理,而且还包括外部管理,以便更好地向社会提供公共产品和公共服务。这使得公共管理在管理内容、管理模式、管理方法和目标取向上都将有别于公共行政。

从理论发展的角度来看,公共管理与公共行政的内涵也是不同的。自威尔逊以来,公共行政一直是政府公共部门管理的主要形式。总的来看,它建立在政治与行政二分论和韦伯的官僚治理论这两大基本框架之下。威尔逊的政治—行政二分理论奠定了传统公共行政的理论基础,而韦伯的官僚制则进一步解决了政治—行政二分理论的应用难题,从而保证了以规则为基础的非人格化的管理制度的实现。官僚制理论强调"法制条件下的层级制组织结构模式,重视机关内部的规范化管理;官员职位强调职业化、专业培训和新式忠诚,官员的个人职位是由传统的等级制加以保证,由上级任命、终身任职,实行定额薪金,等等①"。传统公共行政模式适应了工业社会的管理要求,在历史上取得了很大的成功。但随着时代的发展,这种模式开始暴露出自身的局限性。在经济全球化、政治民主化和技术革命的大趋势下,传统公共行政的组织形式由于过度封闭,与外部环境缺乏有机的联系和沟通,开始变得僵化,既缺乏对公共利益的关注,同时也出现机构臃肿、效率低下的现象。因而,传统公共行政逐渐受到广泛的批评与质疑。20世纪70年代末被称为席卷全球的行政改革浪潮理论基础的新公共管理,构成了对公共行政特别是传统的行政理论的极大冲击。一种新的公共部门管理模式——公共管理成为新的有效的公共部门管理理念。与公共行政相比,它的突出特点可以归纳为:①从管理理念来看,政府由单纯注重效率,发展到效率、效益以及社会公正、平等并重,并把提高管理与服务的社会效益,保持公共管理的公正、平等放到了突出的位置,强调公共部门的责任感,甚至将其放在有时可以决定公共事务管理效果的重要地位;②在管理方式上,公共管理意味着打破传统的公共服务提供形式,更多地引入市场机制,用企业精神改造政府管理,并通过授权、委托、代理等方式,不断探索实行公私合作的新途径,同时还把管理主体扩大到非政府公共机构领域,实施政府与社会力量互动的治理模式;③从管理过程来看,由过去更多地关注管理过程,发展为更多地关注管理的结果,并把投入、产出、成本、效益等重要概念引入公共部门的管理之中,追求 3E(economy, efficiency, effectiveness,经济、效率和效果)的统一。可见,这场带有强烈的市场化取向和管理主义色彩的改革运动的确把传统的公共行政理论向前推进了一步。

基于以上分析,不难发现,公共管理和公共行政这两个概念虽然都意指公共部门的管理活动,但是它们之间有着本质的区别,公共管理在理论基础、管理主体、管理理念和管理方式上都发生了重大改变。

---

① 张国庆:《公共行政学概论》,第二版,37~39 页,北京,北京大学出版社,2000。

2. 公共管理与行政管理

关于公共管理与行政管理之间关系的争论,其实与我国对 public administration 的最早译法直接相关。20 世纪 80 年代,我国的行政学研究带有明显的政治取向和政治色彩,从而我国学者将 public administration 翻译为行政管理,而将大写的 Public Administration 翻译为行政管理学(简称行政学),高校的相关教学研究机构也被称之为"行政管理系",用于突出我国当时行政管理的阶级属性。在中国人民大学的行政学所的研讨会上,尽管学者毛寿龙提出要把它直接翻译成公共行政的建议,但是限于当时的时代背景,理论界普遍认为"公共"二字会误解抹杀行政管理的这一属性,所以,最后还是保守地采用了行政管理一词。但不管怎样讲,具有中国特色的行政管理其实就是西方的公共行政。20 世纪 90 年代后期,研究行政学的政治敏感性逐渐淡化,根据我国公共部门管理的新特点,public administration 开始恢复本来词义,公共行政这一称谓开始流行。然而,先入为主的行政管理仍然占据主流地位,大学的学科设置、社会上的学会名称以及相关的教科书都还保留着行政管理的字样,公共行政还没有完全取代行政管理,公共行政学和行政管理学其实只是一个学科的两种叫法而已。然而随着时间的推移,人们思想逐渐解放,理论研究不断推陈出新,行政管理逐渐被公共管理所代替。

通过以上对公共管理与公共行政、行政管理的比较,结合公共管理本身的特点,本书认为所谓公共管理,是以政府为核心的公共组织和其他社会组织以及公民为推进社会整体协调发展、增进社会的公共利益,运用公共权力,通过观念和手段的不断创新,对日益复杂的公共事务及组织自身进行管理和优化的活动。

(二) 公共管理的基本特征

通过以上对公共管理内涵的研究,我们已经不难发现公共管理的特征,具体可以归结为如下几方面。

1. 公共管理的公共性

它主要包含两层含义:①利益取向的公共性。这表明在公共管理过程中,公共组织要以其所提供的公共物品和公共服务去推进、实现和维护公共利益的最大化。这样的公共利益是指所有公民的共同利益,既包括所有公民共同的根本利益和长远利益,也包括每一个公民个体的合法利益诉求,但不是指向任何一个特定的阶层或群体。强化公共利益的重要性是公共管理与传统公共行政的本质区别所在。虽然传统公共行政也标榜公共利益,但是更多时候,这里公共利益强调的只是维护统治阶级利益的需要,往往只是挂在口头上的政治标语。而公共管理将公共利益放在了突出位置,并采取多种形式保障其能够有效实现,从而更具有现实性。②公共参与性。随着政治民主化的发展,公民社会开始逐渐成长起来,社会组织及公众的权利意识、民主意识和法治意识不断增强,为了更好地维护自身的合法利益,他们越来越多地要求参与到公共管理之中。这既能使社会组织和公众能充分发挥对政府管理的监督和制约作用,保障政府管理的公正性和高效性,而且也能参与到公共管理之中,通过与政府的合作共治,又能提高管理的水平。鉴于此,在公共管理过程中,政府不再是唯一的主体,而是还包括政府之外的其他公共组织、私人组织以及公民。

2. 公共管理的效能性

与传统公共行政关注管理过程和管理程序相比,公共管理更多地将视线放在了结果的取得上,强调投入要素和实际产出之间的对比关系。因而,公共管理提倡效能建设,公共部门在管理目标的实现上必须追求包括经济、效率和效果在内的多元价值的有机统一。为此,公共管理不仅通过规范化的制度建设和科学化的技术创新而且促进公共管理效能的提升,而且还强调公共管理中人不确定因素的影响,并通过人力资源管理不断提高人的管理能力和责任感。

3. 公共管理的回应性

随着现代化的发展,社会的公共需求日益增长,公众期望以政府为核心的公共组织能够通过公共产品和公共服务的供给不断满足其需要;同时,社会所面临的公共事务问题以及各种矛盾冲突也变得更加尖锐复杂。这就要求公共组织不断加强与社会的沟通和交流,准确了解公众需要并查明所存在的社会问题,进而采取相应的措施加以解决。只有这样,才能保障社会和谐发展和公共部门的合法性。可以说,公共管理过程也是一个与社会互动的过程,这是公共部门以人为本、重视公众利益的具体体现。对于政府组织而言,它不再是传统公共行政中的封闭体系,而是具有高度开放特征的开放体系。政府既要提供有效的制度平台和渠道,让公众能够及时地向政府反映问题,同时政府也要对公众的需要作出迅速反馈。

4. 公共管理手段的多样性和创新性

公共管理非常注重管理技术和方法的研究和创新,这是由管理对象的复杂性所决定的。一方面,由于公共管理过程中许多新的问题和矛盾的出现需要采取相应的措施加以解决;另一方面,公共组织要实现自身的优化管理,也要不断开发新的技术和手段。20世纪80年代以后,西方发达国家在公共管理技术上获得了巨大发展。公共管理过程中开始逐步引入私人部门的管理经验和做法,以改进自身的管理水平。既采用了资源与支出控制的技术,也使用了用于保证个人和团体绩效的技术。其中,财政管理、战略管理、决策技术、目标管理、全面质量管理、系统分析方法等都为公共管理效能的提升提供了新的思考和行动方式。同时,每个国家根据自身的国家性质、政治体制和所处发展阶段的不同,还不断创新符合国家具体实际的管理手段和方式。如在我国,最具特色的公共管理方法是依法治国与以德治国相结合。

5. 公共管理的法治性

法治在公共管理中体现为严格遵守规则的精神。以政府为核心的公共组织之间要实行对社会事务的合作共治只能建立在法治的基础之上。如果缺少相应的法律保障,就难以规范作为多元主体之间的行为。政府作为公共权力的拥有者,如果缺少相应的法律制约,随时都有滥用职权的可能性;同样,如果其他公共组织和公民缺少来自于法律的约束,也容易导致不履行相应责任和义务现象的发生。如果这样,公共利益就很难得以保障。因而,实行法治是公共管理的必然要求和必然趋势。

二、公共管理学发展的历史进程

当前,无论是在西方国家还是在我国,公共管理学都已经成为一门具有良好发展前景的学科,这主要源于公共管理活动理性化趋势的增强以及公共管理学本身对公共管理巨大的指导作用。但就公共管理学这门学科的发展历史进程来看,由于所面临的社会背景以及所要解决的实际问题的差异性,西方国家与我国的公共管理学在产生和发展过程中却呈现出不同的路径和特点。

(一) 西方公共管理学的产生和发展

从严格意义上讲,西方公共管理学发轫于20世纪70年代末80年代初,是伴随着新公共管理运动的勃兴而发展起来的一种新的公共事务管理的研究领域和实践范式。但不可否认,公共管理理论有着悠久的历史渊源。其实,公共管理的思想早已有之,如果单纯从公共管理就是对公共事务的管理这个意义上说,它们的历史可以追溯到人类社会的产生。而就系统的理论研究来看,公共管理特别是政府管理研究形成于19世纪末20世纪初,即从传统公共行政学的诞生开始。没有传统公共行政学的理论积淀,也就没有公共管理对公共部门管理理论和实践的进一步升华。因此,本书为了全面把握西方公共管理学的成长,亦将传统公共行政学时期包含在内。

1. 传统公共行政学诞生的背景

任何理论的形成都是历史的、时代的产物,即理论的产生总会有深刻的现实和理论依据,传统公共行政学也不例外。正如威尔逊在《行政学研究》开篇中所说的一样:"我认为任何一门实用学科，在没有必要了解它时，不会有人去研究。"①

资本主义垄断经济的形成以及"政党分肥制"弊病的蔓延，是传统公共行政学诞生的社会依据。在资本主义发展的早期，整个经济一直处于一种自由发展的状态，政府的作用是极为有限的。人们相信只要市场遵循自由竞争的原则，在自由竞争规律的作用下，就能够使各种资源得到合理配置，就能够使经济、社会自动地达到一种均衡状态。因此，政府的作用主要表现在保护个人财产，维护社会秩序，保卫国家免受侵略等方面。对于这个时期的政府，人们往往称为"消极政府"或"有限政府"。19世纪的中后期，西方资本主义的自由竞争开始逐步地被垄断所取代，生产和资本的高度集中引起的垄断行为不断地增强，垄断组织和垄断资本逐步在国家经济中占据统治地位。垄断经济的发展不仅破坏了市场经济的公平、有序竞争，而且在社会层面也导致了许许多多前所未有的问题和矛盾的产生，从而对经济发展和社会稳定都产生了十分消极的影响。这些状况的出现已无法在市场机制和社会自治中寻求解决，需要政府出面。因而，资本主义世界相继进入了一个政府积极干预经济和社会生活的历史阶段。在这种背景下，原有公共行政管理的零散知识和方法已经不能满足政府顺利履行其职能和完成其使命的需要，迫切需要建立一门系统的科学在理论上对他们进行更好的指导。可见，这无疑在一定程度上推动了公共行政学的产生。另外，西方国家"政党分肥制"弊病的蔓延也是传统公共行政学诞生的一个重要原因。"政党分肥制"是西方国家历史上普遍盛行的一种以党派关系分配公职的制度，选举中获胜的政党在上台执政后，往往通过大规模撤换异党官员，把空出来的职位授予本党党徒及其在竞选中的支持者，作为对他们在政治上的回报。也就是说，"政党分肥制"下对于公职的任命不是以能力大小为准，而是以效忠程度为主要参考依据。因此，这种制度导致那一时期西方国家的政治生活充满了腐败和低效率，进而也引发了政治不稳定。由于行政依附于政治，这种制度同样使政府的公共行政管理产生了诸多问题：首先，随着政府人员能力和素质的普遍下降，政府的行政效率不断降低；其次，政党轮流上台不断更换政府人员的做法，影响了行政工作的连续性，使得行政价值取向和做法反复无常，政府工作混乱不堪；最后，政府组织内部任人唯亲、相互勾结的现象异常普遍，使得政府部门的腐败程度不断加剧。在这种形势下，社会上逐渐形成了强大的要求中止"政党分肥制"的呼声，希望结束这种随着政党变换而进退的公职任用制度。同时，为了消除这种制度对政府行政管理带来的消极影响，主张政治与行政分离并将公共行政学作为一门独立科学加以研究的取向就变得越来越明显。

科学管理理论的形成和发展是公共行政学诞生的理论依据，为公共管理学理论的形成奠定了重要基础。19世纪末20世纪初，由泰勒(Frederick W. Taylor)发起的科学

---

① [美]威尔逊：《行政学研究》，60页，载《政治科学季刊》，1987(6)。

管理运动迅速风靡了美国社会,并且很快影响到公共行政领域。科学管理主要探讨企业管理中如何提高生产效率问题,这正好迎合了当时政府公共行政管理的需要,为当时还处于迷茫状态中的政府公共行政改革提供了线索和方法。传统公共行政学要解决的主要问题很大程度上也是如何提高整个社会和自身的管理效率,从而管理科学的某些理论和方法对其有着重要的借鉴意义。如泰勒科学管理的基本精神是科学地确定每一位工作人员如何以最佳的方式完成各项任务,并主要采用"工作分析"和"工作评价"手段,当这些手段被嫁接到文官制度中时,就很自然地转化为"职位分类"和"业绩考评"手段,从而有助于公共行政过程中组织人事管理的科学化和高效化,进而提高公共行政的效率。

2. 传统公共行政学的范式

1887年,美国学者伍德罗·威尔逊(W. Wilson)在《政治学季刊》上发表的《行政学研究》一文被认为是公共行政学的开山之作。在文中,威尔逊指出行政与政治的区别,认为:"政治是'在重大而且带普遍性的事项'方面的国家活动,而在另一方面,'行政管理'则是'国家在个别和细微事项方面的活动'。因此,政治是政治家的特殊活动范围,而行政管理则是技术性职员的事情,政策如果没有行政管理的帮助就一事无成,但行政管理并不因此就是政治。"①基于此认识,他不仅主张行政与政治分离,而且提出要将公共行政学作为一门独立的学科从政治学中分离出来。对此,他还明确提出公共行政学的目标和任务,他说:"行政学研究的目的,在于首先要弄清楚政府能够适当而且成功地承担的是什么任务;其次要弄清楚政府怎样才能够以尽可能高的效率和尽可能少的金钱或人力上的消耗来完成这些专门的任务。"②继威尔逊的《行政学研究》之后,对于公共行政学的研究论文和学术著作开始像雨后春笋般出现,不断拓宽和深化了公共行政的理论视野。1900年,古德诺(Goodnow,Frank Johnson)《政治与行政》中对政治与行政的区别作了更明确的论述,提出:"政治与政策或国家意志的表达有关,行政则与这些政策的执行有关。"③即政治是国家意志,而行政则是国家意志的执行。从而进一步支撑和丰富了威尔逊提出的行政与政治二分的观点,使公共行政学真正成为了一门新的、独立的研究领域。其相对独立的学术框架的形成,则以1926年怀特(Leonard D. White)的《行政学研究导论》和1927年威洛比(William F. Willoughby)的《公共行政原理》这两部教科书的出版为标志。在著作中,他们都对公共行政学的研究内容作了比较系统的阐述。如怀

---

① [美]威尔逊:《行政学研究》,见彭和平、竹立山编:《国外公共行政理论精选》,15页,北京,中共中央党校出版社,1997。
② 同上,1页。
③ [美]古德诺:《政治与行政》,见彭和平、竹立山编:《国外公共行政理论精选》,28页,北京,中共中央党校出版社,1997。

特在《行政学研究导论》一书中涉及公共行政学的研究对象和范围、行政环境、行政组织、行政协调、人事行政、行政伦理、行政法规、行政监督等公共行政学研究的一般理论。

总结传统公共行政学发展的整个过程，对其发展具有建设性影响的，除了威尔逊的研究之外，还必须要提及韦伯做出的学术贡献。威尔逊的工作主要解决了公共行政学作为一门学科或是一个学科门类是否可能的问题。他提出的"政治与行政二分"奠定了这个学科研究的发展方向。在此之后，对于传统公共行政学理论体系的建构以及实践方案的制订，几乎都是在政治与行政二分的思维框架下展开的。但是，对于一个学科来说，仅仅发现了这个学科存在的合理性和理论前提还是不够的，也不能只局限在理论层面的探讨，从而韦伯的研究就显得特别重要。韦伯官僚制理论的提出使得威尔逊的理论有了现实的生长点，公共行政学的理论研究也更有了现实的载体。所谓"官僚制"是一种以分部—分层、集权—统一、指挥—服从等为特征的组织形态。韦伯认为，与基于传统权威而形成的组织类型和基于超凡魅力权威而形成的组织类型相比，这种基于合理合法权威而形成的"理想的官僚制"是效率最高的组织形式。威尔逊的政治—行政二分法和韦伯的官僚制理论这两者结合共同构成传统公共行政学的范式特征。

这一范式主流理论包括：①任何政府中都存在单一的占支配地位的权力中心。权力越分散，越不负责任；反之，权力越受单一权力中心支配，则越负责。②政治与行政分属于两个领域。政治领域负责公共政策制定，行政领域负责公共政策执行。③政府的结构具有相似性。只有通过官僚制金字塔式的等级制结构，行政中理性才能得以维持。④行政人员经过严格训练和考核，实行"终身任期"，并有严格的在职资格要求，其开展工作以书面（文件）和法定的行事方式为基础。⑤以行政效率为核心价值理念。

这种崇尚理性和效率至上的行政体制在一定程度上克服了"政党分肥制"造成的政府内部腐败、无能、低效和政局不稳，适应了工业化社会大生产的要求。在相当长的一段时间内，官僚制成为行政效率的代名词，甚至至今仍深刻影响公共行政的理论和实践。

3. 传统公共行政学的合法性危机

20世纪40年代开始，这种以政治—行政二分法和官僚制理论为重点内容的传统公共行政学理论，逐步受到来自各个方面的批判和质疑。其中的重要原因是，这种效率至上的行政理论自身有着致命的缺陷和内在矛盾。主要表现为以下几方面。

（1）对理性的过分推崇导致对人性的忽视

官僚制行政范式中的行政人员是非人格化的，他们如同一架精密机器上的齿轮，这样就忽视了个体的差异性、多样性和人的情感因素对管理的影响。1927—1932年，以梅奥等为代表的行为科学——人际关系学派的学者，在美国西方电器公司的霍桑工厂进行了著名的"霍桑实验"。通过对组织中人的行为的实证性研究，发现人有着复杂的价值系统和心理需求。对人格的尊重、参与、情绪发泄等都决定着组织管理过程的效率高低。

这样,传统行政就造成了非人格化与真实人性之间的内在冲突。

(2) 将政治与行政绝对分离与现实情况不吻合

在公共行政过程中,政策的制定和政策的执行是很难彻底分开的。政府虽然被定格在公共政策的执行上,但是很多时候它们也承担着政策制定的任务。同时,政府很难保持自身的"价值中立",很多时候政府都要受到价值因素的影响,在追求效率的过程中要考虑社会的公平和公正问题。相反,政府一旦脱离价值因素的束缚,就可能导致腐败问题的出现。

(3) 将组织形态设计成封闭的等级组织与现实管理需要矛盾

官僚制组织是严格按照组织分工、层级节制、专业化、非人格化、等级原则建立起来的静态的、封闭的、机械式的等级组织;而巴纳德的权变理论和里格斯的行政生态理论等新的研究表明:组织大都是动态的、开放的、"有机式"的,组织时刻与外界环境之间进行着交互影响。行政过程中,只有不断关注外在条件的变化,才能在变化中求得生存。封闭的组织毕竟是僵化的,尤其对于公共组织而言,失去与外界的沟通等于脱离群众,必将遭到社会群众的不满。

4. 传统公共行政学的深入发展

在对传统公共行政学批判的过程中,随着社会科学特别是政治学中的行为主义研究方式的盛行,一些新的研究领域和研究视角开始逐渐形成。它们的出现丰富了公共行政学的研究内容和研究方法,从而使传统公共行政学迎来了一个崭新的发展时期。其中,最有影响的是达尔(Robert A. Dahl)《公共行政科学:三个问题》和西蒙(Herbert A. Simon)《行政行为:行政组织决策过程的研究》中的有关研究。

达尔在《公共行政科学:三个问题》一文中指出传统公共行政学遇到的三个基本难题:其一,传统公共行政学与规范性价值的关系问题。在政治与行政二分基础上产生的公共行政学将价值因素排除在它的学科研究范围之外,然而,"公共行政学作为一种学科和一门潜在的科学,它的基本问题比单纯的行政管理的问题广泛得多。在与私人部门的行政管理对照时,对公共行政研究必定会存在较广泛的偏见,这就不可避免地使公共行政问题陷入道德考虑的困境中"。[1] 事实上,面对现实社会,公共行政学往往需要更多地考虑公平、正义等价值层面的问题。其二,传统公共行政学与人类行为的关系问题。传统公共行政学强调工具理性,往往只将行政组织中的人看作是实现行政目标的手段和途径。基于这样的认识,传统公共行政学对人采用了一种"非人格化"的管理模式,往往忽视了对他们的心理和行为进行研究。但是,公共行政体系是人的行为体系,其中的

---

[1] [美]达尔:《公共行政科学:三个问题》,见彭和平、竹立山编:《国外公共行政理论精选》,153页,北京,中共中央党校出版社,1997。

大多数问题是围绕人考虑的,可以说,"公共行政研究本质上是对处在具体环境中表现出某种行为,以及预计或预测会表现出某种行为的人的研究"。① 因此,公共行政学必须加强人类行为的研究。其三,公共行政学与社会环境的关系问题。传统公共行政学的研究视野过于狭窄,过多地注重了公共行政体系自身,而且只是公共行政体系自身的一个组成部分,即服务于效率目标的科学化、技术化的向度,而对公共行政体系之外的社会背景却缺乏最基本的关注和了解。实际上,公共行政学是不能摆脱特定社会环境的影响进行纯粹的科学化、技术化的理论建构,它还必须考虑到变化着的历史、社会、经济和其他的条件因素的制约。

西蒙在《行政行为:行政组织决策过程的研究》一书对传统公共行政学的批判主要集中在政治与行政二分这一观点上。他认为,从决策与执行的角度严格区分政治与行政两种行为其实并不妥当,因为行政过程中必须从事某些决策(政治)活动,行政行为往往也就难以摆脱价值判断。也就是说,政治与行政是不能截然分开的。在此基础上,他在该书中还进一步分析了传统公共行政学的局限性,指出传统行政学在研究方法以及研究主题上存在着诸多不足,提出要引入科学方法论研究行政行为,并要广泛地利用社会科学的其他学科(如社会学、心理学)的研究成果。他的研究在很大程度上拓宽了行政学的视野,使得行政学研究由单一学科框架逐渐迈向跨学科交叉研究。

可见,达尔和西蒙的研究焦点主要是在公共行政中注入价值因素的考量。他们的研究在20世纪六七十年代得到一大批青年学者的响应,这就是被他们自己称为"新公共行政"的运动。这场运动的开端大致可以追溯到1968年,当时任《公共行政评论》杂志主编的沃尔多(Dwight Waldo)得到锡拉丘兹大学(Syracuse University)麦克斯韦尔学院的赞助,在该校的明诺布鲁克(Minnowbrook)会议中心举行了一次研讨会。与会者认为,此前的行政学研究应该属于传统的或旧的范畴,而他们所阐发的新观点是一种全新的研究,从而这次会议标志着一种"新公共行政学"的开端。会议认为,新公共行政学应当解决三个问题:一是,如何把道德观念引入公共行政过程之中;二是,如何有效地执行公共政策;三是,如何确定政府与社会的关系。概括地说,就是效率与公平兼得与统一问题。

这些研究使公共行政学逐渐实现了自我的超越,拓宽了研究领域,更新了研究方法,实现了多学科的交叉和交流。其研究趋势呈现出更符合实际的特点,即由政治与行政分离研究到政治与行政配合研究;由静态研究到动态研究;由以事为中心的研究到以人为中心的研究;由法规研究到行为研究;由机械的效率观到社会的效率观;由单科研究到科际研究等。② 但是,这些研究仍未完全摆脱传统公共行政学理论框架的束缚,最

---

① [美]达尔:《公共行政科学:三个问题》,见彭和平、竹立山编:《国外公共行政理论精选》,155页,北京,中共中央党校出版社,1997。
② 夏书章:《行政管理学》,13页,广州,中山大学出版社,2003。

终未能取代传统公共行政学成为行政学研究的主导范式。

(二) 作为一种新范式的公共管理学的出现

20世纪七八十年代以来,在新公共管理运动大潮的推动下,公共管理学研究范式开始出现,其理论创新对传统公共行政学研究范式形成巨大冲击。

1. 公共管理学兴起的历史背景

公共管理学的兴起有着复杂的历史背景,既是现实发展的需要,又受时代趋势的影响,同时还得益于相关理论勃兴与引入所给予的强力推动。

"政府失败"的消极影响是公共管理学产生的现实依据。1929—1933年,西方国家爆发的严重经济危机宣告了自由放任理论和政策的破产。之后,西方国家普遍采用凯恩斯主义的主张,实行国家对社会经济生活的全面干预。政府从"无为"到"有为",使得通过市场机制无法解决的一些问题得到了缓解和处理。这种政府干预行为曾一度取得了巨大的成功,西方发达国家出现了明显的繁荣景象。同时它也逐渐暴露出一些问题:一方面,随着政府职能范围不断扩大,导致政府规模膨胀和政府雇员增加,从而使得机构臃肿、效率低下和官僚主义盛行;另一方面,随着政府财政支出不断加大,企业纳税负担也不断加重,进而影响了整个经济的有效积累。到20世纪70年代,受"石油危机"影响,西方国家先后步入了经济相对停滞和低速发展时期,这些问题越发开始显性化。与此同时,人们也逐渐意识到政府的过度干预也是造成这场危机的幕后推手,是导致滞胀现象出现的主要原因。由此引发的对政府干预的重新审视,就成为公共管理学形成的一个重要推动力。

时代发展的新趋势使传统公共行政学最终转向公共管理学。具体分析,主要可以归纳为以下几个方面:一是,经济全球化发展的影响。第二次世界大战之后,尤其是20世纪80年代中期以来,经济全球化浪潮逐渐兴起。资金、商品、技术、劳动力、信息、文化等资源在世界范围内的流动变得日益频繁,有力地促进了世界经济社会生活的发展。但对于各个国家而言,经济全球化既是机遇,也是挑战。它要求一个国家必须在国际层面上观察和思考问题,以应对经济全球化给本国发展带来的消极影响。这对本国政府的管理提出了更高的要求,要其在维护本国经济安全、加强信息安全管理、处理突出事件、开展全球范围合作上有新的作为。可见,传统公共行政学无论是在观念还是在方法上都难以应对如此巨大的挑战。二是,公民社会日益成熟的推动作用。公民社会是指国家或政府之外的所有民间组织或民间关系的总和,其组成要素是各种非国家或非政府所属的公民组织,包括非政府组织、公民的志愿性社团、协会、社区组织、利益团体和公民自发组织起来的运动。西方国家的公民社会在战后出现了蓬勃发展的局面,各种非政府组织不仅在数量上显著增加,而且它们自身的组织性、规范性也明显提高,这使得它们参与各种社会活动的能力迅速增强。这些组织和社团的活动几乎遍及所有的社会领域,尤其是在环境保护、扶贫发展、权益保护、慈善救济等领域发挥着不可替代的作用。这些组织以其实际行动向人们展示了它们参与公共管理活动的可能性,这也使传统公共行政只将研究和实践的主体仅局限在政府组织上遭到了质疑。三是,科学技术高速发展的有利契机。20世纪70年代以后,随着计算机和网络技术的发展普及,人们获取、分析、交换和处理信息的方式和效率都发生了改变。对于政府组织而言,这样的变化需要政府实行更快、更有灵活性、更具人性化和更具民主性的管理方式,包括信息化、扁平化、网络化和多元化的管理系统,这无疑对传统的官僚体制提出了挑战。

相关理论的勃兴与引入是推动公共管理学兴起的重要因素。20世纪70年代以后,西方社会科学在经历了长期的分化、初步的融合之后,开始大踏步向整体化迈进,跨学科、交叉综合研究成为主要的趋势。对政府管理研究而言,这种趋势也非常明显。由于当时传统公共行政弊病越来越突出,诸多学者在研究过程中逐渐开始跳出传统公共行政学的学科界限,从更广泛的学科视野谋求分析和解决问题的有效方式。因此,不断将经济学、管理学、政策分析、政治学领域的相关知识和方法引入和运用到研究中,成为当时政府管理研究的新取向。如公共选择理论、新公共管理理论等都是在借鉴经济学理论知识的基础上发展起来的。这种研究变化渐渐把政府管理带离了传统公共行政的范式,也为一个全新范式的产生奠定了坚实的基础。

2. 公共管理学研究范式的兴起及其特点

公共管理学范式在西方国家的兴起,离不开不同学术背景、不同研究取向的学者们的共同努力。依美国学者波兹曼(Bozeman)的观点,在20世纪70年代末几乎同时出现了两种不同的公共管理途径,即公共政策的途径(the policy approach,简称P途径)和企业管理的途径(the business approach,简称B途径)。[①]

所谓P途径,即认为公共管理应该是与公共政策制定密切相关的管理。这个观点的代表人物列恩(Lynn)甚至直接将公共管理界定为政策管理。他认为必须从管理观点探讨公共政策,才能落实政策目标与理想[②]。在研究内容上,P途径研究的公共管理一般将公共管理者界定为高层次的政策管理职位,而非日常行政事务的管理者,同时特别强调具有政策制定权的高级行政主管的管理策略。在研究取向上,P途径十分重视非理论性的、非量化的、以实务为基础的规范取向;在研究方法上,大多采用个案研究。在美国,

---

① Bozeman B. Introduction: Two Concepts of Public Management. In J L Perry ed. Public Management: The State of Art. San Francisco: Jossey-Bass Publishers, 1993: 1-5.
② Lynn L E. Managing Public Policy. Boston: Little, Brown. —1996, Public Management as Art, Science and Profession, Chatham, N.J.: Chatham House Publishers, 1987: 43-46.

这种途径的研究机构包括哈佛大学肯尼迪学院、密歇根大学公共政策研究所、柏克莱公共政策学院等。

所谓 B 途径,即认为公共管理是可以运用工商政策和企业战略的管理,公共管理的根本就是非政治化和企业化[①]。B 途径强调公共组织和私人组织管理的相似性,较少对两者加以区别。在研究内容上,仍然过多地以过程为取向,因此,对传统公共行政学中关于组织设计、人事管理和预算等问题同样非常关注。

这两种途径经过 20 世纪七八十年代的孕育和进化,逐渐开始走向汇合,最终形成了公共管理的新范式。1991 年 9 月在美国雪城大学(Syracuse University)麦克斯韦学院举办的第一次"全国公共管理学术研讨会"(The National Public Management Research Conference),可以说是公共管理新范式诞生的象征性标志。这次会议的主要动机是要整合不同的研究途径,目的是:一是,评估公共管理学的现状;二是,发表和交流最新最好的公共管理研究成果;三是,通过弄清理论、研究和方法论的分歧推动公共管理的发展;四是,为公共管理学者之间的交流创造便利条件。会议论文后来以《公共管理:学科的现状》为书名于 1993 年结集出版,该书可以看作是公共管理学学派的"宣言"。

当前,公共管理学研究已经取得了丰硕的成果。作为一门新兴的学科,虽然它的理论体系和研究方法还有待进一步充实和完善,但作为一种区别于传统公共行政学的新范式和理论框架,它已经清晰地显示了自身鲜明的特点和发展趋势。这主要表现为:公共管理学的理论基础意在对传统公共行政学的两大支柱——官僚制理论和政治—行政二分法进行彻底地清算,以现代经济学和私营管理部门管理理论作为其理论基础;从内容上看,目的在于通过重建和重组、精简和放权、管理程序与管理方式的调整等不断的改革,重新界定政府的职能,实现政府从"划桨到掌舵",从管理到服务再到授权,从垄断到竞争,从集权到分权等转变;建立服务型、企业型、市场导向型政府等,摒弃公共服务供给中传统公共行政学理论中的官僚制独占模式。一言以蔽之,公共管理学研究过程中更强调公共管理的服务性和管理性,从而使其无论在研究主题、研究内容和研究方法上都有了新的特点。

(三) 公共管理学在我国的兴起

20 世纪 90 年代中后期,公共管理理论研究受到了我国行政学者们的普遍关注,近一段时期以来,许多研究成果陆续出版和发表,悄然预示着公共管理学在我国的兴起,并渐起高潮。

---

① [美]戴维·H.罗森布罗姆登:《公共行政学:管理、政治和法律的途径》,第五版,张成福等译,24 页,北京,中国人民大学出版社,2002。

与西方国家相比,我国公共管理学的兴起有着特殊的背景和发展需要。

1. 我国公共管理学兴起的学科背景

我国公共管理学的兴起,与改革开放以后公共行政学研究的进展有着密切的联系,是伴随着公共行政学的复兴发展起来的。1979年,邓小平明确指出:"政治学、法学、社会学以及世界政治的研究,我国过去多年忽视了,现在也需要赶快补课。"由此包括公共行政学在内的许多社会科学学科逐渐得到了恢复和发展。1982年,夏书章教授在人民日报上发表《把行政学的研究提上日程是时候了》一文,引起了人们对公共行政学研究的关注。自此,我国公共行政学的发展在多方的努力下,经历了酝酿、恢复、壮大等几个发展阶段,到1997年逐渐面临转型的历史任务。正是在这个时候,公共管理学在我国也开始以区别于公共行政学的面貌出现。在这个时期,西方的公共管理理论开始逐渐被中国学者关注和了解,一批公共行政学者开始了对它的潜心研究,并相继出版了一些公共管理学的研究专著,如张良的《公共管理导论》(1997年)、陈振明的《公共管理学——转型时期我国政府管理的理论和实践》(1999年)、夏书章的《现代公共管理概念》(2000年)和张成福的《公共管理学》(2001年)。同时,就专业的设置和教育而言,1997年我国首次在研究生教育中新设的管理学科中增设公共管理一级学科,把原属于政治学中的行政管理纳入管理学门类的公共管理学科之中,此后又在本科教育中增设了公共事业管理学科。1999年5月,国务院学位委员会还正式批准在中国开始试点兴办公共管理专业硕士(MPA),这些都表明公共管理学在我国正在不断兴起和发展。

2. 我国公共管理学兴起的社会背景

作为一门实用性和实践性很强的学科,公共管理学在我国的兴起归根结底是与我国的社会发展需要分不开的。改革开放以后,我国社会发展过程中出现的新形势,使得公共管理学研究成为必然。这主要表现为以下方面。

(1) 社会主义市场经济的发展

改革开放以后,我国开始从计划经济体制逐渐向社会主义市场经济体制转变,这对我国政府管理提出了全新的挑战。在原有的计划经济体制下,我国的政府管理是一种"全能政府"模式,政府管理的职能非常广泛,既包括政治管理也包括经济管理;既包括思想管理也包括文化管理;既包括公共事务也涉及私人领域;既使用宏观的指导计划手段对经济进行调控,也运用行政指令性计划对企业的微观进行干预;等等。可以说,政府管理是无所不包、无处不在、无时不有的。总的来看,这种管理在我国新中国成立之初曾发挥了巨大的作用,取得了巨大的成就,它适应了当时经济发展的需要,促进了生产力的快速发展。但随着时间的推移,这种管理模式的弊端逐渐开始暴露出来,主要表现为:政企不分、政资不分;机构臃肿、效率低下;管理权力高度集中;政治民主化、科学化、制度化水平比较低,等等。因此,进入20世纪80年代以后,我国开始了以建立和完善社会主义市场经济为目标的经济体制改革。理论和实践都证明,市场决定资源配置是市场经济的一般规律,市场配置资源最有效,社会主义市场经济同样要遵循。我国社会主义市场经济体制虽已建立,但在很多方面不完善,核心问题是政府对资源直接配置过多,不合理干预太多。改革对政府管理提出了一系列新要求:要求正确处理政府在社会中的角色,处理好政府与市场、企业、社会、公民、事业单位以及其他社会团体的关系;要求把管理基本职能定位为提供公共物品和公共服务上;要求转变管理理念,树立民本意识、服务意识和法制意识;要求转变公共管理的方式和手段,从直接管理为主变间接管理为主,从指挥命令为主转为调节服务为主,从单一行政管理转为以法律、经济、行政、思想教育等手段相结合的综合管理;要求进行机构改革和人事改革,建立办事高效、运转协调、行为规范的公共管理体系,打造一支高素质专业化的公共管理人员队伍,等等。可以说,社会主义市场经济体制下的政府管理与计划经济体制下政府管理之间有着本质的差别,无论在管理理念、管理方法上都有了本质的变化。对于我国政府管理而言,这必然是一种全新的尝试,这就要求关于政府管理的相应理论研究能够跟上,进而为实践发展提供有效的指导。由于西方公共管理学研究在这方面取得了成功,使我国开展公共管理学研究成为必然选择。

(2) 政府改革的不断深入

改革开放以后,我国先后于1982年、1988年和1993年进行了三次大规模的政府机构改革。总的来看,虽然这些改革都对解决当时最紧迫的问题产生了积极作用,但是最终陷入一种"精简—膨胀—再精简—再膨胀"循环之中。其中的一个重要原因,就在于这些改革都只是局限在对政府结构和数量的简单变动上,没有真正触动到政府职能的转变问题。也就是说,在市场经济体制下,政府依旧延续着原有计划经济体制下所形成的"包揽一切"的观念和做法。无疑,这必将导致精简后的政府机构很快又重新膨胀起来。随着社会主义市场经济体制的完善和政府改革经验的积累,人们逐渐意识到政府改革和职能转变的关系。进而,在1998年,我国开始进行了以"转变政府职能"为中心的政府机构改革。从而,我国政府的职能范围、干预经济的方式和程度以及自身管理都发生了重大变化,这使得我国政府改革的前景开始明朗起来。但同时我们也应该看到,由于前几次改革问题的积累和当前改革出现的新问题,我国政府的改革依旧任重道远。要不断将政府改革引向深入,避免改革再次陷入误区,就需要理论的不断创新和支持,这正好为公共管理学的兴起提供了一个难得的机遇。

3. 我国公共管理学兴起的国际背景

随着全球化时代的来临,世界各国相互隔绝、互不干涉的发展历程逐渐走向终结。自1978年改革开放以来,我国开始主动融入全球化进程之中。在政治上,我国放弃了以意识形态为划分界限的外交路线,加强了与包括西方发达国家在内的世界各国的交往;在经济上,我国坚持"走出去,引进来"的政策方针,不仅让中国企业更多地参与到国际竞争中去,而且还通过优惠措施吸引外国企业进入;在思想文化方面,我国开始大胆引进吸收国外的先进思想和管理经验,并主动开展国际文化交流和合作。通过这些积极的努力,我国的各项事业得到了迅速发展,综合国力明显增强,国际影响力也显著提升。然而,在加入全球化的过程中,作为一个后来者,我国同其他发展中国家一样,也面临着诸多的挑战。与发达国家相比,我国市场经济的不完善、法制体系的不健全以及政府管理的不到位等诸多因素加大了我国应对全球化的风险。就政府管理而言,我国的政府管理与全球化的要求相比还有很大的差距。这主要表现在:在管理理念上,政府应具备的市场化、法治化、服务化等行政理念在我国都还没有形成,权力行政、命令行政、管制行政等依然存在;在政府职能上,政府仍然做了许多做不了、做不好和不该做的事情,而本应由政府负责的事情却做不好,政府职能错位、越位与缺位的现象屡屡发生;在政府运作方式上,政府行政行为不规范,管理缺乏透明度。此外,政府在机构设置、人力资源管理以及行政执行、行政监督等方面也都存在着大量问题,这些表现与全球化发展是不相容的。因此,要更好地推动全球化的进程,就必须改善我国的政府管理,这就需要对政府进行包括管理理念、管理方式等众多方面在内的全方位改革。我国政府面临着前所未有的压力和动力,对相关理论研究的迫切性也进一步增强。公共管理学在我国引入和研究的价值可见一斑。

4. 建设中国特色公共管理学的必然性

对于我国来说,公共管理学是"舶来品"。我国公共管理学理论体系的建构很大程度上是引入和借鉴西方公共管理学研究的现有成果。由于我国的政治制度、历史文化传统、现实国情等与西方国家相比有明显的不同,我国公共管理学兴起的背景、要解决的现实问题与西方国家也有显著的差异,这意味着西方的公共管理学理论未必完全适合我国改革和发展的实际需要。因此,我国公共管理学的研究必须从本国的实际出发,真正建立起具有中国特色的公共管理学。从当前来看,要建立中国特色的公共管理学,主要任务包括以下几个方面。

(1)研究方式和途径的创新

我国要建设起属于自己的公共管理学,首先要在研究方法和途径上有所突破,这主要应从以下几个方面入手:一是,我国公共管理学要摆脱纯理论研究。长期以来,在学科研究方面,我国实际上存在一种思维定式,即作为学科的理论就应当是普遍适用的最基本的一般原理。理由是科学是研究一般规律的,而一般规律则是普遍适用的。现在的公共管理学研究中,这种思维定式也发挥着巨大的作用。当前我国的公共管理学研究主要针对的是原理的探讨,对于我国改革的现实问题却关注不够,尤其是缺少以独立批判的精神对现行公共管理弊端的负责任的批判。虽然不能否认在公共管理学的教学或研究中必须要阐明这门学科的基本概念和基本原理,如公共管理、公共权力、公共事务、公共产品、公共服务等问题。因为,一旦离开了一门学科的概念框架或基本范畴,就失去了对这门学科研究的基础。但公共管理学从本质上说并不是一门坐而论道的科学,而是一门研究公共管理现实问题的科学。由于公共管理问题的复杂性、地域性和阶段性等特点,因此并不存在一种一成不变和普遍适用的公共管理理论。要建设中国特色的公共管理学,首先要意识到我国公共管理现实问题的独特性,也就是说,必须要以立足实际问题的研究取代纯理论的研究。二是,对西方公共管理理论批判性的借鉴。在一定程度上讲,公共管理学在我国是一门年轻的学科,因而在科学、合理的前提下,其研究可以大胆吸收、借鉴西方国家已取得的成熟经验与成果,这有利于实现跳跃式发展。但是,我国在引入和使用西方公共管理学现有成果时,也存在一种错误倾向,即采取完全的"拿来主义"。这种不加任何批判的借鉴和使用,本身就是脱离我国实际情况,进而必将误导我国的公共管理实践。要建立有中国特色的公共管理学,必须针对我国实际问题展开研究,因此必须摒弃这种错误倾向。正确的做法就是,在我国的公共管理研究中,将西方公共管理理论的借鉴与我国的实际情况相结合,进而扬长避短,为我所用。三是,重视我国自身公共管理实践经验的研究。在我国,由于各个地区经济、社会、文化等各项事业发展的差异性,在公共管理尤其是政府管理中有不同的特点和经验总结。可以说,这些经验都能成为我国公共管理学研究的第一手资料。因此,加强对各地情况的调查、汇总和分析对于我国公共管理学研究来说是必不可少的。只有在此基础上形成的公共管理理论,反过来才能更好地指导我国的实践。

(2) 研究内容的创新

党的十五大政治报告指出,中国最大、最基本的国情是中国还将长期处于社会主义的初级阶段。这就意味着我国的政治、经济、社会、文化等各项事业的发展都还存在着诸多问题。具体表现为:在经济发展中,我国的社会主义市场经济体制还不够成熟,生产力水平低下,地区发展不平衡;在政治发展中,我国的民主化进程还比较缓慢,公众参政议政的意识薄弱,政府行政透明度有限;在社会发展中,我国公民社会还没有真正成长起来,社会贫富差距拉大;在文化上,我国两千多年封建专制统治形成的官本位、等级特权、形式主义、以人治代替法治的传统还依然存在。可见,这使得我国公共管理学的研究背景、要解决的问题与西方国家相比有着明显的差别。因此,在研究内容上,我们不能以西方的研究重点为重点,以西方的研究热点为热点,而要针对我国现有的问题进行研究。

(3) 研究取向的创新

我国是由中国共产党领导的社会主义国家,这决定了建设中国特色的公共管理学的指导理论必须是马克思主义的理论。马克思主义理论不仅为公共管理学研究指引着发展方向，而且就公共管理学的具体内容而言，如政府管理的本质、政府的公共职能、社会的公共需求、市民社会、政府管理的方式方法、法律在政府管理中的地位等一系列重大问题，也都有丰富而深刻的论述。与马克思主义理论一脉相承的毛泽东思想和邓小平理论、"三个代表"重要思想及科学发展观，也为建设中国特色公共管理学提供了更具体的科学指导。因此，我国公共管理学的研究取向与西方国家必然不同，它更要突出坚持为公共利益服务、坚持为人民服务、坚持社会效率和公平等一系列价值要求。

三、公共管理学的研究对象和研究方法

根据唯物辩证法和科学哲学的观点，任何一门学科都有着自身独特的研究对象和特定的研究方法。研究对象明确以及研究方法确定是一门学科独立与成熟的重要标志之一。公共管理学作为一门新的学科已经形成自身的研究对象和研究方法。

（一）公共管理学的研究对象

一般而言，任何一个学科都是以客观世界的某一类事物、现象或过程作为自己的研究对象。它要探讨这类事物或现象及过程的本质联系或规律性，从而形成学科的概念、范畴、定理、原理和方法体系。公共管理是人类社会客观存在的一种实践活动及过程，可以说，它本身构成了公共管理学的研究对象。为此，公共管理学要研究作为公共管理主体的公共组织，特别是政府组织的结构、功能、运行机制及与环境的关系；研究公共管理活动的过程及其环节（如组织、决策、沟通、协调、监控、评估）；研究公共管理的方法与艺术，以促进政府及其他公共组织更有效地提供公共物品；研究公共管理的价值实现机制，以促进公共利益的最大化。

因此，公共管理学是一门研究公共管理活动或公共管理实践的学科，即综合地运用各种科学知识和方法研究公共管理组织和公共管理过程及其规律性的学科，其基本目标或宗旨是阐述如何促使公共组织（尤其是政府）有效提供公共物品，更好地促进公共利益的实现。

可见，与传统公共行政学相比，公共管理的研究范围更宽。传统公共行政学的研究领域仅限于政府组织的公共管理及其规律性问题，公共管理学的研究领域不仅包括政府机构的公共管理及其规律性问题，而且还包括其他政府机构（包括立法和司法部门）、非政府组织和一切社会组织的公共管理及其规律性问题。

(二)公共管理学的学科特征

根据公共管理学定义以及其与传统公共行政学的区别进行分析,公共管理学的学科特征主要包括以下几个方面:

在研究对象和范围上,公共管理学把研究对象和范围从单纯的政府行政机构扩大到其他政府机关(立法机关和司法机关)和非政府组织甚至私人组织的公共方面,而不像传统公共行政学主要局限于政府行政机关特别是官僚机构的研究。

在学科理论基础上,公共管理学更具有跨学科、综合性的特点。它充分吸收了当代各学科的理论和方法,特别是更多地依赖于经济学的理论和方法,并日益与工商管理学相融合。这与传统公共行政学主要建立在政治学基础上,尤其是将官僚制理论和政治—行政二分法作为其理论基础相比,具有广泛的学科知识框架。

在学科研究焦点上,公共管理学将研究焦点由传统公共行政学的"内部取向"转变为"外部取向",由重视机构、过程和程序研究转到重视项目、结果与绩效的研究。这使得战略管理、绩效评估、公共管理伦理这些在传统公共行政学中没有的或不被重视的问题成为公共管理学的核心主题。

在学科内容体系上,公共管理学在研究过程中也纳入了大量的公共行政学没有涉及的理论主题,如公共产品、公共选择、集体行动的逻辑、委托—代理、产权、交易成本、交换范式、制度安排与创新、政府失败、学习型组织、管理网络、成本核算、信息管理系统。

在研究方法上,公共管理既重视实证研究,又重视规范研究。这与传统公共行政学过多地局限于规范研究,囿于普遍适用的"行政原则"探讨有着明显的不同。

(三)公共管理学的研究方法

由于公共管理学是一个跨学科、综合性的研究领域,这就决定了它在研究方法上的多样性和开放性。具体来看,目前公共管理学的主要研究方法有以下几种。

1. 历史分析法

历史分析法是对研究对象各方面的历史事实作详尽的调查,并对其发生、发展和变化过程作全面的分析,从而在了解研究对象的历史与现状的基础上,揭示其本质和发展规律的研究方法。在公共管理学研究中运用历史分析方法就是通过系统地收集、分析和评价历史数据,对过去某一时期的管理思想、管理学说、管理实践加以描述、解释,并在此基础上进行理解和分析。这种方法在公共管理学研究中非常重要,它能清晰展现公共管理学的起源、发展和变革的整个过程,而且通过有价值的理论和实践经验的总结也能为公共管理学的未来发展奠定良好的基础。

2. 比较分析法

比较分析法是指通过对不同事物或者同一事物的不同发展阶段进行比较，找出其中的共同点、本质的或者规律性的东西的研究方法。它既包括对总体过程和活动的比较，也包含对各种要素、各种方法的比较；既包括对纵向历史的比较，也包括对横向内容的比较；既包括求异的研究过程，也包含求同的提炼过程；既包含对异同的分析，也包括对产生异同的原因、本质以及这些异同影响的分析。公共管理学中的比较分析要求研究者对不同国家或者地区的公共管理体系及过程加以比较，要求对同一国家或地区在不同历史时期的公共管理系统及过程加以比较，从中寻找公共管理领域一般的或普遍的理论，发现各个国家或地区在不同时期的公共管理特色，丰富公共管理理论及方法体系。

3. 系统分析法

系统分析法是一种被广泛运用于各种学科的科学研究方法，它从事物的整体出发，立足于整体与部门、整体与结构、整体与层次、结构与功能、整体与环境等的相互联系和相互作用，从而实现整体目标的优化。系统分析方法主要包括整体分析、环境分析、结构分析、层次分析、相关分析等。在公共管理学中引入这种分析方法，有助于人们理解公共管理体系及其与社会环境的关系；通过对公共管理系统的各个组成部分、公共管理过程的各个环节进行研究，加深人们对这一系统的结构、功能和层次的认识，也使得人们能够从不同角度进行研究、开拓新的认识领域。

4. 案例分析法

案例分析法既是当代管理科学的一种重要的研究方法，又是当代管理科学的一种重要的教学形式。在公共管理研究过程中，案例分析法是对已经发生的典型的公共管理事件分析者尽可能从客观公正的观察者立场加以描写或叙述，以脚本等形式说明一个事件有关的情况，力图再现与事件相关的当事人的观点、所处的环境供读者评判。这种分析方法的重点是强调人际关系、政治因素对管理过程的影响，而不是抽象推理或细节刻画。

第二章 公共管理的主体

在公共管理的研究和实践过程中,我们首先要思考的问题是谁来管理和谁实施管理,这实际上涉及的就是公共管理的主体问题。与传统公共行政不同,公共管理更多地呈现出一种开放式的多元化的主体管理体系。也就是说,在公共管理过程中,政府已经不再是唯一的主体,政府以外的其他社会组织和社会力量也都逐渐被纳入公共管理的主体范畴之中。它们凭借自身的独特优势和作用,为公共管理活动注入了崭新的生命力。本章将主要介绍作为公共管理重要主体的政府组织、非政府组织和国际组织的相关知识,我们将从它们的一般理论入手,进而分析它们在公共管理中的地位和作用。

一、公共管理的主体:呈多元互动的发展趋势

公共管理主体是指在公共事务管理过程中,提供公共物品与公共服务的组织和个人。传统公共行政中,政府是唯一合法的公共管理主体,独立性地、垄断性地承担着提供公共产品和公共服务的责任,政府之外的组织和个人被认为没有资格和能力参与公共事务管理,从而被排斥在主体范畴之外。随着管理模式和管理理念的不断转变和革新,在公共管理中扬弃了传统公共行政中政府一元化管理主体的模式,企业组织、非政府组织和公民个人等都参与公共事务管理过程中,形成以政府为中心的开放式多元化的主体体系。这种主体格局的转变成为公共管理区别于传统公共行政的最显著特征之一。为了对公共管理主体多元化发展有更清晰的认识和把握,下面将具体介绍公共管理主体多元化的形成背景以及主要特点。

(一) 公共管理主体多元化形成的背景

从政府一元化主体垄断管理向多元化主体合作共治的转变,并不是偶然的,而是有着深刻的历史背景。总的来看,这主要源于政府管理的合法性危机以及植根于公民社会的非政府组织的壮大。

1. 政府管理的合法性危机

20世纪70年代以后,政府管理的合法性受到社会公众的广泛质疑,这意味着传统公共行政中政府一元化管理模式的失败。从发展的角度看,这一管理模式的形成与凯恩斯主义时期全能政府的建立是分不开的。

20世纪30年代之前,在自由放任主义经济理论的主导下,西方资本主义国家以市场作为资源配置的核心机制,政府只相当于"守夜人"角色,它的作用仅限于保护社会免受外敌侵犯;保护每一个社会成员免受其他成员的强制,实现社会公正;建设和保护公共设施。但是,随着自由资本主义向垄断资本主义的过渡,人们也发现市场并不是万能的,而是存在着失灵现象。外部性、垄断、不正当竞争、宏观经济失衡、分配不公等弊端通过市场本身无法解决,从而导致失业、贫富分化、周期性经济危机等一系列问题出现。市场神话被1929—1933年出现的世界性经济危机打破,这场危机把市场机制的不足和局限性暴露无遗。在这种情况下,凯恩斯对自由经济理论提出质疑,主张建立一套不同的国家干预理论,通过增强政府干预、采取赤字财政、公共工程、福利政策、政府采购等办法刺激需求,从而扩大有效供给。第二次世界大战以后,凯恩斯主义在西方国家得到了普遍认可。由于许多国家面临战争造成的严重发展困境,迫切需要依靠高度集权的政府发挥作用来恢复社会经济秩序,因而普遍推行了政府干预政策。这些政策为战后资本主义经济的发展起到了一定作用,保证了战后近30年资本主义经济的持续繁荣。但与此同时,政府逐渐从自由资本主义时期的"有限政府"转变成"全能政府",其行政权力日益增加,管理职能也无限扩大。在公共管理领域,这种全能政府的管理发挥着重要影响,政府几乎垄断了对所有公共事务的管理,其他社会组织和个人全部被排斥在外,进而形成了政府一元化的管理模式。

20世纪70年代以后,西方国家先后出现了严重的经济滞胀,政府一元化管理模式的弊端逐渐暴露出来,政府部门效率低下、机构臃肿、政策失败、寻租和腐败、财政入不敷出等问题越发突出。因此,人们逐渐意识到,如同市场一样,政府本身也存在着难以克服的局限性,这使得政府管理面临着前所未有的合法性危机。因此,英国、美国、加拿大、新西兰、澳大利亚、日本等国政府纷纷走上改革之路,其主要措施有:缩小政府的职能范围,政府由"划桨"向"掌舵"转变,在此基础上重塑政府,改革政府与市场、政府与社会的关系。这场改革运动很快波及全世界,引发了全球性的行政改革运动,即新公共管理运动。总的来看,这场运动所采取的各项政府改革举措,必然会使政府体制之外的市场力量和社会力量的作用空间得到不断拓展,这无疑促进了公共管理主体多元化的发展。

2. 非政府组织的崛起

公共管理主体多元化的过程不仅是政府下放部分公共权力和职能的过程,而且也是市场主体和社会力量积极参与公共事务管理并努力承接相应职能的过程。离开了其中任何一个方面,要实现公共管理主体的多元化几乎是不可能的事情。就社会而言,要真正承担起一定的公共管理职能,就需要有相对强大的社会力量作为保障。因此,20世纪70年代非政府组织的不断崛起,可以说也是促成公共管理主体多元化的关键所在。

一般而言,非政府组织是指介于政府和企业之间的那些社会组织(如民间组织、社会团体、慈善组织、志愿者组织)。在20世纪70年代以后,随着全球结社革命在世界范围内兴起,这些组织出现了迅猛发展的势头,在数量和规模上都显示出日益扩张的趋势。非政府组织的研究学者萨拉蒙在《公民社会部门》中提供了一组数据,有力地表明了这一点。在法国,单在1990年就建立了6万多个社团,而在1961年总共不到6万。类似的,在德国,每10万人口的社团数量从1960年的160个增加到1990年的475个,翻了近3倍。即使是在匈牙利,在共产党执政之后的2年内,他们也达到了1.3万多个社团。而且,在被认为是典型福利国家的瑞典,公民社会的参与率是世界上最高的:瑞典有近20万个有成员资格要求的社团,大多数瑞典人都参加了一个或一个人以上的社团,创建了一个100万人口就有2 300个社团的稠密的社会网络。[①] 总的来看,这些非政府组织的活动内容和范围遍及政治、经济和社会生活的各个层面。在公共管理领域中,它们也逐渐扮演了越来越重要的角色,活跃于各国的国内公共事务乃至国际公共事务中。与政府和企业组织相比,非政府组织在公共管理过程中表现了自身的独特优势:一方面,由于非政府组织大多是社会公众为了解决社会公共问题而自发建立起来的,因此它们是以实现社会利益而不是以营利为活动宗旨,能有效弥补以追求利润最大化为目的的企业组织在处理公共事务上的局限性;另一方面,由于非政府组织贴近民众,能更好地了解公众的需求并及时地对这些多样化的需求做出回应,弥补了政府组织反应迟缓、行动力不足的弊端。因此,非政府组织在公共管理中的作用和地位逐渐获得了人们的认可和肯定。随着实践活动的丰富和拓展,非政府组织也成为公共管理主体的重要组成部分,从而奠定了公共管理的良好社会基础。

(二) 公共管理主体多元化的主要特点

从当前世界各国公共管理的实践看,公共管理主体多元化已经成为发展的主导趋势。通过归纳总结,它的特点主要体现为以下几个方面。

1. 在主体结构上,政府不再是公共管理的唯一主体

在主体结构上,政府不再是公共管理的唯一主体,除此之外,还包括非政府组织等

[①] [美]莱斯特·萨拉蒙:《公民社会部门》,见何增科主编:《公民社会与公共部门》,216页,北京,社会科学出版社,2000。

政府体制外的力量。就政府组织而言,它逐渐把传统公共行政模式下完全由其自身担当的职能和责任部分地转移给市场和社会。就政府体制外的力量而言,它们在公共管理过程中扮演着越来越重要的角色,其参与公共事务管理的程度、范围以及影响力上都得到了扩展。这意味着,公共管理的职能已不限于政府一方承担。

2. 在管理方式上,公共管理多元主体之间通过互动合作开展活动

在公共管理过程中,各个公共管理主体受制于种种自身的或外部的不可避免的因素限制,不可能单独承担起所有的公共事务,必须通过它们之间的互动合作弥补彼此的不足。唯有如此,在社会问题和公共事务不断增加的情况下,公共管理的效率才能得到有效的提升。

3. 在主体地位上,政府的核心作用是不可替代的

从当前来看,无论是规模、权威性还是公共性程度,政府依然要明显强于其他公共管理主体,这使它在公共管理过程中仍有着无可比拟的优势。因为它能够凭借自身的规模和权威性最大限度地调动各种资源以保证公共管理任务和目标的实现,同时其完整意义上的公共性也能够保证公共利益最大化的实现。从而,政府仍然是公共管理活动中最重要的组织,在公共管理多元主体中处于核心地位。同时,这种核心地位还体现在它要为其他管理主体参与公共管理提供制度化的途径和渠道。只有这样,其他公共管理主体才有法定的资格参与公共管理,同时参与的广度和深度才能不断增加。

二、政府是公共管理的核心主体

在公共管理的语境下,政府虽然不再是公共事务管理的唯一主体,但是它的核心地位却是不容置疑的。从当前来看,政府依然主导着整个公共管理过程并承担着主要的管理职责。对政府相关问题的研究仍是公共管理学关注的焦点。其中,在公共管理多元主体格局下,政府在公共管理过程中应如何发挥自身职能,发挥自身的作用,已经成为一个极其重要的理论和实践问题。因此,本节将着重对这一问题进行探讨。

(一)政府在公共管理中的角色定位

要探讨政府在公共管理中的职能问题,首先要明确政府在公共管理中的角色定位。只有在确定了政府所应扮演的角色基础上,政府职能行使的方向、范围和边界才能进一步得到规范。也就是说,只有当我们知道政府是什么和应该是什么的时候,我们才能知道和认识政府能做什么和不能做什么,应该做什么和不应该做什么。

所谓政府角色是指政府所具有的功能作用,它"与政府的性质、地位、权力、职能、任务等紧密相关,涉及政府的权力界定、功能范围、行为方式等"[1]。因此,政府角色实际上是对政府的内在特质和外在功能价值的集中概括和体现。对政府角色进行历史考察,可以发现它并不是一成不变的,而是随着行政环境和行政观念的发展变迁不断进行着适应性的调整和修正。其中,政府与市场、政府与社会之间关系的变化是引起政府角色转变的主要依据。就西方国家而言,从自由资本主义时期的"市场独大"到凯恩斯主义时期的"政府独大",政府角色经历了由"无为政府"到"全能政府"的演变。同样,在公共管理模式下,由于政府、市场和社会关系格局的新变化,政府角色也需要进行相应的调整,也就是要对其进行重新定位。在公共管理过程中,政府、市场和社会不再是非此即彼的对立和竞争关系,而是逐渐建立起一种彼此配合、相互合作的关系。这主要体现为:市场力量和社会力量参与公共事务管理的范围和程度不断得到了拓展和加强,进而形成政府、市场和社会共同管理的主体格局。这意味着政府在公共管理中管理公共事务的领域和职能发生了变化,从无所不包的全能型政府逐渐向提高管理能力和水平的有效型政府转变;同时不需要再包揽一切,应该"掌舵"而不是"划桨",要把市场和社会能够做得更好的事情交给市场和社会,只集中力量去做市场和社会无法做或者做不好的事情。也就是说,政府在公共管理中应扮演"有限政府"的角色。

(二) 政府在公共管理中的主要职能

在有限政府的框架下,政府职能发挥作用的范围和领域必然要发生相应的收缩。但是,这并不是说政府职能越少越好,其边界越小越好。政府职能不再介入的只是那些市场机制和社会机制能够更好发挥作用的领域。但是,对于那些市场机制和社会机制难以有效发挥作用的地方,政府职能依然要发挥主要作用。在公共管理中政府必须履行的主要职能可以概括为以下五个方面。

1. 调控宏观经济

东西方国家市场经济的实践都已经证明,市场机制的自由运转、企业和个人的自由选择并不能自动地保证社会总供给与总需求的平衡。如果任其自然发展,经济发展水平越高,各种生产要素根据市场不完全信息进行配置与组合所形成扭曲的可能性与幅度就会越大,各经济部门之间出现供求偏差的幅度与发展不平衡的程度也会逐渐扩大,从而易于导致宏观经济出现周期性的波动,导致失业和通货膨胀现象的产生。因此,必须通过一个独立于和超然于所有市场主体的、有能力对社会总供给与总需求进行经常性调节的机构,对经济进行宏观调控,才能有效平复市场经济的周期性波动,维持经济稳定,从而较好地实现总体资源优化配置。能实现这样作用的机构只有政府组织。为

---

[1] 彭澎:《政府角色论》,2页,北京,中国社会科学出版社,2002。

此,政府需要通过制定国家经济发展战略,确定经济中长期发展目标,以及通过各种必要的公共政策,如财政政策(例如预算政策、税收政策、财政收支监管政策)、货币政策(例如,法定准备金、公开市场业务、再贴现)、金融政策(例如,利率、汇率)、就业政策和产业政策,对经济活动进行有效干预,使社会总供给和总需求趋于基本平衡。

2. 提供公共物品

在公共管理模式下,虽然公共物品的提供并不排斥市场力量和社会力量,但是鉴于公共利益和供给效率的考虑,有些公共物品只能依赖于政府提供。这些公共物品包括:①公共性程度高的公共物品。公共性程度的高低可以用公共物品受益人或消费者人数的多寡衡量。一种公共物品的受益人或消费者人数越多,公共性程度越高;一种公共物品的受益人或消费者的人数越少,公共性程度越低。公共物品的公共性程度越高,其供应状况对社会生产和居民福利的影响越广、越大,从而保证其充分供应就越重要。如国防、治安、法律等纯公共物品就必须由政府提供。②不宜或不应由市场力量和社会力量供应的公共物品。有许多种类的公共物品,即使市场力量和社会力量能够提供,也不能由它们来供应,因为由它们来供应可能会损害公共利益。如国防,其公共性程度最高,若将其交由市场力量和社会力量供应,则可能会损害国家安全。再如立法和司法物品,若由非政府组织供应,很可能会使其成为少数人谋取私利、损害大多数人利益的工具。诸如此类的公共物品都应由政府垄断供应,这是保证此类公共物品供应符合公共利益的必要条件。③市场力量和社会力量不愿意或无力提供的公共物品。公共物品的非排他性程度越高,"搭便车者"一般来说会越多,单独收费也就越困难,市场力量越不愿意提供。如传染病防治、基础科学研究具有很大的外部性,企业一般不愿意提供此类公共物品,社会力量又没有能力提供这类公共物品,供给的责任只能由政府承担。④市场力量和社会力量没有能力提供和虽有能力提供但非竞争性程度高的公共物品。这类公共物品主要包括跨地区的道路、大江、大河的整治,桥梁、港口、消防设施等。这类公共物品由市场力量和社会力量供应,要么是供应不足,要么是利用不足。政府提供此类公共物品是使其得到充分供应和充分利用的必要条件。

3. 完善法律和制度框架

现代市场经济是规则经济,它要求用各种法律、规则和制度来不断规范和调整各种经济关系和经济行为。一旦缺乏相应的法律和制度措施,市场经济的公平竞争环境很容易遭受破坏,从而导致市场秩序紊乱,经济发展停滞不前。因此,市场经济条件下政府的一个基本职能就是通过完善法律和制度保障市场高效运转。总的来看,政府必须在以下两个层面有所作为:①建立并逐渐完善保证市场机制正常运转所需要的法律制度。这一法律体系主要由三个层次的内容构成,即确认和保护产权关系的法律,如民法、专利法、知识产权法、商标法;规范进行某种类型经济活动的法律,如商法、破产法、不动产交易法;对一般经济活动进行调节、规制和监督的法律,如税法、劳动法、环境保护法、消费者权益保护法。②完善法律法规防止垄断的发生,保证市场机制正常发挥作用。市场经济是竞争经济,市场主体参加经济活动需要进行公平有序的竞争环境。然而,无论是自然垄断或者是行政垄断的形成,都会使公平竞争遭到破坏,进而阻碍市场机制的有效运行和资源的优化配置。因此,政府还必须要颁布和执行反垄断法和反不正当竞争法等相关法律,建构和维系有利于良性竞争的市场体系。

4. 治理外部效应

外部效应又称外部性或外部经济,是指经济当事人(生产者和消费者)的生产和消费行为会对其他经济当事人(生产者和消费者)的生产和消费行为施加有益或有害影响的效应。外部效应分为外部正效应和外部负效应。好的或积极的影响被称为外部正效应(如花圃或果园给养蜂人带来的好处);坏的或消极的影响被称为外部负效应(如化工厂有害化学物质和噪声的散布对环境所产生的消极或危害性影响)。当外部效应出现时,一般无法通过市场机制的自发作用调节以达到社会资源有效配置的目的。沃尔多对外部性问题进行了深入的分析,认为"在经济活动产生'外在需求'的地方,无论是受益还是损耗,由生产者满足这些需求都是不恰当的,或者说是不可以从生产者那里征收的。这样……市场结果没有效率。因为这些外部受益或损耗是不进入决定生产决策的计算的"。① 外部效应的存在既然无法通过市场机制解决,政府就应当负起这个责任。政府可以通过补贴或直接的公共部门的生产推进外部正效应的产出;通过直接的管制限制或遏制外部负效应的产出,如政府可以通过行政命令的方式硬性规定特定的污染排放量,企业或个人必须将污染量控制在这一法定水平之下,或者政府用征收排污税等方式来治理企业或个人的环境污染问题。

5. 调解和再分配社会收入

市场经济本身是一种效率经济,它能较好地解决效率问题,却不能解决公平问题。在社会收入分配问题上亦是如此。具体而言,主要表现为:一方面,市场经济不可能自动达到社会收入分配方面的公平和协调,商品交换至多能实现既定分配格局之下的帕累托最优,不能改变现有的收入分配格局;市场经济条件下的机会不均(个人能力和教育程度等的差别)也可能带来收入分配不公现象。另一方面,市场经济不可能解决全社会范围的失业、养老、工伤事故、医疗保健及扶贫助弱等社会问题。这意味着社会收入的不公平问题在市场经济过程中几乎是无法完全避免的。总的来看,收入分配的不公平,

---

① [美]查尔斯·沃尔多:《市场或政府》,谢旭译,18页,北京,中国发展出版社,1994。

在一定限度内属于经济问题,会抑制一些人的主动性和积极性的发挥。但如果对这一现象不加任何调解而任其长期发展,最终势必会成为严重的政治问题和社会问题,引发政治和社会的动荡。因此,政府有责任运用公共权力,通过调节生产要素相对价格、税收和财政转移支付、完善社会保障制度等手段,将不公平的程度限定在社会可以接受和允许的范围之内,从而实现社会公平的目标,保持社会稳定。

三、非政府组织是公共管理的新兴主体

自20世纪70年代以来,非政府组织的迅速崛起以及它们在参与公共事务管理中所表现出的优势和效能,让人们在政府和市场之外寻找到一种新的公共管理路径。因此,它们逐渐成为公共管理的新兴主体。那么,什么是非政府组织?它们在公共管理中有哪些方面的优势?它们在公共管理中的功能是什么?这是本节将要深入讨论的主要问题。

(一)非政府组织的概念、特征及其类型

1. 非政府组织的概念

非政府组织(Non-Governmental Organization,NGO)一般是指介于政府组织和经济组织之外的社会组织形态。但由于语言的、习惯的或者意识形态等方面的不同,在不同的国家有着不同的称谓,如独立部门(independent sector)、非营利组织(non-profit organization)、第三部门(the third sector)、慈善组织(charitable organization)、志愿者组织(voluntary organization)、免税组织(tax-exempt organization)、公民社会组织(civil society organization)。目前,它是一个庞大的组织体系,包括的社会组织类型相当广泛。由于非政府组织在性质、形态、功能方面的差别,以及产生方式、运作模式、所处的法律制度和文化环境的差异,人们的研究视角也有所不同,因此对其概念的界定也是见仁见智,众说纷纭,没有形成一个完全一致的观点。从当前来看,国际上主要存在四种比较流行的定义[①]:①法律角度的定义。世界上许多国家都在法律上对非政府组织作出了相应的界定,如美国《税法》第501条就规定,免税组织必须要满足三个条件:该组织的运作目标完全是为了从事慈善性、教育性、宗教性和科学性的事业,或者是为达到该税法明文规定的其他目的;该组织的净收入不能用于使私人受惠;该组织所从事的主要活动不是为了影响立法,也不干预公开选举。②资金来源角度的定义。联合国的国家收入统计系统采用的就是这种定义。该系统认为非政府组织与其他组织(金融组织、非金融组织、

---

① 王绍光:《多元与统一:第三部门国家比较研究》,8~10页,杭州,浙江人民出版社,1999。邓胜国:《非营利组织评估》,3页,北京,社会科学文献出版社,2001。

政府和家庭)的区别在于,它的收入不是来自以市场价格出售的相关的商品和服务,而是来自其成员缴纳的会费和支持者的捐赠。③目的和功能角度的定义。即凡是为了促进"公共利益"或者"团体利益"而形成与发展的社会组织,皆可成为非政府组织。例如,沃尔夫(Wolf)认为非政府组织具有如下五个特征:服务大众的宗旨;不以营利为目的的组织结构;有一个不致令任何个人利己营私的管理制度;本身具有合法免税地位;具有可提供捐赠人减免税的合法地位。④"结构—运作"角度的定义。这一定义是由美国约翰·霍普金斯大学非营利组织比较研究中心提出的,它着眼于组织的基本结构和运作方式,认为凡是具备组织性、民间性、非营利性、自治性和志愿性这些条件的组织都可以称之为非政府组织。

综上所述,本书认为所谓非政府组织,就是在政府组织和经济组织之外的以公共利益为目标取向,组织成员志愿参与的不以营利为目的的自治性社会组织的总和。

2. 非政府组织的特征

关于非政府组织特征,美国约翰·霍普金斯大学非营利组织比较研究中心提出的组织性、民间性、非营利性、自治性和志愿性这五点,成为学界公认的经典概括。对于它们的具体内涵,可以作如下理解:

(1) 组织性

非政府组织必须是制度化的正式组织,在组织内部要有比较完善的规章制度、固定的组织结构和一定数量的组织成员,并能经常性地开展各种活动。这意味着那些因为特定原因而临时聚集到一起的人群或者经常活动的非正式团体不能被认为是非政府组织的一部分,尽管它们有时也发挥重要的社会功能。同时,非政府组织还必须拥有正式注册的合法身份,对外能够以法人的身份签订合同。

(2) 民间性

非政府组织在组织机构和管理体制上都是独立于政府组织的,它们不属于政府组织的组成部分,它们的决策者不由政府官员控制的董事会领导,它们的内部成员不由政府组织决定任免,而且,它们的活动内容和活动方式也不受政府组织的支配。但必须指出的是,这并不是说非政府组织拒绝让政府人员参加活动,也不意味着它们不能接受政府的资助,而是说它们必须要有不受政府控制的独立决策权。

(3) 非营利性

非政府组织存在的价值和意义在于为社会提供公共物品和公共服务,以最终促进公共利益在更大程度上的实现。这意味着非政府组织所开展的各种活动都不能以营利为目的。虽然它们在活动过程中能收取一定的费用,在某些情况下还可能会产生盈余,但是这种盈余不能分配给组织的所有者、管理者以及志愿参与人员。可以说,这是非政府组织与以追求利润最大化为目标的营利性组织之间的最显著区别。

(4) 自治性

非政府组织是一种独立的自治性组织,它们按照组织内部的规章制度和工作流程,实行自我管理和自我监控。同时,它们在人事安排、员工招聘、资金使用、决策制定等方面具有独立的决定权和支配权,并且不受政府组织、私营企业或者其他非政府组织的意见和态度的干扰。

(5) 志愿性

非政府组织所开展的各种活动都是以志愿为基础的,它们的成员大多是基于利他主义、奉献精神和人道主义的价值追求而自愿参与组织活动。当然这不是说它们的成员全部或大部分都是志愿者,其实在非政府组织中也有相当部分的成员是带薪工作者。但是不得不承认,非政府组织所开展的各种活动对志愿者的积极参与都带有明显的依赖性。

3. 非政府组织的类型

非政府组织是一个十分庞大的组织体系,所包含的组织种类异常繁多,而且它们之间的内部差别要比政府组织和经济组织内部的差别还大得多。因此,对非政府组织类型的准确划分对我们更好地认识和了解它们的总体面貌有着重要的意义,但这也并非易事。

迄今为止,比较有影响的分类主要有以下三种:

(1) 联合国国际标准产业分类体系(the UN International Standard Industrial Classification System, ISIC)

根据各种组织的主要经济活动将它所分列的 17 个门类中的教育类、卫生和社会工作类、社会和私人的其他服务活动类中的活动视为对非政府组织的分类。

(2) 欧共体内部经济活动产业分类体系(Statistical Classification of Economic Activities in the European Community, NACE)

将非政府组织划为教育、研究和开发、医疗卫生、其他公众服务和休闲文化五类。

(3) 由约翰·霍普金斯大学的莱斯特·萨拉蒙和赫尔穆特·安海尔领导的研究小组,在国际比较研究基础上形成的"非营利组织国际分类体系"(the International Classification of Non-Profit Organizations, ICNPO)

它将世界上的非政府组织划分为 12 个大类 27 个小类,其依据的主要标准包括:活动领域、活动范围、活动方式、活动对象或受益者等。第一类是文化和娱乐,包括文化与艺术、休闲、服务性俱乐部;第二类是教育与研究,包括中小学教育、高等教育、其他教育、研究;第三类是卫生,包括医院与康复、诊所、精神卫生与危机防范、其他保健服务;第四类是社会服务,包括社会服务、紧急情况救助、社会救济;第五类是环境,包括环境保护、动物保护;第六类是发展与住房,包括经济、社会、社区发展、住房、就业与职业培训;第七类是法律与政治,包括民权促进组织、治安与法律服务、政治组织;第八类是慈善中介与志愿行为活动;第九类是国际性活动;第十类是宗教活动和组织;第十一类是商会、专业协会和工会;第十二类是其他非政府组织。这是当前在国际上比较权威和流行的分类方法。

在我国,实际上,我国政府主管部门将纳入其管理的"民间组织"分为三大类:①社会团体,即"中国公民自愿组成,为实现会员共同意愿,按照其章程开展活动的非营利性社会组织";②民办非企业单位,即"企业事业单位、社会团体和其他社会力量以及公民个人利用非国有资产举办的,从事非营利性社会服务活动的社会组织";③各类公益性基金会,即"利用自然人、法人或者其他组织捐赠的财产,以从事公益事业为目的而设立的非营利性法人"。对其中数量最多的社会团体,民政部又将其分为四类:①从事自然科学、社会科学以及交叉科学研究的学术性团体,如中国骨科学会;②由同行业的企业组成的行业性团体,如中国棉纺织行业协会;③由专业人员组成或依靠专业技术、专门资金从事某项事业而成立的专业性团体,如中国包装技术协会;④人群的联合体或团体的联合体,如中国工业经济联合会。政府管理部门分类的好处是化繁为简,便于操作,其缺点在于有的名称不够规范,划分过于笼统,个别概念之间界限不够清晰。

随着非政府组织在我国的兴起,理论界参考国际分析体系对我国非政府组织的分类也进行了规范研究。从当前来看,其中比较有代表性的有两种方法:第一种是"中国社团组织分类识别体系"。这种方法是针对我国政府分类中的"问题"提出来的。这个体系"将中国所有社团组织分为四大门类:人民团体、社会团体、宗教团体以及其他社团组织"。其中,人民团体是指参加政治协商会议的社团组织;社会团体是指由官办、半官办以及民间创办的不以营利为目的、依法开展活动的互益性群众组织,具体包括产业性团体、专业性团体、推促团体、联谊团体、基金会、其他社会团体;宗教团体是指国家法律认可的宗教团体;其他团体组织是指不属于上述范围的社团组织。① 第二种是"民间组织分类"。这种方法针对两种不同目的进行分类。针对学术研究的目的,将我国现有各种组织分为:行业组织、慈善性机构、学术团体、政治团体、社区组织、社会服务组织、公民互助组织、同人组织、非营利性咨询服务组织九类。针对行政管理目的,比如,税收、登记、监管等制度性待遇,可以从三个方面入手进行归类:从法律地位入手,可将民间组织分为法人团体与非法人团体,法人团体具有独立的法人资格,其权利责任要大于非法人团体,对法人团体的审批、登记、监管等应当更加严格,政府在财政和税收等方面对它的支持力度也应当更大;从活动宗旨入手,可将民间组织分为公益性团体与非公益性团体,公益性团体的主要宗旨是增进社会公共利益,这类团体获得的政府资助和扶持应当更多;从行政管理需要入手,民间组织可分为:①群众团体或人民团体,如工会、青年团、

---

① 唐铁汉、袁曙宏:《构建和谐社会促进社会稳定》,267~270页,北京,国家行政学院出版社,2006。

妇联、作协、科协、文联、残联；②自治团体，如村民委员会、居民委员会；③行业团体，如中国轻工总会、中国消费者协会；④学术团体，如从事自然科学、社会科学和交叉学科研究的各种协会和学会；⑤社区团体，如从事社区管理和服务的居民组织；⑥社会团体，即除上述外的其他各类民间组织；⑦公益性基金会，如旨在促进社会公益事业的各类基金组织。[①]

（二）非政府组织在公共管理中的优势

非政府组织本身所具有的上述特征，使其在参与公共管理中能够有效地克服和弥补政府和市场的不足和缺陷。当前，非政府组织所参与的公共管理已经涉及百姓生活的各个层面，在协助政府提供公共服务、参与社会管理、推动经济发展、加快社会事业发展等方面发挥越来越重要的作用，进而能够保障公共管理的效率和公共利益更好地实现。因此，它在公共管理中有着不可替代的优势。具体来看，这些优势主要体现在如下几个方面。

1. 贴近民众的优势

非政府组织是民众自愿组织起来的以追求公共利益为目标的社会组织。可以说，它们本身就是公众意志和公共利益的凝聚体。与政府组织相比，由于非政府组织主要是由具有强烈利他主义的人发起的，其组织成员、支持者和志愿者也都是对社会公共事业具有较强奉献精神的人，因而这些组织向社会提供的公共物品和公共服务带有更多的志愿性和无私性的特点。与经济组织相比，由于非政府组织成立的目的在于为广大的社会公众谋取福利，因而这些组织所开展的各种活动都能够表现出更多的公益性特点。这意味着非政府组织比较容易获得公众的认同和信任，它们与公众之间也比较容易建立起亲密关系。同时，由于非政府组织的民间性特点，也使得它们方便与公众进行沟通和交流，这使得它们能够在第一时间准确掌握公众对于公共物品和公共服务的需求，进而能够更好地对它们的公共需求加以满足，这也是作为公共权力机构的政府组织难以做到的。

2. 行动灵活的优势

官僚作风、僵化保守、形式主义和不负责任是公众对政府组织批判的焦点所在，而产生这些问题的原因在于政府人员在做事的时候总是习惯于按规章办事，处理复杂多样的事务也只是严格依照简单的公文规定。虽然这样能够防止某些政府人员在处理公共事务中的恣意妄为，但是这也使得政府组织在某些问题的处理中表现得过于呆板，尤其在应对突发事件和新的社会问题时表现得更是如此。但是，非政府组织却能够根据

---

① 俞可平：《中国公民社会：概念、分类与制度环境》，载《中国社会科学》，2006(1)，114～115页。

环境的变化和社会事务的变动灵活地调整自己的战略和行动计划,以应对各种挑战,从而可以更好地为公众提供公共物品和公共服务,并解决困扰公众的各种社会问题。对此,奥斯本和盖布勒指出,在公共服务的提供方面,非政府组织和政府组织有着各自的优势和劣势。非政府组织的优势在于:①更容易接近服务对象;②更灵活地对服务对象的需求做出反应;③更适合处理高风险社会问题。① 现代社会变化日新月异,人们的兴趣、价值和信念多元化的趋势日益凸显,对公共物品的需求更为个性化和多样化,并且具有变动性。在这样的情形下,非政府组织往往更能发挥良好的作用。

3. 敢于创新优势

非政府组织由于较少受到体制和利益等方面问题的掣肘,在公共管理改革中往往能够首开先河,对公共管理中出现的新问题进行创造性处理。例如,在美国,民权事业、环保事业、妇女运动、对少数民族的保护等方面的重要变革往往都是由非政府组织发起的。实际上,现代西方社会不少公共服务也都是由非政府组织开创的,后来才得到政府的认可和支持。② 总的来看,非政府组织的这些创新既有来自于技术层面的,也有来自于制度层面的,有的甚至成为体制变革的先导性力量。因此,非政府组织的创新性在很大程度上使得公共管理活动充满了变革性,变革的力量也使公共管理对公共问题和公共需求更具有适应性和回应性,这无疑有利于推动公共管理水平的不断提高。

4. 专业性优势

政府作为公共利益的唯一合法代表,在公共管理中必须照顾到社会总体利益及其与各方利益的平衡,否则就难以构建和维系自身的合法性。因此,政府往往对具有普遍性特征的问题进行优先解决,这也使政府对某些特定问题的关注和解决显得力不从心。而针对特定问题,照顾特定对象恰恰是非政府组织的特长和优势。绝大多数非政府组织在成立之初就将自己的目标定得很明确,即关注某一类社会问题或救助某一弱势群体。它们往往根据自己的目标设定标准吸纳组织成员以组建自己的人才队伍,这使它们在解决某类特定问题时拥有专业技术和知识优势。因此,非政府组织往往能够积极有效地处理某些特定问题,例如,公共决策咨询、教育和公共卫生问题、环保问题、珍稀和濒危动植物的保护问题等。

5. 广泛性优势

非政府组织活动覆盖的领域非常广泛,在政府不愿或无法顾及到的地方,它们也可以提供公共物品和公共服务方式,对政府服务起到重要的补充作用。一方面,随着现代

---

① [美]戴维·奥斯本:《改革政府:企业精神如何改革着公营部门》,328页,上海,上海译文出版社,1996。
② 王绍光:《多元与统一——第三部门国家比较研究》,58~59页,杭州,浙江人民出版社,1999。

社会的发展，人们的需求越来越趋于多样化，政府不可能用统一的标准和政策充分而全面地满足社会各种各样的需要。另一方面，政府由于人力、物力和财力等资源方面的局限，对某些公共服务往往难以提供或难以很好地提供。在这种情况下，第三部门以其数量众多、范围广泛、规模不等、覆盖面广、渗透性强等特点，却可以设法满足这些需要。

（三）非政府组织在公共管理中的功能

实践证明，作为社会力量运行的主要载体，非政府组织已经成为公共管理主体中不可或缺的组成部分。它们能够通过多种方式参与公共管理活动，承担公共管理责任，以发挥其多方面的功能。这些功能主要包括如下方面：

1. 非政府组织能够为社会提供广泛的公共物品和公共服务

自20世纪70年代以来，西方国家许多过去由政府直接提供的公共物品和公共服务如今正在转交给非政府组织提供。例如，从1990年的数据来看，法国30％以上的儿童日常护理和55％的居民护理是由非政府组织提供的；美国50％以上的医院床位和50％的大学、日本75％以上的大学是由非政府组织举办的；意大利40％以上的居民护理设施以及瑞典40％以上的新建或翻建的居民房屋由非政府组织提供。[①] 就世界范围来看，一些原本由政府组织承担的实际操作性工作也正在逐渐转移给非政府组织，让它们独立完成。同时，对于那些政府和市场本来就不愿、不便或不能提供的公共物品和公共服务，非政府组织也逐渐承担起供给责任。就联合国体系来看，包括世界银行在内的各个机构在对发展中国家的援助中，非政府组织也都已经成为直接负责项目实施和服务提供的重要主体。

2. 非政府组织能够推动社会就业和社会发展

非政府组织通过自身努力能够筹集资金填补政府用于社会各项事业发展的资金缺口，同时还能够创造一定比例的国民生产总值，并为社会群体提供大量的就业机会。首先，从就业方面来看，在美国、英国、法国、德国、意大利、瑞典、匈牙利和日本8个国家中，非政府组织1990年雇用的人数相当于1 490万领薪的全日制工人。这意味着每20个工作岗位中就有一个是非政府组织提供的。在快速增长的服务部门中这个比例更高，达到每8个中就有1个。除此之外，这些国家的非政府组织雇用的志愿人员相当于480万个全日制雇员。非政府组织就业占所有非农就业的5％，占所有服务行业就业的10％，占所有公共部门就业的27％。其次，从开支方面来看，在上述8个国家中，从1990年到1992年公民社会部门有6 140亿美元支出。这相当于这些国家国内生产总值总和的

[①] [美]莱斯特·萨拉蒙：《公民社会部门》，见何增科主编：《公民社会与公共部门》，260页，北京，社会科学出版社，2000。

5%左右,相当于西班牙国民生产总值的20%多。如果将这些国家的非政府组织比作一个单独的国家,那么它将成为世界第八经济大国,比巴西、俄罗斯、加拿大和西班牙还要领先①。由此可见非政府组织在推动就业和社会发展中的巨大作用。

3. 非政府组织有利于激发承担责任和积极奉献的公民精神,并促进自律性社会秩序的形成

政府是通过外在于社会的强制力量维持社会秩序,而非政府组织则不同,它依靠价值的认同和社会的自律实现维系秩序。非政府组织的成员是自愿参与的,他们集结于某一组织是基于对共同目标和价值理念的认可,如保护环境、反对战争、帮助弱者、救济苦难,从而带有很强的道义和伦理价值的色彩,因此有利于激发组织成员乃至社会成员勇于承担责任和积极奉献的公民精神。其组织成员之间、组织成员与社会公众之间易于形成相互的理解、支持与互助。同时,非政府组织的运行方式主要是沟通、协商与互助合作,而不是强制和控制,这也非常有利于其组织成员与社会成员自律、自治与自强精神的培育与发展,有利于促进社会秩序的稳定。

4. 非政府组织能够培育民主价值观,提高民主化水平

民主化是21世纪政治发展的重要特征,也是人类社会不能阻挡的历史发展趋势。一般而言,实现民主化的前提和基础在于社会公众的民主意识和价值观的养成。但事实表明,在现代社会中,公众民主自由理念在很大程度上不是靠政府和市场培育的,而是通过公民的自由结社、相互交往的社会生活逐步养成的。柯亨和阿拉托曾指出:"公民社会是公民学习民主的大学校。人们在公民社会中的生活是民主的,民主已经成为人们的生活方式,它融入了人们的日常生活中。"②同时,托克维尔也断言:美国的民主得益于"新英格兰的乡镇精神"。由此可见,非政府组织无疑为公民民主意识和价值观的培育提供了一个重要平台。非政府组织的成员在自愿的基础上自由结社、相互交往,在工作中相互信任和合作,并用平等的方式处理矛盾以及其他各种问题,这往往有利于形成民主的生活方式,培育出民主的意识和价值观,进而为政治民主化奠定坚实的基础。

5. 非政府组织能够制约政府的公共权力

任何公共权力都需要制约,因为权力倾向于腐败,绝对的权力倾向于绝对的腐败。实践证明,对于防治腐败,政府内部的分权制衡是必要的,但制约公共权力的最有效的力量不是来自政府体制内部,而是来自政府体制外的社会。因为,"来自社会的制约能够

---

① [美]莱斯特·萨拉蒙:《公民社会部门》,见何增科主编:《公民社会与公共部门》,259~260页,北京,社会科学出版社,2000。
② [加]查尔斯·泰勒:《呼求市民社会》,见汪晖、陈燕谷:《文化与公共性》,189页,北京,生活·读书·新知三联书店,1998。

直接反映公众的心声,它是公众出于自身目的而对政府进行监督和制约的,其追求的结果是保护和实现其自身的利益,相对于国家权力的内部监督和制约而言,社会的监督与制约更具真实性、积极性、灵活性和及时性,因而也更有效"。① 然而,单个的人是没有力量和能力与政府抗衡的,原子化的个人只有结成有机的整体即社会组织,才有可能抵制来自政府的强权,才能达到制约政府的公共权力的目的。非政府组织以其组织化的优势将分散的公众力量联合起来,从而为社会监督提供了坚实的基础。这有利于政府增加责任感和透明度,保证公共权力的公共性的实现,进而有利于公共利益最大化的实现。

四、全球治理下的国际组织是公共管理的辅助主体

"冷战"结束后,全球化以其推进经济、政治和文化一体化方面的重要作用,成为当今时代国际社会的重要现实和理论焦点。但是,全球化也如同一把"双刃剑",既会带来巨大的利益和发展的机遇,也带来了诸多的挑战与风险。在全球化浪潮不可逆转地席卷世界之际,全球性问题和全球性公共事务也在与日俱增。因此,针对解决这些公共问题和公共事务形成的国际公共管理的新模式——全球治理正在不断兴起。在全球治理的框架下,除了要发挥各民族国家以及其他组织间的合作精神之外,国际组织也成为促进全球治理目标实现的重要辅助力量。那么,什么是国际组织?它有哪些类型?在全球治理中能发挥什么作用和功能?这将是本节探讨的主要问题。

(一)国际组织概念、特征与分类

1. 国际组织的概念

关于国际组织(international organization)的概念,国内外学者以及相关学派尚未形成统一的认识。

在西方,《国际关系政治词典》对国际组织的解释是:超越国家边界的正式安排,通过这种安排建立起制度化的机构,促进成员间在安全、经济、社会或相关领域的合作。② 而《外交与国际法词典》则将国际组织简单地概括为:"依据维也纳《条约法公约》第二款的规定,意思是'一种政府间组织'。"③ 可以说,这两本词典对于国际组织的定义在一定程度上代表了西方的主流模式。

就西方理论界而言,各个理论学派也试图从不同视角对国际组织的概念进行讨论

---

① 李珍刚:《当代中国政府与非营利组织互动关系研究》,148 页,北京,中国社会科学出版社,2004。
② Lawrence Ziring ed. International Relations: A political Dictionary, the 5th edition, Abc-clzo Inc., 1995: 327.
③ Melquiades J. Gamboa ed. A Dictionary of International Law and Diplomacy. New York: Oceana Publications, 1973: 156.

和界定：①①以美国伍德罗·威尔逊为代表的国际政治学中的理想主义学派基于一种规范研究的路径，认为国际组织就是一种超国家的机构和组织，它以"理性"和"道德"为基石，目的是为了加强国际合作，巩固国际秩序，保障世界永久和平。②现实主义学派的卡尔根据国联的实践指出权力的重要性，在其理论框架中，权力是分析的逻辑起点，同时又不排斥道德的因素，认为"既有权力，又有道德准则，才是健全的政治理论赖以存在的基础"②。另外，汉斯·摩根索把国际组织看作是维持势力均衡的由盟约约定的联盟。③以功能主义学派、新功能主义学派和沟通学派为代表的一体化理论学派对以欧洲一体化为主的区域一体化实践进行理论总结，进而对国际组织的结构功能以及信息沟通与交流层面进行分析，认为国际组织是"一体化主体聚合的过程与结果"。④在新自由主义看来，国际组织是"许多不同的层次之间联系的网络、规则和机构"。③ 国家之间共同利益的增多导致国际合作机制的建立，正式国际组织和跨民族的非政府组织被确认为国际制度的主要表现形式和载体。④ ⑤西方建构主义国际关系理论学派受社会学影响，采取一种文化研究路径，把国际组织视为价值、规范的载体，赋予了国际组织所承载的文化规范的独立本体论地位。可见，不同的理论学派基于不同的研究视角和路径，对于国际组织的本质理解也是不一样的。

在我国，对于国际组织的研究才刚刚起步。蓝良明认为："国际组织是国家之间为实现特定的目的和任务，根据共同同意的国际条约而成立的常设性组织。国际组织是国际合作的重要形式，同时也是国际斗争的重要场所。"⑤梁西指出："国际组织是跨越国界的一种多国机构，一般来说，凡两个以上的国家或其政府、人民、民间团体基于特定的目的，以一定协议形式而设立的各种机构均可称为国际组织。"⑥郑建邦认为："国际组织是基于成员国的协议而建立的组织，其作用在于协调成员国的某些活动。"⑦颜声毅指出："国际组织是跨越国界的一种多国机构，是国家间为了实现特定的目的和任务，根据共同同意的国际条约而成立的常设性组织。"⑧从上述定义来看，我国学界对国际组织的界定多是从目的、机构、过程和模式等方面为切入点的，突出了国际组织的外在特点。

---

① 杨广、尹继武：《国际组织概念分析》，载《国际论坛》，2003(5)，53~54页。
② 叶宗奎、王杏芳：《国际组织概论》，9页，北京，中国人民大学出版社，2001。
③ [美]罗伯特·基欧汉、约瑟夫·奈：《权力与相互依赖——转变中的世界政治》，林茂辉等译，65页，北京，中国人民公安大学出版社，1992。
④ Robert O. Keohane. International Institutions and State Power: Essays in International Relations Theory. Boulder: Westview Press, 1989: 3-4.
⑤ 蓝良明：《国际组织概论》，5页，北京，法律出版社，1982。
⑥ 梁西：《现代国际组织》，5页，武汉，武汉大学出版社，1984。
⑦ 郑建邦：《国际关系辞典》，1页，北京，中国广播电视出版社，1992。
⑧ 颜声毅：《当代国际关系》，254页，上海，复旦大学出版社，1996。

综合以上理论界的研究成果,本书将国际组织作如下界定:由多国成员组成、活跃于世界舞台上、具有独立地位、以解决公共问题和处理公共事务为目标导向的国家间组织实体。

2. 国际组织的特征

一般而言,国际组织的特征主要体现在如下几个方面:

(1) 跨国性

这主要体现在三个方面:从主体构成上来看,国际组织是由多国成员组成的,可以是两个或两个以上的国家、政府、团体和个人等构成;从活动领域和作用范围来看,国际组织主要活跃于世界舞台;从目标导向来看,国际组织要解决和处理的是每个国家或者是多个国家共同面临的公共问题和公共事务,最终目的是要实现世界的和谐发展。

(2) 组织性

国际组织一般都具有永久性机构,有一套阐述目标、结构和行动方法的基本章程,有常设的管理机构,因此它良好的组织性也能够保证其稳定性和连续性的实现。

(3) 独立性

国际组织是由多个国家的成员构成的,要维护各个国家的共同利益甚至是更广泛的世界利益,因此它在解决公共问题和处理公共事务的过程中,不受某个国家或组织的意识形态和私利等因素的影响,不代表任何政府和国家的立场。因此,国际组织一般都具有独立自主权和活动能力,这是它发挥作用的首要前提。

(4) 非营利性

国际组织成立的初衷和目的是要解决和处理仅凭某个国家和组织的力量无法解决的跨国界的公共问题和公共事务,其宗旨是要维护公共利益,这决定了国际组织具有非营利性的特点。因此,国际组织与跨国公司有着本质的不同。

3. 国际组织的类型

由于国际组织的多元化以及它们之间在活动宗旨、职能及运作方式上的相互重叠,一般很难对它们做出严格精确的划分。依据不同的标准可将国际组织划分为不同类型。

1) 按照成员的性质划分,可分为政府间国际组织和非政府间国际组织两大类。前者是以主权国家或地区的政府为成员,后者通常是以民间的社会、宗教、经济等组织为成员。

2) 依据组织的功能划分,可以分为一般性国际组织和专门性国际组织。前者一般要处理多种公共问题和公共事务,职能范围比较广泛,如联合国兼有政治、安全、经济和社会发展,科技文化合作以及人权保护等多种职能;后者具有某种特定功能,仅限于处理某一特定的领域和范围的公共问题和公共事务,最典型的是联合国的专门机构,还有国际劳工组织、世界卫生组织、世界贸易组织等。

3) 依据组织成员的地理范围划分,可分为全球性国际组织与区域性国际组织。全球性国际组织的成员资格对一切国家开放;地域性国际组织受制于某一特定的地域范围或某种共同的文化、民族背景,只对特定地域、特定利益、特定背景的成员开放。

(二) 国际组织在全球治理中的角色和功能

全球治理反映的是这样一种理念:各国政府不再完全垄断诸如经济和社会调节以及指挥和仲裁的政治职能,而是与各种各样的政府性及非政府性国际组织、私人企业和社会运动结合在一起,构成本国的和国际的某种政治、经济和社会的调节形式。[①] 可见,在全球治理的框架下,国际组织的主体作用正在逐渐彰显。那么,作为多元主体格局中的重要组成部分,国际组织在全球治理中扮演哪些角色?发挥怎样的功能?经过归纳总结,主要可以概括为如下几个方面。

1. 全球性法律规则的创制者

国际社会中不存在能够凌驾于各个主权国家之上的立法机构,因此,国际关系的相关规范原则和条约化的制度就可以看作国际立法形式。而这些国际法的编纂、国际公约的条款基本上都是由国际组织订立的。从这个角度来看,国际组织实际上扮演着全球性法律规则的创制者角色。通常来说,全球性国际组织的基本文件本身往往就包含着国际法的原则、规则和制度。例如,1995 年建立的世界贸易组织(WTO)多边贸易体系,实际上就是一套比较完善的调节国际经济和贸易关系的法律规则体系。WTO 规则体系包括《关贸总协定》在内的 20 多个具体领域的协定、议定书、决议等,它调整的领域从传统的货物贸易发展到服务贸易,从关税减让发展到非关税壁垒的限制和拆除,从与贸易有关的投资领域到知识产权贸易领域,从传统的农业领域到高新技术产品和电子商务领域,这些几乎均纳入其权力范围。另外,在联合国体系方面,为排除各国国内法的不统一对国际贸易进一步发展的严重阻碍,联合国大会于 1966 年设立了联合国国际贸易法委员会。该委员会致力于起草国际贸易、国际货物运输、国际商事仲裁和调解等方面的国际统一法律规范。该委员会数十年来的努力取得了不凡的成就,先后制定了一批影响较大的传统商事交易的国际法律(包括制定示范法),如 1980 年的《联合国货物买卖合同公约》、1978 年的《联合国海上货物运输合同公约》(即《汉堡规则》)、1976 年的《联合国国际贸易法委员会仲裁规则》、1980 的年《联合国调解规则》和 1988 年的《联合国国际汇票和国际本票公约》,等等。

2. 国际合作的促进者

促进各国之间的沟通和合作以解决共同关注的公共问题并处理全球公共事务是国

---

① 俞可平:《治理与善治》,24 页,北京,社会科学文献出版社,2000。

际组织建立的主要目的。实际上,国际组织也确实在密切各国合作交往上发挥了重要作用。可以说,大多数的国际组织都可以看作是连接、沟通各个成员国的纽带和桥梁,它们能够在不同程度上为多个成员国之间交换意见和开展合作创造便利条件。通过国际组织,各个成员国能够平等地表明各自的立场,这有利于求同存异,进而有利于协调成员国的观点和行动。就当前来看,不论是对发展中国家援助项目的制定和实施,还是对相关国际关系规则的完善和颁布;不论是关系全球或区域的环境问题,还是有关人类社会普遍存在的人权和自由问题,其实都是通过国际组织这一平台完成和解决的。正如知名国际组织法学者谢默斯和布洛克所言:"尤其在20世纪中,国家之间的国际合作已越来越多地建构在国际组织的框架内,各国创立国际组织用于应对日益相互依赖的后果……人们不可能设想没有国际组织的当代国际生活。"[1]

3. 国际和平的维护者

随着全球化趋势的加强,主权国家在国际上的交往范围正在不断扩大,但在此过程中,主权国家之间在政治、文化、贸易和军事领域中的矛盾和争端不断增多。而且随着各国彼此依存和制约程度的提高,在各个领域中的矛盾和争端演变为国际冲突的可能性也日趋加大。因此,和平解决各种国际矛盾和争端对于国际秩序的有效维护和国际交往的正常开展十分重要。对于这些矛盾和争端的解决,不仅要依靠争端当事国本身的努力,而且也不能忽视国际组织的作用。事实表明,国际组织在很大程度上早已成为和平解决成员国之间争端的有效工具。一般而言,全球性与区域性的国际组织几乎都将维持世界及地区和平作为自身的行动宗旨,在此基础上还规定了相应的争端解决机制。当国际冲突将要发生时,国际组织能够及时使争端当事国之间进行沟通,从而使它们尽早化解敌意;当国际冲突发生后,国际组织能够以"局外人"的身份适时介入,以避免争端当事国之间的冲突再升级;当国际冲突结束时,国际组织还能为双方冲突造成的损失进行适当的弥补,并为它们重建各项事业提供帮助。例如,联合国安理会在解决国际政治纠纷、世界贸易组织在处理国际贸易冲突中都已经形成比较完善的机制。不仅仅是这些全球性国际组织,区域性国际组织也在这方面作出了积极贡献。如在欧洲,欧洲联盟在建设一个和平、稳定和繁荣的欧洲方面所做的努力和所取得的成绩已有目共睹。

通过以上的分析,不难发现,国际组织对于关乎和平和发展的全球性问题确实提供了一套有效的解决机制,从而推动全球化健康和有序地发展。因此,在全球治理中,国际组织的地位和作用不容忽视。

---

[1] Henry G. Schermers, Niels M. Blokker. International Institutional Law. Martinus Nijhoff Publishers,1995:3.

第三章 公共管理的客体

在公共管理的研究和实践过程中,除了要思考谁实施管理、谁来管理以外,我们还要思考的一个重要问题就是对什么实施管理以及管理什么,这实际上涉及的是公共管理的客体问题。本章主要介绍作为公共管理客体的公共事务的基本知识,阐述基于公共管理客体的中西方管理思想的演变过程,进而剖析当今时代公共组织所采取的能本管理的理念和制度安排,同时指出它对于提升公共组织执行力的重要价值。

一、公共管理的客体:一切公共事务

公共管理的客体是与公共管理的主体相对应的概念,它是指公共管理的对象和目标。那么,公共管理的对象和目标是什么呢?我们认为,就是各种公共事务。事实表明,处理日益增多的公共事务是公共管理产生和存在的合法性基础,也是公共管理的研究和实践不断走向深入的动力来源。可以说,"公共管理是对公共事务的管理,没有公共事务,就没有公共管理"。[①]

(一)公共事务的内涵及分类

1. 公共事务的内涵

公共事务是一个内涵十分丰富、外延比较宽泛的概念,对其进行界定往往难以准确周严、定于一宗。简单来说,公共事务是指那些在社会发展过程中出现的与国家、集体、个人共同利益相关的社会性事务,主要表现为向国家、集体及个人提供相应的公共物品和公共服务。由此可见,公共事务的最大特征就在于它的公共性。也就是说,只有为了满足社会中全体或大多数成员的需要,涉及他们的共同利益的那类事务才属于公共事务的范畴。因此,公共事务与私人事务、商业事务等有着本质的区别。

---

① 王惠岩:《公共管理基本问题初探》,载《国家行政学院学报》,2002(6),67页。

2. 公共事务的公类

对现实社会中存在的纷繁复杂的公共事务进行分类,主要可以划分为以下三种。①

(1) 国家公共事务

英国《大众百科全书》对国家作出如下定义,国家是"由政治单位在其管辖的范围内制定规则和进行资源分配的机构。政府的功能:①立法;②司法;③执行、行政管理"。这是广义的政府(国家)观。应当指出,这里所指的国家是特指狭义的国家,即广义国家中最重要的部分:立法以及司法。这种国家公共事务主要包括维护国家主权统一和领土完整,制定法律、法规,维护社会秩序等,侧重于与国体、政体方面有关的,关乎整体职能把握的宏观控制和影响类型的公共事务。

(2) 政府公共事务

《美国百科全书》指出:"政府一词适应于管理团体和国家的机构及其活动。通常它指的是诸如英国或日本这些民族国家或其分支如省、市地方政府的组织机构及法定程序,就这一方面而言,政府对已经确认为某一民族国家中成员的事务进行管理。由此可见,政府就是一个国家或社会的治理机构。"应当指出,这是狭义的政府,它专指一个国家的中央和地方的行政机关。这种政府公共事务包括政治选举、行政区划与国家礼仪方面的政治性公共事务、国家安全公共事务、对外关系公共事务、人事行政公共事务、财务行政公共事务以及机关内部的公共事务。

(3) 社会公共事务

这里的"社会"并非"人类社会"的广义"社会"含义,而是专指"政府管理社会"中的中观的"社会",这里的"社会"是将社会管理与政治、经济管理职能并列的一个领域,它主要涉及与人们日常生活密切联系的社会公共事务。这种社会公共事务主要包括:教育、科技、文化艺术、医药卫生、体育等公共事业以及社会服务、社会公用事业以及维持社会秩序的公共事务等。这种类型的公共事务与全体社会成员的切身利益和日常生活联系最紧密,同时这部分社会公共事务管理是直接以全体社会成员为实施对象的,因此,它所显示的社会公共性也最强。

(二) 何谓公共利益

虽然难以对公共事务进行明确的界定,但是不能否认,各种公共事务的背后其实都带有强烈的公共利益取向。在公共管理中,处理各种公共事务是其表象,追求公共利益才是其内在本质。因而,公共事务与公共利益之间有着内在统一性和共存性。没有公共事务这一现实载体,公共利益无疑是虚幻而不实际的;没有公共利益的价值内核,公共

---

① 王乐夫:《论公共管理的社会性内涵及其他》,载《政治学研究》,2001(3),79。

事务无疑将丧失其公共性。因此,要对公共事务形成全面而深刻的认识,对于公共利益的准确界定也显得尤为重要。

在对公共利益的界定中,首先要明确利益的内涵。从词源上来看,"利益"一词源自拉丁语,意为"与人或事有关的、有影响的、重要的"。德国公法学界强调,利益不外是一个主体对一个客体的享有,或是主体及客体间的关系中,存有的价值判断或价值评判。价值是利益的中心要素,价值的产生要经由评价的过程,当任何人(评价主体)根据某一评价标准,对某客体进行评估。就评估主体而言,该客体所获得的特定价值就是利益。① 在我国,人们一般认为,利益与需要有着内在的关联,离开了需要就无所谓利益。而需要无非是主体对外部环境的摄取状态或依赖关系,在形式上则是主体对对象的生理或心理上的求取趋向。可见,上述关于利益的界定其实都是以主体与客体之间的某种特定关系为出发点的,都体现了客体对主体的某些有用性和有益性。利益对每个人的生存、发展都是至关重要的。

那么,什么是公共利益呢?迄今为止,学术界对于公共利益的界定还没有形成一个统一而明确的观点。不同的学者从不同的角度和价值观出发,对公共利益进行了不同的解读。有的学者从公共利益和个人利益的关系角度理解公共利益,如英国学者边沁认为,公共利益是"组成共同体的若干成员的利益的总和;不理解什么是个人利益,谈共同体的利益便毫无意义"。② 美国思想家潘恩也认为"公共利益不是一个与个人利益相对立的术语;相反,公共利益是每个个人利益的总和。它是所有人的利益,因为它是每个人的利益;因为正如社会是每个人的总和,公共利益也是这些个人利益的总和"。③ 有的学者从受益人的多寡阐述公共利益的概念,如德国学者罗门·斯科诺(Roman Schnur)认为,公共利益是不确定多数人的利益,这个不确定的多数受益人就是公共的内涵。也就是说,根据受益人的多寡决定,只要存在大多数的不确定数目之受益人,即属公共利益。④ 有的学者从地域范围界定公共利益内涵,如德国学者洛厚德认为,"公益是一个相关空间关系人数的大多数人的利益,换言之,这个地域空间就是以地区为划分,且多以国家之(政治、行政)组织为单位。所以,地区内的大多数人的利益,就足以形成公益"。⑤

由上可见,虽然每个学者认识公共利益的角度各有差异,但几乎都表明了这样一个事实,即公共利益是社会上大多数人共享的利益。因此,本书对公共利益作如下界定:公共利益是符合社会全体或大多数成员需要,体现他们的共同意愿,让他们共享那类利

---

① 城仲模:《行政法之一般法律原则》,159 页,台湾,三民书局,1997。
② [英]边沁:《道德与立法原理导论》,58 页,上海,商务印书馆,2000。
③ [英]史蒂文·卢克斯:《个人主义》,阎克文译,46 页,南京,江苏人民出版社,2001。
④ 陈新民:《德国公法学基础理论》(上),186 页,济南,山东人民出版社,2001。
⑤ 同上,184~185 页。

益。具体来看，公共利益具有如下特征：

(1) 公共利益的开放性或非排他性

公共利益辐射的人群范围是非常广泛的，它能够将尽可能的受益人包括在内，不能任意排除某个人或一部分人的享有机会，应体现为社会共享性。也就是说，公共利益的受益人在数量上很难做到具体化和精确化，它是一种不特定多数人的利益。

(2) 公共利益的内容广泛性

公共利益源于社会成员的公共需要，没有公共需要的形成也就没有公共利益可言。由于社会成员的公共需要是多样的，包括政治、经济、社会、文化等各个层面的不同需要，而且随着社会的进步和经济的发展，人们的公共需要也在日益增长，这就使得公共利益的内容显得异常广泛。

(3) 公共利益的层次性

公共利益不是绝对的利益，而是比较性的相对利益。按照高低层次，公共利益可分为国际性或全球性公共利益、全国性公共利益、地方(包括省、市、县、乡)性公共利益和基层性(包括街道、社区、村)公共利益四大类。公共利益的层次性表明公共利益的种类繁杂、范围迥异，时常存在内在冲突。如何有效处理冲突，确定相应的优先次序，是一个异常复杂的问题，需要综合考虑公共利益的性质、受益范围的大小以及迫切程度等诸多因素。

二、社会公共事务的特征

在所有的公共事务中，社会公共事务与全体社会成员的日常生活和公共利益联系最为密切，也最为直接地影响和决定着全体社会成员的整体生活质量。社会公共事务表现出明显的公共性、社会性、层次性以及发展变化性的特征。

(一) 公共性

公共性是社会公共事务最基本而突出的特征，具体表现在以下两个方面：①从社会公共事务的承担者来看，这些事务主要是由公共组织及其成员提供和管理的。一般而言，由于社会公共事务具有非竞争性和非排他性，同时它们还涉及全体社会成员的公共利益，因此私人企业或是个人往往不愿办、办不了或不准办这类事务，只能由公共组织及其成员负责。由于公共组织及其成员本身的行为目的或宗旨必须具有公益性本质，这使得他们在承担社会公共事务时能够带有更强的公共性。②从社会公共事务的存在价值看，这些事务集中了全体社会成员的共同利益。对于公共组织而言，他们对社会公共事务的承担是为了更有效地解决社会中出现的各种公共问题以及更好地满足社会公众的公共需求,最终实现和维护全体社会成员的公共利益。可见,社会公共事务无疑是公共组织向社会公众提供公共服务和公共利益的重要形式和载体,因而社会公共事务本身也就蕴含了公共利益的价值属性。也就是说,社会公共事务体现的是全体社会成员的共同利益,受益对象是全体社会公众,虽然社会公众的具体受益范围不确定,但却不能任意将任何人排除在受益范围之外。

(二) 社会性

公共性和社会性是一对极易混淆的概念,在一些时候它们几乎是同义语,但是从严格意义上讲,社会性和公共性并不完全等同。一般而言,公共性主要是从国家或公共组织的层面对社会公共事务的特征进行的分析,社会性则主要是从社会的层面对社会公共事务的特征所进行的分析。在阶级和国家产生之前的原始社会时期,由于人类生存和发展的需要,社会公共事务就已经存在。那时,这些事务是由全体社会成员承担并代表全体社会成员的共同利益,因而它们的社会性特征是显而易见的。但随着国家的产生和发展,作为群体意志或者意识的代表,国家及其政府组织逐渐主导社会公共事务的提供和管理的整个过程,成为社会公共事务的主要承担者。因此,公共性逐渐取代社会性成为社会公共事务的新特征,也就是说,社会公共事务的社会性曾经一度被淡化了。但从当前世界各国的发展趋势上看,随着社会自治的完善以及政府改革的深入,公共管理主体逐渐向多元化发展,社会公众参与社会公共事务的程度正在不断提高,从而展现出政府和社会共同承担社会公共事务的局面。可见,通过社会性的不断扩展和回归,社会公共事务的公共程度也在不断增强。可以预见的是,作为统治工具的国家的最后消亡(即发展到公共主义阶段)时,社会公共事务的公共性必将与社会性高度融合,最终达到完全意义上的社会性。综合以上的分析,可以说,社会性是社会公共事务的最本质特征。

(三) 层次性

社会公共事务所要解决和满足的是不同层次的公共问题和公共需求,所涉及的社会成员的范围也有大有小,由此,社会公共事务可相应地划分为全球性社会公共事务、全国性社会公共事务、地方性社会公共事务和社区性社会公共事务等不同层次。一般而言,全球性社会公共事务指的是那些关系和影响着全人类的生活质量和整体命运的事务,它需要解决的是人类社会普遍关心的那些公共问题,如人口问题、资源问题、生态与环境问题;全国性社会公共事务指的是那些涉及一个国家范围内全体社会成员公共利益的事务,如科技、教育、医药卫生、社会保障;地方性社会公共事务指的是那些使国家范围内一定地区居民受益的事务,如治安整治、基础设施建设、扶贫开发;社区性社会公共事务指的是那些只针对和影响一个社区范围内全体居民日常生活质量的事务,如社区卫生、园林绿化、安全保障。可见,社会公共事务的影响范围和空间越大,其受众也就会越多;相反地,社会公共事务的影响范围和空间越小,其受众也就会越小。但是在现实中,有些社会公共事务的层次性并不明显,如很多公共事务既在全国范围内存在又在地方、社区范围存在,并以某一范围为主,形成了复杂的社会服务、社会事务网络,如生态与环境、公共安全。

(四)发展变化性

从社会公共事务产生的原因来看,它的出现源于公共问题的出现和公共需求的产生。由于公共问题和公共需求的变动性和阶段性,使得社会公共事务具有发展变化性的特征。也就是说,社会公共事务在不同的阶段会有不同的内容、不同的形式和不同的标准。某些事务在某一阶段会集聚增多;某些事务的范围、对象会发生转移变化。一般而言,在经济不发达的社会阶段,低层次的基本生存需要是公众普遍的需求,那么,社会公共事务的大部分甚至全部都是围绕提供和保障公众基本的吃饭穿衣展开。社会经济发达了,公众的生活品位发生分化,对生存质量和福利水平的要求更高并且更多元化,他们对文化方面、个性发展与享受方面的公共事务要求增多了。例如,在现阶段,居住环境方面的社会公共事务增多了,人口流动、卫生保健、尊老爱幼方面的社会公共事务增多了,消除贫富差距、创造平等机会方面的社会公共事务也增多了。显然,此阶段的社会公共事务与经济匮乏时代的社会公共事务不可同日而语。

三、基于公共管理客体的管理思想的演变

公共事务是公共管理的主要活动内容,因而如何更好地实现对公共事务的管理也就一直支配着公共管理的整个研究和实践过程。综观中西方公共事务管理的发展历程,从表象上呈现出管理模式、管理手段和方法的不断创新,更深层、更本质的却是管理思想的不断演变。

(一)西方基于公共管理客体的管理思想的演变

总的来看,西方国家的管理思想主要经历了"物本管理"、"人本管理"、"能本管理"的三个发展阶段。在每个发展阶段,由于人们对于公共事务管理效果的决定因素在理解上存在差异,因而各个阶段表现出了不同的管理特点。造成这种理解差异性的主要原因,则在于每个阶段对于人性认识的不同。

公共事务管理思想的第一阶段是物本管理阶段。物本管理思想的形成主要是基于

"经济人"的人性假设。这一假设最初是由英国著名古典经济学家亚当·斯密（Adam Smith）提出并加以详细阐述的。斯密认为：人的本性是自私的，一切经济现象都根源于人的利己本性。处于市场交易中的每个人都心怀"自利的打算"，最终的目的是追求自身利益的最大化。后来，这一假设逐渐成为经济学研究的基本假设之一，同时经过理论界的不断推演，它也逐渐应用到政治学、管理学以及社会学等学科的研究之中，成为各个学科对人的心理和行为进行分析的逻辑起点。但由于语境的不同，各个学科对"经济人"假设的理解和阐述也并非完全一致。总的来看，"经济人"假设的含义主要包括三个方面：①理性，也就是说人都是理性动物，他们的行动总是会经过慎重考虑，而考虑的焦点在于行动能否带来自身利益的满足。只有符合自身利益的时候，他们才会主动采取相应的行动。②自利，也就是说人都是自私的，他们在社会活动中总是在追求自身利益，可以说，自身利益的满足是刺激人积极性的唯一动力。③追求利益最大化，也就是说人总会根据自身利益的实现程度付出不同的努力，目的是为了获得自身最大利益。但是也不能否认，在良好的社会秩序和制度环境下，个人在追求自身利益最大化的过程中也会无意识地和有效地增进社会公共利益。由此可见，"经济人"假设的实质在于把人看作一种理性经济动物。因此，管理者普遍认为人只为追求自身利益而工作，只要满足人的物质要求，就能使他们在工作中肯于付出努力。在管理过程中，不需要对人的因素进行特殊考虑，只要对他们进行必要的训练，使其掌握最优化的操作方法，工作效率就能得到保证。人与土地、资本、技术等生产要素相比并没有明显的区别，都是完成任务的工具而已。因此，建立在"经济人"假设基础上的物本管理坚持把物作为管理的中心，突出它们在管理中的核心作用，并将人与物的管理等同起来。具体来说，物本管理思想的含义主要包括以下几个层面[①]：①重物轻人，把物的因素看做是具有决定性作用的因素，忽视人在管理中的作用；②把人当作机器的附属物，要求人适应机器而不是要求机器适应人；③把人看作机器和劳动工具管理，用人创造的实际效益判断和衡量人的价值，而忽视人本身所具有的价值；④对人主要实行物质刺激和金钱鼓励，缺少应有的人文关怀。19世纪末20世纪初，被誉为"管理科学之父"的泰勒发表了《管理科学原理》，标志着物本管理思想达到成熟，在物本管理思想指导下的管理模式也逐渐得到广泛传播和借鉴，社会管理的各个领域都表现出物本管理的显著特征。当物本管理的思想主导公共事务管理的时候，管理者往往只将管理效率的提高归结为物质资源因素，认为只要掌握充足的物质资源并对其进行标准化的操作和使用，就能取得公共事务管理的高效率。

公共事务管理思想的第二阶段是人本管理阶段。人本管理思想的形成主要基于对人性的"社会人"假设。"社会人"假设的提出源于梅奥著名的"霍桑实验"。经过实验，总

---

① 戚鲁：《人力资源：能本管理与能力建设》，3页，北京，人民出版社，2003。

结出这样的观点：工作的物质环境和福利的好坏，与人的工作效率并非有绝对的因果关系。相反，人的心理因素和社会因素对工作积极性的影响却很大。在"霍桑实验"之后，管理者也逐渐发现人是复杂的个体，有自身独立的性格、独立的意志和独立的行为方式。人不仅是理性的，有时还是非理性的。或者更准确地说，人是理性与非理性的结合。在理性之外，也存在感情，存在相互依存的需要，并且非常容易放弃经济利益而屈从于人际关系、道德和感情。1933年，梅奥在《工业文明中的人性问题》一书中正式提出了"社会人"假设，该假设主要包括以下几层含义：①从根本上说，人是由社会需求引起工作动机，并且通过与同事的关系获得认同感；②工业革命与工作合理化的结果使工作本身失去了意义，因此人更多地从工作上的社会关系寻求自身价值；③人对同事们的社会影响力比对管理者所给予的经济诱因更为重视；④人的工作效率随着管理者能满足他们社会需求的程度而改变。可见，人本身的因素对于工作的复杂影响逐渐得到管理者的高度重视。显然，梅奥提出的"社会人"假设对人的认识要比"经济人"假设更为深入和全面，它的提出使管理中对"人"的问题的研究进入一个新的阶段，最终确立了人在管理实践中的主导地位。在公共事务管理活动中，管理者也逐渐肯定了人的因素对于管理效率的决定作用，最终确立了人本管理思想。一般而言，人本管理的最基本内涵表现为：①坚持以人为中心，把人放在组织的核心地位，将人看作是组织最重要的资源，注重人的行为和心理对于管理效果的影响；②注重满足人的心理和社会需求以及人的全面发展，充分发挥人在管理中的主动性和能动性；③对人实行物质刺激和金钱激励的同时，也把对人的精神激励放在同等重要的位置；④注重人的综合素质的开发，注重组织文化的培养。

在人本管理的基础上，关于公共事务管理西方管理学者又提出了"能本管理"思想，在本章的第四节将有详细论述。

（二）中国基于公共管理客体的管理思想的演变

纵观我国管理思想的演变，对于如何更好地实现公共事务的管理，公共组织（有时表现为国家）始终都是围绕着人的因素而展开的。也就是说，人的因素一直是公共组织关注的焦点。从发展的时间上进行划分，主要可以划分为传统管理思想和现代管理思想。

传统管理思想产生于我国的封建社会时期，虽然这一时期国家主要是统治阶级进行阶级统治的工具，但国家也承担着一定的社会职能，对公共事务进行了必要的管理。总的来看，这一时期公共事务管理的重点主要表现为对民生问题的解决。这一时期人们逐渐意识到：对于阶级统治而言，民生问题的解决是得到人民支持的基础，而人民的支持对于维护阶级统治的稳定性是不可或缺的。可以说，这在我国的文化典籍中有着明显而深刻的反映。例如,战国时代齐国政治家管仲在《管子·霸言》中提出治国术:"夫王霸之所始也,以人为本,本理则国固,本乱则国危。"意思是说,只有把人民的问题解决好了,才能"本理国固",最后达到称王称霸的目的。这里虽有其明显的功利性,但瑕不掩瑜,毕竟是对人民的善待和重视人民意愿的一种表达。其后,"民为贵,社稷次之,君为轻"(《孟子·尽心下》);"民为邦本,本固邦宁"(《尚书·五子之歌》);"闻之于政也,民无不为本也"(《贾谊新书·大政上》);"民者,国之本也"(《淮南子·主术训》);等等,都反映出这样的思想认识。可以说,这些都是我国统治和管理中民本思想的最早体现。

那么,对于这些人民所关心的公共事务的管理思想是什么呢?我们说,可以被认为是一种"组织人本主义"。所谓"组织人本主义"是指组织目标的实现是建立在作为组织基础的人之上的,组织依赖于人,人是构成组织的基本要素,因此,人必须要受到组织的高度重视。这表明公共事务管理过程中对人的意义和价值的充分肯定。这接近于西方的"人本管理"。但是,我国"组织人本主义"对人的探讨的角度与西方存在着明显的差别。具体而言,主要体现在以下几个方面。

1. 关于人的行为规律的研究

早在两千多年前,春秋战国时期,我国古代的思想家就提出要研究人的问题。荀况在《荀子·非相》中提出:"人之所以为人者,何已也?曰:以其有辨也。"意思是:人之所以为人,同其他万物的区别就在于人有意识。孙武在《孙子兵法》中提出:"人情之理,不可不察。"韩非在《韩非子·南面》中提出:"任理去欲,举事有道。"意思是:要根据一定的规律去掉主观的人的欲望,办事情才能符合客观实际。

2. 关于发挥人的主观能动性的研究

荀况在《荀子·天论》中指出:"从天而颂之,孰与制天命而用之?""天有其时,地有其财,人有其治,夫是之谓能参。舍其所以参,而愿其所参,则惑矣。"意思是:顺从天而且颂扬它,哪赶得上掌握它的变化规律并且加以利用呢?天有四季变化,地有蕴藏的财富,人有掌握天时、利用地利的办法,这就叫作善于同天地配合。如果放弃人的努力,期望天地的恩赐,那就太糊涂了。

3. 关于"人的本性"问题的研究

荀况在《荀子·性恶》中指出:"人之性恶,其善者伪也。""今人之性,饥而欲饱,寒而欲暖,劳而欲休,此人之情性也。"他认为人的本性是恶的,而性善是人为的。荀子的这种性恶论类似西方所提出的"X理论"。他还进一步指出:"若夫目好色、耳好声、口好味、心好利,骨体肤理好愉佚,是皆生于人之情性者也。"孟轲在《孟子·告子上》中说:"人之善也,如水之下也。""无隐之心,非人也;无善恶之心,非人也;无辞让之心,非人也;无是非之心,非人也。恻隐之心,仁之端也;羞恶之心,义之端也;辞让之心,礼之端也;是非之心,智之端也。人之有四端也,尤其有四体也。"孟子认为仁义礼智"四端"与生俱来,是善的开端和萌芽,也是人与禽兽的分水岭。可见,孟子的这种性善论类似于西方提出的"Y理论"。在汉代,有人认为性的善恶是混杂的,这有点类似"Z理论"。到了清代,王夫之又提出了人性"日生日成"学说,即人的本性不是天生的,而是在新故相推的环境中变化发展的。他根据环境影响人的本性的理论,认为要教育改造人的思想和行为,必须从改造现实环境入手,做好"适其性"工作。王夫之的观点具有辩证唯物主义的思想。

4. 关于人的欲望和需要问题的研究

《荀子·礼论》中提出:"人生而有欲,欲而不得,则不能不求;求而无度量分界,则不能不争;争则乱,乱则穷。"其意思是:人生来就有欲望,有欲望得不到满足,就不能没有需求,有所需求,没有一定的标准限度,就不能不发生争夺;争夺起来就会混乱,混乱就导致贫穷。所以,荀子接着在《礼论》篇中又提出要"养人之欲,给人以求。使欲必不穷乎物,物必不屈于欲,两者相持而长"。意思是:要研究人的欲望,满足人的需求。使人的欲望绝不会由于物资缺乏而无法照顾,物资也一定不会因为满足欲望而用尽,物资和欲望,两者在相互制约中增长。管仲在《管子·牧民》中指出:"仓廪实而知礼节,衣食足而知荣辱。"这可以说是管仲的需要层次论,说明人们在衣食丰足之后就要考虑荣辱等,即人在满足了生理需要以后,就会有心理方面的需要、社会方面的需要。《韩非子·五蠹》中指出:"民之政计,皆就安利,如辟危穷。"人总是追求安全和利益而避开危险和贫困。

5. 关于奖惩和惩罚问题的研究

《荀子·富国》中指出:"赏不行,则贤者不可得而进也;罚不行,则不肖者不可得而退也。贤者不可得而近,不肖者不可得而退,则能不能不可得而官也。若是,则万物失宜,事变失应……"意思是:没有赏罚,有才德的人就得不到提拔,没有贤能的人就不能被斥退,于是有能力的人和没有能力的人都得不到恰当的任用,这样一来,万事都安排得不恰当,事态的发展变化也不能适应。诸葛亮在《诸葛武侯文集》中指出:"赏以兴功,罚以禁奸,赏不可不平,罚不可不均。赏赐知其所施,则勇士知其所死,刑罚知其所加,则邪恶知其所畏。"

6. 关于群体行为和组织行为的研究

《荀子·富国》中指出:"离居不相待则穷,群而无分则争。""人之生不能无群,群而无分则争,争则乱,乱则穷矣。"这里,荀子提倡的是集体行为,他认为群性是人类本性之一。《荀子·王制》中指出:"人有气,有生,有知,亦且有之,故最为天下贵也。力不若牛,走不若马,而牛马为用,何也?曰:人能群,彼不能群也。人何以能群?曰:分。分何以能行?曰:义。故义以分则和,和则一,一则多力,多力则强,强则胜物……故人生不能无群,群而无分则争。争则乱,乱则离,离则弱,弱则不能胜物。"就是说,人有力气,有生命,有道德,所以说人是世界上最宝贵的。和谐相处就能团结起来,团结一致就能有力量,力量大就显得强,强就能战胜万物。因此,人为了生存不能没有组织。

7. 关于用人问题的研究

《荀子·王制》中还提出:"王者之论,无德不贵,无能不官……朝无幸位,民无幸生,尚贤使能,而等位不遗。"就是说,人事制度是:凡是有德行的人,没有不给以尊贵地位的……朝中没有不称职而侥幸捞到管职的,百家中没有侥幸而苟且偷生的。诸葛亮提倡"为官择人",即要根据职务去挑选人才,要因职配人,反对"为人择官",即不能因人设"庙",不要为某一个人找到好的职位而设职位。

综上可见,我国传统的管理思想对于人的探讨是极其丰富的,这对公共事务的管理有着极大的帮助,影响着管理过程中管理原则、管理方式的形成。

就现代管理思想而言,可以说,尚没有形成一个清晰而完整的发展脉络。在西方管理思想的灌输和影响下,当前我国的管理思想既有传统管理思想的痕迹,同时又体现出与西方国家管理思想融合的趋势。也就是说,当前我国的管理思想本身是一个复杂的系统,同时存在"组织人本主义"、西方"人本主义"和"能本管理"的某些特征。但可以肯定的是,随着我国公共事务管理研究和实践的日益深入,我国必然会形成一套能够体现自身管理特色并符合时代要求的管理思想体系。

四、能本管理是时代的召唤

随着经济的发展和社会的进步,社会成员的公共需求正在日益增长,加之各种新的社会问题不断出现,这使得公共事务开始逐渐增多并且越发复杂。要有效处理这些日益繁杂的公共事务,就需要公共管理主体不断通过提高自身的能力水平提升其执行力。因此,能本管理成为当今时代公共组织进行人力资源管理的重要理念和任务。

(一) 能本管理理念

"能本管理"是一种以人的能力为本的管理,是人本管理发展的新阶段,它主要是建立在"能力人"假设的基础之上的。所谓"能力人"假设,主要包含以下几层含义[①]:①人以能力的充分发挥和不断提高为自己的首要价值追求,在其他价值追求与其发生冲突时,个人愿意牺牲其他利益促进提高能力这一首要价值追求的实现;②个人把为组织和为社会发挥作用作为基本道德,个人有为组织和社会贡献能力的强烈意愿,并在发挥自身能力为组织和社会作贡献中获得满足;③为个人提高能力和充分发挥能力创造条件,

---

① 戚鲁:《人力资源能本管理与能力建设》,12页,北京,人民出版社,2003。

是对个人最主要的激励手段,这一激励手段对个人最具有激励作用。由此可见,与"社会人"假设相比,"能力人"建设不仅注重人,而且更注重人自身的能力。

那么,何谓能力呢？一般而言,能力反映的是人的综合素质,它主要是由人的知识、智力、技能和实践及创新能力组成的。知识是人的认识能力和认识水平不断提升的结果,智力是恰当运用知识解决特定问题的能力,技能是在实际工作中正确应用智力的能力,实践及创新能力是以知识、智力、技能为基础对特定对象进行改造的能力。这样,由知识到智力再到技能最后到实践及创新能力,实际上呈现出人的能力不断由低级向高级的发展过程。因此,能本管理的目的在于要通过采取有效的方法充分开发和应用人的能力,使之尽可能达到较高层次,最终有利于提高人对组织和社会的贡献,实现人的自身价值。具体而言,能本管理主要包括以下几层含义:①把组织成员所具有的能力作为管理的首要对象,这改变了"人本管理"笼统地把抽象的"人"作为管理对象的传统,使管理对象更加明确具体。②把以能力为本位作为管理理念,即把人的能力作为管理工作的根本出发点,把人的能力看作是管理内容中起决定性作用的因素。③把提高和发挥人的能力作为管理工作的首要追求目标,并把人的能力的提高和发挥程度作为评价组织绩效的首要标准。④把提高和发挥能力作为主要激励手段,改变传统管理的激励方式。

以能本管理作为组织人力资源管理的主要理念,意味着组织的运作和发展都将体现能力本位,重视能力的培养和使用将成为组织文化的核心价值。具体主要体现在以下几个方面:

(1) 就组织文化价值观而言

在组织文化价值观建设过程中,要始终让能力价值观的建设占据主导地位。为此,组织要坚持以能力价值观支撑和统摄其他价值观(如利益、个性、主体性、自由、平等、民主、创新),而且当权位、人情、关系、金钱、年资、门第、血统与能力发生冲突时,应以能力作为裁决的准绳,应让位于能力。① 同时,组织还要不断提高能力的影响作用,要将其作为决定组织成员薪酬多少和职位高低的主要依据。这意味着能力将成为组织成员证明和实现自身价值的唯一途径。

(2) 就组织和成员之间的关系而言

从组织角度来说,组织要把提高组织成员的个人能力作为组织目标的重要组成部分,不仅要倡导每个成员充分发挥个人能力,而且还要引导它们将能力的发挥与组织的发展统一起来,进而促进个人价值和组织目标的双重实现;同时,组织还要为每位成员提供发挥能力的有效平台,使他们能够有机会和条件充分施展个人才华。从组织成员

---

① 毛卫平、韩庆祥:《管理哲学》,112页,北京,中共中央党校出版社,2003。

角度来说,每位成员在工作中都要注重自身能力的发挥,不断通过工作业绩证明自身的能力,而且还要通过持续的自觉学习和实践不断提高自身能力,进一步为组织发展服务。只有实现这样的良性互动,才能促进组织和个人共同发展。

(3) 就组织的特征、形态和目标而言

组织要积极将自身打造成一个"能力型组织",使组织的管理体制、规章制度、业务流程、发展战略和日常管理等都要以有利于组织成员能力的充分而有效的发挥为目的制定和运作。为此要消除维持型组织,逐步建立起一个创新型组织,不断实现组织在结构、文化、制度和技术等方面的合理变革;要消除经验型组织,逐渐将组织打造成一个学习型组织,使组织成员能够不断获取和掌握新的知识和技能,进而提高他们自身的综合素质,增进他们处理各种新事务的能力。

(二) 能本管理的制度安排

能本管理不能仅停留在理念层面,还需要通过相应的制度安排才能使目标真正实现。可以说,能本管理的制度安排是其理念的进一步延伸和落实,是能本管理理念的具体化和外在表现,是能本管理中最具实质性的部分。一般来看,进行能本管理的制度安排主要应从以下几个方面着手。

1. 建立"按能选才"的录用制度

在人力资源管理过程中,组织首先要把好入口关,建立一套"按能选才"的录用制度。这要求组织选才用人应严格按照岗位的需求和人的才能进行。一方面,组织在录用考核之前,要根据自身的实际需要和特点对组织各层次、各岗位人员具备的知识结构、劳动技能、创造能力、心理素质、行为规范等进行认真细致的调查、研究和统计,制定相应的标准和考核测试办法,以此作为遴选适合本组织需要人才的依据。另一方面,组织在录用考核时应重点鉴别被考核人员的现实能力水平。组织要根据人的能力高低择优录取人才,按照人才的特点用人才,"任人唯贤",努力杜绝根据人情关系随意安排人,拒绝"任人唯亲"和"因人设岗",避免"近亲繁殖"和"拉帮结派",尽力打破身份界限、特权门第和人情关系对录用人才的干扰。同时,组织还要尽量避免只将学历、文凭等作为用人的主要参考依据,要注重考察一个人的综合能力(如学习能力、合作能力、沟通能力、身心素质)是否符合特定岗位的需求。

2. 建立"能者有其岗"的任用制度

一个组织具有各种各样的工作岗位,由于这些岗位承担和实现着组织的不同任务、不同目标,因此组织赋予了每个岗位不同的职责。要有效履行或胜任每个岗位的职责,就需要安排到不同岗位上的人具备相应的能力。因此,在任用制度上,要求组织要按岗选人,按能配岗,对于那些符合岗位能力要求的人要积极加以提拔和任用,对那些能不适岗或者能不对岗的人要坚决不以任用。对于组织成员而言,意味着他们只有通过严格的岗位能力考核,并在岗位上运用自身能力创造出业绩,才能获得和巩固相应的岗位。可见,通过建立"能者有其岗"的任用制度,既能够提高组织管理的科学化,实现能力和岗位的有效匹配,同时又能为员工提高能力指明方向,引导员工根据组织岗位的需要提升自身的综合素质。

3. 建立完善的绩效考核制度

一套完善的绩效评估制度的建立和实施,能够有助于组织对每位成员的实际绩效进行准确而全面的考查,进而有助于组织了解和掌握每位成员的真实能力水平;同时,这也为组织制定薪酬、培训、任用、奖惩等各项人事政策提供了客观依据。对于组织成员而言,绩效考核的结果无疑能够使他们找到自身能力现存的不足,明确与组织要求的差距,进而对他们形成巨大的压力和动力,促使他们为了获得更好的绩效努力提高自身的能力水平。因此,组织在能本管理过程中要高度重视建立完善的绩效考核制度的重要性。总而言之,建立一套完善的绩效考核制度,要遵循全面、客观、公正、科学的原则。要达到这些要求,一是要建立起完善的绩效考核体系,明确绩效考核的标准,尽量做到考核指标准确、周全,能够客观地考核和反映出组织每位成员的能力水平。二是要在绩效考核的过程中,做到公开和公正,接受各方的监督。更重要的是,在考核过程中,要严格按照考核的程序和标准进行,尽力避免考核和评价的主观性,避免凭个人主观印象、感情远近和个人好恶进行考核。三是要及时公布考核的结果,并将结果作为惩罚和奖励的主要依据。

4. 建立有效的激励制度

能力的发挥与激励程度存在正相关关系。当对组织中的每位成员进行有效的激励时,就会使他们的潜在能力得到更大程度的发挥;当激励不充分、不恰当甚至是无激励的时候,就会影响他们潜在能力的发挥水平。可见,要不断提高组织成员的能力,必须建立有效的激励制度。在激励制度的设计和实施上,组织要特别强调"按能绩分配"。一是要对能力与薪资进行配置,使"能者有其资"。组织要根据每个成员的能力高低、岗位绩效大小进行工资或收入的分配,实行差别化的薪酬待遇。也就是说,高能力、高绩效者拿高薪酬,低能力与低绩效者拿低薪酬,让员工充分感受到收入差别的压力,使他们产生追求高薪酬的动力,进而激发他们提高自身能力的热情。二是要对能力与福利待遇进行配置,使"能者有其享"。一般而言,福利是为了吸引员工到组织工作或者维持组织人员稳定所给予的补充性薪资,包括法定社会保险、带薪休假、优惠住房等。对于每位成员享有的福利水平,组织也要根据他们自身的能力和业绩的好坏而定,从而真正发挥福利政策的激励作用,促使员工不断为提高自身能力水平而努力。三是要对能力与奖励进行配置,使"能者有其得"。在奖励制度上,组织要对那些有突出能力、对组织发展作出特殊贡献的成员给予适当的物质和精神嘉奖,这样既是对获得者能力的肯定,也能够激励其他成员。

5. 建立良好的培训制度

随着知识经济时代的到来,信息量不断扩大,现代科学技术和知识更新的速度也异常迅猛,组织成员对于新技术和新知识的掌握情况往往影响和决定着他们的能力水平。因此,组织成员要不断通过学习完善自身的知识和技能储备。组织成员要不断加强自主学习,同时也需要组织安排各种形式的培训为组织成员深入学习提供一个良好的平台。可见,组织必须建立起良好的培训制度。为此必须做到:①提高对人力资源培训重要性的认识,加大对员工教育培训的投资力度,提高教育培训的经费支出比例。②根据组织发展需要和岗位要求,结合各岗位人员现有的综合素质水平,制订有针对性的培训计划,从而有选择、有重点地对相应人员的知识、技能、能力和态度进行必要的培训。③在开展培训活动时,要注重以最佳的培训方法培养人才。培训方法应从成人学习特点出发,坚持学与用相结合,逻辑思维与形象思维相结合,将自学、讲授、研讨、模拟、案例教学和实地考察结合起来,把交流经验与总结工作、学习理论与研究政策结合起来。同时,为提高培训效率,应将培训效果作为员工考核的内容。

(三) 提升执行力:能本管理的目标追求

对于公共组织而言,通过能本管理加强人力资源的能力建设是时代发展的必然选择。可以说,这是不断提升公共组织及其成员执行力的有效举措。在当前公共事务日益繁杂的情况下,执行力的高低在很大程度上影响对公共事物的管理水平,进而影响公共利益的实现程度。因此,执行力的提升成为公共组织通过能本管理不断追求的目标。

1. 执行力的内涵及其特征

执行力这一概念最早被运用于行政法学领域,普遍被认为是指对具体行政行为予以强制执行的强制力或法律效力。罗豪才认为:"行政行为的执行力是指行政行为的内容如果是命令相对人为一定行为或不为一定行为,则相对人必须执行;如果相对人不履行其义务时,行政机关可依法定程序强制执行,有时还可申请人民法院通过民事诉讼程序强制执行。"①这里的行政行为执行力,即指其可强制执行的法律效力。

近年来,执行力的概念在工商企业管理领域得到了广泛应用。美国学者保罗·托

---

① 罗豪才:《行政法学》,北京,中国政法大学出版社,1989。

马斯和大卫·伯恩指出:"执行力是一整套行为和技术体系,它够使公司形成独特的竞争优势。"①我国有学者认为:"执行力就是指组织执行战略,实现组织经营战略目标的能力。"②"在形成了决策、制订了具体的计划之后,达成目标的具体行为就是执行,而确保执行完成的能力的手段构成了执行力。"③可见,工商企业管理领域中的执行力主要是指企业在日常运作过程中,执行企业战略计划的能力及技术体系。

当前,执行力这一概念也逐渐被引入公共管理领域。作为公共管理意义上的执行力,是指执行主体在准确理解执行目标及方向的基础上,能够精心设计执行方案和计划,并通过对各种组织资源包括人财物、信息、法例、制度等的使用、调度和控制,有效地执行各项公共事务,达到既定目标的内在能力和力量。④ 具体来看,执行力有如下特征:

首先,执行力是一种关于执行的能力。《现代汉语大词典》认为:能力是指"能胜任某项任务所需要的主观条件"。从能力的角度看待公共管理视野中的执行力,是指执行主体运用各种执行方法、策略、手段、技术完成执行任务方面的能力,包括领悟能力、计划能力、指挥能力、控制能力、协调能力、判断能力、创新能力等。这种内在的能力和力量是确保执行主体有效履行职责的必备条件。

其次,执行力是一种合力。但执行力不是上述能力和影响因素的简单相加,而是通过科学的程序和完善的机制合理配置后产生的有效、科学的合力。只有具备了这种合力,各项公共事务才能有效地执行,才能实现既定的目标。

最后,执行力是一种"成效力"或者"效应力",是执行主体本身存在的能够促使事物产生良性效应的力量,或者指执行主体通过有效执行后已经在事物身上发生的富有成效的正面效果。可见,执行力这一概念的本身还蕴含着对执行结果和执行成效的重视和强调,这意味着在执行过程中要高度注重执行手段和方法的选择,从而提高执行的效率和效果。

2. 执行力提升在当前公共事务管理中的必要性

一般而言,执行力的高低与公共事务管理的效果之间存在着正比例关系,当执行主体具备较强的执行力时,公共事务管理就能取得良好的效果;相反,当执行主体的执行力较低或者不足时,公共事务管理就难以取得理想的成效。也就是说,在公共事务管理过程中,良好的执行力是公共事务管理取得成功的重要保障。就当前来看,更是如此。

通过上面关于公共事务的分析,可以发现,公共事务是伴随着公共问题和公共需求

---

① [美]保罗·托马斯、大卫·伯恩:《执行力》,68页,北京,中国长安出版社,2003。
② 纪建悦、韩广智:《执行力组织》,北京,企业管理出版社,2003。
③ 周永亮:《本土化执行力模式》,北京,中国发展出版社,2004。
④ 需要指出的是,这里的"执行主体"也就是"公共管理的主体",它们所指的内容是一致的。这里用"执行主体"只是考虑叙述的方便。

的变动而不断变化的。就当前世界各国的普遍情况来看,无论是公共问题还是公共需求都呈现出递增发展和日益复杂的趋势。就公共问题而言,随着政治、经济和社会等各项活动发展的日益深入,那些隐藏在发展背后的深层次问题和矛盾开始逐渐显现出来。在全球范围内,世界上所有国家几乎都不同程度地面临着各种问题,如核威胁、资源短缺、环境污染、人口激增、贫富差距扩大。在国家和地区范围内,伴随着一个国家现代化进程的加快,社会发展过程中也出现了许多新的问题,如住房紧张、交通拥挤、突发事件增多;同时,那些原有的矛盾和问题也同样存在,如教育问题、公共安全问题、医疗问题。可见,这些问题的存在很大程度上影响着社会公众的整体生活质量。就公共需求而言,社会公众在政治、经济和社会等层面表现出来的需求与以往时期有着明显的不同。在政治层面,随着人们权利意识、民主意识和法治意识的不断增强,参与政治生活的热情正逐渐高涨。因而,完善的参与制度、有效的参与渠道、合理的参与程序逐渐成为人们的共同要求。在经济层面,人们更多地开始关注经济秩序的规范、市场经济体制的完善以及物价的平稳等。在社会层面,随着社会公众生活水平的普遍提高,人们已不再满足于基本生活需要的达成,开始追求更高层次的生活质量,如新鲜的空气、完善的基础设施、良好的教育环境。这些都表明社会公众的公共需求正趋于多样化和高级化。不仅如此,在公共需求方面,社会公众表现出来的差异性也日益明显。当前,随着人们自身主体意识的增强,不同社会群体往往有着各自的利益诉求,他们在公共需求上带有很大的差异性,这就使得公共需求更加复杂多样。综上可见,当前的公共事务无疑是非常繁杂的,这给执行主体的执行活动带来了巨大的压力。如何应对和处理这些繁杂的公共事务,无疑是对执行主体执行力的巨大考验。因此,实现执行力的不断提升就显得格外重要。

3. 能本管理与执行力提升的相关性

要深刻把握能本管理与执行力提升之间的相关性,必须理解以下两方面内容。

(1) 执行主体因素对于执行力的影响

通过对影响执行力高低的各种因素进行归纳和总结,可以发现,执行主体、执行资源、执行环境、执行流程、执行制度等因素都是决定执行力是否高效的关键。

执行主体是指执行活动的承担者,主要包括各类公共组织及其成员。由于执行主体是执行力量的重要来源,因此执行主体自身的综合素质是影响执行力的最直接因素。因此,执行者的道德水准、心理素质、工作能力、知识结构、组织能力和管理能力等决定着执行力的高低。

执行资源是指在执行过程中所需要的各种资源,包括经济资源、信息资源、社会资源等。经济资源是开展执行活动的物质基础;信息资源是确保执行有效性的重要前提条件;社会资源作为一种人力资源,是指广大社会公众对执行活动的广泛参与,是保证执行顺利开展的群众基础。这些资源对于执行活动是必不可少的,它们的完备程度在很大程度上制约着执行主体行为能力的强弱,从而影响执行力的高低。

执行环境是指决定或影响公共事务执行的自然条件与社会条件的总和,主要包括自然环境、政治法制环境、经济环境、社会环境等。由于公共事务的执行是一个开放的活动过程,因此难免要受外部环境的影响。可以说,适宜的外部环境不但可以使执行主体在执行过程受到较小的制约和牵制,而且由于各种外在助力的促进,可以大大增强执行主体的执行力;反之,不良的外在环境会使执行主体的执行力受到各种外在力量的干扰和牵制,甚至遭到扭曲,从而大大削弱其效力。良好的执行环境对执行力的影响是显而易见的。

执行流程是指执行主体在执行公共事务时的一系列有序和完善的操作过程。完善的执行流程是执行主体有计划、有步骤地执行各项公共事务的重要保障,它能够有效地避免执行过程的混乱和无序,使执行主体以较少的时间和成本换取执行效率的最大化。因此,执行流程对执行主体执行力的发挥也同样有着重要影响。

执行制度是指一种对所有执行主体都具有约束力的行为准则和执行规范,包括问责制度、监督制度、绩效评估制度等。完善的执行制度的建立能够在很大程度上规范执行主体的价值取向和行为方式,进而促使执行主体执行力更好地发挥。相反,执行制度建设滞后或者不完善,难以规范执行主体的自利动机以及不合理的行为方式,会阻碍执行主体执行力的发挥。

上述因素在以不同的方式和力量制约着公共组织及其成员执行力的发挥。必须清醒地意识到,执行主体因素是影响执行力的最本质因素。相对于执行主体来说,执行资源、执行流程、执行环境、执行制度等是影响执行主体执行力发挥的外在因素,在这些因素不完善的情况下,作为公共事务执行过程中最具能动性的执行主体完全可以通过自身不断的努力适应、甚至改造和完善公共事务执行的环境、资源、流程以及制度等,使之更有利于公共事务的执行,从而创造性地完成执行任务。相反,如果执行主体的综合素质以及能动性发挥不充分,有可能因为无法因环境和条件的变化而采取不同措施,或者因为执行资源不足而无法抓住执行机遇,或者因为流程以及制度的不完善无法有效变通,最终致使公共事务的执行以失败告终。

(2)执行主体的能力与执行力的相关性

通过上面的分析可以看到执行主体因素对于执行力的重要影响,因此,也就不难理解执行主体的能力与执行力之间的内在联系。就执行主体本身而言,执行态度、道德水准和能力对执行力的高低都有着决定性作用。其中,自身能力的强弱对于执行力高低的决定性作用更是明显。

一般而言,公共组织及其成员应具备的能力是多方面的,但是岗位不同、工作性质不同、所担负的任务不同,对能力的具体要求也不同。在执行过程中,执行主体的公共组织及其成员为了更有效地执行任务，首先必须具备一定的知识基础，如基础知识、专业知识、相关知识、管理知识以及实践中的执行工作经验等等，这些知识决定执行主体在执行过程中对业务的熟悉程度和工作效率。在具备一定知识的基础上，执行主体应具备的能力还应包括在承担执行任务时需要的理解能力、随机应变能力、组织管理能力、协调能力、人际关系能力、社会活动能力、开拓创新能力、独立思考能力等。这些能力的综合运用才可以使执行主体较好地安排执行活动，较好地处理执行过程中的各种问题，实现较高的执行效率。

毋庸置疑，执行主体的能力是执行力的重要因素和前提条件。执行主体只有在具备一定能力基础上通过对相关资源及工具的综合运用，科学地安排执行活动，较好地处理执行过程中的各种问题，才有可能达到较好的执政效果，有效实现执行力；反之，没有一定的能力作为基础，执行主体就不可能有效地执行相关任务，也就不可能有效地实现执行力。例如，如果执行主体的专业素质低下，预测能力不强，就容易出现思维滞后和执行"近视"的现象，就无法制订具有长远眼光的、可行的执行计划和执行方案，不利于执行任务的有效完成。如果执行主体的组织指挥能力和控制能力不高，就很难在执行过程中有效地计划、组织、指挥、协调和控制，不利于执行活动的顺利进行，也就不可能产生较高的执行力。从这个意义上讲，能力与执行力之间有着很强的关联性。执行主体的能力越强，越能有效地完成执行任务并产生高效的执行力；执行主体能力越弱，会导致行动无力，执行效果不佳，执行力也就越低。

执行主体的能力建设对于执行力的提升是非常重要的。尤其是在科技迅速发展的现代社会，知识经济已初见端倪，公共事务的执行正朝着专业化、技术化的方向发展，对执行主体提出了更高的素质和能力要求。只有使执行主体自身的能力不断提高，才能使其执行力得到更大程度地提升，进而出色地完成执行任务。因此，通过能本管理不断加强能力建设，实现组织及其成员能力的提高，对于执行力提升的作用是不言而喻的。也是因为如此，执行力的提升也就成为能本管理的主要追求目标。

第四章 公共管理中的公共权力

CHAPTER 4

公共权力是公共组织实施公共管理的基础。与一般权力相比，公共权力最主要的特点在于它的公共性，即它是为了满足社会公共需要，处理公共事务而产生的。在公共管理过程中，无论是公共物品的提供，还是公共利益的实现，都必须依赖于公共权力的良好运行。但在实践过程中，公共权力也存在着异化的可能，这会使它朝着背离公共利益的方向发展。只有把握公共权力的内涵与实质，才能真正理解公共管理的公共性质。因此，为了对公共权力有一个更加全面的认识和了解，本章首先介绍公共权力的内涵、形成原理、运行的基本要求等知识，进而分析公共权力异化的原因以及制约方式。

一、公共权力合理运用：公共管理水平高低的重要尺度

（一）公共权力的基本内涵

公共权力属于权力的范畴。显然，权力是一个比公共权力外延更大的概念，因而，从分析权力概念入手进而把握公共权力的内涵无疑是合理的。从词源上考察，英语中权力（power）一词来自拉丁语 potestsa 或 potentia，引申自拉丁语动词 potere，意指能够做某事或具有做某事的能力。在汉语中，"权"是衡量、揣度、平衡的意思，如在《论语》中有"谨权量，审法度，修废官，四方之政行焉"的说法。在《孟子》中也有"权，然后知轻重"的论述，但并没有能力或能够的意思。后人以权附会英语中的 power，或许是在中国政治传统中尤其强调权力的正当性之故。[1]

权力概念是政治理论中使用最为广泛也是最有争议的概念之一。权力作为一种广泛存在的社会现象和政治现象，其定义可谓众说纷纭。不同的学者对它有不同的界定和使用方式，如马克斯·韦伯认为，权力是"一个或若干人在社会生活中即使遇到参与

---

[1] 孙关宏等：《政治学概论》，44～45页，上海，复旦大学出版社，2003。

活动的其他人的反对,仍然有机会实现他们自己的意愿"。① 彼得·布劳则认为,权力是指"一个人(或一群人)按照他所愿意的方式去改变其他人或群体的行为以防止他自己的行为按照一种他不愿意的方式被改变的能力"。② 达尔认为,影响力或权力是 A 影响 B 在某些方面改变自己的行为或倾向的能力。③ 我国学者李景鹏先生认为,权力是"根据自己的目的去影响他人行为的能力,这就是说,权力是一种力量,依靠这种力量可以造成多种特定的局面或结果,即是使他人的行为符合自己的目的性"。④ 同时,国内外的有关政治学的权威辞书对权力概念也有相应的概括,如《布莱克维尔政治学百科全书》认为,权力基本上是指一个行为者或机构影响其他行为者或机构的态度和行为的能力。⑤《中国大百科全书》指出,权力一般被认为是根据自己的目的去影响他人行为的能力。⑥ 综上可见,尽管这些表述不尽相同,但其共同之处在于都将权力看成是一定的权力主体对权力客体的控制和影响,并借此可以造成某种特定的局面或结果,而这种局面或结果符合权力主体的目的性。

需要指出的是,上述对权力的认识侧重于强调权力的拥有者对他人的干预和影响能力。实际上,权力也意味着权力的拥有者具有按照自己的意愿行事的能力,即权力的拥有者具有不受他人支配的能力,或者说具有自治能力或自主性。由此,我们将权力概念作如下界定:权力是一种力量,一种可以使拥有者按照自己的意志行事,亦可以使他人按照其意志行事的力量。

从这一概念出发,我们可以得出权力的两个基本特性:社会性和目的性。⑦ 首先,权力是一种社会现象,它存在于一定的社会关系之中,也就是说,权力反映的是人与人之间、人与组织之间、组织与组织之间的复杂关系,而不是人与物之间的某种关系。其中,权力的拥有者是谁、他如何实现自己的意志或影响改变他人的意志、权力现象所发生的具体的社会环境如何、权力的强制性程度怎样,所有这些问题都需要纳入特定的社会关系中才能准确地予以说明。其次,权力的行使和运用具有目的性,它不是孤立存在的,而是以一定的利益关系为基础,是出于某种利益考虑而有意为之的结果。无论是权力的拥有者是要实现自身的意志或是改变他人的意志,都是出于自身某种利益的考虑,都是要追求或实现自身想要达成的某种目的。从这两方面的性质出发,我们可以大致把权

---

① 马克斯·韦伯:《经济与社会》,上卷,81 页,北京,商务印书馆,1997。
② 彼得·布劳:《社会生活中的交换与权力》,135 页,北京,华夏出版社,1988。
③ 达尔:《现代政治分析》,36~37 页,上海,上海译文出版社,1987。
④ 李景鹏:《权力政治学》,32 页,哈尔滨,黑龙江教育出版社,1995。
⑤《布莱克维尔政治学百科全书》,595 页,北京,中国政法大学出版社,1992。
⑥《中国大百科全书》,政治学卷,498 页,北京,中国大百科全书出版社,1992。
⑦ 关于权力的性质,还有诸如强制性、非对称性等。但本书认为,与其他特性相比,社会性和目的性是根本的,更能体现权力的本质。

力分为私人权力和公共权力两类。私人权力为个人所有,追求的是个人的利益实现;而公共权力为全体民众所有,追求的是公共利益的实现。

(二) 社会秩序的追求:公共权力的形成原理

要准确地把握公共权力的内涵,关键要阐明人类的社会生活为什么需要公共权力这一问题,即公共权力是如何形成的。对这一问题的解答,既要求我们从人的本性出发,思考公共权力存在的必然性,也需要把公共权力置于社会生活总体之中,以其在社会生活中的作用考察其性质。

首先,人是作为个体而存在的,每一个个体都有对自我利益的追求。正如马克思所说的那样,"人们奋斗所争取的一切,都同他的利益有关"[①]。因而,利益构成人生命的驱动力,对利益的不断追求也就成为社会进步和发展的原动力。这意味着对于个人正常利益的追求是符合个人和社会的发展需要的。与此相反,对个人利益的过度追求也会对社会造成非常消极的影响。如果社会中的个人只是一味地扩大自己的利益范围,不顾他人的正当利益,最终的结果必然会引起人们之间的争执和冲突。举例来看,企业的生产目的在于追求自身的利益最大化或者利润最大化,这本身是无可厚非的,但如果企业自身为了获取更多的经济利润而压缩成本开支,不进行相应的生产废弃物或者污染物的治理,而是将废弃物和污染物直接向外界排放,这样的利益追求显然就是不合理的。因为,这一组织在追求自身利益的同时也造成了对其他经济组织和社会公众利益(主要是指健康)的损害。企业的这种行为必然会引起其他经济组织和社会公众的不满,甚至导致他们之间的激烈矛盾冲突。可见,一个社会中,在保障人们正常利益实现的同时,对人们过度的利益追求进行必要的限制,并建立一套完善的关于利益协调和权衡的有效机制以处理社会中存在的各种利益冲突,无疑是非常必要的。只有这样,才能维持社会的正常生产和生活秩序。这就需要一个公认的裁判能够制定并依据一定的标准对利益矛盾各方的行为作出裁决,并能采取一定的有效措施对过度的利益追求方进行必要的惩戒,而且结果能获得人们的普遍认可。因此,这个裁判必须拥有某种特殊的权力,这种权力的行使能够调节各种利益矛盾而且它本身具有普遍的公信力和威慑力。可见,这种权力必须超越社会一般利益之上,这种权力就是公共权力。通过以上的分析不难发现,调节各种利益矛盾以维持良好的社会秩序就是公共权力形成的最初原因。

其次,人不但以个体的形式而存在,同时人还是一种社会动物,具有明显的社会性。由于人类个体生存能力十分有限,人类依靠参与社会生活弥补自身的不足是其存在和发展的理性选择。由于各种自然和社会对人类产生的外在生存压力,使得人类必须以

---

① 《马克思恩格斯全集》,第1卷,82页,北京,人民出版社,1977。

结成群体的形式应对各种恶劣自然环境对人生命的威胁,必须通过合作的方式处理复杂的社会问题,必须通过分工的途径生产各种产品以满足人类的不同需要,等等。可见,需要使人类相互依赖,群体性深深地植根于人性之中。如果"没有联合成为群体,我们绝不会变得更有人性,也不会生存下来。协作是文明的真正的黏合剂"。① 马克思在《资本论》中亦强调了人的社会性,指出"人即使不像亚里士多德说的那样,天生是政治动物,但无论如何也天生是社会动物"②。但是,在人类社会共同的协作关系中,每个人都有自己的特殊需要,这就必然会产生各种矛盾和冲突。为了维护社会秩序的稳定,有效地组织社会生产和生活,承担协调不同的个人需要、管理生产活动和其他活动职能的公共权力便应运而生。从这个角度看,公共权力无疑是人类应对共同的社会生活所必需的。

综上所述,无论是裁决个人的利益冲突,还是协调群体的社会生活,公共权力的出现主要目的都是为了构建、维持一种社会秩序,即按某种规范而存在的社会交往关系。社会秩序对人类来说不是可有可无的,而是必然的。否则不但人的群体生活无法维系,个人也无法得以生存。因为对于人类生活而言,"首要的问题不是自由,而是建立一个合法的公共秩序",人们可以"有秩序而无自由,但不能有自由而无秩序"。③ 总之,人们对于公共权力的需要深深地植根于人的本性之中,并源于人们对社会秩序的期望。

通过以上分析我们可以看出,公共权力与一般权力相比,最主要的特点是其公共性质,即它是适应社会公共生活需要,处理各种社会公共事务而产生的。由此,我们将公共权力定义为:公共权力是基于某一社会共同体成员的同意或认可,并为管理其中的公共事务,维护社会秩序而形成的一种支配、影响和调控该共同体各种关系的特殊权威力量。也就是说,公共权力包括这样三方面的含义:①公共权力的主体应属于全体社会共同体成员,而非单独的某个人;②公共权力的客体指向是社会公共事务;③公共权力是服务于社会公共利益的。从公共权力的这一概念可以看出,公共权力的运行过程就是处理社会公共事务、服务于社会公共利益的过程,这也正是公共管理的过程。

(三) 公共权力是公共管理的基础

对公共管理的理解往往会涉及这样几个方面:公共产品的提供、公共权力的运用和公共利益的实现。其中,公共权力是公共管理的基础,无论是公共产品的提供,还是公共利益的实现都有赖于公共权力的良好运行。换言之,公共管理的过程就是公共权力的运行过程,只有依靠公共权力的良好运行才能有效地提供公共物品,并更好地实现公共利益。

---

① [美]莱斯利·里普森:《政治学的重大问题》,27页,北京,华夏出版社,2001。
② 马克思:《资本论》,第1卷,365页,北京,人民出版社,2004。
③ [美]塞缪尔·亨廷顿:《变化社会中的政治秩序》,7页,北京,生活·读书·新知三联书店,1989。

正如前面所论述的那样,人的本性决定了人与人之间存在着公共需要和公共利益。而公共需要和公共利益只有依赖公共组织运用公共权力才能得以满足。早在古希腊时期,亚里士多德就观察到:凡是属于最多数人的公共事物常常是最少受人照顾的事物,人们关心着自己的东西,而忽视公共的事物。① 从中可见,对于个人利益的追求往往会损害公共需要的满足和公共利益的实现。面对公共问题,追求自身利益最大化的人们往往难以达成合作。经济学以"理性人"假设来分析这种现象,形成三个典型的公共事务治理悲剧模型:①哈丁的"公地悲剧"。它描写牧场上的一群放牧人都从个人理性角度(追求自身利益最大化)出发采取竞争性放牧,最终由于过度放牧而导致牧场退化,所有人的利益都因此不断受损,但却再难以改变牧场荒漠化局面。②囚徒困境。它所描述的是两个囚徒在权衡对方可能作出的选择后,根据他们自身的利弊得失,最终在对案件的交代过程中都选择"坦白"而非"抵赖",导致实际后果对他们都不是最有利的(因为最有利的结果是双方都选择"抵赖")。这表明:个人的理性会导致集体的非理性。③奥尔森的"集体行动的逻辑"。奥尔森对传统的群体理论中包含的乐观主义——共同的利益导致共同的行动——提出挑战,他指出:"实际上,除非一个集团中人数很少,或者除非采取强制或其他特殊手段以使个人按照他们的共同利益行事,有理性的、寻求自我利益的个人不会采取行动以实现他们共同的或集团的利益。"② 按照博弈论分析,这三个模型对于局中人来说不合作是常态,这也表明了理性的人在集体利益、公共利益和合作行动中常常是非理性的。在现实中表现为集体利益无人关注,公共物品无人提供,公害无人清除,公共事务无人管理。

那么,如何打破这一悲剧的博弈格局呢?可以说,公共权力的介入就是能发挥有效作用的方法之一。如政府通过制定新的法规政策,采用强制或激励手段改变博弈的限制条件,就能够使局中人走出困境。对于公共管理来说,经典作家们亦认识到,要使公共事务的处理能够实现公共利益,必须依靠一定的公共权力。恩格斯曾在《反杜林论》中指出,在所有的原始农业公社中,"一开始就存在着一定的共同利益,维护这种共同利益的工作,虽然是在全社会的监督之下,却不能由个别成员来担当:如解决争端;制止个别人越权;监督用水,特别是在炎热的地方;最后,在非常原始的状态下执行宗教职能。这样的职能,在任何时候的原始公社中,例如,在最古老的德意志的马尔克公社中,甚至在今天的印度,还可以看到。这些职位被赋予了某种全权,这是国家权力的萌芽"。③ 在这里,恩格斯着重要说明的是,公共权力萌芽于维护共同利益的需要。共同利益"一开始就存在着",有共同利益的存在,很自然地就需要有"维护共同利益的工作"即公共管理。但

---

① 亚里士多德:《政治学》,48页,北京,商务印书馆,1965。
② [美]奥尔森:《集体行动的逻辑》,2页,上海,上海人民出版社,1995。
③ 《马克思恩格斯选集》,第3卷,218页,北京,人民出版社,1972。

是,公共管理的工作不可能"由个别成员来担当",需要有一个类似于政府的公共组织来担当,公共组织又不能没有公共权力。可见,没有公共权力的存在,公共组织就无法进行公共管理以维护社会共同利益。

在《论住宅问题》中,恩格斯再次从社会生产和交换需要的角度,论述了作为公共管理基础的公共权力的产生。他说:"在社会发展的某个很早的阶段,产生了这样一个需要:把每天重复着的生产、分配和交换产品的行为用一个共同规则概括起来,设法使个人服从生产和交换的一般条件,这个规则首先表现为习惯,后来便成了法律。随着法律的产生,就必然产生出以维护法律为职责的权力——公共权力,即国家。"[①]这就是说,在人类社会中,先表现为习惯后成为法律的"共同规则"不是凭空产生的,正是因为人类在"每天重复着的生产、分配和交换产品的行为"中有共同利益的存在,才产生了对于共同规则的需要。共同规则的产生不仅必然产生维护共同规则的"公共权力",而且必然产生一种行使公共权力的公共组织以及公共管理的行为和过程。既然公共管理从根本上讲是来源于公共利益的,它必然以公共利益为价值取向,也就必然得以公共权力为其存在的基础与保障。

(四) 公共权力的社会本质

从公共权力的形成原理可以看出,公共权力起源于维护社会公共利益和社会公共生活秩序的需要,因而在本质上是一种凝聚和体现公共意志的力量,是人类社会和群体组织有序运转的根本保证。这是公共权力的原初内涵。通过对公共权力的演进进行分析,我们认识到,在阶级社会中,公共权力以国家权力的面目出现,其本质已发生了深刻的变化,成为与人民大众相脱离的权力,其所体现的是统治阶级的意志,维护的是有利于统治阶级根本利益的社会秩序。认识到这一点有利于我们清晰地把握国家的起源、本质及目的等根本问题。正是在公共权力的本质问题上,马克思主义与西方资产阶级学者有着根本的区别。

根据公共权力形成的主流观点,大多数西方学者一般是从契约角度出发阐述公共权力的形成过程的。在他们的理论设想中,公共权力无论是名义上还是实质上都来源于人民权利的让渡。社会契约论认为,在国家产生之前,人类处于一种自然状态,在这种状态下,每个人都有运用上天赋予他自己的价值和趋利避害的权利。然而,由于每个人在运用上天给予的权利去实现自己价值的时候,产生了人与人之间的冲突,这种冲突损害了每个人的利益,解决的办法是运用理性,通过协商把天赋权利让渡出来,使之成为一种公意,由主权者国家维护和实现公意。在霍布斯看来,为了摆脱自然状态,人们在理

---

① 《马克思恩格斯选集》,第2卷,538~539页,北京,人民出版社,1972。

性指引下共同约定,"把大家所有的权力和力量付托给某一个人或一个能够通过多数的意见把大家的意志化一个意志的多人组成的集体"。① 洛克指出,为了使天赋的权利得到可靠的保护,就需要一种既凌驾于每个个体之上,又能代表每个个体意志的公共权威裁决和调整人与人之间的利益冲突关系。这种权威就是国家,它"起源于契约和协议,以及构成社会的人们的同意"。② 卢梭继承了洛克的自然状态理论,认为主权体现着人民的意志,是公意的运用。"政府就是在臣民与主权者之间新建立一个中间体,以便使两者得以互相适合,它负责执行法律并维持社会的以及政治的自由。"③ 总之,社会契约论者的基本精神是一致的,即从自然权利出发,经过社会契约这个环节,最后推导出公共权力不是天然的,更不是神授的,而是来源于公众的同意和授权。

我们知道,社会契约论是针对封建神学这种荒谬的理论而进行的强有力的批判,把公共权力从神意中解脱出来,努力从社会本身探索其来源及合法性。从这个角度说,社会契约论对公共权力的理解无疑有着重要的进步意义。但是它把公共权力看成是公意的化身,无疑抹杀了国家的阶级性质,把国家视为超阶级的人民的国家。在阶级社会中,"国家是文明社会的概括,它在一切典型时期毫无例外地都是统治阶级的国家,并且在一切场合在本质上都是镇压被压迫被剥削阶级的机器"。④ 但我们同时也应看到,资产阶级学者关于公共权力的理解,在某种程度上是与公共权力的原初含义相契合的。

在马克思主义学者对公共权力的论述中,完全舍弃了天赋人权的神意安排与社会契约的虚幻场景,代之以历史的、写实的实态描述。根据马克思和恩格斯的分析,国家是阶级矛盾的产物,是为了控制不同阶级的利益冲突而产生的暴力机关。这个机关表面上是代表整个社会,实际上"国家无非是一个阶级镇压另一个阶级的机器"。⑤ 这是对国家阶级本质的深刻概括,但他们并没有完全否定国家的社会属性。恩格斯指出,国家有两大特点,即按地区划分它的国民和公共权力的设立。虽然"国家的本质特征,是和人民大众分离的公共权力",但国家一经产生,它就不得不按照社会发展的客观要求行事。一方面,它是阶级统治的工具;另一方面,它又在形式上代表了整个社会。形式和内容总是要相互适应的。形式上代表整个社会的国家,也必须在内容上有所体现。所以,国家除了阶级属性外还带上了一般社会的属性。例如,组织抗灾、兴修水利、赈济灾民、兴办学校、鼓励开荒,都使国家成为组织社会生活的中心,表现了它的社会属性而不单纯是阶级属性。正如恩格斯所指出的:"政治统治到处都是以执行某种社会职能为基础,而且

---

① [英]霍布斯:《利维坦》,131~132 页,北京,商务印书馆,1985。
② [英]洛克:《政府论》(下),105 页,北京,商务印书馆,1964。
③ [法]卢梭:《社会契约论》,76 页,北京,商务印书馆,1996。
④ 《马克思恩格斯选集》,第 4 卷,176 页,北京,人民出版社,1972。
⑤ 《马克思恩格斯选集》,第 2 卷,336 页,北京,人民出版社,1972。

政治统治只有在它执行了它的这种社会职能时才能持续下去。"① 在这里，马克思、恩格斯虽然强调阶级性是国家的本质，是占主导地位的，但他们并没有否定国家的公共性。国家原本体现的是公共权力，而现实中的国家不过是被统治阶级将其异化，变成自居于社会之上、与人民大众相脱离的权力。他们清醒地认识到，现实国家所表现出的公共性是已经异化了的公共性，恩格斯深刻指出："国家是社会在一定发展阶段上的产物；国家是表示：这个社会陷入了不可解决的自我矛盾，分裂为不可调和的对立面而又无力摆脱这些对立面。而为了使这些对立面，这些经济利益互相冲突的阶级，不致在无谓的斗争中把自己和社会消灭，就需要有一种表面上驾于社会之上的力量，这种力量应当缓和冲突，把冲突保持在秩序的范围内；这种从社会中产生但又自居于社会之上的并且日益同社会脱离的力量，就是国家。"恩格斯这段话告诉我们，现实的国家已经被统治阶级异化，变成自居于社会之上、社会之外的特殊的公共权力了。现实的国家所体现出来的公共性，即管理公共事务、谋求公共利益，其实质把冲突控制在"秩序"的范围内，实际上是要维护有利于统治阶级的生产关系，维护在生产关系中占统治地位的阶级的根本利益。

可见，在阶级社会中，公共权力具有公共性和阶级性的双重性质。公共性意味着公共权力是来源于社会公众的，要服务于社会公共利益。阶级性意味着来源于社会公众的权力由统治阶级所掌握，成为统治阶级进行统治的工具。

从人类历史发展过程来看，任何一个国家机构或政府组织都是一种公共组织，但在阶级社会中，这种公共组织又不可避免地成为阶级统治的工具。掌握公共权力的那一部分人群即统治阶级，总是尽可能地利用手中的公共权力谋取自己的私利。但与此同时，任何一个统治者或统治阶级又不可能把公共权力完全彻底地用来谋私利，总是要在一定程度上为公共利益服务。而且，统治阶级能否在较大程度上为公共利益服务，往往是统治阶级能否较长时间占据统治地位的决定性因素。一个统治者或统治阶级，越是能够较多地为公共利益服务而较少地谋取私利，它掌握公共权力、居于统治地位的时间就越长；相反，如果统治者或统治阶级越是较少地为公共利益服务而较多地谋取私利，它掌握公共权力、居于统治地位时间就越短。正因为如此，在人类历史上一些明智的统治者总是尽可能地克制自己的私欲，尽可能地为社会谋福利。中国历史上的"德治"观念和"民本"观念，可以说正是这一认识的概括性表述。

通过以上分析可以看出，公共权力是公共管理的基础，公共管理的性质可以从公共权力的角度得以说明。如前所述，公共权力在本质上是一种凝聚和体现公共意志的力量，它必然要维护社会公共利益和社会公共生活秩序。这是公共权力的公共性质。虽然在阶级社会中，公共权力以国家权力的面目出现，其本质已发生了深刻的变化，成为与

---

① 《马克思恩格斯选集》，第 3 卷，523 页，北京，人民出版社，1972。

人民大众相脱离的权力,其所体现的是统治阶级的意志,维护的是有利于统治阶级根本利益的社会秩序。但它也必须在某种程度上体现公共性,即管理公共事务、谋求公共利益,否则公共权力将失去合法性,阶级统治也难以维系。公共性是公共权力的根本属性,确认这一点具有十分重要的意义。就实质而言,公共权力的公共性体现了公共权力的归属,这意味着公共权力不是本原的,社会公众的权利才是天然的,公共权力是来源于人民、受人民委托的。其存在的目的与合理性就在于维护与保障人民的权利。这表明的是公共权力的合法性。就现实层面而言,公共权力的公共性体现为公共管理的有效管理公共事务,解决公共问题,谋求公共利益。这表明的是公共权力的有效性。总之,我们只有确认公共权力来源上的合法性,获得运作上的有效性,才能最终体现其公共性。

以公共权力为基础的公共管理也必然体现出公共性质:公共权力的拥有者是社会公众,因而公共管理必然是为公共而进行的管理;公共权力由公共组织具体行使,因而作为公共权力载体的公共组织即为公共管理的主体;公共权力必然谋求公共利益以获得合法性,因而公共利益成为公共管理的核心价值;公共权力的运行过程,即为公共管理的活动过程。合理规范公共权力,保证其良好的运行,是公共管理公共性的必然要求。

二、公共责任:公共权力运行的基本要求

从法治角度看,拥有一定的公共权力就应承担一定的责任,权力的授予必然伴随着责任的任定。公共权力在行使过程中无法脱离责任而单独存在,否则,这种权力就可能失去公共性。法治的目的之一是要确保责任与权力的对等,并建立责任与权力统一的规则。同样,公共组织在获得公共权力的同时,也必然伴随着责任的确定。实际上在赋予公共权力时,对公共权力的作用目标、作用范围、作用方式、作用内容等都有具体的规定,这是与公共权力相对应的责任。

公共权力的性质决定公共组织所承担的责任是一种公共责任。从理论上来说,社会公众与公共组织之间的关系是一种委托与代理的关系,社会公众授予公共组织权力,被授权的公共组织作为社会公众的代表,行使权力首先必须满足社会公众的利益。对公共利益的追求需要一种精心设计的责任结构,以确保以公民名义行事的人为公民的利益付出最大的努力。[1] 从公共权力的来源看,公共责任是公共组织整体上对全体国民负责任。"公共责任是指使社会整体受益……包括运用一切公共设施建立彼此间的信任和友谊,使公共生活充满乐趣,而不是恐惧。"[2] 具体而言,公共责任具有这样几方面的

---

[1] [澳]休斯:《公共管理导论》,彭和平等译,264页,北京,中国人民大学出版社,2001。

[2] Robet N. Bellah. Habits of the Heart:Individual is mand commitment in American Life. University of Califonia Press,1985:335.

性质：①公共责任是一种义务。公共组织或公共管理者在接受公共权力之后，就承担了为社会谋取利益的义务。公共权力的运行过程，就是一个承担为国民尽义务的过程，承担起为其服务对象尽责效力、谋取利益的义务。这一过程不但是公共部门及其工作人员的行为选择，更是其道德诉求。②公共责任是一种任务。公共管理主体在承担义务的基础上，还必须通过认真履行自己的义务和职责的方式，对国家权力主体负责。公共组织执行国家权力主体的意志、方针、政策的过程，实际上就是具体完成权力主体交付的任务的过程。③公共责任是一种结果。这意味着如果公共组织不能积极地承担其为社会公众应尽的义务，不能很好地完成社会公众交付的任务，那么就应该受到相应的责任追究。而一个根本不承担责任的公共组织，将失去其存在的合法性，人民应有相应的合法手段去改变它。总之，公共责任是公共管理主体在公共管理过程中应该履行的职责、应尽的义务及所承担的相应后果。能否履行公共责任是公共管理合法性的前提与保证。在实际的公共管理过程中，公共责任表现在以下几个方面。

（一）客观责任

从责任的特点看，任何责任都是一种客观规定。责任不是神意的安排，也不是个人的意愿，责任规范是人类社会历史发展的结果，它体现的是一种社会关系。人类不可能完全摆脱责任，实现抽象的自由。客观责任是指职责和应尽的义务，它源于法律、组织机构、社会对公共管理人员的角色期待，它要求公共部门及公务人员必须要做什么。也就是说，公务人员一旦接受了某种职位，就等于接受了某种期望与约束。这对所有接受公共职位的人提出了总体的义务规定，每个公共部门与公务人员都被赋予特定的角色内容，同时也被赋予了与之相应的职责和任务。客观责任有这样几种形式：①岗位责任。这是最直接的客观责任，以组织的规则和政策、工作描述、职业准则等为来源。公务人员进入某一特定岗位，就必须履行岗位所要求的职责，亦必须承担履行这种职责的相应后果，即岗位责任。这种权责一致的岗位责任制度，是任何正式组织赖以存在和发展的最基本条件之一，而且组织越正式，对这种岗位责任的明确性要求亦越高。②法律责任。这是一种最基本的客观责任。如前所述，公共组织与私人组织之间一个主要的差别就在于法治，公共管理者所采取的每一项行动最终都必须追溯到权威的法律授权，而私人公司不必这样①。对法律的忠实执行成为对公共管理者的最高要求和行政责任制的核心。②③政治责任。这是最重要的客观责任。这主要是指公共部门（尤其是政府）必须对人民负责、代表人民利益、表达人民意志。这是公共责任的核心部分，无论是积极地履

---

① ［美］詹姆斯·W.费斯勒：《行政过程的政治——公共行政学新论》，陈振明等译，9页，北京，中国人民大学出版社，2002。

② 同上，10页。

行岗位职责,还是忠实地执行法律,其目的只有一个,即对公民负责。因为"无论是按照正式的就职宣誓、政府伦理法规,还是法令,最终所有公共行政人员的行为都要以是否符合公众的利益为标准来衡量是否是负责任的行为"。①

(二)主观责任

责任不但是一种社会规范,而且也是一种社会意识,具有主观特征,是社会意识中重要的范畴。因而,客观责任只是公共责任的一个方面,与之相对应的还有主观责任。在公共行政科学发展的历史上,早期两位学者卡尔·弗瑞德里奇和芬纳关于如何保证行政责任的争论,实际上说明了行政责任的两种形式,即主观责任和客观责任。② 一般来说,客观责任与外部强加的可能事物相关,而主观责任则与我们自己认为应该为之负责的事物相关。③ 客观责任源于法律、组织机构和社会对公务人员的期待,而主观责任则根植于我们自己对忠诚、良知、认同的信仰。因而,主观责任主要是指公共管理者自己本身对责任的感受与认同,它强调的是公共管理者之所以去做某事或不做某事,乃是源于一种内在驱力。简而言之,主观责任是指公共管理者伦理的自主性,或称道德责任。

主观责任是在我们的社会化过程中形成的。通过家庭、学校、朋友、职业活动等社会化过程,我们逐渐形成了某些特定的价值观、信念和态度,这些价值观、信念和态度,表明了我们对某人负责或为某事负责的情感和信仰,构成了主观责任的范畴。价值观是关于什么事情是好的、什么行为是可取的、什么样的结果是可以接受的、期望的最终的生存状态是什么样的等一系列的基本判断,基于这种判断,我们会树立起该如何去做的坚定的信念,也会对于所认识到的事物产生积极的或消极的情感(态度),并在此基础上选择具体的行为方式。比如,公务人员拓宽公路的建议,首先来自于拓宽公路可以更好地保护儿童安全这一积极的态度,而这种态度基于多种信念,如狭窄的公路上的事故容易发生,步行者和骑车者易受伤害,尤其是这些人中的孩子最易受伤害。这些信念来源于我们深层次的价值观:保护人类生命的尊严和对儿童的特别保护。可见,以价值观、信念和态度构成的主观责任,不但与更为明确的客观责任一样具有真实性,而且对客观责任的实现具有非常重要的推动作用。因为任何客观的社会责任只有在获得人们的普遍认同后,才能真正地实现。公共部门及其工作人员如果没有建立起维护公共利益的价值取向和信念,也就不会积极地承担起维护公共利益的责任。

---

① [美]库珀:《行政伦理学》,张秀琴译,71页,北京,中国人民大学出版社,2001。
② 张成福:《责任政府论》,载《中国人民大学学报》,2000(2),75页。
③ [美]库珀:《行政伦理学》,张秀琴译,63页,北京,中国人民大学出版社,2001。

(三) 消极责任[①]

上述客观责任是一种积极意义上的公共责任，它强调的是公共部门及其工作人员履行与其权力相适应的职责与义务，表明社会公众对公共部门及其工作人员的行为期待，是"分内应做之事"。积极的公共责任的实现有赖于公共部门及其工作人员对责任的认识和对自己行为的控制。如果认识正确、行为得当，就能成功地履行自己的积极责任。公共责任如果通过这种方式实现是最为理想的。与积极责任相反，如果公共部门及其工作人员没有做好"分内应做之事"，就应当受到相应的制裁与惩罚，承担消极意义上的责任。在公共管理中，所谓消极责任是指公共部门及其工作人员没有履行社会规定的义务，或者违反法律规定的义务，以及违法行使职权等所承担的否定性后果。无论是岗位责任、法律责任还是政治责任，都存在追究消极意义上的责任问题。如在我国，行政机关的工作人员因没有积极履行岗位职责而受到的纪律处分，行政机关因为行政违法侵犯了公民的正当权利所承担的赔偿责任，人民代表大会对行政机关的质询、罢免行政机关的首长等。

从积极责任与消极责任的关系看，积极的公共责任是消极的公共责任的前提和基础。如果没有积极公共责任的有关职责与义务的具体规定，也就不存在消极公共责任的追究。而消极公共责任是积极公共责任的保障，如果没有对消极公共责任的追究，积极的公共责任就难以实现。从一定意义上说，严格追究消极责任可能对公共责任的实现更有价值。因为公共权力存在公共性与私人性的矛盾，总是存在作恶的可能，如果没有消极的公共责任的规定及追究机制，就无法借助制度上的强制力，使那些不履行或没有很好履行积极公共责任者受到制裁，而那些自觉履行积极责任的公共管理者又会因为制度评价的有失公允而疏于履行积极的公共责任。当然，追究消极责任本身并不是目的，责任追究与惩罚的最终目的是使公共部门及其工作人员将积极的责任转化为个人的信念，将责任"他律"转化为"自律"，从而提高公共部门及其工作人员履行积极责任的自觉性，在公共管理过程中自觉自愿地尽职尽责。因为，毕竟只有公共管理主体很好地履行了积极的公共责任，才能获得人民群众持久而稳定的支持。

总之，公共责任具有多种表现形式和丰富的内涵，因而在实际的公共管理过程中，公共责任的实现是一个复杂的过程，既涉及伦理意义上的道德评价、法律意义上的制度约束，亦涉及政治意义上的民主责任，因而它具有多种价值判断标准。但既然公共责任是与公共权力相伴随的，公共权力要服务于公共利益，具有明显的公共性质，所以无论

[①] 严格说来，消极责任其实也是一种客观责任，是一种因未能积极履行责任而产生的客观上的消极结果。消极责任是积极责任的保障，如果没有对消极责任的追究，积极的公共责任就难以实现。因此我们将之单列出来予以特别强调。

哪种意义上的公共责任是否得到了有效履行都只能以公共利益的实现为其最终评价标准。也就是说,无论是作为整体的公共部门还是其中的公务人员的行为,都要以是否符合公众的利益为标准衡量是否是负责任的行为。也就是说,公共利益的实现是以公共责任的履行为前提的,"只有公民本身以独立之身份,在公共责任感指导下,参与讨论所得到之共识,方可称为公共利益"。①公共责任观念的核心在于,"公共利益就是指导行政管理者执行法律时的标准"②。公共责任的观念必然要求公共管理活动始终坚守客观的立场,维护普遍的公共利益,偏向某一个人、某一群体或团体的利益都是与公共责任相违背的,因而也是非正义的。

三、公共权力异化的治理

公共权力以社会公众为本源,公众是权力的主体,是国家真正的主人。这意味着公共权力必须谋求公共利益,服务人民大众,承担公共责任。这一理念是对公共管理应然或应该是什么形式的确认,或者说是对公共管理本来面目的确认。而在实然层面上,在公共管理实践过程中,却存在着公共权力异化的现象,存在以权谋私、权钱交易、滥用职权等,以公共性为基础的公共权力在某些情况下会走向其反面,公众让渡出来的权力反过来压制公众,代理人成为奴役者,权力主体反而成为被奴役者。因此,只有对公共权力进行良好的制约,公共责任才能得以真正意义上的实现。只有承担了公共责任的公共权力才能更好地服务于公共利益,才能实现公共管理的公共性。

(一)公共权力的内在矛盾:公共权力异化的根本原因

公共权力的异化与公共权力本身的内在矛盾有着密切的联系。从理论上说,公共权力来源于人民大众,但在现实政治生活中,公共权力并不是由全体社会公众直接掌握并实现。因为人民的权力实现有两个基本的困难:①作为集体人格的人民无法形成和表达自己的意志。因为在现实的社会生活中,不存在个人利益和个人福利的总和等于公共利益和社会福利的事实。由于"不存在全体人民能够同意或者用合理论证的力量可使其同意的独一无二地决定的共同福利"③,所以,也就不可能找到与这种共同利益相适应的一套表达全体人民共同意志的程序或制度。正如萨拜因所说,虽然人民拥有一切权力,拥有一切道义上的正义与智慧,作为一个集体却既不能表达自己的意志,也无

---

① Robert B. Denhardt, Janet Vinzant Denhart. The New Public Service: Serving Rather the Steering. Public Administration Review, November/December 2000,60(6).
② 彭和平、竹立家编译:《国外公共行政理论精选》,56、58页,北京,中共中央党校出版社,1997。
③ [美]熊彼特:《资本主义、社会主义与民主》,吴良健译,372页,北京,商务印书馆,1999。

法将其付诸执行。① ②人民的权力不能通过个人直接或实际的行使。因为,在多重关系和高度专业化分工的复杂社会中,政治决策不仅受到场合的限制,而且必然受到时效和专业知识的束缚。"有些决定必须迅速做出,有些决定需要专业知识。"② 这种情况决定公共权力只能由社会中少数人掌握和行使,才能更好地保障公共权力运行的效率。因此,公共权力虽然具有高度的公共性,但在现实政治生活中,公共权力却掌握在少数人手里,被赋予给特定的阶级、集团和个人。这种公共权力所属主体(人民)与行使主体(阶级、集团和个人)的分离,使公共权力具有特殊性。所谓特殊性是指行使公共权力的主体是由社会中一部分人构成的,这些成员不仅有着各自的特殊利益需求,而且他们所代表的集团或阶级也有着特殊的利益。这就决定了他们在制定和执行公共政策时,具有他们自己的、不同于社会的价值判断与价值偏好,公共权力甚至可能变成一部分人实现其利益的特权和工具。具体而言,公共权力的这种"公属"与"私掌"之间的矛盾表现在以下两个方面。

1. 公共性与阶级性

公共权力起源于维护社会公共利益和社会公共生活秩序的需要,因而它在本质上或原初意义上是一种凝聚和体现公共意志的力量,这是公共权力的公共性意涵。而在阶级社会中,公共权力却掌握在统治阶级的手中,成为其实现阶级统治的工具。"所谓阶级,就是这样一些集团,由于它们在一定的社会经济结构中所处的地位不同,其中一个集团能够占有另一个集团的劳动。"③ 而一个集团之所以能够占有另一个集团的劳动,在于其在经济上居于统治地位,并借助于国家政权,在政治上也具有统治地位。在这种阶级关系中,公共权力是使得阶级间的不平等占有得以实现的必要条件。没有公共权力的积极介入,一个阶级对另一个阶级劳动的无偿占有是不可能实现的。这样,在阶级社会中的公共权力便不可避免地具有阶级性质。虽然统治阶级也会谋求公共利益,进行公共事务管理,但其阶级实质并未改变。国家这种文明社会的概括为"它在一切典型时期毫无例外地都是统治阶级的国家,并且在一切场合都是镇压被压迫、被剥削阶级的机器"。④ 也就是说,在阶级社会中,公共权力的公共性是为其阶级性服务的。

公共性与阶级性的矛盾实际上反映的是统治阶级的意志与社会公共意志之间的差距或背离。在阶级社会中,由于社会分裂为两大对抗阶级,公共意志被占统治地位的剥

---

① [美]萨拜因:《政治学说史》,刘山等译,664~665页,北京,商务印书馆,1986。
② [英]罗素:《权力论》,靳建国译,154页,东方出版社,1988。
③ 《列宁选集》,第4卷,10页,北京,人民出版社,1972。
④ 《马克思恩格斯选集》,第4卷,第176页,北京,人民出版社,1972。

削阶级意志所侵蚀、所取代,从而使公共权力成为维护统治阶级利益的一种工具,成为统治阶级意志的一种体现,变成一种"与人民大众相脱离的公共权力"。公共权力不再是全体社会成员的平等权利,而是占人口极少数的统治阶级的特权。

2. 公共性与私人性

从实践的层面来看,公共权力并不是抽象的,总是由具体的人来行使的。从理论上讲,虽然公共权力的主体是公共组织(政府),但实际上,公共权力还是要交由公共组织的成员——具体的公务人员行使。因此,作为公共权力体现的公务人员就成为社会规范之化身,拥有以社会的名义使个人服从社会规范的力量。一方面,他是社会的代表,这要求他的一切行为只符合普遍的社会规范,自觉地代表公共利益或公共福利,而不允许夹杂特殊的私人性的东西;另一方面,他又是一个有着自己特定的利益、特定的欲望、特定的行为方式的活生生的个体。因此,在官员身上,普遍性之规范与特殊性私人利益之间的矛盾特别突出,这就是我们所说的公共权力的公共性与私人性之间的矛盾。

从权力的角度来说,公共权力在本质上可以对社会的稀有价值和利益作权威性分配,权力关系往往体现为一定的利益关系。这种情况决定了任何人只要获得一定的公共权力,便自然具有获取相应经济利益的可能性。亚里士多德曾指出:"人们要是其权力足以攫取私利,往往就不惜违反正义。弱者常常渴求平等和正义。强者对于这些便无所顾虑。"① 而且由于这种权力具有特殊的强制性,因而它对公民权利的侵犯所造成的危害将比其他形式的危害更大。正如孟德斯鸠所指出的那样,"一切拥有权力的人都容易滥用权力,这是万古不易的一条经验"。② 这种"权力有作恶的滥用的自然本性"③,并不会因为其行使者是政府公务人员而有所改变。

从人的角度来看,代表公共组织行使公共权力的公务人员不可避免地有自己的特殊利益,他们不是慈善的化身,不是"哲学王",更不是天使。美国学者詹姆斯·布坎南的公共选择理论表明:在公共权力机构担任公职的是既有理性、又很自私的人。这些公务人员在行使公共权力时也会像普通人一样,从个人角度看待问题,并按个人面临的诱因行事。尽管他们有为"公共利益"服务的意愿,但这种愿望不过是他每天面临的许多诱因之一罢了。一旦个人有利可图的欲望成为更强有力的诱因,这个诱因很可能压倒为公共利益服务的愿望。此时公共权力的行使者就可能偏离公共角色规范和公共权力行使规则,使公共权力的运行背离公共的性质,从而损害公共利益。

---

① [古希腊]亚里士多德:《政治学》,吴寿彭译,317页,北京,商务印书馆,1965。
② [法]孟德斯鸠:《论法的精神》,张雁深译,154页,北京,商务印书馆,1961。
③ [美]格尔哈斯·伦斯基:《权力与特权——社会分层理论》,关信平等译,8页,杭州,浙江人民出版社,1998。

总之,公共权力由于内涵着公共性与阶级性、公共性与私人性的矛盾,便有可能出现公共权力的非公共运行状况,以公共权力为基础的公共管理的公共性自然会因这些矛盾冲突而存在着缺失的可能。因而人们对公共权力既充满了期待,又不无担心。人们期待着公共权力体现其公共性,积极地履行职责,服务于公共利益。同时又担心公共权力缺失其公共性,侵犯公民个体权利、危害社会。没有公共性的公共权力也将失去其合法性。因此,积极有效地制约公共权力,保障其规范运行就显得尤为重要。因为,"在个人利益和公共利益还存在着差异的社会里,在权力的所有者和权力的行使者还处于相对分离的状态下,权力必须受到制约"。① 权力一旦失去制约,就可能被滥用,就可能背离公共意志和公共利益,而且不受惩罚,这是与公共责任相违背的。从公共责任实现的角度来看,权力失去制约,公共管理者就不可能很好地履行积极意义的公共责任,同时也可能不承担消极意义上的公共责任。没有权力制约,公共责任的实现只能是空谈。权力制约是责任实现的前提,权力制约过程,就是公共责任实现的动态过程。对此马克思亦有过深刻的论述。他赞美巴黎公社是"以真正的负责制来代替虚伪的负责制,因为这些勤务员经常是在公众的监督之下进行工作的"。② 可见,只有对公共权力进行良好的制约,公共责任才能得以真正意义上的实现。承担了公共责任的公共管理,才能更好地服务于公共利益,才能实现公共管理的公共性。

(二) 公共权力制约的基本方式

在人类的政治实践中,大致有以下几种制约公共权力的模式。

1. 以权力制约权力

以权力制约权力,是指公共权力的不同主体之间的相互制约,强调在政府各部门的关系或者说在各种不同权力的关系和运作上的分权与制衡,即加强政府内部立法权、行政权、司法权的相互制约,通过三种公共权力之间在职能上的相互牵制,防止某一权力被某个人或某个公共组织所垄断、所滥用。

以权力制约权力,这是一种历史悠久的手段,可以追溯到古希腊和古罗马时代。亚里士多德在他的著作《政治学》中最先提出国家政体的职能应分为议事职能、行政职能和审判职能。③ 古罗马的政治学者波利比乌斯承继了亚里士多德混合政体的观点,认为在政治制度中应该融合君主制的因素、贵族制的因素和平民政制的因素,这三种要素应

---

① 张贤明:《论政治责任》,122页,长春,吉林大学出版社,2000。
② 《马克思恩格斯选集》第2卷,414页,北京,人民出版社,1972。
③ [古希腊]亚里士多德:《政治学》,吴寿彭译,215页,北京,商务印书馆,1965。

该保持一种平衡,既相互制约又相互协调。① 到了十七八世纪,以权力制约权力的思想作为资产阶级革命的理论武器被孟德斯鸠等人发展为"三权分立"和权力制衡理论。孟德斯鸠从为法国资产阶级革命提供政治纲领和政权结构设计方案的目的出发,将国家权力分为立法、行政和司法三个方面,分属于不同的部门并相互制约。因为"从事物的性质来说,要防止滥用权力,就必须以权力约束权力"②,唯有如此,政治自由才能够存在。随着资产阶级革命的胜利,各资本主义国家宪法均以不同形式确立了三权分立和权力限制原则。美国的开国者们也深刻地意识到,任何权力的高度集中都有产生暴政的可能性,实行三权分立制度,其根本原因在于遏止权力的作恶倾向:"先辈们坚信除非政府的三种权力——立法权、行政权和司法权——分立,每种权力都单设立一个政府机关,否则政治自由就靠不住。"③ 麦迪逊指出:"立法、行政和司法权置于同一人手中,不论是一个人、少数人或许多人,均可公正地断定是虐政。"④ 汉密尔顿更为简洁地指出:"把所有权力赋予多数人,他们就将压迫少数人。把所有权力赋予少数人,他们将压迫多数人。"⑤ 尽管从20世纪30年代以来,在以美国为代表的总统制共和国中行政权力出现扩张的趋势,但以权力制约权力的原理在现代宪政民主国家仍受到普遍的信奉与遵循,发挥着其难以替代的有效功能。

当然,在政治实践中,三权是交织的,不可能截然分开。不管实践中三权如何交混,都无伤于清晰区分三权的那些理论原则的价值。因为以权力制约权力,其目的是为了确立一种理性的权力观:权力只要控制得当,就会有益于社会秩序;只有拥有理性的权力,才会有理性的社会稳定。制度化的分配与制衡权力,正是这种权力理性的适当表现。

在我国政治与行政体制改革的实践过程中,我们始终重视权力的制衡,不仅注重立法、司法、行政三权的制衡,而且注重各项具体权力的制衡。党的十八大报告明确指出"要确保决策权、执行权、监督权即相互制约又互协调,确保国家机关按照法定权限和程序行使权力"。

2. 以道德制约权力

道德是评价人们行为的善与恶、丑与美、光荣与耻辱、正义与非正义的观念、原则和规范的总和。它依靠社会舆论和人们内心信念的力量保证对它的遵守。以道德制约权力,其核心思想是通过道德修养的方式提高官员们的道德水平,使其自觉地约束自己的

---

① 浦兴祖:《西方政治学说史》,93页,上海,复旦大学出版社,1999。
② [法]孟德斯鸠:《论法的精神》,张雁深译,154页,北京,商务印书馆,1961。
③ [美]梅里亚姆:《政治学说史》,朱曾汶译,42页,北京,商务印书馆,1988。
④ [美]汉密尔顿、麦迪逊等:《联邦党人文集》,程逢如等译,246页,北京,商务印书馆,1980。
⑤ [美]达尔:《民主理论的前言》,顾昕等译,6页,北京,生活·读书·新知三联书店,1999。

私人性，发扬公共性的一面。其基本信念是，政府官员们的角色行为经常来自于个人的道德品质，来自于个人对美德的追求，因而不断地提高执政者的道德水准，将是促成优良政治生活的一个重要因素。

以道德制约权力同样有着悠久的历史。无论是在中国还是西方，统治阶级对官吏是否拥有道德意识、是否遵从道德规范即是否有官德的问题上，有着严格的要求，并希望通过这种要求能更有效地巩固政权、维持统治。柏拉图在阐述理想国家的基本原理时指出，国家的善是由三种基本美德构成的，即生产者的节制、护卫者的勇敢及统治者的智慧，当三者和谐有序时，就构成城邦的德行——正义。亚里士多德也认为城邦的统治者必须具备至善的品德，"以统治者来说，其品德就相同于善人的品德；好公民和善人的品德虽不是所有的公民全然相同，在（作为统治者）这一部分特殊的公民，就的确相同"。① 中国古代儒家思想更是一个以道德制约权力的理想范本。孔子说："为政以德，譬如北辰，居其所而众星拱之。"② 东汉时期的哲学家王充也说："治国之道，当任德也。"③ 也就是说，当权者的道德是赢得民心和民意的重要砝码，对统治的稳固和国家的治乱兴衰有着直接的影响。所以，历代统治者总是要求官吏们"正心"、"诚意"、"修身"、"齐家"，以实现"治国"、"平天下"的目标。

现代民主社会中的政府官员掌握公共权力，肩负重任，为公众所关注。如果他们不讲道德，不重视自身修养，就不仅仅是其个人的堕落，将是一个国家、一个民族的灾难。因此，对掌握公共权力的政府官员来说，除了要具备宽厚、正直、诚实、守信、友善、忠诚、礼让等道德品质，还要遵循与信奉以下两个更为重要的道德伦理原则：①公共利益最大化。政府是公共性质的，是社会公共利益的代表，那么公共利益的最大化必须成为政府官员行为的道德取向。这一原则强调政府官员应该尽一切可能多考虑所有公众的利益和福利，而少考虑自我、家庭、宗族、部落的利益和福利。②正义。这一道德原则提出了政府官员在为公共利益服务时应有的态度。政府官员必须公正地对待每一个人的要求，尊重全体公民的权利，并视之为至高无上的义务。从民主行政的观念出发，这两项道德信念是作为政治理想的民主在心灵中的内化，它要求政府官员将服务社会作为自己的崇高使命，把自己真正置于公仆的位置上，在行为中自觉遵从民主的原则，切实地实现和维护绝大多数民众的根本利益。同时，这样的道德原则也将使政府官员意识到，自己首先是公民中的成员，自己的命运沉浮将取决于公共利益以及在公共行政活动中得以实现的公平。与权力制约权力的机制相比，以道德制约权力具有内在性、柔性和前瞻

---

① [古希腊]亚里士多德：《政治学》，吴寿彭译，122页，北京，商务印书馆，1965。
② 《论语·为政》，见《诸子集成》（一），20页，北京，中华书局，1986。
③ 《论衡·非韩》，见《诸子集成》（七），97~98页，中华书局，1986。

性,强调通过学习和教育的方式培养政府官员内心的道德力量,从而减少滥用权力的可能性,其实质是通过制约灵魂制约行动。

3. 以权利制约权力[①]

以权利制约权力是民主社会独有的一项约束公共权力的方式。其核心含义是将普遍的公民权利作为制约和平衡国家权力的一种社会力量。公民权利所及范围是公民自身意志可以支配的自治领域,公共权力应该充分保护这一领域的完整性和独立性。正是在这一领域内,权利享有优先地位,具有制约权力的能力,即具有免受国家权力干预和侵犯的能力。

以权利制约权力的模式是与近代市场经济的发展相伴而生的。市场经济在自我的发展中以不可阻遏的客观性、独立性及自发性,迫使公共领域与私人领域分离开来,正是这种公共领域与私人领域的分离,以及维持这种分离的必要性,[②]要求公共权力应严格限定在公共领域。而在私人生活方面,个人被假定为是完全可以自理的,国家不能代替个人处理私人事务。在思想领域,以权利制约权力的观念来源于西方自由主义思想中自然权利的观念。洛克是自然权利理论的最为经典的阐述者。在他看来,生命、自由和财产是人天经地义的权利,其合理性可以由自然法和理性加以阐述和论证。而政府是公民享受并行使其自然权利所派生的,其存在是为了保护自然权利,而且应该只限于此功能。所以,任何政府威胁生命、自由、财产等自然权利,就会失去"人民的同意"这一合法性基础,自弃统治资格。[③] 这种自然法基础上的权利理论在英国、美国与法国广泛传播,无论是英国的《权利法案》、美国的《独立宣言》还是法国的《人权和公民权宣言》,都贯彻了这种自然法的权利理论。公民的生命、自由和财产权利得到了充分确认和肯定,其自由和权利保障既是政府的目的,同时也为政府划定了行动范围。这样,公共权力"就在相当程度上被分解为广大社会成员所自主享有的自由、平等权利"[④],从而应受到广大社会成员的关注与制约。

[①] 有的学者亦把"以权利制约权力"称为"以社会制约权力",这种提法也有一定的道理。我们知道,近代含义的市民社会始于 18 世纪的启蒙时代,表示国家控制之外的社会经济生活。亦即市民社会是指社会中的私人利益关系的总和。国家代表"公"的领域,市民社会则代表"私"的领域。在国家面前,市民社会领域是不可侵犯的,它是公民个人的天地和自由的王国。从这个角度来说,强调公民权利的保障,也就是对健全的市民社会的呼唤。反之,只有存在健全的市民社会,才能有健全的权利意识。正是在这一意义上,权利制约权力亦被称作社会制约权力。本文则把二者分开,从市民社会组织的多元化与自主化发展对公共权力的制约方面探讨"以社会制约权力"的问题。

[②] 公共领域与私人领域分离的必要性在于,这两个领域都能实现纯洁化。也就是说,在这种公共领域与私人领域的分化中,私人领域可以不受公共领域的干扰,在平等自由的条件下借助于竞争的动力得以发展;公共的领域作为一个相对独立的领域,不直接作为个人利益争端的一方存在,因而能够为私人领域提供公正需求,在私人领域的利益冲突和矛盾中较好地维护公共利益。

[③] [美]麦克利兰:《西方政治思想史》,彭淮栋译,268~269 页,海口,海南出版社,2003。

[④] 马长山:《国家、市民社会与法治》,158 页,北京,商务印书馆,2001。

可见,上面所描述的权利是一种"守势的权利"(消极权利),即通过生命、财产、迁居、贸易、表达自由、结社和监督政府等权利,为国家和政府的行为划定了一条明确的界限,防止其破坏个人自由。但到了20世纪后半期,权利的概念扩大了,从传统的针对国家的"守势的权利"扩展到合法地要求政府满足人的基本需求的福利权利(积极权利),如医疗保健、最低工资、受教育。这一扩展在1948年联合国成立之初通过的《普遍人权宣言》中得到充分体现。如《普遍人权宣言》第22条规定:每个人作为社会成员……有权依照每个国家的组织和资源实现对其尊严和个性的自由发展所不可缺少的经济、社会和文化的权利。第26条规定:每个人都有受教育的权利,教育至少在初级和基本的阶段应当是免费的。这种权利概念的扩展意味着国家的职能从过去的捍卫公民的基本权利扩大到同时提供相当必要的社会福利。这种扩展是否符合自由主义之理念暂且不论,但它无疑是在要求公共权力积极行动,承担起为公民谋福利的责任,在一定程度上也是对公共权力的一种规范和制约,因为"国家没有做应该做的事,如没有使其人民享受最低的教育、没有救济垂危中的个人,也是对人权的践踏"。①

通过以上分析可以看出,以权利制约权力有三重含义:①公共权力的运行必须要承认公民的权利,例如财产权、人身自由权等。公共权力不但不能逾越其界限侵入公民的权利领域,相反,公共权力的运行必须以保护公民权利为目的。这样公民权利对公共权力起到一种制约和规范的作用。②公民必须具备这样一些基本的权利,当公共权力超越界限、运行失范时,通过这些权利可以保证公民作出积极的回应,迫使公共权力回归正常轨道。这样的权利有选举权,言论自由权,结社权,参与权,知情权,检举、举报和控诉权等。③对于公民的一些基本权利的实现,如受教育的权利、享受社会服务的权利,政府具有不可推卸的责任。前两个方面是就消极权利而言的,此时的"个人权利是个人手中的政治护身符"。②第三项是就积极权利而言的,此时的公民权利是国家应予提供的社会福利。也就是说,无论是从消极的意义还是从积极的意义来说,公民权利"本身就是规制个人与国家关系的所有规则的源泉"。③

以权利制约权力这一机制的实质是使公民成为监督政府的力量。这一机制不仅体现了制约权力的根本目的,具有正当性的基础,而且弥补了上述其他两种机制的缺陷。无论是以权力制约权力,还是以道德制约权力,都可能成为统治者为维护其统治而采取的策略。这两种权力制约机制在非民主社会也可能存在,统治者会允许权力监督,会提倡"为政以德",但不会主张公民权利。而以权利制约权力却是民主社会所独有的,它是一种体现民主性质、并与公民的主体地位相匹配的权力制约机制。

---

① 俞可平:《社群主义》,115页,北京,中国社会科学出版社,1998。
② [美]德沃金:《认真对待权利》,信春鹰等译,6页,北京,中国大百科全书出版社,1998。
③ [法]狄骥:《公法的变迁——法律与国家》,郑戈、冷静译,10页,辽宁,辽海出版社,1999。

4. 以社会制约权力

现代民主政治所表现出来的特殊力量是可以容纳众多的利益同时存在，这意味着在公共权力的制约方面仅有政治体制的分权制衡是不够的，还必须同时实现社会分权制衡，即以社会制约权力。其主要含义是指充分利用各种社会力量，尤其是依靠独立的、多元化的组织力量实现对公共权力的制约。根据加尔布雷斯的分析，财产、人格和组织是权力的三大来源。现代社会是组织化的社会，组织作为一种权力来源正在崛起。组织虽然与财产和人格相关联，但财产和人格却要凭借组织的支持才能发挥作用，因而组织正日益削减财产和人格两个权力来源而成为主导。[1] 因此，"组织和与其相关的社会调控是一切现代权力运作的基础"。[2] 各种"社会组织就要在静态（权力结构上）和动态（权力的生产和分配过程）两方面与政府组织分享权力"。[3] 这样形成一种独立于政府机构、政党和国家结构的公共空间，进而形成了对公共权力的有效制约。一方面，这些社会组织因其独立性的发展趋势，会要求政府尽量少干预，从而维护其自治权；另一方面，它们会不断地向政府提出要求并力求对政府施加影响，从而提供了能有效保护公民权利、抑制等级体系和权力支配的控制机制。

在西方，以社会制约权力的思想植根于从孟德斯鸠到伯克的自由保守主义传统。孟德斯鸠曾强调一个存在贵族阶层的社会对于维护自由的重要性。而伯克则坚持认为，自由的问题是与一种权威三角——即个人、国家以及介于这两种实体之间的各种群体——分不开的。[4] 如果没有这种所谓的个人与国家之间的中间结构，个人的自由是无法保障的。因而伯克极力主张国家的权力和能力应该受到限制，尤其受到法律的限制和市民社会中各种自愿结社的限制。作为伯克的忠实信徒，托克维尔认为民主体制与多元的社会具有某种亲和性。在他看来，促成美国自由民主的重大因素在于美国是一个由各种独立的、自主的社团组成的多元的社会，有着特殊的民情和自治传统，它们对权力构成了一种有力的社会制衡。"如果民主国家的人没有权利和志趣为政治目的而结社，那么他们的财富和知识虽然可以长期保全，但他们的独立却要遭到巨大的危险。而如果他们根本没有在日常生活中养成结社的习惯，则文明本身就要受到威胁。"[5] 达尔对托克维尔的社会制衡思想做了进一步的阐发。他认为，一个由民选的民主政府和多重利益集团（以中介性社会团体为主体）构成的基本结构是民主制度的特征，并把这种政治体制称为"多元民主政体"。在他看来，"独立的社会组织在一个民主制中是非常值

---

[1] ［美］加尔布雷斯：《权力的剖析》，刘北成译，37~66页，台北，时报文化出版企业有限公司，1992。
[2] 同上，154页。
[3] 马长山：《国家、市民社会与法治》，161页，北京，商务印书馆，2001。
[4] 顾欣：《以社会制约权力》，见《市场逻辑与国家观念》，159~160页，北京，生活·读书·新知三联书店，1995。
[5] ［法］托克维尔：《论美国的民主》，董果良译，637页，北京，商务印书馆，1988。

得需要的东西,至少在大型的民主制中是如此。每当民主的过程在像民族国家那样大规模的水平上运用时,自治的组织一定会产生。但是这些组织更多的是民族国家政府民主化的直接结果。它们对民主过程本身的运转、对减缓政府的高压政治、对政治自由以及对人类福利也是必要的"。① 与多元主义相颉颃的法团主义虽然并不认可多元主义的"自由竞争"价值,但也强调,公民社会的建构对国家仍具有较强的制约作用,只不过这种制约作用是在社团与国家的合作过程中发生的。② 可见,以社会制约权力所持有的基本信念是,一个多元的且独立于国家之外的自组织的市民社会是民主的一个不可或缺的条件,没有这种社会制约的国家权力总是"危险的和不可欲的,是对专制主义的放纵"。③

以社会制约权力这一权力制约机制在体现公共性的本质方面具有尤为积极的意义:①公共权力产生于人类社会发展的需要,只不过从其产生那天起就被异化了,成为自居于社会之上、与人民大众相脱离的权力。肯定人民的结社自由,以多元化、独立的社会团体的力量监督和制约公共权力,是公共权力恢复其本来面目并最终回归于社会的重要桥梁。②民主的基本内涵可以理解为"人民的统治",也就是说直接的人民的统治是政府公共性的理想模式。受多种因素的影响,在政治生活中代议制的间接民主成为现实的必然选择。代议制体现公共性的一个重要渠道就是不断扩大的政治参与。由于各种社团的生成具有自愿性、组织形式具有自律性、社会活动具有自主性,因而它始终代表并且展现着很高的民主参与精神,也行使着相当的民主参与权利。社团是一定群体利益的集中代表,它把那些虽独立却又软弱无力的公民组织起来,积极地参与政治生活,这在某种程度上实现了参与的扩展。

5. 以责任制约权力

责任与权力是一个矛盾的两个方面,彼此相互依存。从一定意义上可以说,权力的赋予是以责任的承担为前提,也就是说权力大小要以责任多寡为度量,权力的行使要以责任的落实为依据,要以职责的履行为出发点。人类历史上最早践行责任制度来约束权力的政府模式当属英国的责任内阁制,此后,各国纷纷效仿,建立适应自身政体的责任制度以制约权力的运行。

2003年"非典"之后,我国也开始注重行政问责制度的建设,开始践行责任制约权力的模式。至今,我们基本建立了以行政首长负责制为主要内容的行政问责制度。党和政

---

① [美]达尔:《多元主义民主的困境》,尤正明译,1页,北京,求实出版社,1989。
② 关于法团主义和多元主义的比较,见张静:《法团主义》,41—87页,北京,中国社会科学出版社,1998。
③ [英]约翰·基恩:《市民社会与国家权力形态》,见邓正来、亚历山大编:《国家与市民社会》,100页,北京,中央编译出版社,2002。

府的历次会议也强调进一步建立与完善行政问责制,其基本蕴意就在于以消极责任的落实来惩戒相关责任人员,以积极责任的履行来推动权力的合理行使。没有无权力的责任,更没有无责任的权力,脱离了权力的支撑,责任无从落实,缺失了责任的约束,权力定如脱缰野马,必将出现"权力导致腐败,绝对的权力导致绝对的腐败"的铁律。党的十八大报告指出"建立健全决策问责和纠错制度"更是对责任制约权力的发展。

综上所述,这几种模式从不同的视角提出不同的制约公共权力的方式,尽管制约权力的理念不同、相应的措施选择各异,但我们认为这四种机制在民主社会中是可以相互并存、相互配合、相互支持、相辅相成的。权力的相互制约机制属于一种体制内的监督,它无法最终解决监督监督者问题,要依靠广大公民承担起监督监督者的责任,即以权利制约权力。公民个人的力量无法有效承担这一责任,必须要寻求一种组织化的力量——独立多元的社会组织,即以社会制约权力。要发挥社会、权利的制约作用,同样离不开公共权力的恰当配置和有效制约;道德教育的效果不仅需要来自公共权力强制力的支持,也需要公民舆论的评判。只有综合的运用这些权力制约模式,才能更好地控制和约束公共权力,使其服务于公共利益,从而彰显公共管理的公共性。

(三) 制度与德行的融合是公共权力异化治理的基本模式

公共权力的良好运行依赖于有效的公共权力制约方式。前面讨论的四种公共权力的制约方式理念及方式存在很大的不同。从根本上来说,以权力制约权力、以权利制约权力及以社会制约权力是外在于权力行使主体的权力制约方式,依赖的是制度化的力量,具有明显的刚性特征;而以道德制约权力依赖的是权力行使主体的权力自觉,强调的是权力行使者的德行及内省对保障公共权力规范运行的积极作用,具有明显的柔性特征。事实上,只有制度与德行二者刚柔并济、完美融合,才能更有效地治理公共权力的异化。

1. 制度与德行在公共权力异化治理中的作用解析

制度,一般来说是指要求人们共同遵守的行为规范、准则与程序等的总称。在公共权力制约中强调制度的力量,其内在的逻辑是强调从权力行使主体的外部控制权力,通过外在于权力主体的政治控制、制度规范、法律监督等方式保证行政人员规范地行使权力,积极地履行职责。这种制度取向的公共权力制约方式的优势在于:①明确性。制度(法律)明确规定了公共权力的运行范围、行使方式、各权力主体的相互关系等,为公共权力异化的治理提供了依据。②强制性。任何法律、制度等都具有明显的刚性特征,均以某种形式的强制力保证其实施。如果违反了法律、制度的规定,就会受到相应的惩罚。这种惩罚及惩罚的威胁有效地遏制了公共权力的异化。

党的十八大报告明确指出坚持走中国特色社会主义政治发展道路和推进政治体制改革的一个重要方面就是健全权力运行制约和监督体系。坚持用制度管权管事管人,保障人民知情权、参与权、表达权、监督权,是权力正确运行的重要保证。……推进权力运行公开化、规范化,完善党务公开、政务公开、司法公开和各领域办事公开制度,健全质询、问责、经济责任审计、引咎辞职、罢免等制度。党的十八届三中全会也明确提出"坚持用制度管权管事管人,让人民监督权力,让权力在阳光下运行,是把权力关进制度笼子的根本之策"。

但正如我们所指出的,单纯地依靠制度的力量并不足以有效地治理公共权力的异化问题,制度取向的制约方式本身也存在着一定的局限:其一,制度再完备也不可能规定公共权力运行的所有方面,制度再详细也会留有一定的自由裁量空间,制度再有预见性也难以预知所有未来的发展变化,也就是说必然会存在大量的"制度之外"与"制度空白",在这些领域制度无法有效的发挥作用。其二,制度约束具有一定的滞后性。虽然法律、制度等具有重要的预警与威慑作用,但更多的是以事后惩戒的方式保障公共权力的良好运行。其三,制度约束及相应的惩罚是一种消极的制约权力方式,虽然能最大限度地禁止人们做坏事,但却不能保证人们积极努力地做好事。

正因为制度取向存在着上述局限,所以在制约公共权力的过程中必须对权力行使主体自身予以关注,因为人们的行为最终来源于一系列内化了的态度、价值观和信仰,而不是来源于外部的规则和程序。权力行使主体的德行水平与道德素质将对公共权力的运行有着重要的影响:①德行取向的权力制约方式具有明显的前瞻性。提高行政人员的道德水平对公共权力的异化具有预防作用,我们很难想象一个具有高尚道德品质的人会以权谋私、贪赃枉法。②提高行政人员的道德水平将有助于约束人的私人性。公共权力内涵着公共性与私人性的矛盾,通过道德修养方式提高官员们的道德水平,使其自觉地约束自己的私人性,发扬公共性的一面,是公共权力规范运行的内在保障。③德行取向的权力制约方式是治理公共权力异化最根本的途径。无论法律、制度如何完善,只有人们具备了自觉自愿地服从法律、制度的信念与道德品质,才能从根本上保障公共权力的规范运行,实现从法律、制度惩罚威胁下的"不敢为"到积极主动的"不能为"的转变。但是最根本的途径往往并不是现实中最有效的,我们知道掌握公民权利的政府官员并不是天使,而是有着各种不同欲望和要求的普通人,也存在各种自利追求,因而依靠德制约权力这种"内求自圣"的途径虽然是解决权力滥用及异化难题的终极方式,但在现实的公共行政实践中却只能是权力制约的一种补偿途径,并不能成为行政权力合法性的最终依靠,因为灵魂在多大程度上能抵御现实的诱惑毕竟是个未知之数。

2. 制度与德行在公共权力治理中的统一与融合

制度与德行在公共权力异化治理中各自的优势与局限决定了二者不能截然分开,应该紧密结合在一起,这样才能更好地规范公共权力的运行。事实上,制度与德行在公共权力异化治理过程中并不截然对立,而是相辅相成、互相促进的统一与融合关系。

首先，行政人员的德行是制度效用的基础。任何法律、制度只有在人们服从的基础上才有意义。人们是被动地服从还是自觉自愿地服从，将直接决定制度的效用。行政人员德行水平的提高，必然加强人们遵守法律、制度的内心认识与道德自觉，把遵守法律、制度作为高尚的道德行为。就公共权力的异化治理方面来看，制度约束的是人们的客观责任，德行激发的是人们的主观责任。提高人们的德行水平，有助于不断强化公务人员的主观责任，强化其对岗位责任、法律责任、政治责任等的主观认同。任何客观的社会责任只有在获得人们普遍认同后才能真正地实现。

其次，合理的制度是促进行政人员德行的有效方法。我们知道，任何法律、制度都有其道德基础，都是对社会稳定发展具有重要影响的道德内容的确认，强制要求人们遵守。如对杀人、放火、盗窃、制假售假、贩卖人口、虐待父母、包二奶等不道德行为的惩罚和制止用法律、制度规定下来，强制人们遵守；对见义勇为、诚实守信、无私奉献等高尚的道德行为以法律制度形式予以肯定和鼓励。以道德为基础的法律、制度才具有正当性，这样的制度无疑会鼓励个人形成高尚的道德品质。比如，在用人机制上赏善罚恶，对那些道德模范者给予重用和提拔，对那些品德不端、道德不良者不提拔重用，形成用人机制的道德赏罚导向。这样，当公务人员因其高尚的行为或品质受到奖励时，会激励其进入更高的道德境界。

总之，仅依靠行政人员的个人德行没有合理的制度保障，公共权力的异化治理必然难以取得积极的效果，甚至个人德行也会因制度的缺失或不合理（不道德）而受到侵蚀；同样，仅依靠外在的刚性制度约束，而忽视行政人员的道德建设，亦难以有效地治理公共权力的异化，甚至制度本身的落实与执行都会举步维艰。因此，制度与德行的融合才是有效治理公共权力异化的根本途径与模式选择。

现实中，责任是制度与德行的融合，一方面，责任意味着一整套的制度规范，意味着设置科学、运转流畅的整套行政问责体系，这是其刚性的一面，不以任何领导管员的指示、命令、意志为转移。另一方面，责任也意味着公务人员的行政职业道德，从行政伦理的角度来说，公务人员职业道德的形成一要靠他律，二要靠自律，这必然伴随着公务人员责任意识的培养。同时，只有以责任意识的培养为突破口，公务人员的职业道德才能更好塑成。唯有此，公共权力的异化才能有效治理。

第五章 公共物品的供给

公共物品的供给方式以及供给主体,无论在理论研究还是实践上一直是公共管理领域中极具争议的话题,这种争议又是以历史实践中某一单一供给模式的实效,甚至是行为上的示范而引发和展开的。随着新公共管理运动的兴起,近年来的理论和实践发展方向是提倡公共物品提供主体多元化。公共物品供给主体的角色转变经历了从市场中心到政府中心再到多中心的变换,其中的潜在逻辑是市场失灵——政府失灵——多中心互补。本章就公共物品的供给问题进行尝试性探讨。

一、公共物品的供给:公共管理的逻辑起点

人类社会创造了多种多样的物品,不同的物品有不同的生产方式,满足不同的消费需求。根据不同的标准可以将物品分为不同的类型。根据物品的消费方式以及消费特征,可以把千差万别的物品区分为两大类:一类是私人物品;另一类是公共物品。

(一) 公共物品的含义与特征

1. 私人物品

公共物品(public goods)是相对私人物品(private goods)而言的。研究公共物品必须首先了解什么是私人物品以及私人物品的特性。

所谓私人物品是指能够在消费者之间进行分割并具有消费的完全排他性和完全竞争性的物品或服务。在自给自足的自然经济条件下,私人物品是以家庭作为基本的生产单位组织生产的,私人物品的生产者和消费者一般是统一的。在市场经济条件下,私人物品通过市场机制向社会提供,一般以企业作为基本的生产单位组织生产,私人物品的生产者和消费者通常是不统一的。

私人物品的特性:

(1) 可分割性

所谓可分割性是指私人物品一般都有一定的计量单位,私人物品的总消费量等于全部消费者对私人物品消费的总和。例如,衣服是私人物品,以件为单位,衣服的总消费量可以用每个消费者对衣服的消费数目的总和表示。

(2) 竞争性

所谓竞争性是指某个消费者消费了某一私人物品,就排除了其他消费者消费该物品的可能,或至少是影响其他消费者消费该物品的数量和质量。也就是说,私人物品每增加一个单位的消费,其边际成本不为零,即每增加一个单位的私人物品供给,就需要相应增加一个单位私人物品所需要的成本。

(3) 排他性

所谓排他性是指对私人物品来讲可以将拒绝付款的人排除在消费范围之外。当消费者为私人物品付费之后,其他人就不能享用此种物品或劳务带来的利益,其他人必须付费并且支付足额的费用才能消费该物品。

由于私人物品具有可分割性、竞争性和排他性的特征,使得私人物品可以通过市场机制进行供给,在保证市场充分竞争的前提下,可以通过产权的界定实现有限资源的最优配置。

2. 公共物品

公共物品英文为 public goods,另外还有公共产品、公共财产、公用品、公共品、公益物品和公益产品等译法,本书采用公共物品这种译法。

现代经济学意义上"公共物品"的概念,最初是由瑞典经济学家林达尔(A. R. Lindall)1919 年在博士论文《公平税收》一文中正式提出的,后由萨缪尔森(P. A. Samuelson)等人加以系统化发展。1954 年,萨缪尔森在《公共支出的纯理论》一文中对公共物品和私人物品进行了细致的区分,并给出公共物品的经典定义。他把公共物品界定为这样一种产品:每个人对这种产品的消费都不会导致其他人对该产品消费的减少。他认为,某种私人产品的总消费量等于全部消费者对私人产品消费的总和,而公共产品的消费量则等于任何一位消费者的消费量。[①] 在这里,萨缪尔森分析的是"纯公共物品"的概念。

根据这一概念,公共物品与私人物品相比具有以下特性:

(1) 不可分割性

所谓不可分割性是指公共物品通常是作为一个整体向社会提供的,具有共同受益和联合消费的特点,它通常没有一定的计量单位。其效用为整个社会的成员所享有,既

---

① P. A. Samuelson. The Pure Theory of Public Expenditure. The Review of Economics and Statistics,1954,36(4): 387-389.

不能将其分割为若干部分归属于某些个体,也不能按照谁付款谁受益的原则限定为之付款的个体享用。例如,国防提供的国家安全保障是为一国国内所有人而不是为个人提供的,这种消费在消费者中间是不可分割的。

(2) 非竞争性

所谓非竞争性是指一位消费者消费公共物品并不影响其他消费者消费的数量和质量。也就是说,消费者人数的增加引起的边际成本为零。例如国防,增加一个人消费并不会增加国防的供给成本,也不会影响原有人消费国防这种公共物品的数量和质量。

(3) 非排他性

所谓非排他性是指任何消费者都可以不付任何代价消费该物品,对公共物品的提供者而言,无法将拒绝付款者排除在消费范围之外,或者虽然可以排他,但由于排他成本过高以至于在经济上不可行。非排他性表明,要采取收费的方式限制任何一位消费者对公共物品的消费是困难的,甚至是不可能的。每位消费者都可以免费消费公共物品。例如,国防体系一经建立就不能任意排斥该国某一居民的国防受益。

3. 准公共物品

以上所说的公共物品同时具有不可分割性、非竞争性和非排他性三种特征,我们把这类物品称为纯公共物品。在现实生活中,许多物品并不同时具有这三种特征成为纯公共物品,也并不一定同时不具备这三个特征成为纯私人物品。这些介于纯公共物品和纯私人物品之间的物品被称为准公共物品或混合物品。

准公共物品既带有公共物品特性又带有私人物品特性,居于两者之间。在现实生活中,纯公共物品和纯私人物品并不普遍存在,更为常见的是居于这两个极点之间的准公共物品。具有非排他性但具有竞争性的准公共物品也被称为公共资源性物品,例如公有的草场、地下水资源、海洋资源等公共资源。具有非竞争性但具有排他性的准公共物品也被称为"俱乐部"产品,例如学校、公园、影院、高速公路、有线电视。用排他性、竞争性两个标准衡量所有物品可分为四种类型,见表5-1。

(二) 公共物品的类型

根据不同的划分标准,公共物品有多种分类方法:

1. 纯公共物品和准公共物品

根据公共物品的性质分类,公共物品可划分为纯公共物品和准公共物品。这是最常见的一种划分方式。如前文所述,凡是能严格满足消费上的非竞争性和非排他性的公共物品是纯公共物品,不能严格满足消费上的非竞争性和非排他性的公共物品是准公共物品。

表 5-1　C.V.布朗、P.M.杰克逊的产品分类①

	排　他	非　排　他
竞争	纯私人物品： 排他成本较低； 由私人公司生产； 通过市场分配； 通过销售收入融资； 如食物鞋子	混合产品： 产品得益由集体消费但受约束； 由私人公司生产或直接由公共预算分配； 通过销售收入融资，如对该服务的使用权收费 或通过税收筹资； 如公共公园、公有财产资源、公共游泳池
非竞争	混合产品（"俱乐部"产品）： 含外在性的私人产品； 私人企业生产； 通过含补贴或矫正税收的市场分配； 通过销售收入筹资； 如学校、交通系统、保健服务、疫苗接种、有 线电视	纯公共产品： 很高的排他成本； 直接由政府生产或由与政府签约的私人企业 生产； 通过公共预算分配； 通过强制性税收收入筹资； 如国防

2. 有形公共物品和无形公共物品

根据公共物品的表现形式，公共物品可划分为有形公共物品（物质公共物品）和无形公共物品（精神公共物品）。有形公共物品是指看得见、摸得着的公共物品，具有明显的外在物质表现形式和物质使用价值，可以满足人们的物质需要。如水、电、煤气和天然气、道路航空、消防等大量的公共基础设施。无形公共物品主要是指政府所提供的法律、政策和制度之类的服务，并不具有外在的物质形态，人们对它的消费过程和生产过程几乎是同时进行的。此外还包括教育、安全、基础研究等。

3. 全国性公共物品和地方性公共物品

根据公共物品存在的空间界域，公共物品可分为全国性公共物品和地方性公共物品。全国性公共物品是指由国家或中央政府提供的物品和服务，如国防、外交，全国性的法规、政策。地方性公共物品是指由地方政府提供的物品或服务，如城市基础设施，地方性法规、政策。

4. 垄断性公共物品和非垄断性公共物品

根据公共物品供给者的数量，公共物品可分为垄断性公共物品和非垄断性公共物品。垄断性公共物品意味着该物品只能由一个主体提供，如国防、外交、法律就只能由政府提供。可以由多个主体提供的公共物品属于非垄断性公共物品，如基础设施。

---

① ［英］C.V.布朗、P.M.杰克逊：《公共部门经济学》，张馨主译，35 页，北京，中国人民大学出版社，2000。

(三) 公共物品的供给方式

关于公共物品的供给方式,以萨缪尔森为代表的福利经济学家认为,由于公共物品具有非排他性和非竞争性特征,如果以市场的方式提供公共物品,实现非排他性是不可能或者是成本高昂的,并且在规模经济上缺乏效率,因此政府提供公共物品比市场方式具有更高的效率。萨缪尔森在《公共支出的纯理论》中对公共物品的最优供给给出了一般均衡分析的解释,并指出在一定条件下,由政府提供公共物品可以达到资源配置的帕累托最优。此后,经济学家更多地引用"公共地的悲剧"、"囚徒困境"和"集体行动的逻辑"这三个理论模型论证市场自发条件下公共物品私人供给的无效性以及政府提供的必要性。但是,伴随着经济社会的发展,福利国家出现危机,政府在公共物品供给方面的失灵现象日益显露。从20世纪70年代开始,伴随新自由主义的重新兴起和公民自决意识的觉醒,各种各样的非政府组织逐渐参与公共物品供给活动中,成为公共物品供给活动的重要主体,弥补了政府、市场(私人企业)在供给公共物品方面的失灵和空白。

二、公共物品的政府供给

绝大多数私人物品都是由市场提供的,那么公共物品能否也由市场提供?答案是肯定的。例如,道路、桥梁、灯塔都可以由市场提供。现在由政府提供的许多公共物品在历史上都曾经是通过市场提供的。因此,公共物品并不排斥市场提供。但是,公共物品由市场提供会带来许多问题,从根本上说,某些公共物品由市场提供是缺乏效率或效率低下的。在公共物品供给上的市场失灵现象,根源于公共物品的特性与私人或企业提供者行为动机(追逐利润)之间的矛盾。

(一) 市场失灵与公共物品的政府供给

1. 公共物品供给的市场失灵

公共物品在供给上出现市场失灵现象,其原因在于公共物品本身具有非竞争性和非排他性特征。对于私人物品,经济主体按利润最大化原则和实际需求做出生产或消费的决策和选择。只要预期可以获利,经济主体就会生产和提供该种产品,因而,市场机制能够有效地解决私人物品的供给问题。但是,对于那些不具有排他性和竞争性的公共物品,市场机制不能使该物品的供给和需求达到有效率的水平。

公共物品供给市场失灵主要表现在以下三方面[1]:

---

[1] 赵建国:《政府经济学》,175~176页,大连,东北财经大学出版社,2008。

(1) 公共物品缺乏提供或供给不足

对于纯公共物品而言,如国防,由于其具有完全的消费排他性,无法将不付费者排除在外,任何人都可以免费享受国防安全带来的利益,就没有人愿意自愿为国防付费,这样提供国防服务的人不能获取任何收益,就不会有人建立军队保卫全体国民,造成国防服务的完全缺乏提供。对于具有一定程度消费排他性的公共物品来说,由于消费者可以免费或可以少交费享受之,会使生产者得不到应有的收益,因此很少有人愿意提供,造成此类公共物品供给不足。公共物品所具有的消费非排他性特征造成"搭便车"行为的存在,消费者可以通过隐瞒自己的真实偏好和支付意愿达到既满足自身效用,又不必为此付费的目的。"搭便车者"的存在使得通过市场不能或不可能有效地提供公共物品。一种公共物品的非排他性越高,"搭便车者"会越多,此种公共物品的提供越是不足。

(2) 公共物品利用不足

对于纯公共物品而言,由于其具有完全的非竞争性,增加额外消费者的边际成本为零,若采取市场提供办法,将不付费者排除在外,只会造成已经生产出的公共物品闲置,造成社会福利损失。某些具有排他性或不完全非排他性,但具有消费非竞争性的准公共物品,若由市场提供,会造成闲置。如桥梁,可以采用设卡收费的办法排他,但在非拥挤条件下这种做法只会造成桥面的闲置(桥梁通过能力的闲置)。由于在这种条件下增加额外通行者并不会使边际成本增加,因此桥梁通过能力的闲置在经济上是不合理的,会造成生产者的产量损失和消费者的福利损失。公共物品缺乏提供或供给不足(说明配置到公共物品部门的资源过少,配置到别的部门的资源过多)和公共物品的低效率利用意味着经济资源配置低效率。

(3) 某些种类多的公共物品不适合由市场力量提供

诸如国防、法律,因为由市场力量提供可能会导致损害公共利益的行为产生,进而影响社会公正和社会公正和社会稳定。

2. 公共物品的政府供给

提供公共物品是政府的基本职责之一。公共物品的充分提供和利用是经济资源优化配置、提高生产效率和消费者福利、促进经济发展的重要条件或因素,因此,政府应保障公共物品的充分提供。虽然公共物品的提供不排除市场力量和第三种力量(后文将会探讨),并且政府应该鼓励和引导这两部分力量提供公共物品,但公共物品的市场供给存在天然缺陷,是市场失灵的领域。这些缺陷要么导致公共物品的缺乏提供或提供不足,要么导致公共物品利用不足,并且有些公共物品并不适合由市场和第三种力量提供。政府要履行为经济发展提供制度环境和基础服务的职能离不开公共物品的充分供应与利用。公共物品的充分供应既是政府履行好经济职能的重要条件,也是政府履行经济职能的重要手段。由此,市场力量和第三种力量不愿提供或不能提供的公共物品,应该由政府提供。

(二) 政府提供公共物品的范围

政府作为公共权力机构具有合法强制力。但是,政府不应该大包大揽,不应该企图成为公共物品供给的唯一主体。政府在公共物品的供给方面应该发挥市场力量和其他社会组织的作用。由政府提供的公共物品的范围应界定在以下几方面。①

1. 公共性程度高的公共物品

一种公共物品的受益人或者消费者的人数越多,其公共性程度越高;一种公共物品的受益人或者消费者越少,其公共性程度越低。公共性程度高的公共物品对外部影响也就越大,该物品的供应与利用状况对经济资源配置效率、生产效率、消费者福利、经济增长等影响越大,对政府履行经济职能的有效性的影响也越大,市场力量和第三种力量提供的能力越是不足。因此,公共性程度高的公共物品应由政府供应。依此,政府应该首先提供影响遍及全体国民的纯公共物品,然后随着政府能力的增长,再逐渐延伸至公共性程度较低的公共物品。从历史上看,政府供应的公共物品经历了一个由公共性程度最高到公共性程度逐渐降低的演化过程。只有在政府保证了公共性程度更高的公共物品的供给之后,才能提供公共性程度低的公共物品。国防是公共性程度最高的公共物品。在历史上,国防一直是各国优先保证提供的公共物品,然后是公共秩序。如果政府有能力,再提供公共性程度较低的公共物品。公共性程度很低的公共物品,因受益人或者消费者较少,提供状况对社会生产和居民福利的影响小,并不适合由政府提供。由于政府是一个由多级政府构成的体系,由最低一级政府到中央政府包含多个层次,公共物品的公共性程度应作为分不同层级政府提供公共物品范围的依据。公共性程度越高的公共物品,越应由高层次的政府提供,公共性程度越低的公共物品,越应由低层次政府提供。那些供全体国民消费的公共物品应当由中央政府承担提供责任(如国防、全国性立法),只供一个地区居民消费的公共物品应当由地方政府承担提供责任。

2. 不宜或不应由非政府力量提供的公共物品

有许多种类的公共物品即使非政府力量能够提供,也不能由其提供。那些由非政府力量提供可能会损害公共利益的公共物品,如国防,一方面其公共性程度最高;另一方面若将其交由非政府力量提供,可能会成为少数人谋取私利、损害大多数人利益的工具。此类公共物品应由政府垄断提供,这是保证此类公共物品的提供符合公共利益的必要条件。

---

① 谢自强:《政府干预理论与政府经济职能》,144~145页,长沙,湖南大学出版社,2004。

3. 非政府力量不愿意或无力提供且外部性大的公共物品

公共物品的非排他性程度越高,"搭便车者"一般来说就会越多,市场力量和第三种力量越不愿意提供。例如,传染病防治、基础科学研究等均具有很大的正外部性,排他不易,私人或企业一般不愿意提供此类公共产品,第三种力量又没有能力提供此类公共物品,如果政府不提供,就会出现此类公共物品提供不足的状况。

4. 非政府力量没有能力提供和虽有能力提供但非竞争性程度高的公共物品

这类物品包括跨地区的道路、大江大河的整治、桥梁、港口消防设施等。这类公共物品由非政府力量提供,要么供给不足,要么利用不足。政府提供此类公共物品是使其得到充分提供和充分利用的必要条件。

总之,提供物品是政府的重要经济职能,但政府不提供所有公共物品,只对符合上述条件的公共物品承担提供责任。

(三)政府提供公共物品的方式

首先要明确的是,公共物品生产和公共物品供给是两个不同的概念,认识这种区别有助于进一步明确政府供给公共物品的作用。在政府供给公共物品的活动中,有三个基本参与者:消费者、生产者和提供者。政府部门可以同时充当提供者和生产者,也可以仅仅充当提供者。在市场经济条件下,政府供给公共物品并不意味着政府直接生产公共物品。例如国防,虽然国家安全由整个社会享有,是不可分割的,但是国防建设的投入是可以分割的,可以由不同的生产商按照政府的计划和招标项目生产国防设备,确保国防的需要,也就是说,国防设备可以通过与政府签约的私人生产商生产,这并不影响政府承担保证国家安全责任。政府是否需要介入公共物品生产,需要视公共物品生产绩效而定。根据不同的情况,公共物品的生产可采用公共生产、私人生产、政府采购、公共和私人联合生产等多种形式。

政府提供公共物品的方式可以分为直接提供和间接提供两种。

政府直接提供公共物品是指公共物品由政府通过安排预算支出进行垄断性生产或建立营利性机构进行生产,并提供给消费者使用。例如,在西方国家,造币厂和中央银行都是由中央政府直接经营的。邮政服务、电力、铁路、保险业、医院、自来水、煤气等,在有些国家也是由中央政府直接经营,保健事业、中小学教育、警察、消防、公路系统等由地方政府直接经营或管理。

政府间接提供公共物品是指政府利用预算安排和政策安排形成经济刺激,引导私人企业参与公共物品的提供。其实质是在公共物品的生产和供给过程中引进市场和私人力量。由于私人生产效率一般高于政府经营效率,在同样的支出条件下用这种方式可以提供更多的公共物品,或者可以用较少的财政支出提供等质等量的公共物品。政府间接提供公共物品一般包括以下几种方式:①政府与私人企业签订生产合同;②授权经营;③政府经济资助;④政府参股。

政府是直接提供公共物品还是间接提供公共物品,应考虑以下几个因素:①公共性程度。纯公共物品一般应该由政府直接提供(如宪法、法律、政策);消费具有完全排他性或很高排他性,也宜由政府直接提供。政府生产和提供公共物品,让社会公众免费消费,并不意味着政府不需要投入和没有成本,政府生产和提供这些公共物品的投入和成本一般通过税收的方式获得。②外部性的大小。所谓外部性是指公共物品对他人产生有利或不利的影响时,不需要他人对此支付报酬或进行补偿的性质。公共物品的外部性越大,越宜由政府提供。③提供成本和效率。对于那些既可以由政府直接提供,也可以采取间接提供的公共物品,应该考虑两种提供方式的成本或效率。如果一项公共物品的提供,间接提供的成本低于直接提供,效率高于直接提供,则应选择间接提供;反之应选择直接提供。

随着市场经济的发展,人们越来越深刻地认识到,在向社会提供公共物品方面,市场比政府具有更多的优越性,它能够以最小的成本求得最大的产品,经济效率和经济效益比政府高得多。对于那些由政府直接生产,处于垄断经营状态下的所谓国营生产,由于缺乏来自其他方面的竞争而缺乏活力,使得公共物品提供单位不积极提高效率,不愿在更新技术、提高产品和服务质量上下功夫,不注重节约成本,往往难以满足广大消费者的需要。大多数公共物品提供单位都是依靠政府财政拨款营运的,普遍存在高报生产成本和投入量的情形,一旦完不成指标或者出现亏损,就会继续要求政府增加财政拨款或者补贴,对国家公共财政造成很大压力,使财政支出难以承受。因此,随着收费技术的改进和提高,人们逐渐意识到相当一部分公共物品可以通过部分甚至完全市场化的方式提供,采用政府与市场合作的方式提供公共物品。

三、公共物品的市场供给

公共物品的非竞争性和非排他性使公共物品的供给出现了"市场失灵"的现象,为了弥补这种失灵,政府成为提供公共物品责无旁贷的主体。但是由政府提供所有公共物品是否就是合理高效的?政府在提供公共物品的过程中是否应该抛弃一切市场化的方式?答案是否定的。

(一)公共物品供给的政府失灵

公共物品供给中的市场失灵问题不可能在市场体制内找到解决的办法,必须到经济领域外去寻求帮助。这样,国家作为市场失灵的纠错者就应运而生。但是,人们很快发现,政府提供公共物品时并没有如期望的那样出色,在克服市场失灵的过程中,其自身在一定程度上也存在"失灵"的问题。

所谓政府失灵,是指个人对公共物品需求在现代代议制民主政治中得不到很好的满足,政府活动并不总像应该的那样或理论上所说的那样"有效",政府供给公共物品时趋向于浪费和滥用资源,致使公共支出规模过大或者效率降低。具体表现在:①由于政府提供公共物品存在垄断权,即没有竞争对手提供相同的服务,而公共物品又是一种数量和质量都难以直接界定的物品,因此公众很难对政府产出进行监督。政府可以利用自己的垄断地位获取额外利润,从而导致政府部门总是有一种预算扩张的趋势,而预算规模扩大带来的直接后果是行政部门的膨胀,行政部门的膨胀和低效都是公共物品供给短缺甚至无效率的直接原因。②政府提供的任何物品的数量和质量都是由政治决策过程决定的,对于公共物品的供给也不例外。政府提供公共物品时往往倾向于满足大多数处于中间状态的受众的偏好,由于公众对公共物品的需求存在差异,导致另一部分人对公共物品的超量需求和特殊需求得不到满足。

(二)公共物品供给的市场化

1. 公共物品市场化供给的含义

公共物品的市场化供给是指根据市场机制,按照自由交换原则供给公共物品。在奉行自由主义的政府看来,市场机制是作为主导社会行动的主要手段,其中也包括公共物品的供给,尤其是一些准公共物品。近年来的新公共管理运动也使诸多没有自由主义传统的国家纷纷开始实行公共物品市场化实验的探索。与传统的市场化不同,新公共管理运动所倡导的是公共物品的市场化生产而非经营的概念。传统的市场化是以亚当·斯密提倡的有限政府为前提,将诸多社会服务完全交给市场来提供。新公共管理运动中的市场化供给则是在"掌舵"与"划桨"相分离的前提下,将原本交由政府机构生产的物品在确定了其种类、数量和质量之后,通过市场招标及订立契约等方式交由以营利为目的的组织生产。从过程上讲,这实际上是市场与政府的联合供给,是一种半市场化供给方式,仍然具有政府权威的色彩。

公共物品的市场化供给意味着把竞争引入公共物品的供给中去,包括如下内涵:①公共物品供给中"决策"和"执行"的相对分离。即政府的职责是制定政策,但政策执行的职责可以由公共部门、私营部门、非营利部门共同承担,政府供给不一定必须采取政府直接生产的方式。②公共物品的供给者多元并存,竞争发展。并不是说私营部门承担公共物品供给就一定有效率,而是强调公共供给者必须竞争共存。公共物品供给市场化的目的是打破垄断,以竞争提高公共物品供给的绩效。③消费者具有在多元的公共物品供给者中进行选择的权利以及用以选择的资源。社会公众拥有选择权,才能满足消费者日益多样化的偏好,激发供给者的竞争,从而促进其对公众负责并诱致其服务革新。从这个意义上讲,消费者对于公共物品供给的选择权正是公共物品供给市场化过程中市场机制发挥作用的基础。

2. 公共物品市场化供给的可能性

公共物品市场供给的困境很大程度上是由于其非排他性特点及其所带来的外部效应。但现代科学技术的发展带来排他性技术的提高,这使得非排他性不再是公共物品市场化供给的障碍。比如过去无线电视信号的提供被看作是典型的公共物品供给,人们可以免费接受电视信号而不必为此付出任何成本,这就必须由政府提供电视信号。现在有线电视技术的使用可以有效阻止不付费者的使用,从而使使用者付费成为可能。电视信号的提供也不再仅是政府或公共企业的特权。

另外,现代社会分工协作体系的发展促进了公共物品生产体系和提供体系的分离,政府可以将公共物品交由不同部门生产,这为公共物品市场化提供了可能性。新公共管理运动中广泛使用的民营化、用者付费、合同外包等改革措施就是公共物品私人生产最好的例证。由于市场模式严格按照供求关系进行物品生产,可以基本达到供给与需求之间的平衡,因而不大可能产生浪费资源情况。竞争的市场环境使得企业在生产公共物品时必须考虑生产成本,节约资源并努力提高生产效率,因此,公共物品的市场化供给模式将更能达到帕累托最优,从而提高供给效率和效能,这些都使得公共物品的市场化供给成为一项较优的选择。①

公共物品市场供给的必要还来自于现实中的消费者对公共物品的超额需求,"有需求就会有市场"。现实中的部分消费者对公共物品的需求具有一定的超前性或超额性。对于超额需求,无法通过政府提供公共物品来满足,因为政府所供给的公共物品只能提供一种基本的公共物品平台,满足社会全体成员或大多数成员的最基本的公共需求。由于部分成员对于某些公共物品需求的超额性,无法通过政府所提供的基本公共物品得到满足,他们会通过"直接付费"方式,即市场交易方式满足其超额公共需求,这就为营利性组织(企业)通过市场供给这类公共物品提供了现实可能性,从而使这类公共物品的边际收益大于边际成本。当收益大于成本时,企业介入公共物品的供给就符合营利性组织的"经济人"动机。在超额需求的诱导下,在"经济人"动机的驱动下,营利性组织通过市场机制,即市场中的价格机制和竞争机制供给某些公共物品,既能够满足市场中的某些超额公共需求,弥补"政府失灵"造成的公共物品供给不足,也能够通过满足市场需

---

① 韩锋:《公共物品多中心合作供给机制的构建——基于公共选择的视角》,载《党政干部学刊》,2009(4),33 页。

求(尽管是一些超额的公共需求)实现企业利润。①

3. 公共物品市场化供给的具体方式

(1) 合同承包

政府可以通过与私人企业签订承包合同实现公共物品供给的市场化。政府选择私人厂商的方式一般是公开招标,借助投标者的竞争把价格压到经济合理水平。政府提供的公共物品是否可以采取合同承包的方式由私人机构生产或提供,取决于这种物品是否具备以下几个条件:①工作任务是否可以清楚地界定;②是否存在几个潜在的竞争者;③是否存在或可以创造并维持一种竞争气氛;④政府是否能够检测承包商提供的物品的服务和质量。

(2) 特许经营

特许经营是指政府将在特定领域提供特定服务的垄断性特权授予某一私营企业的一种提供服务和产品的制度安排,通常是在政府机构的价格和质量管制下进行的。特许经营与合同外包的区别在于支付方式不同。在合同外包安排下,政府通过安排预算向生产者支付费用,在特许经营安排下消费者直接向生产者支付费用。特许经营特别适合于可收费物品的提供,如电力、天然气、自来水、飞机场、港口、道路、桥梁。

(3) 补贴

政府为了鼓励消费者或围绕特定物品和服务鼓励特定人群消费,可以通过补贴的方式提供。补贴一般有两种形式:①政府给予私人生产以补贴,补贴的形式可能是税收优惠、低息或者无息贷款、贷款担保等。补贴降低了特定服务或物品对符合补贴资格的消费者的价格,在这种情况下,由消费者和政府共同向私人生产者支付费用。②向特定的消费群体进行补贴,使消费者在市场上自由选择服务和物品的生产者。如果将补贴给予生产者,消费者就失去了这种自由选择权,政府实际上把消费者的选择权限定在接受政府补贴的生产者。对消费者的补贴由于有特定的目标群体,因此比起对生产者的补贴来说更为经济,在西方发达国家以凭单形式存在的对消费者的补贴被广泛运用于食品、住房、医疗服务、运输、幼儿保健等方面。②

(4) 政府参股

这种方式主要适用于投入大的基础设施项目,如桥梁、电厂、高速公路、铁路、电信、港口、机场和高科技。政府参股又分为政府控股和政府入股。政府控股是针对那些具有举足轻重地位的项目。政府入股主要是向私人企业提供资本和分散私人投资风险。政府参股的比例也不是一成不变的。项目在初建期,政府股份一般较多,一旦项目进入正

---

① 席恒:《公共物品多元供给机制:一个公共管理的视角》,载《人文杂志》,2005(3),141 页。
② 卫志民:《政府干预的理论与政策选择》,39 页,北京,北京大学出版社,2006。

常经营、能获得较稳定的正常利润,政府便开始出卖自己的股份,抽回资金转向其他项目。①

(三) 政府在公共物品市场化供给中的责任

公共物品供给市场化之后,政府把部分公共服务的职能转移给市场,而行为责任却还是由政府承担,这种责权分离的状况容易导致政府推卸责任。公共物品供给移交市场后,政府不再干预公共物品供给的具体操作环节,也使政府难以承担相应的公共责任。但无论何种方式的市场化,政府都不应该把公共服务当成包袱甩掉,仍然需要政府承担相应的公共责任。因为,在还没有真正形成自由竞争市场的情况下,部分企业具有获得垄断利润的现实条件,将会出现新的私人垄断取代政府垄断的现象,对公共利益构成巨大的潜在威胁。

可见,公共物品供给的市场化只能是在政府主导下具有合理限度的市场化,必须充分发挥政府在市场化过程中引导、促进、协调的公共职能,强化政府责任。为此,政府必须要做到以下几点。

1. 转变政府职能

(1) 实现政府公共服务职能从"划桨"到"掌舵"的转变

在公共物品的供给中,政府必须转变传统观念,变"划桨"为"掌舵",不再垄断所有的公共物品的生产与供给,从直接参与转变为宏观调控,从对企业负责转变为对公众负责、对社会负责,从"全能政府"转变为"有限政府",只有这样,公共物品供给的市场化才有实现的可能和发展的空间。

(2) 明确公共物品供给市场化的范围和标准

政府不能也不宜提供所有的公共物品,同样,市场化不可能解决所有问题。不是所有的公共物品供给都可以通过市场化方式转移出去,由市场和社会力量提供。公共物品和私人物品具有不同的特征,公共部门和私营部门也有明显的差异,要求政府在把公共服务推向市场的过程中必须坚持"有限市场化"的理念,需要政府首先对市场化的对象进行深入分析,辨明在哪些领域进行市场化是合适的,明确市场化的步骤,防止冒进倾向,不能急于求成,应当有序推进,有步骤、分领域、分阶段地进行。此外,市场化的对象必须有明确的目标和衡量标准,益于监测和评估。

(3) 增加公共服务的财政投入

无论是由政府直接生产和供给,还是采取市场化的供给方式,都应当保证公共物品在总量上是充足的。只有这样才能满足绝大多数社会成员对公共物品的需求,实现最

---

① 汪玉凯:《公共管理》,126 页,北京,中共中央党校出版社,2003。

大限度的社会公正。各级政府应转变观念,建立公共服务型的公共财政体制,逐步加大对公共服务领域的投入,增加公共物品的有效供给。对于一些关系到国计民生的特殊领域,如社会保障、义务教育、医疗卫生、环境保护,政府更要加大财政投入力度,而不是简单地把它们推向市场。

(4) 及时提供公共信息

公共信息已经成为政府提供的重要公共物品,这对政府适时发布公共信息提出了新的要求。公共物品供给的市场化是打破传统体制下政府对公共物品供给的垄断地位,突出强调公共物品供给的开放和透明。在这一改革进程中,政府更应当注意向私人部门和社会公众提供有关公共服务的信息,从而有利于实现公开透明运作。

2. 培育市场竞争机制

政府提供公共物品之所以产生效率低下、质量不足等现象,主要是因为缺乏竞争机制。同样地,假如私人部门在得到公共物品的特许经营或承包合同之后又产生了新的垄断经营,那么它也会面临和公共部门同样的低效率。公平竞争是市场经济的活力之源,政府要在公共物品供给的市场化改革中,鼓励公共部门与私营部门之间、公关部门与公关部门之间以及私人部门与私人部门之间展开多种形式的竞争,避免产生新的垄断,以竞争提高效率,改进服务,降低成本。通过市场竞争机制选择出组织效率最高、服务质量最优的公共物品供给者,不断提高公共物品供给的质量和水平。

3. 加强法制建设

只有做到有法可依才能使公共物品供给市场化有序进行,并为市场化过程中强化政府责任提供可能。应大力推进公共物品供给市场化的法制建设,要在国家相关立法中进一步明确政府公共服务的职能,为公共服务提供制度性的保障。一方面,政府需要建立完善的法律、法规体系,防止私营部门弄虚作假和公私勾结。同时,政府必须按照和企业签订的项目承包合同,严格监督企业提供的公共物品的质量。另一方面,政府要通过立法为公共物品供给市场化创造公平的发展环境。

4. 完善监管机制

市场化并不表示政府责任的转移,在保证市场化高效运作的同时,政府还应兼顾社会公平,即保证公众的利益不因公共物品提供者的趋利性而受到侵害,所以应建立完善的政府监管机制,对公共物品市场化供给进行必要的规制。首先,要加强价格监管。价格机制是制约政府公共物品供给市场化进程的重要因素,市场化与使用者付费之间总是密切相关的。政府要在公共物品供给市场化的改革进程中,结合本地实际,借鉴国外经验,制定合理的价格机制,既要有利于建立对投资者的合理补偿机制,又要有利于保护公民享受公共服务的权利。对于一些与民众生活密切相关、属于自然垄断型的公共物品,不能完全交给市场定价,实行政府指导定价与市场价格相结合,制定或调整相关价格时应通过专家论证、召开价格听证会等形式,吸引利益相关方共同参与对公共物品的合理定价,并严格监督执行。其次,要进行质量监督,完善救济制度。不仅行政机关、权力机关、司法机关要监督市场主体提供公共物品的服务质量和履约情况,广大的民众也要通过各种途径和渠道对其进行监督。通过设立公共服务质量投诉机构和利用社会中介组织对市场化所表现的绩效进行科学评估并公布于众,采取奖优罚劣的形式对市场化中出现的公共物品供给数量不足、质量低劣、漫天要价等损害公共利益的行为进行整改。此外,要不断增加和完善公共服务质量问题的救济方式和途径,拓展救济范围,确保公众在利益受损时能得到及时有效的救济。

5. 加强廉政建设

在公共物品供给的市场化过程中,政府和私营部门广泛接触,容易产生腐败现象,使得寻租行为发生的机会增大。在特许经营、合同承包等市场化行使中,由于政府在制定监管规则、挑选产品提供者、确定产品价格等方面拥有一定的自由裁量权,这样就很容易发生贪污腐败、权钱交易等"暗箱操作"。这些现象既有碍公平竞争、有损公共利益,更会在一定程度上降低公民对公共物品市场化供给的信任,从而增加这一改革的社会成本。政府要加强廉政建设,首先,要建立配套的廉政制度。要完善政务公开,要规范相应的操作流程,保持各工作环节之间的衔接,同时还要畅通投诉渠道,充分发挥舆论监督和群众监督的积极作用。其次,提高政府公共管理人员的职业道德。只有在强烈的职业道德和责任感的引导下,才可能防范滥用权力,降低滋生腐败和损害公共利益的各种风险。最后,建立责任追究制度。政府可以根据相关的绩效评估结果,对不依法履行职责的相关人员和部门进行问责,并进行相应的惩罚和制裁,从而建立起一种新型的、以结果为导向的责任机制。①

6. 合理保护消费者

为公众提供公共物品是政府的职责,公共物品的公共性要求政府为社会提供普遍服务,并给予消费者某种支持和必要的保护。首先,由于公共物品在生产和提供过程中存在供给者与消费者之间的信息不对称,相当数量的公共物品的生产和提供很容易形成垄断,此时应该政府介入,定期发布相关信息,为公众提供咨询,避免出现信息不对称情况。其次,由于公共物品的消费者一般是分散的,且同样由于理性经济性的原因,消费者容易陷入集体行动的困境,很难形成强有力的集体行动,与公共物品供给者进行讨价还价。因此,作为公共利益代表者的政府就有必要为消费者提供信息,并给予其他必要

---

① 刘美萍:《论我国公共服务市场化过程中政府责任的缺失及构建》,载《甘肃联合大学学报(社会科学版)》,2008,24(5),11页。

支持,帮助公众组建相关的自治性组织,加大集体行动的力量,以维护公众自身的利益。最后,政府应对某些弱势群体予以补助,使其能够消费具有普遍性质的公共物品和服务。

四、公共物品的非政府组织供给

20世纪70年代以来,西方福利国家和计划经济体制国家逐渐陷入困境,其后各自推行多方面的改革。在此过程中,各国公民意识逐渐抬头,非政府组织日益蓬勃发展,逐渐形成政府和市场之外的第三种力量,并在公共物品的供给中扮演重要的角色。

(一)非政府组织在公共物品供给中的优势

如上文所述,由于公共物品自身的特性,导致出现供给中市场失灵现象。政府作为市场失灵的纠错者,在克服市场失灵的过程中,其自身也存在一定程度上的"失灵"问题。非政府组织的产生是弥补了市场和政府在公共物品供给方面的"失灵",成为政府和市场之外的第三个供给者。非政府组织所具有的民间性、非营利性、志愿性、自治性等特点决定了它在公共物品的供给上具有独特的优势。

1. 非政府组织更具广泛性,能够适应公共物品多样化的需求

社会的发展日新月异,人们的需求也越来越多样化和个性化,政府无法用统一的政策和行为满足社会各种各样的需求。当社会中的其他组织没有发现或没有充足地提供这些公共物品时,这些形形色色的非政府组织便产生了。非政府组织具有数量众多、范围广泛、规模各异、覆盖面广、渗透性强等特点,在政府不适宜或无法顾及的领域,由非政府组织提供公共物品能够起到拾遗补缺的作用。正是由于非政府组织的广泛存在,多样化的社会需求才具备了满足的可能性。这些来自民间的非政府组织,以不同的人群和主体为服务对象,并且能够和被服务对象进行零距离的沟通和互动,本身就具备发现、满足人们多样化、个性化公共物品需求的功能和作用,它们更能真实、及时地反映社会公众的不同需求,尤其是能够对弱势群体给予特别的关注和保护。因此,与政府相比,非政府组织能更好地满足社会不同群体对公共物品的超量或特殊需求。

2. 非政府组织更具灵活性,增强了对社会的回应性

由于公众对公共物品的需求日益个性化和多样化,并且具有变动性,因此,要满足公众的需求,就需要一个快速反应的政府。但是政府机构一般采用科层制,信息的传递往往不够畅通,人们对公共物品的需求常常需要很长时间传递信息和进行决策。此外,政府机构中存在的人浮于事、效率低下的现象也使政府机构在提供公共物品时不能快速适应公众的需求。非政府组织是为提供一种公共物品满足人们特定需求而产生的,因此,它们本身就是对公众需求的一种直接回应。非政府组织独立于政府机构,其组织结构也与政府机构不同,是公民志愿参与的自治性组织。它们在组织体制、组织结构以及活动方式上更具有多样性、灵活性、平等性和参与性,因此,更便于根据不同地区、不同领域的不同情况作出调整,能够较快地对社会变化作出反应,因地制宜、灵活应变地调整自己的战略和行动计划,从而实现公共物品供给的针对性、有效性和灵活性。

3. 非政府组织提高了公共物品的供给数量和质量

政府不可能也没有能力提供人们所需的一切公共物品,加之许多新的社会问题,如贫困问题、环境问题、失业问题,不断产生,单纯依靠政府或依靠市场来解决这些问题是很难奏效的,这就需要有其他组织弥补政府供给的不足。非政府组织在这些方面可以充分发挥不可替代的优势和作用。非政府组织具有"以自愿求公益"的价值追求,这就使其具备了生产一些特定公共物品或服务的意愿和可能性,如扶贫助残、环境保护、艾滋病防治等一些市场不愿、政府不能提供的公共物品和服务可以由非政府组织提供。这些项目和服务对营利性组织而言没有足够的激励,它们很容易利用生产者与消费者之间的信息不对称,收取过高费用或降低产品和服务的质量。由于非政府组织所追求的是一种"使命感"而不是利润,所以会提供一些对社会有正外部效应的公共物品。同时由于非政府组织具有不分配盈余的性质,即使消费者因信息不对称而无法精确评估产品和服务的数量或质量,非政府组织也不会降低产品或服务的质量,同时也更愿意以明显低于市场的价格向一些特殊服务群体提供更为个性化的服务。①

4. 非政府组织更具专业性,更能赢得公众的信赖

政府是全社会公共利益的代表,考虑问题往往从全局角度出发,涉及国家的整体利益,因此其更多的是供给具有全局与整体利益性质的公共物品(如国防体系)。针对具体问题的研究往往是准备不充分,信息不完备,不能够对问题作出准确及时的反映,因而不能有效地满足公众对公共物品个性化与多样化需求。非政府组织是由相关领域专业人士和关心这些问题的志愿者组成,他们对事业的投入、热心程度在相当范围内超过了政府官员,并且行动比较灵活,大多只关注一些较为具体的问题,显示出其专业性与针对性。例如,国际环境非政府组织、妇女非政府组织等。对那些要由技术知识和专门技能或专家提供的特殊公共物品,非政府组织能够积极加强研究与信息收集,发挥"专业性团体"的优势,有效满足部分公众对公共物品的个性化和多样化需求。再考虑到其不以营利为目的,没有投机行为,能够自律,所以其专业性更能赢得公众信赖。②

---

① 孙辉:《公共物品供给中的第三部门参与——一种公共物品供给的新范式》,载《财政研究》,2006(9),17 页。
② 孙军军:《非政府组织与公共物品的供给》,载《前沿》,2008(1),114 页。

（二）非政府组织在公共物品供给中的基本形式

非政府组织提供公共物品的具体方式主要有以下几种。

1. 独立提供公共物品

在这种情况下，非政府组织往往通过自筹资金，依靠自身力量提供各种形式的公共物品。自筹资金的方式有很多，如收取会费、接受私人捐赠、收取服务费。非政府组织一般在以下两种情况中采取独立提供公共物品的方式：①一些公共物品如"俱乐部"产品，受益范围基本局限于组织内部成员，无论是政府还是市场，都不愿、不能或不便提供，非政府组织只能依靠自身的力量组织此类物品的生产，满足组织成员的需求；②非政府组织为了保持自身独立性，不愿意依靠政府或营利性组织的力量。为避免受益人产生依赖心理，一些非政府组织对部分免费的项目直接向受益人收取部分或全部服务费，这样非政府组织既可以保证自身独立性，又可以解决资金方面的可持续发展问题。

2. 与政府合作提供公共物品

非政府组织与政府合作提供公共物品的方式有：①公共服务社区化。各社区建立公益事业，政府机构帮助组织社区互助，以实现政府的压缩式管理。②与政府签订承包合同。由政府确定某种公共物品或服务的数量和质量标准，将其量化之后进行公开招标。非政府组织中标后，按照合同要求为特定的对象提供公共物品或服务。③获取政府特许经营项目。政府不花钱购买公共产品和服务，而是以政府特许形式吸引非政府组织提供公共物品和服务。④接受政府资助或享受免税待遇等优惠政策。政府以此鼓励非政府组织提供公共物品和服务。

3. 与营利性组织合作提供公共物品

非政府组织与营利性组织建立协作关系提供公共物品有几种方式：①非政府组织参与与交易关联的公益推广活动。营利性组织将销售收入的一定比例以现金、食物或设备的形式捐赠给非政府组织。②共同主题营销。非政府组织与营利性组织达成协议，通过分发企业产品、宣传资料及做广告等形式，共同解决某个社会问题。③核发许可证。非政府组织在收取一定费用或提供部分收入的条件下，允许营利性组织使用其名称或商标。①

---

① ［美］里贾纳·E.赫兹琳杰：《非营利组织管理》，北京新华信商业风险管理有限责任公司译，110页，北京，中国人民大学出版社，2000。

五、全球治理下公共物品的国际组织供给

随着全球化的日益深入,公共物品的国家或者地域边界逐渐变得模糊,如生态环境、能源、公共安全等既是属于一个国家范围内的公共物品,也逐渐扩展而成为一个地域甚至是全球性的公共物品,这意味着它们不得不被许多民族国家所共同享有。但因为如此,这使得这些公共物品在供给上存在着诸多难题。由于这些公共物品本身具有较强的外部性,民族国家出于自身利益最大化的考虑,往往不愿意为这些公共物品的供给支付任何费用,但却希望可以从中受益,因而普遍地存在着一种"搭便车"的心理,进而导致了这些公共物品在供给上明显不足。同时,由于这些公共物品具有种类繁多、覆盖范围大、受益人数多、生产规模大、投入成本高的特点,这也使得民族国家难以独立承担起这些公共物品的供给责任。但是,随着国际组织的成长和壮大,这些公共物品的供给困难得到了一定程度的缓解。

1. 国际组织在公共物品供给中的基本类型

任何组织都是为了实现一定的目的而建立起来的,国际组织也不例外。国际组织之所以形成,其主要原因就是为了解决单个民族国家不能够或不愿意解决的公共问题,它们的主要职能就是在全球或者区域范围内提供各种形式的公共物品。从早期古希腊城邦建立起来的"近邻同盟会"——最初是为了保护德尔斐神庙,后来则是为了保护成员国免受同盟外部的侵略,到现代最早的国际组织——1804年法国和德国共同成立的莱茵河委员会,1865年成立的国际电报联盟和1875年成立的万国邮联,以及后来的国际联盟、目前的联合国、世界银行、国际货币基金、北约(NATO)等各种国际组织,无一例外地都在全球或区域范围内提供着公共物品。就当前的国际组织发展的整体情况来看,它们在数量上得到了迅速扩张,行为能力也日益强大,在公共物品供给中所发挥的作用也越来越重要。对世界范围内所存在的各种国际组织进行归纳,它们在公共物品供给中的基本类型主要表现为以下几种。

(1) 依据公共物品供给的组织特色,国际组织在公共物品供给中的基本类型主要表现为政府间国际组织和非政府间国际组织。

政府间国际组织是以多个民族国家的政府名义建立起来的,它们的形成实际上就体现出了民族国家之间在跨国性公共物品供给中渴望相互合作的意愿。因此,政府间国际组织所做出的关于公共物品供给的决策容易得到民族国家的一致响应和遵守,进而能够促进各个民族国家达成集体行动的共识。从这个角度来看,政府间国际组织的建立无疑为民族国家针对跨国性公共物品的供给问题提供了一个有效沟通的平台。同时,政府间国际组织所提出的各项制度规范对于促成跨国性公共物品的有效供给也异

常重要。例如,它们能够通过必要的惩罚措施,对某些民族国家为了私利而破坏集体行动的行为进行及时制止,从而能够保障民族国家之间的集体行动能够持续开展下去。另外,在跨国性公共物品的供给中,政府间国际组织往往还能够发挥领袖的作用。在很多情况下,民族国家并非意识不到跨国性公共产品供给所能够带来的自身收益,但任何集体行动的最终达成都需要组织成本或启动成本。如果集体行动能够达成,启动成本就会由参与其中的民族国家来分摊;而一旦集体行动未能达成,这些组织成本或启动成本就需要由作为提出方的民族国家来独立承担。因此,民族国家有时考虑到这点,往往不愿意首先提出某些跨国性公共物品供给的建议。但是,相关的国际组织却能够通过自身的能力和财力进行积极的组织或领导,最终促进民族国家间达成集体行动。正是基于以上的特点,大多数政府间国际组织都在跨国性公共物品的供给中取得了令世界瞩目的成就。例如,联合国在推动解决地区冲突和争端、维护基本人权、编纂国际法、促进世界和平和安全、加快世界各国经济和社会发展等方面都发挥了积极作用。世界银行则在减少全球贫困、帮助发展中国家改善环境、维护妇女权利等方面取得了良好的效果。

除了政府间国际组织之外,非政府间国际组织也是跨国性公共物品供给中的重要力量。非政府间国家组织是由国际社会中的民间力量自发建立起来的,它们主要是基于社会道义和良知,及公平、公正、民主等价值取向致力于向民族国家提供跨国性公共物品。相对于政府间国际组织而言,它们在公共物品供给中有着自身独特的优势:①自主性。它们可以自主针对所要解决的问题来提供相应的公共物品,可以自我授权,而不是像政府间国际组织那样权力与资源来自成员国的授予,导致有时候必须要按照成员国的意志而有选择性的提供公共物品。②对权力政治的相对超越性。政府间国际组织是以民族国家的政府名义建立起来的,因此它们深受国家政治的影响,有时候会成为成员国之间权力与利益的博弈场所,成为意识形态、文化背景、社会制度相同或相近的一些国家对另一些不同质、不同利益兴趣国家斗争的工具。而非政府间国际组织多以人类社会普遍接受的伦理与道义为组织的行动基础,超越于权力政治的纠葛之外。它的这种"纯洁性"能够使其按照人类社会对于公共物品的真实需求,在不同的民族国家间进行公共物品的合理配置。③灵活性。政府间国际组织由于正式化和制度化,在面对应急性公共物品供给时,通常需要一定的决策程序,需要权衡各种利弊得失,往往议而不决,决而不行,从而贻误了这些公共物品供给的最佳时机。但非政府间国际组织却不像政府间国际组织那样正式化、制度化,也较少官僚化色彩,因而它们能够及时而灵活地对于公共物品的需求做出回应和满足。④贴近基层大众。官僚化色彩较重的政府间国际组织,由于代表的仍是"官方",总是与基层大众有一定的距离和隔阂,因此难以获知基层大众对于公共物品的真实需求情况。而非政府间国际组织本身立足基层,能够深入基层,因而它们能够把握基层的准确信息,这使得它们所提供的在公共物品更符合大众的意愿。正是基于这样的优势,在当今时代,非政府间国家组织在跨国性公共物品供给中也发挥着越来越重要的作用。例如,国际红十字会、无国界医生组织、国际营救委员、凯尔国际等都在提供人道主义救援方面做出了诸多的努力;地球理事会、环境联络中心国际组织、欧洲环境局、地球之友、绿色和平国际、世界自然保护联盟等都在保护自然环境和资源方面做出了积极的贡献;大赦国际、人权观察、国际人权联盟、国际人权同盟等都为人权的有效维护提供了极大帮助。

(2)依据公共物品供给的地域范围,国际组织在公共物品供给中的基本类型主要表现为区域性国际组织和全球性国际组织。

区域性国际组织基本上是由某一特定区域内的若干民族国家为了共同利益而联合建立起来的国际组织。由于这些地理位置相邻的民族国家在政治、经济、军事和社会上有共同关心的问题,因而它们的政府组织或者民间力量期望通过建立区域性国际组织来推动这些公共问题的有效解决。由此,区域性国际组织在活动范围上具有一定的封闭性,它们只集中处理自身区域内的公共问题。就公共物品的供给而言,它们也主要关注所属区域内民族国家及其民众对于某些公共物品的需求,进而向它们提供相应的公共物品。也就是说,非本区域内的民族国家及其民众是没有资格享有这些公共物品的,被排除在了受益范围之外。事实上,在世界范围内所存在的区域性国际组织,它们对于公共物品的供给大多都表现出了明显的地域特征,欧洲联盟就是其中的最典型代表。欧洲联盟的建立,推动了各成员国之间实现了共同外交和安全政策、刑事案件之警政与司法合作、共同农业政策、共同渔业政策、共同的贸易政策、单一货币等,这些新的公共物品的产生无疑在更大程度上增进了各个成员国的自身利益。但是,非欧盟所属成员国却无权享受到这些公共物品所带来的发展便利。另外,阿拉伯国家联盟、非洲联盟、东南亚国家联盟、亚太经济合作组织等其他的区域性国家组织在公共物品供给中也都表现出了这样的特点。

显然地,全球性国际组织则主要是由世界范围内的若干民族国家联合建立起来的,旨在解决这些国家甚至全球范围内所面临的公共问题。因此,在公共物品的供给中,大多数的全球性国际组织往往能够面向整个世界来提供相应的公共物品。也就是说,它们对于公共物品供给没有地域的严格区分和限定,这使得所有民族国家都有可能成为它们所提供的公共物品的受益者。相对于区域性国际组织而言,由于全球性国际组织对于公共物品的供给在地域范围上的拓宽,这也使得公共物品的受益者人数异常庞大。当前,在世界范围内存在众多的全球性国际组织,它们都在世界范围内提供着各种形式的公共物品,从而更好地满足了世界各个国家对于相应公共物品的需求。例如,在对抗SARS的过程中,世界卫生组织(WHO)通过建立各国疫情信息通报制度和旅游警告制度、派出卫生专家对各国治理 SARS 进行指导与监督以及促进各国在科学研究开展合作等，就有效帮助了世界上的多个国家减弱了 SARS 对其国民的健康和生命威胁。另外，联合国、世界银行、国际营救委员会、国际劳工组织、国际红十字会、世界自然保护联盟、世界自然基金等也都是全球性国际组织，它们也都能够在世界范围内为各个民族国家提供它们所需的公共物品。

（3）依据公共物品供给的种类多寡，国际组织在公共物品供给中的基本类型主要表现为综合性国际组织和专门性国际组织。

综合性国际组织主要是一种以关注和解决多个领域或者多种类型的公共问题为出发点而建立起来的国际组织。由于所涉及公共问题的多样性，这意味着它们必须要提供不同种类的公共物品以推动这些公共问题的合理解决。实际上，那些在世界范围内具有较强影响力的国际组织，如联合国、阿拉伯国家联盟、非洲联盟、北大西洋公约组织、77国集团等都是综合性的国际组织，可以说，它们向民族国家所提供的公共物品种类也都异常丰富。就联合国而言，它的主要宗旨是维护国际和平与安全；发展国际间以尊重各国人民平等权利及自决原则为基础的友好关系；进行国际合作，以解决国际间经济、社会、文化和人道主义性质的问题，并且促进对于全体人类的人权和基本自由的尊重。为了实现其宗旨，联合国设立了六个主要机构，即大会、安全理事会、经济及社会理事会、托管理事会、秘书处以及国际法院以处理世界范围内出现的各种政治、经济、军事、文化、教育、卫生以及其他相关问题。在解决这些问题的过程中，这些机构无疑也向民族国家提供了大量的它们所需的公共物品。

专门性国际组织主要是为了解决某一领域或者某一类型的公共问题而建立起来的。从而，它们所提供的公共物品在种类上也就比较单一。但正因为这样，它们在公共物品的供给过程中却形成了自身独特的优势。由于它们只针对某一种类公共物品的供给，因而它们能够集中精力去完善自身与这类公共物品供给相关的知识储备、信息技术以及人才素质等，同时，它们也能够在这一类公共物品供给的实践过程中积累起丰富的经验。可以说，这都增强了它们在这一类公共物品供给上的实力。当前，世界范围内存在的大多数专门性国际组织都在某一类公共物品的供给中表现出了较强的能力和影响力，如大赦国际、世界气象组织、世界卫生组织、世界劳工组织、国际绿色能源组织、国际野生动物基金，等等。就世界气象组织而言，它主要关注世界范围内如大气污染、气候变化以及臭氧层变化等气象问题，并在此基础上向世界的各个国家提供解决这些问题的公共物品。例如，它在1963年建立了世界天气监视网，在1987年促成了许多国家签订了关于保护臭氧层的《蒙特利尔议定书》，1988年以来又针对环境和气候的变化展开了一系列的科学评估、影响评价和对策研究，这些都为防止气象恶化和减少气象灾害做出了积极的贡献。

另外，依据公共物品供给的其他特点，国际组织在公共物品供给中还表现出其他的类型。例如，依据公共物品供给的经费来源，国际组织在公共物品供给中的类型则主要表现为内部支持型国际组织和外部支持型国际组织。前者主要是依靠会费及成员捐款，后者则主要是依靠社会捐款，也包含政府和企业的资助。依据公共物品供给的主要方式，国际组织在公共物品供给中的类型又主要表现为研究型国际组织和参与型国际组织。研究型国际组织主要由相关领域的专家学者组成，主要通过检测、研究和分析，进而向民族国家提供研究成果、政策建议以及倡议书等形式的公共物品来推动它们解决相应公共问题；而参与型国际组织则是通过直接参与具体公共物品的供给来解决存在的相关公共问题。

2. 国际组织在公共物品供给中的基本特点

国际组织在公共物品供给中的基本特点往往是由它本身的特征决定的，具体而言，主要体现为以下几个方面。

（1）价值取向上的公平性

无论是政府间国际组织，还是非政府间国际组织，它们都是以公平性作为自身活动的主要价值取向的。就政府间国际组织而言，它们是由多个民族国家基于跨国性公共问题的联合解决而建立起来的。在这些国际组织中，作为成员国的各个民族国家不论大小强弱，亦不论其社会、政治、经济、文化制度如何，在地位上都一律平等。这就意味着它们都应该承担同样的责任和义务，也都应该获取同样的利益和权利。从而，政府间国际组织在开展各种活动时必须要坚持公平性，必须要以能够同时增进所有成员国的利益为出发点和归宿。相反地，它们不能只单纯满足个别成员国的利益而不顾其他成员国的合理利益诉求，更不能因为满足个别成员国的利益而牺牲掉其他成员国的利益。只有这样，它们才能赢得成员国的普遍认同和尊重，进而才能不断增进自身的权威性和合法性。就非政府间国际组织而言，由于它们的大多数成员是由具有服务于公共利益的共同理想的人所组成的，这就使得它们所开展的各项活动都体现出了很强的公益性和人道主义精神。也就是说，它们能够克服地域、种族、文化、意识形态等的差异，无差别地向各个民族国家及其民众提供服务。可见，与政府间国际组织相比，非政府间国际组织能够更自觉地将公平性作为它们活动的主要价值选择。正因为如此，大多数非政府间国际组织都在世界范围内获得了人们的高度认可。基于以上的分析，不难发现，在跨国性公共物品的供给过程中，国际组织也都同样是以公平性作为主要价值取向的。

（2）供给手段的特殊性

这主要是相对于民族国家以公共权力为基础的公共物品供给方式而言的。在民族国家内部，政府组织通过公共权力的运用，能够自上而下地对各种人力、物力和财力等资源进行统一调度，进而满足民众对于各种公共物品的需求。但是对于国际组织而言，它们本身并不具备一种带有强制性和统摄性的合法权利，这意味着它们在公共物品的供给方式上与民族国家相比有着明显的不同。就当前来看，国际组织除了利用自身资源直接进行公共物品的供给之外，它们对于公共物品的供给方式还包括：①积极促成民族国家之间展开合作。在很多情况下，国际组织并不具备直接提供公共物品的能力，它们针对各种公共物品的需求，往往希望涉及其中的民族国家之间通过在资金、技术、人力等方面进行合作，从而集中力量来满足这些需求。因此，它们在公共物品的供给中有时更多地承担着为民族国家之间开展合作搭建沟通和对话平台的任务。可见，虽然它们对于某些公共物品不能进行直接供给，但它们对于这些公共物品能够进入供给层面所发挥的作用也是不容忽视的。②倡议与游说。这也是促成民族国家自身积极进行公共物品供给的一种手段。当民族国家没有意识到某些公共物品的需求，或者是意识到而不作为的时候，国际组织往往通过倡议和游说（包括政策建议、直接对话、媒体宣传、个人游说等）的方式，向民族国家施加影响，并广泛动员民众积极参与，最终促成这些公共物品的需求能够得以满足。③抗议和斗争。相对于倡议与游说来说，这是国际组织为了促使民族国家提供某些公共物品而采用的一种比较激进的手段。当国际组织与民族国家的对话地位不平等、正常途径已无力促成民族国家提供某些公共物品的时候，它们就会发起包括游行示威、向领导人请愿、媒体宣扬在内的多种抗议和斗争活动，以最终迫使民族国家的相关机构采取相应的供给策略。

（3）供给效果的有限性

虽然国际组织的出现为解决民族国家在跨国性公共物品供给中所表现出的难题提供了一种方式。但是，由于它们本身所存在的各种不足，这些公共物品的供给效果有时也并不尽理想。正如前所述，由于它们本身并不具备一种带有强制性和统摄性的合法权利，这使得它们往往不能够直接获取民族国家可以正常取得的物质资源。就当前来看，除了少数的国际组织之外，大多数国际组织还都不能够控制自有的可靠经费来源，因此它们所开展活动的各项资金还要依赖社会各界的自愿捐献。如联合国就曾一再发现自身经费问题严重性，这使得它不得不请求其成员国自愿捐款来支持它的运作，并且向那些拖欠经费较多的国家不断施加压力。同时，由于国际组织的组成不是以领土为依据，它们对自然资源和其他物质资源的支配也是无能为力的。由此可见，国际组织在公共物品上往往是缺乏坚实的物质基础的。同样，由于它们本身并不具备一种带有强制性和统摄性的合法权利，这也使得它们更多的是通过倡议与游说、促成民族国家之间展开合作、抗议和斗争等手段来推进公共物品的供给，但是这些方式都不具备强迫民族国家必须履行的能量。可见,国际组织在公共物品供给上往往也缺乏有效的方式和途径。正是由于上述原因,国际组织在公共物品供给中所取得的效果有时也十分有限。因此,面对跨国性公共物品的供给,我们当前的任务就是在深入发掘各个行动主体(包括所有民族国家和各类国际组织)自身的优势和潜力的时候,还要不断通过科学的机制和制度的建设来克服它们表现出来的各种问题,以最终实现供给效果的理想化。

第六章 公共管理的环境

公共管理系统必须在特定的环境中存在和运行。公共管理的环境是一切公共管理活动进行的前提和基础,是所有能够影响公共管理系统组织以及人员的活动与行为的多层次、多方面和多种类型的因素的总和。公共管理的环境既为公共管理提供各种必要的资源,又对公共管理活动形成制约。与此同时,公共管理活动还能通过反馈作用于公共环境,形成公共管理与其环境的互动。一般而言,可以将一国范围内的公共管理环境划分为生态环境、社会环境与国际环境。本章将分别对这三种基本的环境类型以及它们对运行其中的公共管理活动的影响进行分析。

一、良好的公共环境:公共管理能力提升的外部条件

公共管理目标的实现有赖于公共管理能力和水平的不断提升。就公共管理能力提升的条件而言,内部的组织结构、职能划分、人员配置与绩效激励以及监督约束固然十分重要,其外部的公共环境的作用也绝对不能忽视。环境处于不断变化之中,因此不能视为公共管理活动进行的固定外生变量。良好的公共环境有助于公共管理能力的提升;相反,恶劣的公共环境却是对公共管理活动进行与管理能力提升的极大挑战。鉴于此,对于公共管理环境的研究意义重大。

(一)公共管理环境含义及类型

环境的概念十分宽泛,一般指存在于某一事物周围的一切情况和条件。从最广的角度而言,"我们说某个人或某个组织所面临的环境,就是指从整个宇宙中减去这个人或这个组织后,所剩下的一切"。①有西方学者将环境解释为:"一切能影响生物的生存、生活的外在事物及情况的集合体。"还有"环境为在生物周围的一切事物,能予生物若干

---

① 李德志:《试论环境要素对公共管理的制约》,载《长白学刊》,2005(4),9页。

影响者"之说。① 不同的事物面临着不同的环境,不同的环境能够对同一事物产生不同的影响。马克思主义唯物辩证法认为事物的发展同时受内、外因的作用,这里的外因都可以纳入我们所说的环境要素之中。

公共管理环境涉及的范围相对狭窄并更加具体。公共管理环境即公共管理组织进行有效管理的环境,是指围绕公共管理行为和活动这一全体的外部状况和形势,直接或间接地作用或影响公共管理系统整体运作的客观因素的总和。需要注意的是:①公共管理环境并非全部包括公共管理主客体之外的全部外界客观情况,而是指与公共管理主客体有密切的联系并且直接或间接地影响或作用于公共管理主体的外界诸因素的总和;②公共管理环境既包括影响或作用于公共管理主体的外界诸因素,也包括影响或作用于公共管理客体等公共管理活动构成部分的外界诸因素;③公共管理环境不是性质单一的,而是由诸多因素构成的复杂的系统,如政治、经济、文化、人口、生态、民族、国际环境等因素。

对公共管理环境的研究直接来源于生态学研究。生态学是研究各种生物之间以及与环境之间相互关系的一门学科。它认为任何一种生物都不是孤立存在和发展,在某些方面,它必须依赖其他生物与非生物环境才能生存。生态学研究的主要目标在于有效地管理世界上的生物与非生物环境。之于公共管理来讲,生态学的研究特点是:跳出公共管理自身的圈子研究管理活动,从整个社会环境系统和自然环境系统的大范围,系统地研究国家公共管理活动,为公共管理学的研究发展开辟了一条新路,使得公共管理学研究的视野更广、角度更高;从封闭式研究转向开放性研究,突出公共管理与其外界环境的关系,强调权变管理。② "权变"即根据不同时间、不同地点组织及其管理活动所面临的外界环境特征的不同采取不同的管理手段和管理方式,同时随着时间的推移、地点的变更导致的外界环境特征的变化,及时对管理手段和方式做出调整。

西方对于公共管理重要主体——公共组织进行的生态学考察开始于20世纪40年代左右。最初的研究者以美国哈佛大学约翰·高斯教授为代表。1936年,高斯教授发表了《美国社会与公共行政》一文,将公共管理活动与社会环境各因素之和起来加以研究。1947年,他又发表了《政府的生态学》一书,以生态学的理论和方法研究公共行政以及公共管理的对象,强调结合外部客观环境因素及作用研究国家公共管理活动。随后,美国夏威夷大学教授里格斯也在行政生态学方面的研究取得了重大的进展。1961年,里格斯教授发表了《行政生态学》一书,根据社会制度在功能方面的分化程度,把行政(公共管理)系统分为三种类型:与农业社会环境相适应的"融合型"行政模式;与从农业社

---

① 陶学荣:《公共行政管理学导论》,34页,北京,清华大学出版社,2005。
② 崔守航、翟明清:《行政管理学》,41页,郑州,黄河水利出版社,2005。

会向工业社会过渡的社会环境相适应的"棱柱型"行政模式;与现代工业社会环境相适应的"衍射型"行政模式,并阐述了三种行政模式各自的特征[①]。这种对于行政环境的类型分析对于今天的公共管理环境研究具有重要的借鉴意义。里格斯的研究为公共行政学以及公共管理学开创了一个新的分支学科——行政生态学,对行政环境(公共管理环境)进行专门研究。此后,许多管理学的专家、学者都在其著作中涉及环境与管理的理论问题。如1970年卡斯特和罗森茨维克合作发表了《组织与管理》,提出管理组织与外界环境之间既有界限,又相互渗透,组织从外界输入各种信息、支持、资源等,经过组织转换,然后输出,论述了组织系统与外界环境系统互动过程及其特征。1976年,卢森斯教授发表《管理学导论》,提出管理系统与环境系统之间具有整体性、开放性、反馈性、权变性等特征,说明行政管理系统只有适应环境系统才能生存和发展。[②] 之所以采用生态学观点分析公共组织和公共管理活动,是因为组织是由人构成并进行活动的,组织特性与人的特性有一定的相似之处,如同人在生物圈中处于食物链的一个环节,公共管理行为既受外部环境因素的影响,同时又影响外部环境因素。

公共管理环境包含众多的具体环境因素,可以从不同的角度、采用不同的标准对其进行划分。一般的分类方法包括:

(1) 根据环境内容的不同可以分为公共管理自然环境和社会环境。其中自然环境是指与公共管理发生密切联系和交互作用的自然条件,如自然资源、气候、各种生物;社会环境是指人与人的活动形成的并对公共管理产生直接或间接影响与作用的各种社会因素的总和。一般而言,社会环境的进化要比自然环境迅速得多。一切社会环境因素无不与人的活动密切相关,所以人是社会环境中起主导作用的因素。构成社会环境的因素十分复杂,主要包括政治环境、经济环境和社会环境,此外还包括人口的数量、质量、分布、结构等人口环境要素以及民族的成分、分布、关系等民族环境因素。

(2) 根据地域和范围的不同可以分为国内环境和国际环境。其中国内环境是指直接或间接影响和作用于公共管理的本国内部的社会经济、政治、文化、人口、民族和自然条件等各种客观因素的总和。国际环境是指直接或间接作用和影响公共管理的一个国家同世界其他国家和地区之间的政治、军事、经济、文化、自然地理等方面的关系,其他国与国之间的相互关系以及与国际组织的关系等外部条件。

(3) 根据产生作用效果的不同可以分为有利的公共管理环境和不利的公共管理环境。有利的公共管理环境也称良性的公共管理环境,是指对某项公共管理活动直接或间接产生有利的积极影响和作用的客观因素,可以是国内的社会人文因素或自然因素,

---

① 徐中奇:《行政生态学研究述评及其对我国行政改革的启示》,载《江西行政学院学报》,1999(4),26、27页。
② 崔守航、翟明清:《行政管理学》,42页,郑州,黄河水利出版社,2005。

也可以是国际的社会人文因素或自然因素。不利的公共管理环境也称恶性的公共管理环境,是指对某项公共管理活动直接或间接产生不利的影响和作用的客观因素,可以是国内或国际的,也可以是自然因素或社会人文因素。

(4) 根据与公共管理组织距离的不同可以分为大环境、中环境和小环境。其中大环境是指直接或间接影响和作用于公共管理环境的全国性的社会环境和自然环境,包括国内的与国际的,即一般我们所讲的"国情"、"区情"。中环境即公共管理系统各方面的情况,也是影响公共管理的重要的环境因素。小环境是指一个具体的公共管理组织内部的人际关系、制度建设等因素。

(5) 根据功能标准的不同可以分为公共管理内部环境与公共管理外部环境。公共管理内部环境是指从公共组织系统内部对公共管理人员或者某个具体的公共组织及其管理活动产生直接影响和制约作用的因素,一般来源于公共管理组织系统内部,主要包括组织文化、组织氛围、组织气候等。公共管理外部环境是指从外部作用于公共管理组织系统及其活动的环境因素,包括社会经济、政治、法律、文化、观念、科技等。公共管理内部环境与外部环境是紧密相连的,内部环境实际上是外部环境通过公共管理组织系统内部主要因素(包括职能划分、组织设计、人员配置等)在公共管理系统中的体现。[①]

鉴于这些不同分类标准带来的分类上的复杂性,为了分析上的便利,本章拟从宏观上将其分为生态环境、社会环境以及国际环境。其中,生态环境和社会环境又可以统称为国内环境。根据此分类进行分析。

(二) 公共管理环境的基本特征

1. 广泛性

公共管理环境是公共管理系统赖以存在和发展的外部各种要素的总和。因此,凡是作用于公共管理组织系统的外部条件和要素,都属于公共管理环境的范畴。从地形分布、山川河流,到气候特征、自然资源;从人口数量、民族状况,到阶级状况、历史传统;从文化教育、科学技术,到社会制度、经济状况,乃至人际关系、道德水平等,无一例外。正是由于公共管理环境的这一广泛性特征,可以对各种具体的环境要素进行细分,不同类型的具体公共管理环境的内容、特征以及对于公共管理活动的影响各不相同。因此需要分别针对不同类型的具体公共管理环境的特征分别介绍它们对于公共管理活动的影响,这是本章下面将介绍的主要内容。

2. 复杂性

公共管理环境是广义生态环境的一个重要部分,是一个复杂的开放的系统。它对

---

① 应松年、马庆钰:《公共行政学》,31~32页,北京,中国方正出版社,2004。

公共管理的影响和作用不仅是广泛的,更重要的是在此基础上体现出来的复杂性。各种要素本身以及这些要素之间构成纵横交织的关系,为研究提供了丰富的内容。

3. 差异性

构成公共管理环境的各种条件和要素,对于公共管理主体来说没有一个是完全相同的。例如,各个地区的自然环境千差万别,有的是山区,有的是平原,有的是丘陵;有的降雨量多,空气湿润,有的气候干旱,常年无雨。同时,各个地区的经济状况、物质条件、风土人情以及文化传统也不尽相同。国与国之间、民族与民族之间、沿海与内陆地区之间、东部地区与西部地区之间、城市与乡村地区之间的公共管理环境存在着各种不同的差异。各种不同的公共管理体制、管理模式的形成与发展,以及公共管理手段与工具的选择,都是这种差异性的具体体现。

4. 变化性

世界上没有一成不变的东西,任何事物都是处于不断变化之中,公共管理环境更是如此。今天的公共组织面临的环境与昨天不同,明天的公共组织面临的环境又与今天不同。公共管理环境的变化,直接或间接地影响公共管理系统的各个要素的变化与变革。这就对公共管理人员特别是领导者提出了更高的要求,审时度势是公共管理组织面对环境变化导致的不确定性的必要选择。

5. 互动性

公共管理环境各要素通过一定的方式、途径作用于公共管理,公共管理组织通过各种公共管理方式、途径反作用于外部环境因素,从而改造着客观世界。公共管理环境与公共管理活动呈现出互动性。

(三)公共环境对公共管理能力提升的意义

如上文所述,公共管理的外界环境构成公共管理组织能够获取的各种资源和约束,同时也是公共组织、公共管理活动直接作用的对象之一,因此公共环境对于公共管理组织的生存、发展,对于公共管理活动进行的质量以及公共管理的目标能够达成具有关键性影响。良好或者良性的公共管理环境能够为公共管理组织提供更多的有利资源,将组织及其管理活动面临的不确定性降到最低水平,减少公共管理活动过程中遇到的各种障碍。

公共管理环境对公共管理的制约具体表现为对其原则、目标和方式方法的制约。首先,就公共管理的原则而言,世界上不存在一套屡试不爽的公共管理原则。任何公共管理原则都必须符合各种环境要素的要求,脱离环境要素要求的原则就变成了教条,用教条去指导公共管理的实践必然失败。由此可见,公共管理的原则在不同的公共领域、公共组织部门中应各有其特点,不能不顾自身的特点千篇一律地去套用对别的公共管理组织、人员及活动有效的管理原则。其次,就公共管理的目标而言,不同的公共管理组织、人员及其活动应根据面临的上述环境要素的具体状况,制订切实可行的公共管理目标。不顾自身环境因素的制约,盲目地确定高目标,或不能充分利用环境因素提供的可能,保守地确定低目标,都不会取得公共管理的最佳效果。最后,就公共管理的方式方法而言,更要与面临的环境要素相适应。公共管理的方式方法必须灵活可行,尤其在专业分工日益精细化的市场经济体制下,以前行之有效的公共管理的方式和方法能否在今天仍能很好地适用,必须视其面对的环境要素而定。例如,正常环境和处于危机状态环境之下,所采取的公共管理方式方法就有很大区别。①

以上表明,广泛复杂的公共管理环境要素对于公共管理的能力水平提出了很高的要求。复杂多变的公共管理环境既对公共管理人员的能力提出了较高的要求,又给这些人公共管理能力的提升带来了契机。良好的公共管理环境往往能为公共管理能力的提升创造更好的条件。具体表现为以下几个方面。

首先,良好的公共环境能为公共管理提供必需资源。公共管理组织的生存、公共管理活动的进行必须依靠一定的资源,而这部分资源一般都是从外界环境中获取的。例如,公共管理可以从自然生态环境中获取自然物质资源,可以从社会环境中获得政治社会支持、资金、技术、信息等,可以从国际环境中获取国外先进的公共管理思想、工具以及总体安全的国际环境等。这些都是提升公共管理能力的重要基础。

其次,良好的公共环境有助于提高公共管理者的管理能力和水平。公共管理环境是公共管理系统的客观条件,公共管理是主观见于客观的活动。研究公共管理环境是要正确地认识和掌握公共管理的客观条件,特别是它对于公共管理的作用和制约形式,从而制定适当的管理措施,促进公共管理的发展和管理目标的实现。在这一过程中,过于恶劣的外界环境会带给公共管理者过多的不确定性,会超出管理者的能力范围。良好的公共环境大大减少了风险与不确定性,公共管理者可以在应对处理的能力范围内锻炼提高管理水平。

当然,公共环境对于公共管理能力的提升只是外因。外因必须通过内因起作用。这里的内因就是公共组织的结构设置、职能划分,公共管理人员的职位分配、公共管理人员的认知以及实践能力。从根本上说,公共环境对于公共管理组织及其活动而言,只是提供了基础和可能的机会。在良好的公共环境下,公共管理能否获得发展,公共管理的目标能否真正得以实现,还要看公共管理人员能否在有利的环境下完善组织设计、促进组织自身发展,以及在面临有利机会时,是否能够及时有效地抓住这一机会,促成量变

---

① 李德志:《试论环境要素对公共管理的制约》,12页,载《长白学刊》,2005(4)。

向质变的飞跃,实现公共管理目标。

二、生态环境对公共管理的影响

生态环境又称自然环境,主要是指作用于公共管理的一个国家的地理位置、自然条件和自然资源等因素,如山川河流、地形地貌、资源分布。自然环境是人类生存的摇篮,对公共管理目标的制订和选择具有决定性影响。如能源匮乏的国家,其公共管理的一个主要目标就在于如何在稀缺能源的影响下调整国民经济对能源的依赖,尽力寻找可替代能源。林区政府选择林业生产、草原牧民选择牧业为主导产业,这些都反映出自然生态环境的影响和制约。公共管理适应生态环境的要求,就会促进经济和社会的发展。反之,做出竭泽而渔、毁草垦地的短视行为,就会遭受生态环境的惩罚。公共管理活动也可以对生态环境产生很大的能动作用和影响,如研发新能源、治理沙漠、恢复自然生态平衡、废物利用、防治工业污染以及减少各种自然灾害发生破坏,都是公共管理能动作用的体现。

(一) 生态环境的基本构成

生态环境一般都是自然而然形成的,但是随着人类认识自然和改造自然的能力的提升以及人类活动范围的不断扩展,人的各种活动也日益对生态环境产生影响。根据生态环境的不同存在类型和属性,人类对其的影响与作用也不相同。一般可以将生态环境的构成划分为以下几种类型。

1. 不可再生的能源

不可再生的能源,如煤炭、石油、天然气。这些资源主要为人类的生产和生活提供能源需求,因此对于当前的人类社会发展必不可少。这类能源数量有限且不可再生,对人类社会发展形成制约作用。它们对于公共管理的影响也根源于此。在资源稀缺的情况下,必然产生对于这些稀缺资源的竞争,包括价格手段基础上的和平竞争以至武力掠夺。例如,我国的山西省是典型的煤炭资源省份,开发煤炭资源带来的经济利益导致大量违规小煤矿掠夺式开采,伴随而来的是大量煤矿生产安全事故的发生,从而对其公共管理者提出了严峻的考验。现实表明山西省的高级公共管理者面对这一状况没有能够很好地采取有效的应对措施,从而导致公共管理活动目标——经济发展与生产安全同时发展难以达成。

2. 森林、草地、湖泊等"公共池塘资源"

"公共池塘资源"的概念是由美国著名经济学家、行政学家、2009 年诺贝尔经济学奖获得者埃莉诺·奥斯特罗姆在其著作《公共事务的治理之道》中提出的。这些资源天然地具有非排他性和竞争性的特点。由于非排他性导致无法通过各种有效措施限制人们对于这些资源的利用；而竞争性又表明这些资源存在一定的环境承载能力，在超出其承载界限的时候必然导致资源质量、数量的损害。英国著名经济学家哈丁的"公地的悲剧"形象地说明了这一问题：许多养羊人在一块公共草地上放牧，每个人都想通过扩大养羊的数量获得更大的收益。但是如果养羊人都基于自利思想这么做，那么最终将由于过度放牧而使草地质量不断下降并最终荒漠化，每个养羊人的利益都将受到损害。现实中这样的例子不胜枚举。要想杜绝这种现象的发生有多种方式，如界定产权、政府制定放牧规则等，这些都属于公共管理活动范畴。

3. 暴雨、地震、飓风、海啸等自然灾害

这些自然灾害在很大程度上具有高危害以及高度不确定性，而且有时难以预测，这就对公共管理提出了较高要求。应对这些灾害属于危机管理的范畴。如汶川地震造成了巨大损害，一方面对于公共管理者的警示是需要加强震前预测工作以及对于此类自然灾害的预防工作；另一方面在灾害过后需要迅速有效地动员全社会资源进行救灾以及灾区的重建工作，这些都需要公共管理能力的保证。我国政府在汶川救灾以及灾后重建过程中的种种表现，体现出我国公共管理能力和水平在不断提高。

4. 河流、空气等各种流动性资源

这些资源在现在工业发展过程中往往成为一些工厂的排污空间，由于河流、空气具有流动性，使得污染不断扩散。公共经济学中的外部性理论指出排污企业由于并不直接承担污染造成的社会成本，而且由于其生产成本低于理论上的总成本（包括直接生产成本加上社会治理污染成本），因此会受到不断扩大产量、增加排污量的驱动。面对这些负外部性影响，公共管理者要运用公共权力，通过各种具体措施（如税收、制定排污标准、制定污染权交易规则）消除负外部性影响。此外，由于污染的流动性造成涉及地域范围的广阔性，一些污染问题往往涉及不同地区乃至不同国家，这就需要这些地区或国家的公共管理部门发挥协调作用，实现公共问题共同治理。

（二）生态环境对公共管理的影响

生态环境的不同，导致生产方式、生活方式、风俗习惯的不同。从一国发展的角度，自然资源特别是能源等生态环境构成了传统界定综合国力的重要方面。如地域辽阔、具有丰富的油气资源的俄罗斯，其综合国力的体现在很大程度上表现为这些不可再生能源的占有上，资源成为其在国际关系中特别是与一些依赖其油气资源的国家交往中占据主动地位的重要原因。从某种角度看，这也为俄罗斯国内的公共管理活动提供了良好的环境。生态环境对于公共管理的制约和影响表现为以下几个方面。

1. 生态环境的差异为公共管理和经济建设提供了不同的物质基础

各国有不同的自然生态资源,国内各地区也存在生态环境上的差异,要求公共管理者必须依此不同条件,采取扬长避短的经济发展战略,有针对性地制定经济政策和公共管理原则、目标以及方式方法。例如,在我国东部地区,经济较为发达但是一些基本能源资源普遍缺乏,无法满足经济发展需要。这时公共管理者需要发挥社会资源的调配功能,将稀缺能源从资源丰富地区调入本地区。而西部地区面临的问题主要表现为脆弱的生态环境的破坏问题,这时公共管理者必须制定合理的发展战略与规划,通过调整产业结构、改变生产生活方式等具体手段在谋求经济发展的同时注意生态环境的承载力,实现持续发展。

2. 生态环境影响经济发展

我国人多地少,发展农业必须从改造现有各类农业用地和开发新资源两方面入手,严格依法保护耕地,严禁乱垦滥伐、盲目围湖造田、毁林开荒等违背自然规律的掠夺式开发。例如我国江苏省太湖地区,在地区经济发展过程中过于注重从太湖中获取各种资源,忽视了太湖的环境承载力。因此伴随着城市化、工业化发展的是太湖水的严重富营养化,导致蓝藻经常爆发。2007年夏季出现了蓝藻提前爆发,导致宁波大范围地区饮用自来水受到污染,出现了较为严重的饮水危机,震惊全国。这一危机事件的发生是由于该地区公共管理者过去在公共管理目标中没有加入生态平衡等可持续性发展的目标。这一事件也对进一步提升公共管理能力,促进经济社会长远发展提出了要求。

发展经济不能以牺牲环境为代价,不保护好自然生态环境,如水资源、森林资源、野生动植物资源,必然使工农业生产的基础条件遭到破坏,使经济发展受到极大的限制。反之,提高生态环境资源的再生增值能力和连续利用能力,可促进经济社会持续稳定地发展。

3. 生态环境影响公共管理决策者的能力和水平

针对不同的生态环境特征需要建立不同类型的公共管理组织。如在生态环境变动性、复杂性更强的地区建立的公共管理组织,需要具有更高的应对各种突发自然事件及其不确定性的能力,也就是使这些公共管理组织更具"权变性"。此外,在面对自然灾害等突发性危机事件时,需要公共管理的方式方法具有迅速性、协调性与强制性,能够及时有效地将突发性灾难事件造成的损害降到最低水平。

(三)当代中国公共管理生态环境特征

就当前来看,我国公共管理面对的生态环境十分复杂。这一复杂性有自然因素的影响,也有人为因素的影响。

1. 地域幅员辽阔,边疆广大

我国的海岸线长达1万多公里,陆界线长2万多公里,东西相距5 200公里,南北相距5 500公里,国土陆地面积约960万平方公里。人口13多亿,是世界上人口最多的国家。在这样一个幅员辽阔、人口众多的国家,要想实现有效的公共管理是十分困难的,充分发挥中央的集中领导和权威性以及地方的主动性和积极性是我国公共管理领域改革发展的基本方向之一。

2. 地形复杂,地貌多样

我国的地势西高东低,海拔高度相差4 000多米。山地、高原和丘陵约占国土面积的2/3,盆地和平原占1/3。由于高低悬殊,坡度大,土层薄,植被稀少,在暴雨的侵袭下很容易造成水土流失。尤其在一些西北和西南地区,生态环境极其恶劣,农业生产难以进行,二、三产业基础更是薄弱,有些偏远地区甚至不适于人类生存。这些地区经济发展落后,公共管理无法获得必要的物质资源。这些落后地区公共管理所需要的各种资源大都是通过中央调配的方式予以补充。

3. 南北跨纬度,全国气象条件差别极大

我国有的地区属于温带、亚热带,有的属于热带;北方寒冷、风沙大、雨量少,南方炎热、风沙小、雨量多。年平均降水量地区分布极不平均,且在季风影响下,年降水量时间分布也不平均,干旱无雨或暴雨成灾的情况时常出现。我国不少地区周期性发生的洪涝以及干旱灾害给生产、生活等造成了严重影响,这些问题的出现在很大程度上考验着公共管理者的管理能力和应对危机的能力。

4. 自然资源十分丰富,但是分布不均

我国已探明储量的矿藏有138种,其中煤炭、石油、铁矿等总储备量居世界前列,但是人均占有量很少。由此看来,我国既是一个资源大国,又是一个资源"小国"。同时由于我国工业化初期的粗放式发展,资源利用率不高且浪费严重,使得目前能源状况不容乐观。我国石油和铁矿石等的需求量不断攀升,目前需要部分进口才能满足国内需求。这种状况继续发展必然使我国这些重要的战略性资源严重依赖国外市场。由于发达国家掌握国外市场主导权,我国对外关系处理中会因此受到牵制。

5. 资源与经济地区分布不合理

我国的自然资源与经济发展的需求出现了地区上的"错位"现象。需要资源的地方恰恰没有可就近利用的资源,资源丰富的地区本身却没有太多的资源应用需求。如我国近80%的自然资源分布在经济欠发达的西部和北部,60%的资源消费却在经济发达的东南部地区。因此,分布不均的资源虽然有利于大规模生产和开发,但是却给交通运输带来了很大的压力,使得国民经济宏观效益难以提高。西气东输、西电东送工程的建设就是为了缓解这一矛盾。

6. 自然灾害多发

我国不仅时常发生水、旱、风、雹等灾害,地震灾害也频发。我国国土面积的1/3、大中城市的2/5、百万人口以上特大城市的70%均位于地震可能波及范围之内。难以有效预测和预防的自然灾害一旦发生,容易引发严重的社会危机。增强公共管理组织及管理者的危机处理能力就显得尤为重要。1976年唐山大地震与2008年汶川大地震是新中国成立以来最严重的两次地震灾害,通过对比我国公共管理部门在抢险救灾及灾后重建过程中的种种表现可以明显地看到我国公共管理能力和水平有了很大的提高。

7. 环境污染、生态破坏造成的损害严重

我国虽为发展中国家,环境问题却比一些发达国家还严重。环境污染对经济发展人民生活危害很大。之所以出现这种状况,一方面是由于我国发展初期开展社会主义建设的不正确的发展观念。"人定胜天"等观念和口号在那一时期深入人心,各种为了谋求经济短期快速发展而不顾客观自然规律的现象时有发生。如"大跃进"时期,"大炼钢铁"对森林、矿产资源的破坏性开采给我国的长远持续性发展造成了不良后果。另一方面环境污染与生态破坏与我国工业化早期阶段的粗放式发展模式密不可分。如当时我国炼一吨钢材所消耗的煤炭等原料是西方发达国家的几倍甚至十几倍。

生态环境的严重恶化已经成为世界关注的问题。任何一项公共管理活动都不能不顾生态环境状况随意为之。

通过以上分析可以发现,从整体上看,我国的生态环境破坏已经十分严重,如全国水土流失面积已达367万平方公里,占国土总面积的38.2%;全国荒漠化面积达到262.2万平方公里,占国土总面积的27.3%,而且荒漠化土地面积仍以每年2460平方公里的速度在增加。荒漠化所造成的直接经济损失每年约为65亿美元。我国的环境污染问题同样令人触目惊心,水资源污染,尤其是河流污染严重。

我国已经开始采取各种措施应对生态环境破坏问题。1992年我国就已经提出保护环境、实施可持续发展的战略。近年来,我国在生态环境治理方面更是投入了大量的人力、物力和财力,这在一定程度上遏制了生态环境不断恶化的趋势。但是环境治理是一个长期性、系统性的工程,需要坚持不懈地开展下去。

三、社会环境对公共管理的影响

公共管理的社会环境是指与实现公共管理目标相关的各种社会要素。一般可以将社会环境要素分为政治要素、经济要素和文化要素。与生态环境相比,社会环境要素不是自然形成的,是在人类社会形成及演进的过程中逐渐发展起来的,而且更容易受到人类行为的影响。社会环境要素对于公共管理具有重要影响。

(一) 社会环境的基本构成

1. 政治环境

政治环境对于公共管理活动有直接的制约作用。政治环境主要指一国政治的稳定性。国家政治稳定对公共管理来说是最起码的条件。政治环境又具体包括政治制度与法律制度两个主要方面。政治制度指国家公共权力的基本配置状况、国家中央机构的设立、中央与地方关系的规定和处理、国家的政党制度与选举制度、国家立法行政与司法机关的关系等各个方面的内容规定。政治制度可以决定行政制度以及公共管理制度,公共管理系统是体现和执行国家权力意志的。宪法规定行政机关是国家权力机关的执行机关,公共管理必须体现和执行人民的意志。不同的政党制度也对公共管理活动产生极大的影响。西方一些国家的政党制度决定其公共管理人员特别是国家公务员必须奉行"政治中立"的原则。共产党领导下的社会主义国家实行议行合一制度,要求公共管理系统必须坚决地贯彻执行权力机关的决定,公共管理目标、公共决策、公共管理体制都必须符合党的路线、方针和政策。不论哪一类国家,如果其政治制度不完善,公共管理的目标、体制、决策、方式等各个方面都会受到消极的影响。适应政治环境的公共管理会促进阶级统治巩固和完善政治制度。法律制度是指国家针对公共管理所颁布的各项法律、法规和方针政策。这些法律、法规和方针、政策是进行公共管理所必需的。由于历史文化传统等因素的影响,不同国家政治制度的设置可能不同。但是从世界范围来看,一些基本的立法原则却得以共享,如立法的民主性、开放性、文明化、科学化。对于公共管理者及其管理活动而言,严格执行有法可依、有法必依、执法必严、违法必究的原则,使得各项公共管理体现法治精神也是世界各国的普遍要求。

2. 经济环境

经济基础决定上层建筑。公共管理活动是上层建筑的重要组成部分,经济环境的好坏决定公共管理活动的优劣。经济环境主要包括物质技术和经济制度两大方面,它们分别表现为社会生产力和生产关系的构成。具体是指社会生产力的性质、发展水平和要求,社会中占据统治地位的生产资料的所有制形式、性质和成熟程度,社会中其他生产关系状况、所占比例等。物质技术水平和经济制度优劣共同影响一国的经济发展水平。当今世界各国的经济环境很不一致。有些国家社会生产力水平和科学技术水平很高,经济制度比较完善,经济发展实力很强;有些国家社会生产力水平很低,科学技术力量薄弱,经济制度不配套,经济发展缓慢。相对于其他社会环境构成因素,经济环境是最具动态性的,这就要求公共管理者必须以发展的思维认清经济社会发展的趋向和进程,不断调整自己的管理应对策略。在一定程度上讲,有什么样的社会经济环境,就有什么样的公共管理活动。经济环境对于公共管理具有决定性影响,社会经济基础决定上层建筑的性质,决定公共管理的性质和原则。无论什么国家,不论其性质如何,它的公共管理体制、目标、行为、方式和手段等都要受到社会经济环境的制约。公共管理活动对于经济发展也具有反作用,它可以促进或阻碍生产力及科学技术的发展。我国在一定时期内以"阶级斗争为纲"的政治定位曾给国家和人民造成严重的损失。改革开放特别是党的十五大召开之后,我国将建设社会主义市场经济体制作为我国经济发展的基本方向,使得我国的经济在长时期内保持稳定高速发展。

3. 文化环境

精神文化环境包括思想道德状况和科学文化状况两大部分。精神文化因素对公共管理具有深刻影响,传统文化的保守性(安于现状的小生产方式)、权威性(崇尚权威、易于服从的国民特征)、伦理性(血缘、宗族、门第、世袭等观念)、感情性(重情义、讲情面,重人伦、轻法治)、单纯性(政轻刑简、民安家和,单调、简朴),产生传统的公共管理,现代文化的创新性(不断发展的高新技术产业等,升级换代周期越来越短)、复杂性(出现了各种不同的价值取向并存在一定的矛盾冲突)、民主性(公民自主意识不断提升,参与公共决策的要求和意愿越来越强烈)、法制性(各种行为活动首先注重依法进行,人治代替法治的现象逐渐弱化)、明智性(管理决策中的科学性思维不断增长,避免主观经验决策)产生积极的、高效的、富于创造性的、专业的现代公共管理。在一定程度上也可以说,有什么样的社会文化环境,就有什么样的公共管理模式。因为精神文化渗透到社会系统的各个领域,它对公共管理体制、公共管理职能、公共管理人员和公共管理行为活动的影响是广泛而深刻的。如宗教感情强烈、宗教信仰普遍的国家和民族,其公共管理都打上了宗教的烙印,而且宗教信仰不同的国家又各具自己的宗教特色。研究西方国家的精神文化环境不能忽视基督教的研究,研究东亚一些国家的公共管理特征同样不能忽视儒家传统文化的影响。从整体上看,精神文化落后必定给公共管理带来消极的影响,它直接关系到公共管理权力的适用、公共管理人员的素质、公共管理法制建设、公共决策以及公共管理方法手段的科学化程度。适应文化环境的公共管理能够反过来改善文化环境。[①]

(二) 社会环境对公共管理的影响

公共管理组织是一个开放的系统,需要不断与周围环境发生物质、能量、人员以及信息的交换,从而使得自身不断发展变化,这种交换和变化就是公共管理与外界环境的

---

① 陶学荣:《公共行政管理学导论》,41~42页,北京,清华大学出版社,2005。

互动过程。具体到社会环境对于公共管理的影响与自然生态环境的影响是不同的。相对而言,自然生态环境难以甚至不可改变,相应的公共管理活动主要是预防和应对性的。而人为方面的社会环境一般是可以通过努力加以改变的,在一定程度上是创造性的管理活动。下面分别从政治环境、经济环境与文化环境各个方面分析它们对于公共管理的影响。

1. 政治环境对公共管理的影响

政治环境是公共组织环境中最为重要的部分。所有的公共组织及其管理活动都在不同程度上受政治环境的影响。因此,公共管理活动必须依据政治环境确定的规则进行。政治环境对公共管理的制约和影响主要体现在:①政治环境决定了公共管理的性质。传统的集权统治下不存在现代意义上的"公共管理",只存在阶级统治。只有在现代国家民主基础上,伴随政治的统治性特征向管理性特征转变,才最终出现了现代的公共管理。同时,国家权力机关或执政党的政治要求往往通过公共管理活动实现,公共管理的目标、具体任务以及行为方式等无不反映政治环境对于公共组织的政治要求。②政治环境决定了公共管理主体的权力。政治环境中的政治制度和政治结构确定了公共组织在社会政治生活中的地位和作用,它通过对公共管理权力的划分赋予公共组织在公共管理中具有的影响力和约束力。公共管理权力对于公共管理具有至关重要的影响。因为公共管理者拥有决定公共管理决策的权力,影响着公共政策的制定、实施与评估,同时也体现在执行者调动、处置相关事务和社会资源的能力上。③政治环境划定了公共管理活动的范围和任务,这通常表现为一定的法律、法规和公共政策。在美国,立法、行政与司法的权限划分十分明确并形成相互制衡的态势,这使得作为公共管理主体的行政机关的活动范围受到制约。我国在改革开放之前,党和政府作为最主要的管理主体,其权限和活动范围涉及国家社会的方方面面。随着改革开放以及相应政治体制改革的推进,党政分开、实现政府职能转变,公共管理主体的活动范围受到了限制和约束。在一些可以发挥社会自主性的领域,党和政府的作用和影响已经逐渐淡化。④政治环境影响公共管理活动的行为方式。这一影响在不同的领域有不同的表现。例如,在社会出现政治动荡情况下,公共管理者往往会采取强制措施,甚至动用武装力量力求保持政权的稳定。在政权保持长期稳定情况下,公共管理方式趋于柔性化,力求减少公共管理过程中各种矛盾的发生。

2. 经济环境对公共管理的影响

社会经济环境是影响公共管理最基本的因素,它对于公共管理的影响是多方面的:①经济环境中的经济制度和结构决定公共管理的形态特征。这主要是由生产资料所有制形式决定的。社会主义的公共管理不同于资本主义的公共管理,它真正体现出为广大人民谋利益,是一种管理方式而不是阶级统治的手段。②经济制度决定公共管理的制度特征。与经济制度和经济结构相适应,不同所有制下的公共管理制度不同。③经济制度影响公共管理的行为特征。例如,不同的经济体制决定公共组织具有不同的行为方式。在计划经济体制下,政府的管理活动是对政治、经济、社会的全方位干预。这种事无巨细的干预完全抹杀了公民社会的自主性,在市场经济体制下,公共管理活动是有限的干预,党和政府在发挥基本功能的同时放松了对于社会诸多领域的控制,公民社会逐渐发育、公民民主权利增多、公民意识提升为现代公共管理活动的进行提供了便利的社会条件。④经济发展水平影响公共管理的范围、能力及公共管理的水平和效率。公共管理的进行需要消耗一定的经济资源,良好的公共管理必须以较高的经济发展水平和物质财富积累为基础。良好的公共环境是公共管理能力提升的重要的外部条件,在很大程度上是指良好的经济发展环境的影响。⑤经济环境影响公共管理的发展。公共管理的基本目标是为经济发展提供服务,尤其是在现代社会中,经济发展的水平必然影响公共管理的发展变化。

3. 文化环境对于公共管理的影响

文化环境对于公共管理活动的影响相对于政治环境和经济环境而言,影响和作用方式是间接性的,并且持续时间更长。这些影响主要表现为:①社会文化环境影响公共组织及其人员对周围环境的认识和解释。落后的文明状态下的管理者往往无法很好地认清管理活动周围的各种环境,无法做出明确有效的管理决策。现代文明中的管理者具有较高的科学文化素质和管理知识与经验,他们的管理决策的做出一般都是基于对管理对象周围环境的认识,而且也能获得真实有效的认识,从而保证其管理决策的有效性。②社会文化环境决定公共管理活动的基本价值取向。公共管理的目标是为了增进社会公共利益,但是文化环境达到什么样的程度才增进了社会的公共利益,即在公共管理目标中的哪些具体内容是有价值的,哪些是对社会生活有积极意义的,存在不同的价值评价标准。如在一些宗教文明中,认为最大范围地传播宗教信仰,甚至不惜动用武力才是对所崇拜的神灵的忠诚。这种信仰往往会对其他民族造成灾难性的破坏。在我国,认为公共利益是指社会最广泛的人民大众的根本利益,这种主体范围的广泛性使得我国的公共管理价值取向不同于其他国家。③社会文化环境规定公共管理方式方法的选择。这不仅是因为既有的管理方式和方法都是一定文化的产物,还因为管理方式和方法是否适宜除了取决于管理目标(管理目标也是由文化因素决定的),还要看是否适合管理对象的思想、习俗和心理习惯等。现代公共管理更多的强调柔性管理、人性化管理,这一方面可以在更大程度上维护社会公众的利益;另一方面对于公共管理者而言,由于在管理过程中遇到的阻碍大大减小,便于管理活动的进行和管理目标的实现。①

总之,社会环境因素范围广泛,具体构成要素复杂且极具动态性,给公共管理者适应并积极影响社会环境带来了一定的挑战。同时这也表明研究公共管理与社会环境要素相互影响的必要性。

(三) 当代中国公共管理社会环境特征

1. 当代中国政治环境基本特征

探讨当代中国政治环境基本特征,可以从以下几个方面入手。

(1) 政治体制

我国现行的政治体制由三方面相互联系的体系构成:①以各级人民代表大会和由它产生的人民代表大会常务委员会构成的权利体系。全国人民代表大会是我国最高权力机关,代表全体人民的根本利益行使公共权力。②以实现国家和社会事务管理为职能,由各级人民政府构成的执行体系。国务院是我国中央行政执行部门,直接履行由全国人民代表大会及其常委会制定的各项法律和决策。③对各级行政机关的各项行政管理活动起控制作用的监督体系,主要包括党的监督、国家审判机关的监督、检察机关的监督、人民群众的监督以及社会公共舆论监督等。这种基本的政治体制模式决定了我国政府的地位和作用。我国政府在现行政治体制模式中具有从属性的特点。政府部门是以实现国家和社会事务管理为职能的工作机构,是国家权力机关的执行机关,它要接受人民代表大会以及由它产生的常务委员会的领导和监督。这是我国的议行合一制度与西方一些国家的明显差别。西方一些国家如美国的政治体制的一项重要的原则是实行立法、行政和司法三种国家权力分别由三个不同机关掌握,各自独立行使,相互制约。应该看到,议行合一和三权分立的政治体制各有其优缺点。在议行合一体制下,决策较为迅速,行政机关的执行较为顺畅,自由裁量权较大。但是相应地也为公共权力的滥用提供了机会,因此必须加强各种监督机制的建设。在三权分立体制下,行政机关的权限受立法与司法的制约,可以有效防止行政权的滥用。但是公共决策历经的程序、部门较多,决策时间漫长,在一些需要迅速、果断做出决策的情况下可能会出现问题。

(2) 中国共产党的领导

执政党的领导方式是政治环境中一个非常重要的因素。现代政治都是政党政治,现在国家的政党承担着利益表达与综合的重要功能。具体而言,执政党直接决定公共管理活动的政治方向、政治目标和地位。中国共产党是我国的执政党,它在国家的政治、经济、文化、教育、社会等一切方面的工作中都表现为核心地位。从现行政治体制改革情

---

① 杨艳:《公共管理》,270~272页,北京,国家行政学院出版社,2005。

况看,中国共产党的领导主要是在宪法与法律规范下的政治领导、思想领导和组织领导,即政治原则、政治方向、重大决策、国家主要意识形态和价值观念的领导以及向国家公共组织机关推荐重要干部等。党对国家和社会生活的领导主要是通过国家机构、经济组织、文化组织以及人民团体等各种渠道进行的。党对国家各项事务进行领导的主要方式是:使党的主张经过法定程序变为国家意志,通过党组织的活动和党员的模范作用带动广大人民群众,实现党的路线、方针和政策。

(3) 政治气候和政治风气

中国当前的政治气候和政治风气概括地说就是改革、开放、发展社会主义民主。十一届三中全会改革开放的方针使整个国家的面貌发生了深刻的变化,使我国进入了历史发展的新阶段。具体来说,主要表现为以下几个方面:①改革开放结束了个人崇拜,民主和法治意识得到了强化和发展。长期窒息人们思想的许多旧观念受到了很大的冲击,人们积极变革、勇于开拓、讲求实效,参政议政的意识明显增强。一元化的思想文化局面逐步转变为多元化的、富有生机和活力的思想文化。②冲破了僵化的经济体制,使得市场经济的地位得到确立,社会生产力不断发展。③中国的政治体制改革正在审慎推进,党政不分的模式开始改变,权力下放、政企分开正在稳步推进。④闭关自守的立场转变为对外开放的态度,使得中国以一种新的眼光和新的姿态对待周围的世界。

2. 当代中国的经济环境基本特征

改革开放以来,我国经历了基本经济模式转型。经过 30 多年的发展,我国的经济状况发生了翻天覆地的变化。具体而言,主要表现为以下几个方面[①]:

(1) 生产力高度发展,综合国力不断增强

改革开放以来,我国国民生产总值连续以每年 8% 左右的高速度持续增长。进入 21 世纪后,GDP 增长更是长期保持 10% 左右的高水平。但是由于我国的人口数量众多,人均 GDP 在世界中的排名仍比较靠后。这也是我国当前经济发展不可忽视的现实。

(2) 经济体制格局发生了重大的变化

30 年的经济体制改革已经使我国的经济体制格局发生了一系列重大变化:①农村经济由过去的集体所有制转变为家庭联产承包责任制,当前对于土地承包权流转又做出了新的调整,这些都有利地推动了农村经济社会的良性发展。②全民所有制企业由过去行政机构的附属物向拥有法人地位的独立商品生产者和经营者转变。建立现代企业制度已经成为我国成立企业发展的基本原则。③所有制结构由过去的单一公有制向多种所有制形式转变。当然,公有制经济仍在我国的经济结构中占据主导地位,但是通

---

① 应松年、马庆钰:《公共行政学》,46~48 页,北京,中国方正出版社,2004。

过"有进有退"、"有所为,有所不为"的战略性调整,对国民经济的带动性已经大大增强。但是国有企业改革仍不彻底,国有资产的有效管理和保值增值问题仍然存在。④经济运行机制由过去的通过指令性调拨分配逐渐转向社会主义市场经济的发展方向。充分重视市场在社会稀缺性资源配置中的基础性作用,是现代西方经济发展的经验,也是我国经济经济体制下出现的种种问题的教训。如英国之所以在工业革命后成为第一个世界强国,在英国著名历史学家汤因比看来,是因为"以(市场)竞争代替了先前主导着财富生产与分配的中世纪的规章条例"。① ⑤经济决策方式由过去政企不分的集中决策向转变政府职能、实行分层次决策转变。⑥分配方式由过去搞平均主义,吃"大锅饭"的供给方式向以按劳分配为主体的多种分配方式并存转变。这一转变在很大程度上调动了生产者的积极性,是实现分配公平的重要体现,也有利地促进了经济效率的提高。⑦经济联系方式由过去条块分割的纵向联系为主向横向联系为主的经济联合转变。⑧企业劳动人事制度由过去的固定工资制和干部职务终身制向引入竞争机制和优化劳动组合的转变。⑨对外经济关系由长期封闭、半封闭型经济向积极参与国际交换与合作的开放型转变。

(3) 亿万农民卷入社会主义市场经济历史性变迁中

我国的经济体制改革是从农村最先开始的,主要是农村家庭联产承包责任制的产生和普及,这在农村经济体制改革中取得了显著的成就。从整体上看,我们农村经济不断发展、收入不断提高,但是城乡差距仍然比较大。我国所倡导的社会主义新农村建设就是为了从根本上改变广大农村地区的相对落后状态,实现国家的总体富裕。

(4) 企业平等竞争环境开始形成

在传统的计划经济体制下,企业的资金占用、地理位置、产量、产品结构和价格等都是由政府统一计划安排的。这些违背基本价格规律的经济干预措施,在很大程度上造成了市场主体间的不公平。在改革开放初期,由于政府部门掌握了大量的审批权,使得这一状况持续存在。各种"寻租"、"设租"导致的腐败现象大量出现。随着我国政府机构改革与政府职能转变,这些现象在一定程度上得到了遏制。

(5) 新旧经济秩序剧烈冲突

新旧经济秩序的冲突主要是市场经济与传统产品经济的冲突。市场经济要求企业按照新的机制运行,但是在旧的产品经济的体制束缚下,不少企业仍然处于自我封闭状态,"大而全"或"小而全"的结构状况并没有从根本上得到转变。市场经济要求企业真正成为独立的经济实体,实现自主经营、自负盈亏,但是在旧的产品经济的束缚下,党、政、企不分的状况仍然没有得到根本转变。政府对于一些国有大中型企业仍然管得过多过

---

① 王彩波、王庆华:《政府经济学》,38页,北京,首都经济贸易大学出版社,2009。

死,"条块"分割现象很严重,使企业缺乏应有的活力和生机。市场经济要求按照等价交换、平等竞争的原则进行生产,但在旧的产品经济旧秩序的束缚下,市场体系尚未完全形成,缺乏公平竞争的市场环境。我国公共管理主体必须明确认识到这一现状,为市场经济的健康有序发展创造良好的政治、法律、社会环境。

(6) 加入世界贸易组织,融入全球化经济浪潮

经济全球化是世界各国在发展经济的过程中通过共同努力形成的不可阻挡的发展趋势,世界贸易组织(简称世贸组织)是这种努力的直接成果和体现。世贸组织的核心是全球化的市场经济规则。中国加入世贸组织后,最为紧迫的任务是尽快适应既定规则,为融入全球化经济奠定基础。加入世贸组织意味着中国的对外开放进入了一个新的发展阶段,即全面开放阶段。中国的全面开放必须进一步加快做好两个重要方面的准备:①建立和完善社会主义市场经济体制,这是中国融入世界主流经济的前提条件;②进一步开放市场。中国承诺进一步降低关税,逐步放开包括金融、保险、通信、会计、咨询、法律、旅游等国民经济中的重要产业。我国加入世贸组织过渡期结束后,我国企业将面临日益加剧的竞争,经济结构面临猛烈的冲击。

3. 当代中国的文化环境基本特征

就我国当前整体文化特征来看,既有传统文化的传承,又有现代西方文明的影响。具体表现为以下四个方面。

(1) 中国传统文化的传承和影响

每个国家的文化都有相互渗透的现代文化和传统文化两部分。其中,传统文化是指在漫长的历史过程和特定环境中,人们长期实践活动积累起来的各种思想观念、处世态度、理念追求、社会道德等的总和。中国素有礼仪之邦、文明古国之称,传统文化很丰富。对现代影响最为深远的是儒家文化。儒家文化强调道德教化与对于伦理规范的遵守,这在封建统治下起到了维护封建专制统治和降低人们反抗意识、维护社会秩序稳定的功能。就现在看来,以儒家文化为代表的传统文化仍在影响着现代社会人们的政治态度、价值判断乃至思想、生活、行为等诸多方面。传统文化的影响具体可分为两个方面:①统治阶级为了维护其统治所需要的意识形态;②流传在一般思想家著作中并渗透于民族心理素质、价值观念、思维方式和风俗习惯等诸多方面的观念形态。

(2) 传统文化与西方文化的交织与融合

改革开放以来,西方的管理经验、人文科学、思想观念等影响、改变了中国的文化环境,这些观念和思想与人们多年来形成的陈旧的传统观念发生冲突,同时中国传统文化与西方文化也开始交织融合。在这些思想文化因素中,最为典型的可谓民主思想的引入。我国两千多年的封建专制统治使国民长期处于压制、服从的被动地位,这与现代民主精神所强调的公平参与格格不入。就当前来看,随着我国公民社会的发育,公民权利

意识和自主意识不断提升,"民主"已经成为随处可见的词汇。但是民主的真正实现需要国家制度的保障,也需要通过不断的公民教育促使民主精神深入人心,因此是一项长期的工作,难以一蹴而就。

(3) 教育科学文化发展不平衡

我国当前在某些尖端技术和科学文化的某些领域的发展有较高的水平,有的已经接近或超过了世界先进水平。但是在一些偏远地区仍然十分愚昧落后,各种迷信活动泛滥,从而导致我国整体科学文化水平不高。从实际状况看,可以说我国的教育科技文化是"底子薄、起点低",表现出发展中的不平衡性。

(4) 道德水平存在较大的层次性差异

道德作为一种社会意识,并不是在人们的头脑中先天固有和主观自发的,而是一定社会物质生活条件的产物。道德思想是经济基础的反映,是在社会实践中产生和发展出来的,是受社会历史条件制约的。超越社会历史条件制约的道德不可能被人们广泛接受,更不能形成一种凝聚力。即使在统一的社会形态中,由于人们所处的社会层次不同,思想文化水平不同,其道德观念也存在层次性差异。我国当前道德水平存在层次性特点,这种层次性与经济发展水平有一定的关系。经济发展水平较高的地区,公民的道德素质一般较高,经济发展落后地区,公民的思想道德素质有待提高。

从总体上看,当前我国的社会环境构成十分复杂,对于公共管理的影响也是复杂的。既有有利于公共管理的要素,也有不利于公共管理的状况。因此对于当代我国的公共管理者而言,必须充分利用良性社会环境提供的资源和机会,不断提高公共管理能力和水平。同时注意改造不良的社会环境,促成社会环境总体上的良性发展。

四、国际环境对公共管理的影响

国际环境是指一个国家与世界各有关国家、地区之间在政治、经济、文化、自然地理方面的相互关系以及国与国之间的交往关系。它体现了国与国之间的相互联系、相互作用、相互制约和相互促进的关系。

(一) 国际环境的基本构成

1. 国际环境的构成

国际环境的构成十分复杂,特别是随着现代国家交往的日益密切以及各种全球性问题的出现,一国已经无法脱离国际环境的影响而获得独立发展。国际环境一般划分为国际社会环境条件和国际自然环境条件两个基本方面。国际社会环境条件会影响国内社会人们的意识形态、消费、生产等行为;国际自然环境条件如大气、河流、粉尘、虫害、传染病会直接影响国内的自然条件。

2. 外部国际环境的基本构成要素及其特征

现代国家共同面临的外部国际环境基本构成要素及其特征包括以下几个方面。

(1) 经济全球化

全球化最普遍的描述为"相互依赖关系的持续深化"、"远距离行动的快速化"、"时间与空间的压缩"、"信息传递与沟通限制的解构化"等。[①] 相互依赖关系持续深化是指国家、社会、第三部门参与国际事务的积极性不断增强,经济产业的国际分工体系已经形成,民族国家内部的经济社会变革运动对于全球系统的反馈效应不断增强,任何单一事件和鼓励行动都会对全球经济体系造成一定的影响乃至冲击。远距离交通、运输的传统限制由于交通运输工具的革命性进步得以突破,远距离行动快速化局面出现,远距离行动快速化进一步刺激相互经济依赖关系和网络联系的深化。网络技术的进步、资料存储与传递的数字化和移动通信技术的发明,消除了信息传递的时空界限,实现了信息在全球范围内的无障碍即时传递,实现了时间与空间的压缩与解构,从而历史性地改变了人类社会的沟通习惯和交往模式,因而具有划时代意义。经济的全球化是不可逆且不可阻挡的。经济全球化对于一国既是机会又是挑战。充分顺应全球化的发展趋势,积极主动地参与全球化进程,适应全球化带来的开放性要求就能生存;不顾全球化发展的客观趋势,就会被世界经济发展的主流所抛弃。

(2) 信息社会

信息社会是全球化发展到一定阶段的表现,因此可以将其单独作为当前国际环境中的重要因素。1963 年,梅棹忠夫在《信息产业论》中首先向人们描述了"信息革命"和"信息化社会"的前景。当时他就预见信息科学技术的发展和应用必将引起一场全面的社会变革,将人类社会推入"信息化社会"。20 世纪 90 年代美国提出信息高速公路计划之后,"信息社会"一词开始为人们普遍接受和使用。一般来讲,信息化是指以信息为主要资源、以信息技术为支撑、以信息处理作为主要生产方式的过程。信息社会是信息化的社会,即信息化对人类社会的发展产生巨大影响的社会,它是信息革命的产物,也是知识与技术进步积累的结果。

真正的信息社会应该满足以下条件:计算机技术的进步;计算机的普及使得有能力通过计算机获得并处理信息的人数增加;网络技术的成熟使得信息传输变得迅速、廉价,并能提供信息交流与共享的可靠平台;信息处理是政治、经济、文化和社会交往的主要内容;信息产业在一国 GDP 中所占的份额超过 50%,信息成为社会财富的主要来源。

信息社会的发展突出反映在其对公共管理手段发展的影响上,如电子政务的发展。

[①] 叶常林、金太军:《公共管理学概论》,23 页,北京,北京大学出版社,2005。

但是信息爆炸时代所出现的"数字化鸿沟"现象同样给一国公共管理者带来了挑战。不能获取足够的信息必然处于信息产业链条的末端,在国际竞争中会处于劣势,也会导致国内公共管理能力的下降和管理目标难以实现。

(3) 总体和平、局部冲突的国际局势

就当前世界的总体环境来看,和平与发展已经成为主题。美苏"冷战"结束后,一般认为世界范围内的大规模战争发生的可能性大大降低,世界各国都深刻认识到世界大战对于人类社会的毁灭性影响。特别是核武器技术为越来越多的国家所掌握,基本的核威慑均衡状态已经形成。但是在一些国家和地区,军事紧张局面乃至局部战争冲突仍时有发生。这里面涉及的因素十分复杂,有宗教因素,有对于重要战略物质如石油争夺因素,也有因历史遗留问题无法解决导致的冲突,如一些国家的边界争端。对于不同国家而言,首先应充分利用国际和平环境不断谋求本国的发展,避免安全危机事件的发生;在面临一些国际性争端时,应以长远发展为出发点,争取运用各种和平谈判手段加以妥善解决。

(4) 各种全球性问题凸显,需要发挥地区以及国际范围内的协作机制

全球性问题,如环境污染问题、生态破坏问题、反恐问题、传染病的防控问题。单独一个国家是无法完全解决的。如当前对于"甲流"的防治,必须通过国际性组织如世界卫生组织的协调作用,将所有可能涉及的国家都纳入共同防治的范围之内,加强国与国之间的合作。公共经济学将这类问题称之为"全球性公共物品",而且是典型的具有负外部性的公共物品。如果所涉及的国家不能有效地合作,必然出现"零和"乃至"负和"的结果。所有国家通力合作从长远来看可以实现"正和"的良性结果。

(二) 国际环境对公共管理的影响

在区分公共管理的环境时可以将其区分为组织内部环境与外部环境,即组织发展与管理活动进行的内因与外因。外因是通过内因起作用的。同样可以将一国面临的环境分为国内环境与国外(国际)环境。一般而言,国际环境是通过作用于国内环境而对公共管理活动间接发生影响和作用的。

人类社会越向高层发展,开放程度越高,这是由社会生产发展所决定的。社会生产的日益国际化,使得任何一个国家都不可能孤立地存在和发展。一国经济、文化发展受其与外部交往程度、深度、广度和方式等影响。紧张、对立的国际环境会影响和限制国家的经济发展。经济封锁,缺乏资金和技术,经济落后的国家就很难确立促进经济快速发展的公共管理目标。资本主义国家组织和调节经济活动的做法社会主义国家可以借鉴。国际投资已成为资本国际化的重要特征,我国政府利用当前的国际环境实行改革开放,大量引进国外资金和新技术,能够促进我国经济社会快速发展。和平与发展已成

为当今国际环境的主流,在经济全球化、信息化带来的机遇面前能否果断地进行调整以抓住这一机遇,成为各个国家获得跨越式发展的条件。①

现代公共管理者对管理环境的认知和把握要具有全局性的高度,只有这样,才能使得国内的公共管理做到与时俱进。

(三) 当代中国公共管理国际环境特征

随着我国经济快速发展,我国已经逐步融入世界性发展潮流之中,并开始占据着重要的地位,发挥着越来越大的影响。与此同时,我国当前公共管理所面临的国际环境也十分复杂。具体表现为以下几个基本特征。

1. 和平与发展是现代国际环境的基本趋势和主要特点

和平与发展构成了我国现阶段基本国际环境。在这种国际环境下,一方面,科学技术飞速发展,经济全球化、国际政治和经济融合的趋势日益明显,对我国公共管理提出了更高的要求。另一方面,和平与发展的时代主题为我国的建设和改革提供了有利的外部条件和发展机遇,成为我们可以利用的国际社会环境,为我国公共管理目标的实现提供了极为有利的外部条件。

2. 政治多极化和经济集团化同步发展,各国政治和经济矛盾日益增加

当前世界格局的基本特征是朝着多极化方向发展。国际力量对比关系由两个超级大国对峙的局面转变为一超多强。在发达资本主义国家中,美国、欧盟与日本构成三个中心,其中欧盟又有英国、法国、德国等多个强国;原来的社会主义国家已经分化为两类,一类是中国等社会主义国家;另一类是已经发生变化的苏联和东欧各国。此外,许多发展中国家也在不断分化,少数国家成为或者即将成为新兴的工业化国家,一些最不发达国家仍然在贫穷与动荡中挣扎。随着国际政治多极化的发展,世界经济集团化趋势也在同步发展。美国的经济地位相对降低,日本、德国的崛起以及欧盟的发展在很大程度上推动了地区经济集团化的形成。这一方面促进了集团内各个国家之间贸易的增长和经济一体化的发展,有利于打破贸易保护主义,使各国经济国际化;另一方面又会使各集团之间,特别是美国、日本及欧盟之间在更高层次上的竞争,摩擦、对抗和斗争更加激烈。② 在这其中,中国一直保持着稳步发展,国际政治经济实力不断增长。特别是2008年美国次贷危机转化为全球性经济危机,世界主要国家都受到了严重的打击,中国受到的不利影响相对较少。借此契机,我国在国际经济、政治中的地位都获得了很大提升。

---

① 陶学荣:《公共行政管理学导论》,44 页,北京,清华大学出版社,2005。
② 徐晓雯、丛建阁:《行政管理学》,57~58 页,北京,经济科学出版社,2004。

3. 经济全球化不断发展,知识经济迅速兴起

以知识创新、技术创新和高新技术产业为核心的综合国力竞争日趋激烈。这对我国深化改革开放和现代化建设以及对我国现行的公共管理体系都构成了严峻的挑战。

4. 全球性问题不断加深

当前我国同样面临着全球性的环境、生态、传染病、反恐等问题。经过几十年的粗放式发展和开采,我国的自然生态环境破坏十分严重,沙尘暴、洪涝、干旱等各种灾害经常出现。从2003年SARS爆发到禽流感、"甲流"的出现,我国面临通过国际合作共同应对高危害性传染病问题。此外,一些恐怖主义事件近年来也逐渐升级。如"东突"一些分裂组织的破坏性活动已造成恶劣影响,这些恐怖主义活动同样具有区域性乃至全球性的特征,需要通过国家合作方式共同面对和解决。

五、公共管理与各种环境的协调发展

公共管理环境具有广泛性、复杂性、动态性等特点,公共管理与环境也存在互动作用。良好的公共管理外部环境有利于公共管理能力的提升,有助于公共管理自身的发展,有利于公共管理目标的最终达成。这些都有赖于公共管理与外界环境协调发展。这是宏观上对我国当前完善公共管理体制、模式与手段,实现公共管理现代化转型的基本要求。

(一)把握"五位一体"的总体布局,实现公共管理与生态环境的协调发展

如上所述,我国公共管理面临的总体生态环境堪忧,一方面是由于人与自然关系认识上的偏差。"人定胜天"的思想忽视了对于客观自然规律的尊重。另一方面粗放型的急于追赶式的经济发展模式也对我国生态环境的不断恶化负有不可推卸的责任。生态环境的恶化在根本上制约了我国经济社会的可持续发展,也对于我国的公共管理活动形成了越来越大的压力。

党的十六届三中全会上提出"坚持以人为本,树立全面、协调、可持续的发展观,促进经济社会和人的全面发展"。在党的十七大上,胡锦涛总书记更是明确地提出了"科学发展观"思想:科学发展观的第一要务是发展,核心是以人为本,基本要求是全面协调可持续,根本要求是统筹兼顾。指明了我国进一步推动经济改革与社会发展的基本思路和战略,明确了科学发展观是指引经济社会发展的基本指导思想。党的十八大报告指出,"建设中国特色社会主义,总布局是经济建设、政治建设、文化建设、社会建设、生态文明建设五位一体"。这是总揽国内外大局贯彻落实科学发展观的一个新部署。对于公共管

理者而言,要将以人为本、可持续的科学发展观落实到管理目标的制订中去,实现经济、社会的长远可持续发展;落实到管理原则的规定上去,采取以人为本的柔性管理,一切管理从人民群众的基本需求出发,并将管理成果最终落实到当代人和后代人的福利提升上。

(二) 建设和谐社会,实现公共管理与社会环境的协调发展

社会是复杂的,同时社会环境也是可以通过公共管理的能动作用加以影响和改造的。我国的国家、政府职能经历了由阶级统治为主向社会管理为主的转变。在当前社会公共管理中,必须充分考虑不同群体的利益诉求,力求化解各种社会矛盾,维护整体社会秩序稳定。随着改革开放的不断推进,随着我国经济总体水平不断提高,社会阶层分化日益明显。与此相伴,不同利益群体的矛盾也日益凸显。由于社会收入差距不断拉大以及分配不公平导致的各种矛盾时有发生,群体性事件在一定程度上成为威胁社会秩序稳定的隐患。这些都为公共管理工作的顺利进行带来了巨大挑战。

2004年,中国共产党提出社会主义和谐社会的构建发展战略。它是指一种和睦、融洽并且团结各个社会阶层通力合作、共同致力于社会主义建设的一种发展理念。和谐社会的提出在承认各种不同利益的追求上,将不同的社会主体的积极性调动起来,并将可能存在的各种矛盾加以缓解并消除。从总体上看,倡导构建和谐社会确实在很大程度上发挥了凝聚社会各方面力量的作用,从整体上维持了社会秩序的稳定,为我国公共管理创造了有利的社会环境。

(三) 与时俱进,实现公共管理与国际环境协调发展

当今国际竞争日益激烈,科技发展日新月异。要想在全球化浪潮中不被抛弃并实现自身综合国力的不断提升,就必须坚持与时俱进,树立危机意识,将谋求发展作为第一要务。公共管理者必须转变观念,以联系、发展的思维看待本部门、本地区的公共管理事务,积极主动地利用国际环境中各种的资源,如自然资源、科学技术、管理知识和经验以及现代化的制度成果。同时注意自己本国、本地区的实际情况,不能盲目照搬。

公共管理理论与实践最初是在西方国家产生并发展起来,然后逐渐传入我国。因此,从宏观的角度看,将国际环境作为我国公共管理发展的外在影响因素,不断从中吸取各种可借鉴的、有利用价值的资源,丰富我国公共管理实践,同时注意与国际环境的双向互动交流,提升国内公共管理对于国际环境的有利影响,是十分可取的。

第七章 公共部门战略管理

20世纪70年代末,世界范围内掀起将私人部门管理(工商管理)的方法和技术引入公共部门管理为主要特征的新公共管理运动,强调公共部门同样要以提高效率为核心,其中将私营部门战略管理的方法成功移植到公共部门的管理实践中也是此次新公共管理运动的一项主要内容,但是由于私营部门管理与公共部门管理存在巨大差异,完全照搬照抄根本无法适应公共管理的特殊要求,所以如何建立公共部门战略管理体系成为研究焦点。传统行政因为过分关注内部问题和短视行为一直遭到社会各界的批评,主要表现在其过分关注行政过程和日常管理,文官(常务文官)被假定为仅仅需要执行政治家(政务官)所制定的政策和法律,他们不必考虑组织的外部环境、长远目标以及如何通过资源的优化配置实现目标。因此在传统行政中战略思维是没有地位的,传统行政很少考虑外部环境长期目标或组织的未来之类的问题。[①] 这样将会降低公共部门的工作效率,甚至出现公共资源的极大浪费。要想彻底转变管理模式,实现公共行政的高效率,公共部门的管理便要引入战略思维,制订一个连贯的目标,使所有活动都有助于目标的实现,把关注的焦点由内部转向外部,从注视日常管理活动转向组织未来的发展,从而实现目标清晰、方向正确、与外部环境相适应的可持续发展的公共管理。

本章将重点介绍公共部门战略管理的相关内容,主要分为五个部分:①公共部门战略管理兴起的背景;②公共部门战略管理所具有的特殊性;③剖析公共部门战略管理的整个过程;④现行的具有代表性的公共部门战略管理技术和方法;⑤着重分析我国公共部门战略管理现状,并针对主要问题提出解决对策。

一、前瞻性的公共部门战略:公共管理持续发展动因

公共部门的战略管理源自私人部门的战略管理理论。战略管理关注组织周边的情

---

① 陈振明主编:《公共部门战略管理》,1~2页,北京,中国人民大学出版社,2004。

况和未来的环境,具有一定的前瞻性。这一概念一经提出便得到人们的重视,迅速被广泛应用于私营部门的管理实践当中,并取得了巨大的成功。所产生的神奇效果和其本身的经历都对公共部门产生了示范性的影响,成为公共部门学习、参考以改善自身状况的榜样。因此,如何将私营部门的成功经验与公共部门的管理实践相融合,依靠战略管理取得同等的效果便成为公共管理研究的一个方向,由此也开始了公共部门战略管理的研究与发展。

(一) 公共部门战略管理兴起的背景

1. 战略及战略管理的概念

战略(strategy)一词来源于希腊语 strategos 及演变出的 stragia,前者意思为"将军",后者意为"战役"、"谋略",均指制订军事计划,进行军队指挥从而获得战争胜利的艺术和科学。与此相对应的是"战术"——指具体战斗获得胜利的较低层次的目标。

在中国,"战略"一词中的"战"与"略"最初是分开的,"战"是战斗和战争,"略"是谋划和策略。现代汉语词典中,将"战略"解释为指导战争全局的计划和策略,决定全局的策略。[1] 中国古代军事家孙武的传世之作《孙子兵法》是中国古代最早的对战争进行全局谋划的战略著作,其中很多经典思想一直影响着现代战略管理。

在西方,"战略"一词最早出现于拿破仑等一些军事将领的著作当中,同样指在作战中计划利用资源以达到胜利。把战争与企业活动进行类比,最早源于苏格拉底将司令官与商人职责进行的比较:"两者都是通过计划利用资源来达到目标。"[2]

在《牛津高阶英汉双解词典》中,战略(strategy)不仅指军事上的战略决策,同样涉及管理方面的内容,如指策略、谋略、计划或管理。[3] 工商管理界在此基础上逐步发展出适合企业发展的战略管理概念,主要涉及组织的远期发展方向和范围,使资源同变化的环境尤其是市场、消费者相配合,以到达预期目标。

战略一词因其适用范围广泛、内涵丰富,在各个不同时期有诸多学者从各自研究角度对战略一词进行定义。

美国哈佛商学院教授安德鲁斯(K. Andrews)认为,战略是要通过一种模式,把企业的目的、方针、政策和经营活动有机地结合起来,使企业形成自己的特殊战略属性和竞争优势,将不确定的环境具体化,以便较容易着手解决这些问题。同时指出对于企业战

---

[1] 中国社会科学院语言研究所:《现代汉语词典》,1714页,北京,商务印书馆,2005。
[2] Montanari, Daneke, Bracker, et al. Strategic Management for the Public Sector. New York: St. Martin's Press, 1989:30.
[3] [英]霍恩比(AS Hornby):《牛津高阶英汉双解词典》,第四版,李北达译,1509页,北京,商务印书馆,香港,牛津大学出版社(中国)有限公司,2002。

略来说,"战略"是一种决策模式,它决定和揭示企业的目的和目标,提出实现目的的重大方针与计划,确定企业应该从事的经营业务,明确企业的经济类型与人文组织类型,以及决定企业应对员工、顾客和社会做出的经济与非经济的贡献。

美国著名管理学家安索夫(H. I. Ansoff)在1965年发表了著名的《企业战略》一书,提出了他自己的战略观。在书中,安索夫阐述战略是指企业为了适应外部环境,对目前从事的和将来要从事的经营活动进行的战略决策。同时指出战略的核心应该是:弄清你所处的位置,界定你的目标,明确为实现这些目标而必须采取的行动。同时安索夫还认为企业生存是由环境、战略和组织三者构成,只有当这三者协调一致、相互适应时,才能有效地提高企业的效益。

加拿大管理学家明茨伯格(H. Mintzberg)将"战略"进行五种界定,分别是计划(Plan)、计谋(Ploy)、模式(Pattern)、定位(Position)、与观念(Perspective)。

战略是一种计划。它代表了用各种各样精心构建的行动或一套准则处理各种情况。战略的这个定义具有两个特点:①战略是在企业经营活动之前制定的,战略先于行动;②战略是有意识、有目的地开发和制订的计划。战略计划与其他计划不同,它是关于企业长远发展方向和范围的计划。

战略是一种计谋。战略是要在竞争中赢得竞争对手,或令竞争对手处于不利地位及受到威胁的计谋。这种计谋是有准备和意图的,主要目的是想方设法与其他企业竞争。计谋的表现形式多种多样,有时候会应用我国《孙子兵法》所列举的各种战术活动,从而实现竞争胜利。譬如有时战略制定具有威慑作用,可以达到"不战而屈人之兵"的目的。该方式反映了战略的灵活性以及根据对方情况调整战略的可行性特征。

战略是一种模式。战略是一系列行动模式或行为模式,或者是与企业的行为相一致的模式。"一系列行动"是指企业为实现基本目标而进行竞争、分配资源、建立优势等决策和执行活动。该定义强调,无论企业是否有明确的、事先的战略计划,只要有具体行为就有战略。从这个角度看,可以将战略视为理性战略和应急战略两种,前者体现了某种计划和意图;后者则与意图无关,更多的是强调如何行动。

战略是一种定位。它反映的是组织的一系列行动。这种模式将突然出现的机会与有意识的计划好的行动联系起来,并在有机会的新的洞察力出现时,抛弃某些计划好的行动。这个模式趋向于根据战略——情景的变化而变化。这样,便可以将战略看成一个逐渐演进的动态过程,它存在于战略制定者的脑海中。①

战略是一种观念。从这个角度看,战略不仅包含既定的定位,还包括感知世界的一种根深蒂固的认识方式。战略观念通过组织成员个人的期望和行为形成共享,演变成

---

① 陈振明:《公共部门战略管理》,32页,北京,中国人民大学出版社,2004。

企业组织共同的期望和行为。

战略管理是战略一词的延伸。战略仅仅是分析当前各种因素,根据掌握的各种信息设计将要实施的计划,而战略管理更加注重整个战略的过程,是一个谋划战略、执行战略,最后对战略进行整体评估的整个过程。关于战略管理的含义,学术界认定的并不统一。

《战略管理思想》一书的作者费雷德·大卫教授将战略管理定义为:一门着重制定、实施和评估管理决策和行动的具有综合功能的艺术和科学,这样的管理决策和行动可以保证在一个相对稳定的时间内达到一个机构所制订的目标。

"现代管理学之父"彼得·德鲁克认为:"战略管理不是一个魔术盒,也不是一组技术,战略管理是分析式思维,是对资源的有效配置。计划不是一堆数字,战略管理中最重要的问题是根本不能被数量化的。"

纳特和巴可夫的《公共和第三部门组织的战略管理:领导手册》一书中阐述战略管理是一种决策,是确定反映组织目标和意图的决策,是规定组织从事的业务或服务范围的一种决策;确定组织将要或想要成为何种经济或人力组织的决策;关于组织将要为其股东或托管人、雇员、顾客和社会所作的经济或非经济贡献的决策。[1]

亨利·明茨伯格的观点是:战略与组织、环境都有关系;战略的本质是复杂的;战略影响着组织的整体利益;战略包括内容和程序;战略不是完全深思熟虑的;战略存在于不同的层次;战略包括不同的思想过程。[2]

通过对学者们的观点进行整合并结合目前理论界研究成果,本书将战略管理界定为:战略管理是决定组织长期问题的一系列重大管理决策,通过制定和贯彻这种长期战略决策使组织在处理自身与环境关系过程中实现其愿景的管理过程。战略管理包括企业战略的制定、实施和评价。

2. 私营部门战略管理的兴起

现代意义的战略管理思想最早出现在美国管理学家巴纳德的代表作《经理的职能》(*The Functions of the Executive*)一书(1938年)中。他运用战略的思想对企业主要因素以及它们之间的影响进行分析,首开企业经营战略研究先河。

战略管理兴起是由于企业外部环境剧烈变化与企业内部条件的联系对企业发展产生了重大的影响,从而使企业必须不断地注视内部与外部的事件与趋势,以便必要时及时做出调整。具体原因有以下几种。

---

[1] 转引自苏保忠、张正河:《公共管理学》,138页,北京,北京大学出版社,2004。
[2] [美]亨利·明茨伯格、布鲁斯·阿尔斯特兰德、约瑟夫·兰佩尔著:《战略历程:纵观战略管理学派》,刘瑞红、徐佳宾、郭武文译,11~12页,北京,机械工业出版社,2002。

(1) 企业面临的外部环境剧烈变化

进入20世纪以来,特别是第二次世界大战以后,企业面临的外部环境剧烈变化,而且每一种因素的变化节奏明显加快。无论是产品开发周期,还是产品的寿命周期都越来越短。在这种情况下,如何使企业在复杂多变的环境下生存和持续发展便成为企业管理的中心内容。这需要企业把目光从内部更多地投向外部,关注环境的变化趋势,并据此确定企业的发展方向。可见,企业外部环境的剧烈变化直接催生了战略管理。

(2) 市场权力的转移

20世纪50年代以后,由于科学技术的高速发展以及第二次世界大战后大量军工企业转向生产民用产品,社会产品供应量剧增,整个市场从原来的卖方市场转变为买方市场,在作为整体的消费者与作为个体的企业的交易谈判中,企业的谈判地位下降,导致市场权力从企业转移到企业外的消费者。决定生产经营何种产品和如何经营的权力已不在生产者而在消费者。这就迫使企业把目光从内部更多地投向外部消费者,更加关注消费的变化趋势,并据此确定企业的经营领域和发展方向。

(3) 企业竞争的加剧

20世纪50年代以后,随着整个市场从原来的卖方市场转变为买方市场,企业竞争日趋白热化。首先,竞争的层面大为增加。竞争的重点可能是价格,也可能是多样性与选择性,还有可能竞争的焦点是品质、售前或售后服务。其次,竞争的范围急剧扩大。随着贸易壁垒的瓦解,经济全球化的深入发展,企业竞争已经从本土化、国内化扩展到国际化、全球化。显然,为了在竞争中获取并保持竞争优势,企业必须实施竞争战略管理。

(4) 企业结构的变化

随着企业多元化经营的发展,企业规模日益扩大,企业管理幅度越来越大,管理层次越来越多。而且,科学技术的发展改变了企业的工作方式和企业的管理模式,不但使企业面临的环境面貌一新,而且使企业内部管理赖以存在的基础——科层制度发生了动摇,企业结构日益向网络结构转化。显然,以前的内部型或经营型管理模式已经不再适应这种多元化、大规模或虚拟化的企业发展了,客观要求企业运用能够使内部资源与环境匹配的战略管理模式。

(5) 企业社会责任大大提高

进入20世纪以后,特别是第二次世界大战以来,企业与社会的联系越来越紧密,社会需要企业承担的责任也越来越多。企业在考虑自己未来发展时,必须充分注意其活动对社会的影响,否则,社会将会通过各种渠道强迫企业承担社会责任。显然,考虑包括社会责任在内的所有外部因素的战略管理模式使企业适应了社会发展的需要,因而具有强大的生命力。①

3. 公共部门引入战略管理的原因

战略管理是应对现实需求,从长远考虑组织发展重大问题,并努力达到配置资源的一种管理过程。20世纪80年代公共部门的战略管理在私人部门战略计划及战略模式的示范影响下迅速兴起,正如休斯在《公共管理与行政》一书中的说法,公共部门战略规划途径兴起于20世纪80年代初,比私人部门战略规划途径的兴起晚了十余年;而公共部门战略管理途径的采用比私人部门仅仅晚了几年。② 战略管理的兴起有其必然性,在理论与实践两方面都有充分的体现。

在理论准备方面,战略管理的兴起可以被看做是对传统的行政管理思想失效的一种修正。传统的行政管理思想是建立在"官僚制"和"政治与行政二分法"的理论研究之上,其关注的重点是组织结构的有序性、政治决策执行的正确性和行政管理的高效性。这种理论研究视角已经不能适应公共管理的要求,迫切需要一种关注环境变化、具备长远战略思维的管理范式出现,新公共管理和公共部门战略管理的出现正好迎合了这种理论关注视角的转变。新公共管理的出现要求组织重新审视自身目标、责任和使命,更加注重公共部门与外界环境的互动,这种互动取向要求组织努力学习、借鉴私营部门管理的经验,同时必须关注民众的不断变化的公共需求,公共部门战略管理理论是企业战略管理理论的一种成功借鉴,它的出现成功地改善了政府部门制定政策的短视行为,使其能够科学设定组织目标,制定可持续发展的战略规划并合理配置组织资源,以达到目标的实现。新公共管理的推动使人们再次对公共部门战略管理产生了广泛关注,同时战略管理又是新公共管理运动的一个重要组成部分,二者都进一步促进了管理理论的完善。

在现实实践方面,战略管理可以被看做是应对复杂外部环境与公众要求不断提升的必然产物。

首先,公众对公共部门的批评导致了公共部门战略管理的兴起。自20世纪80年代以来,政府的角色定位一直饱受争议。批评主要集中在三个方面:①政府的规模。"万能政府"和"无限政府"在当时的公共管理过程处于支配性地位,政府规模不断扩大,公共费用支出不断增加,但政府的行政效率一再降低。"大政府"观念已受到越来越多民众的质疑,其公信力也在逐步下降,政府所能提供的公共物品和服务面临与私营部门竞争的尴尬局面,要求进行政府机构改革的呼声越来越高。②政府管理的方式。官僚主义的管理方式已经成为非常不受欢迎的管理形式,人们期待具备长远战略思维的管理范式的出现。③政府垄断性的服务遭到更多人的反对。很多人已经开始反对公共产品及公共

---

① 唐拥军等主编:《战略管理》,4~5页,武汉,武汉理工大学出版社,2005。
② 陈振明:《公共部门战略管理途径的特征、过程和作用》,载《厦门大学学报》(哲学社会科学版),2004(3),5页。

服务由政府部门垄断提供,认为缺乏竞争的垄断经营是质量下降、效率低下的原因。英国、澳大利亚、新西兰等国家开始试行部分公共产品或服务由私营部门负责提供,具体采取承包或直接销售的方式。还有是对信息垄断的批评,更多的民众要求政府公开相关信息,以保证民众知情权的实现,如政府财务信息。以上的批评意见促使政府着力开展具有战略性的目标规划,实现政府机构精简、行政效率提高和提供科学合理公共服务。

其次,全球化的进程促使战略管理迅速发展。信息技术的进步使得全球化的进程日益加快,网络化的信息交流使国家之间的界限越来越模糊,各国之间政治、经济、文化等多方面的合作使得世界逐渐融为一体,与之相对应的公共部门的管理范围也进一步扩大,公共管理所要应对的不再只是本国人民的要求,而是扩大到与该国家相联系的一系列的世界性问题。面对复杂的国际环境,公共管理部门需要做出长远的规划,从战略的角度考虑环境、能源、人口,甚至应对恐怖分子威胁等问题。

最后,私人部门战略管理取得的效果促进公共部门加速战略管理变革。受全球化发展和国际竞争加剧的影响,20世纪80年代以来,许多企业在管理方面积极推进具有挑战性和创新性的变革,以便使自己能够在新的全球市场竞争中占有一席之地。私营部门的这些变化,从以下几方面对公共部门的管理改革起了极大的促进作用:①私营部门的管理理念和管理方式的变化直接对公共部门的管理方式产生了影响;②压力之下的私营部门要求公共部门变革其管理方式以适应前者的发展方向和促进经济的发展;③为保持国家的竞争力,政府也必须调整管理方式以适应这一变化。[①]

(二) 公共部门战略管理的发展历程

1. "战略"引进公共管理部门

战略一词最早出现于军界,这一词汇被引入工商管理后取得了神奇的效果,这些成功极大地刺激了公共管理部门,人们开始思考是否应该将战略一词引入公共管理。有人认为这是一种冒险,因为私营部门与公共部门在许多方面都存在巨大的差异,这些差异集中表现在追求的目标、管理的范围、生存的环境以及制约的因素等方面,因为存在这样巨大的差异,所以很多人持否定态度,认为战略不适应公共部门发展需求。当然多数学者是持肯定态度的,这些学者认为私人部门战略运用在公共部门都能够找到踪迹,比如私营部门战略管理经历的初级阶段,即预算与控制阶段在公共部门中早已广泛应用,并且公共财政收入与支出的预算已经成为公共管理的一个重要组成部分。战略的重要性被再一次强调,像纳特和贝克沃夫提出战略通过可指导战略行为的计划、策略、模式、立场和洞察力造就组织的中心、连贯性和目标。同时研究人员也再次肯定如果私

[①] 苏保忠、张正何主编:《公共管理学》,141页,北京,北京大学出版社,2004。

营部门的方法在公共管理部门得到很好的应用,会有利于解决当时公共管理的具体问题,如休斯在《公共管理导论》中提出战略概念在公共部门里的运用是克服政府过分关注内部问题和短视行为的一种方法。战略在公共管理中应该如何界定?战略是否应该引入公共管理?私营部门成功是否会在公共部门产生同样效果?这些都成为当时争论的焦点,但这些争论并没有阻止"战略"一词的引入,同样战略被应用于公共管理部门后,人们发现它需要进行适应性调整。

2. 战略计划开始成为人们关注的焦点

通过一个阶段的试行,人们逐渐发现机械地照搬私营模式是远远不够的,只有对公共部门战略进行专门研究、合理调整才能更好地实现政府的职能,于是具有不同学科背景的学者们开始从自己的角度重新研究这门学科,公共部门战略管理就在公共行政学、公共政策学的研究基础上发展起来。起初的战略管理研究只局限于战略计划范畴上,忽视了战略执行及以后的一些环节。奥尔森和伊迪为其下了一个优异的定义:"战略计划是在宪政框架内,为制定那些影响政府行为性质和方向的根本性决策所进行的专业性努力。"①此时,战略计划被当作涉及高层管理者的根本决策,是一整套用来协助高层管理者完成原定目标的概念、程序和工具,它很好地弥补了传统的公共行政学关注中低层决策,而忽视高层决策的缺陷。学者们通过对私营部门的学习,提出了公共部门的战略计划模式。具有代表性的是布莱森的八步骤计划模式:

开始制订战略计划过程并取得一致意见;
明确组织权限;
阐明组织任务和价值;
评估外界环境(机会和威胁);
评估内部环境(优势和劣势);
确定组织面临的战略性问题;
制定处理问题的战略;
确定有效的组织未来愿景。②

20世纪80年代后期,学者们发现,许多成功的战略并未产生预期的结果。战略计划在相对稳定的年代发挥了巨大的作用,但在经济现象复杂、市场灵活多变的年代便显露极大的弊端,计划的导向性与稳定性都受到了一定的挑战。这时学者们再次把注意力投向战略执行行为,并引入了"战略管理"一词。对战略执行行为的关注,意味着公共部门战略研究已经由战略计划阶段进入战略管理阶段。

---

① [澳]欧文·E.休斯:《公共管理导论》,张成福、王学栋译,159页,北京,中国人民大学出版社,2007。
② 同上,160~161页。

3. 由战略计划到战略管理的转变

这一阶段受新公共管理运动和私营部门管理研究发展的影响，公共部门战略管理研究在方向、内容、方法等方面都发生了一系列的变化。杰克·科廷认为，为适应严重的财政紧缩时期的迅速、急剧的环境变化，公共部门战略管理开始不断演进、调整。它主要有六个方面的新变化：①出现了大量用于重塑政府或变革非营利组织的备选战略方案；②从侧重于战略计划转向关注战略执行；③战略计划过程分权化，许多项目管理者参与战略制定；④战略过程变得灵活；⑤在传统的战略计划的有限的，但为所有战略所共有的组织部分上，增加了新的战略特征；⑥政府和非营利组织间的相互依赖和合作。[①]

综合来看，公共部门战略管理的研究主要有以下一些拓展和创新：

战略概念的理解更加深入。战略由最初的军事领域逐渐扩展到私营部门企业管理中，私营部门充分应用战略思维，注重长远和周边环境，取得了巨大的利益。用休斯的描述是神奇的效果，正是这种效果激励许多学者将战略引入公共部门管理当中，并经历由战略计划到战略管理的转变。

对战略管理的新认识。战略计划侧重于一些管理学的方法、手段，技术性较强而整合性较差，而且许多私营部门的管理技术方法不适用于公共部门。由于战略计划发展于相对稳定的年代，在经济现象复杂、市场灵活多变的年代里显露出极大的弊端，这时公共部门战略管理应运而生。战略管理强调组织与环境之间的协调作用，提倡增强公共部门战略的不断演进和发展——从原先的关注战略计划转而注重战略执行。[②]

对特殊战略的研究。对于一些普遍适用的特殊战略，比如公私合作战略、政府间合作战略、顾客导向战略等，学者们从不同角度对这些战略的内容、运作过程、方法、成效等进行了详细研究，对于当时的经济现状具有很好的指导意义。

（三）公共部门战略管理与私营部门战略管理的区别

长期以来，公共部门就有从私人部门汲取管理方法的传统，现在公共部门使用的许多战略管理方法最初都是从私人部门发展而来。但是有很多成功的经验却在公共部门管理实践中嫁接失败了，经过研究发现其根本原因在于公共部门与私人部门在管理上存在着巨大的差异。由此也引发了一系列的研究，这些研究旨在找出将公共部门与私营部门区分开来的要素，然后确定这些差异产生的影响。学者佩里（Perry）和雷尼（Rainey）的研究发现，公共组织的独特需求限制了许多私人部门设计的方法——特别是那些用以决定使命和战略方向的方法。后来通过艾利森与纽斯塔特等学者的研究将

---

① 王雁红、詹国彬：《公共部门战略管理研究的兴起与发展》，载《探索与争鸣》，2003(9)，21页。
② 庄序莹主编：《公共管理学》，367页，上海，复旦大学出版社，2006。

私营部门与公共部门的区别分为环境、交易和程序三方面,同样这些差异都对公共部门战略管理的实施提出了不同于私营部门的特殊要求,造成了一定的影响。

1. 环境因素

环境因素包括市场环境因素的影响,法律、制度、传统环境因素的影响和政治因素的影响。首先,在市场环境因素中,私营部门的市场由顾客的购买行为决定,资金来源于收费,市场信号比较清晰,战略制定和实施可以全部依赖于市场变化,具有相当强的自主性。但在公共部门,市场环境因素给予了相当大的限制。在资金方面,公共部门的资金来源于预算拨款,预算的申请、战略的制定和实施必须符合决策层权威成员的信仰和需求。就组织策略的隐蔽性而言,公共部门的战略毫无隐蔽性,并且公众要求其主动讲解说明战略意图,以获得民众的支持,同时还要寻求公众参与战略管理和监督整个战略过程,这在相当大的程度上限制了公共部门战略管理自主性的发挥。其次就法律、制度和传统环境因素的影响而言,私营部门在其战略运作过程中只需依法行事,例如遵守《不正当竞争法》《劳动法》等。而在公共部门中,多数组织活动包括预算的编制或执行、人员的晋升、资源的使用等都要在宪法和法律的规范下进行,授权和义务经常限制公共部门战略管理的自主性和灵活性,正如休斯在《公共管理导论》中提出的,在制定战略时,权限是重要的,公共部门的战略管理者必须根据法律重新审视自己所要做的事情。最后,就政治环境因素的制约而言,政治因素对于私营部门的制约很小,但对于公共部门来说却很明显,原因在于公共部门战略规划的实施是多个政治集团博弈的结果,尤其公共部门存在对于预算拨款的依赖性。就像纳特和巴可夫所说:"领袖的观点、议员和利益团体的直接操纵或对机构行动权利的正式反对都可使公共组织的财务陷入困境,而财务却是公共组织最重要的一环。"[1]因此,公共部门战略管理者在制定战略时,必须预期并增进谈判和讨价还价的机会,这样才能为应对外部影响、顺利执行战略打下基础。

2. 交易因素

交易因素的影响包括交易的强制力、影响范围、公众审查三个方面。

(1) 强制力

对于公共部门来说,其行动具有一定的强制力,这是由公共部门的强制性决定的。强制力来源于法律的授权,公共组织可以把这种强制力当成战略的重要组成部分,而不用向私营部门一样依赖于向潜在的顾客出售服务。战略管理者在制定和执行战略过程中,应该认识到这种由授权而产生的强制力给他们带来的潜在的机遇。

---

[1] [美]保罗·C.纳特、罗伯特·W.巴可夫:《公共和第三部门组织的战略管理:领导手册》,陈振明等译校,29页,北京,人民大学出版社,2001。

(2) 影响范围

与私人部门相比,公共组织的影响范围要更为宽广,需要处理的社会事务更为广泛,因此它能够而且应该承担一些其他组织所不能承担的责任,其所有行动也都要注意考虑自身的后果,在采取战略行动之前需要努力找出反映外部环境要求的议题。

(3) 公众审查

公众审查的影响在前面已经阐明。公共部门与私营部门相比,需要更多的公众参与和公众审查,这源于公共部门本质属性——政治性,它的一举一动都要受到民众和舆论的监督。公共部门的战略是在公众面前指定的,它与私人部门在保密环境下制定战略的情况不一样,因而其制定程序也有差别。更广泛的参与机会对公共部门来说是必不可少的,对公共组织而言战略制定过程中的政治性,显示出大众参与战略制定过程和制定出好的战略一样重要。当然这就给战略管理的整个过程带来了一定的困难,尤其是将无法定量说明的战略规划向普通民众解释并获得理解和支持是件相当复杂的事情。

3. 程序因素

程序因素主要包括组织目标、权力限制、绩效期望、激励因素四个方面。

(1) 组织目标

公共部门组织目标与私人部门组织目标有所不同。作为私营部门,它的目标就是实现利润最大化,所有员工的绩效考评都是根据实现利润多少来衡量的,而利润又可以用金钱作为量化指标,因此所有员工和组织都明确地知道自己要完成的目标。作为公共组织,要想确定其目标就有相当大的困难,首先公共组织所处的政治环境具有复杂性、多元性和不确定性;其次各政治集团对于目标的实现有不同的衡量,正如纳特及巴可夫所说:"公共组织通常同时有很多目标,这些目标大多数非常模糊且相互冲突。在大多数公共组织中,不存在一个可以衡量成功与否的'底线';相反,利益集团的需要、使命的变迁、重要利益相关者和第三方的操纵引发了一系列令人眼花缭乱的、经常相互冲突的期望。"[①]同时需要明确不同于私人部门的管理,公共管理不仅要追求高效率,更要追求公平、公正,需要平等地对待和尊重每一位公民的要求,必要时甚至要牺牲效率以换取公平。公共组织效率和公平的矛盾决定了在公共部门推行战略管理的必要性,公共部门在应对战略管理目标的模糊性的时候,必须找到目标的替代物,以克服目标的不明确及其潜在的威胁。

(2) 权力限制

在私营部门中,执行工作被授予有权力行动的权威人物,使其在一定空间内有充分

---

① [美]保罗·C.纳特、罗伯特·W.巴可夫:《公共和第三部门组织的战略管理:领导手册》,陈振明等译校,35页,北京,人民大学出版社,2001。

的自主权,行动基本没有限制,同时可以灵活支配人员、控制管理资源,机构管理基本不受外界影响。但在公共部门情况却非常糟糕,公共组织行政官员的权力基础比私人部门的管理者要薄弱得多,得到的权力也小得多,战略管理者没有控制战略资源的权力,公共部门的机构管理受控于政府或政治团体下的行动,执行依据是利益相关者的决定。因此公共部门战略管理要学会应对有限的空间,并且需要辨明和管理战略行动所需要的资源。

(3) 绩效期望

在私营部门中,战略目标较为清晰,各组织、部门和个人目标界定相当详细,并且能以一定的数据加以量化,因此在绩效评估过程中,每个涉及的单位都有强烈的紧迫感,有很强的期望去达到绩效考评标准。作为公共部门,由于目标的模糊和不确定使其很难说明组织对绩效的期望。绩效期望的模糊不清也会引发一系列后果,一方面是绩效考评标准无法确定,这样将直接影响每个人的晋升、奖惩和薪酬评定;另一方面绩效期望的弱化会使公共组织中的紧迫感相对较弱,这样将会导致拖拉、推诿等现象出现,以致严重降低行政效率。因此面对绩效期望的弱化,要求公共部门在制定战略管理规划时要创造紧迫感,明确绩效目标并采取行动积极实现,同时需要注意"管理指标必须是灵活的,并不断接受重新的检查和修改"。[①]

(4) 激励因素

私营部门中的激励更多的是以物质激励为主,精神激励为辅。企业可以用丰厚的物质奖励个人对利润和相关指标的贡献,这也为促进目标实现提供了强大动力。但在公共部门物质激励不一定奏效。有学者研究发现:"在公共部门雇员们对稳定的工作、被委以重任、权力和赞赏等的偏好要超过金钱的奖励。"然而要给予这些奖励是十分困难的。同时还要注意公共组织对激励机制反应较为迟钝,固有的程式化特点使其无法在制度创新方面取得很大的突破。因此制定战略时要发挥创造力,突破保守的制度化框架,找出与公共组织相符的激励机制。

二、公共部门战略管理的特性

公共部门战略管理具有一定的特殊性:首先,体现在"公"、"私"两种管理的不同,这种管理上的区别集中体现在管理的机构、性质、模式等方面,也导致在整个战略过程中存在差异,因此公共部门无法完全移植私营部门的战略管理方法,需要进行一定的调整;其次,体现在战略管理本身的特征。战略管理作为高层次管理,不仅仅是通过各种专

---

① Cohen S, Eimicke W, et al. The Effective Public Manger. San Francisco: Jossey-Bass, 1988: 68.

业职能简单地相加,而是对组织整体层面的综合管理,关注组织的整体性、长期性目标的构建实施,对组织的生存和发展具有决定性意义。

(一)战略性

公共部门战略管理的战略性主要体现在以下三个方面。

1. 战略管理是未来的导向,着眼于长远的总体谋略

战略管理是根据组织外部环境变化,结合组织内部资源状况进行的一种谋划。收集各方面信息是谋划的基础,经过信息收集、整合再到分析,最后得出组织未来发展的总体规划。

2. 战略管理的战略性还体现在战略设计的稳定性

战略规划着眼的不是近期目标,其规划的是长远目标,在近期效果并不明显的情况下并不能轻易放弃,朝令夕改的战略不能适应目前的管理需要。稳定性集中体现在公共政策实施整个过程中,尤其是在更换行政主管或政策出现变动的情况下,要敢于坚持正确的战略,以免造成公共资源的浪费和施政公信力的降低。

3. 战略管理的战略性体现在对于全局的把握

一方面不能只将注意力集中在某一领域,应扩大到国家的各个领域,甚至在全球化的今天要延伸到世界多个国家。另一方面由战略计划过渡到战略管理,不仅要求其谋划未来、制定政策,更重要的是保证战略计划的顺利执行和科学评价战略成果,因此不能将战略管理仅仅作为高层的一次性决策活动,需要针对整个过程不断地进行循环往复的分析、修正、完善。

(二)管理性

公共部门战略管理的管理性应从以下几个方面理解:①战略管理是一个全面管理过程,它不仅包括战略的制定和规划,而且包含将制定出的战略付诸实施的管理。②战略管理是一个动态管理过程。战略管理是由上述环节构成的管理循环,它不是静态的、一次性的管理,而是一个动态的、不断调整、多次反复的管理过程,是不间断的管理,具有连续性和持续性。③战略管理各环节界限的模糊性。战略管理各个环节中,前面环节为后面环节打下基础,后面环节是前面环节的发展和延续。但现实中各个环节不一定是相继发生的,而且各个环节之间的界限很难区分,尤其很难区分战略制定与实施。④战略管理各阶段的整合能发挥更大功能。战略管理是对组织所有资源及管理要素进行全局性部署,集中组织所有力量达到组织目标的过程。在这个过程中,各组成环节和相关要素的协调运作及整合能达到整体功能最大和最优。[①]

(三) 公共性

公共部门战略管理具有公共性,这一特性是公共部门战略管理与私营部门战略管理的根本区别。私营部门战略的特性是自利性的,即其产生、存在的目的是为了能够获得更高的利润,或者说是一种自身利益最大化的表现。公共部门战略的特性却是公共性的,即不以实现自身利益最大化为出发点,它存在的宗旨是为了实现公共目标,提供公共服务、实现公共利益的最大化。同样这一特性也对公共部门战略的制定提出了更高的要求:①在战略内容制定方面应当具备广泛性、统一性。表现在战略视角不是面对某一行业或领域,而是面对整个社会的各个行业和领域。它要解决的不是某个团体或个人之间的利益冲突,而是要解决国家各个团体或个人之间的利益冲突,因此公共部门战略管理在内容上更多体现的是一种协作的规划和管理。②公共部门战略管理的公共性要求战略信息对民众公开。公共部门的存在宗旨是为民众服务、维护公众利益,其运作的公开化、透明化以及公民的广泛参与是实现这一宗旨的根本保证。因此公共部门战略管理无论在内容上还是在制定过程上都要保持一定的公开性,在充分保障公民知情权的前提下,鼓励民众积极参与公共战略的制定、监督和检查,通过公民参与实现公民利益的最大化。③公共性要求战略制定要符合国家政策、法律,要考虑国家政治、经济、文化等各方面的实际情况,同时就目前全球一体化进程来看,国家战略的制定不仅要着眼于本国,也要求放眼于整个世界。

三、公共部门战略管理的过程及其内容

战略管理可以被视为一种客观、逻辑和系统的过程和步骤。对于整个战略过程,理论界有不同的划分。

管理学家斯蒂芬·罗宾逊认为,战略管理可以分为九个步骤:确定组织当前的宗旨、目标和战略;分析环境;发现机会和威胁;分析组织的资源;识别优势和劣势;重新评价组织的宗旨和目标;制定战略;实施战略;评价结果。

保罗·纳特和罗伯特·巴可夫则提出六点模式:根据环境发展趋势、重大事件、总体方向及标准概念,明确组织的历史背景;根据现在的优势和劣势、未来的机遇和威胁进行当前形势评估;针对要求解决的战略议题,制订出有一定张力的议程;设计战略选择方案以解决需优先考虑的问题;根据利害关系人(组织内外)和所需要的资源评价

[①] 许艳:《公共部门战略管理的内涵浅析》,载《行政管理研究》,2004(2),40页。

战略选择方案;通过资源配置和对利益相关者的管理实施战略。

根据学者意见的汇总及相关资料的整理,本书将战略管理过程分为三部分,即战略规划、战略实施、战略评价。

(一) 战略规划

1. 战略规划的内涵

20世纪60年代,在私营部门的示范影响下,公共部门战略规划和战略管理逐步兴起。作为战略管理的首要环节,战略规划的主要工作是综合分析、前景预测、方案制订。战略规划的概念可以从以下几个方面界定:"首先,战略规划是对当前决策的预测。战略规划涉及的是当前决策的未来性,即一名管理者对将要做出的决策在未来一段时间内可能引起的一连串因果效应的考虑。战略规划的实质就是对未来潜在的机会和威胁进行系统的辨析,并结合自身的优势和劣势为组织更好地制定当前的决策提供基础,从而使组织能在将来抓住机会。其次,战略规划是一个发展的过程。战略规划不仅是一整套构思详细的计划,它还应该被看作是一个发展的过程,因为组织所处的环境是不断发展变化的,必须对规划进行思考并不断地修订计划。再次,战略规划依据的假设是:对环境发展趋势和变化均需预测和了解,环境变化的主动权在组织。最后,战略规划是'决策—执行—衡量'的循环。战略规划是过程不是事件的线性结果,该过程是反复的、循环的,并且过程的所有部分都是相互关联的。战略规划是从事下列各项工作的持续过程——系统制定目前组织的决策,并尽可能地了解这些决策对未来所产生影响;系统地组织执行这些决策;通过系统的反馈,对照着我们的期望来衡量这些决策的成果。"[1]

2. 战略规划的模式

战略规划模式是组织进行战略规划的方法和工具,是组织决策者制订决策方案的依据所在。因此战略规划模式应用得适当与否是组织资源合理配置的关键,是关系到能否根据环境的变化加强和调整自己的应变能力和竞争能力的重要问题。

(1) 理性模式

这种模式主要对外部环境的不确定性和资源的合理配置性进行分析。其主要优点:①能为整个企业提供明确的战略指导,完善内部沟通并且为组织绩效统一标准。这种模式的主要缺点体现在无法根据实际情况进行动态调整,仅能提供静态的数据支持。②仅适用于管理比较成熟的企业,对于一些新兴的缺乏管理经验的企业,这种模式下的战略规划将难以做到理性。

---

[1] 陈振明:《公共部门战略管理》,132页,北京,中国人民大学出版社,2004。

(2) 过程模式

过程模式也被称为适应性模式或渐进模式,是按照理性方法制定出战略规划,并根据实际发生的变化不断调整战略计划。这种模式首先假设外部环境是在不断变化的,企业的任何决定都有可能因不适应外部变化而导致错误,同时也不排除这种可能导致错误的决定又为新的决策带来有利的条件。这种模式的最大优点是能够促使企业根据经营进程及外部条件的变化不断调整战略规划,调整业绩评估标准。这种模式最大的缺点是这种可能出现的经常性调整使得整个组织陷于混乱,失去明确且稳定的指导方针与评估标准。同时在这种模式下经常性地调整战略规划,会不断的挑战管理者的管理权威,这种情况对于建立管理威信及凝聚组织现有力量无疑会带来一定的消极影响。

(3) 行动模式

行动模式被许多具有创新精神的企业家所青睐。该模式倡导未来是不确定的,是难以预测的,任何预先制定的战略规划都无法完全应对未来所发生的情况,因此应该需要更加重视行动过程中的一切情况,并迅速加以应对。这种模式要求管理者拥有能力强大的信息搜集系统,具有快速的反应头脑,这样才能抓住难得的机遇,及时调整目标,采取行动。该模式的优点是提醒我们不要过多地依赖书本知识及以往的行动经验,要充分采用权变的管理思想应对日常管理。实际上这种方法更加适用于新兴企业的发展,对于成熟的企业来说,这种创新精神的强调性往往相对弱化。同时这种行动模式的缺点表现在许多企业将会依赖权变而不作详细周密的战略部署,因而将会促使行动过程中出现混乱,对于行动目标没有明确规划,使整个组织缺乏前进的凝聚力。

在现实的公共部门战略规划中,以上三种模式通常是相互配合出现在战略规划的不同阶段。首先,尽量用理性模式制定战略规划,这样可以为组织的未来工作制定科学合理的发展规划。其次,依据过程模式,注意整个行动中的外部环境变化,以不断调整既定的战略规划。最后,时刻具备行动模式中的创新精神与权变意识,在有效利用前人经验的基础上保持不断的发展创新。

(二) 战略实施

1. 战略实施的内涵

战略实施是战略管理过程的第二个环节,是战略规划在现实中的具体体现。没有战略规划战略实施无从谈起,没有战略实施战略规划没有任何意义。因此战略规划与战略实施是两个联系十分密切的环节。同时战略实施是一个复杂的、动态的过程,需要实现资源合理调配,需要组织内外部环境的相互配合,在各因素发生变化的时候还需要及时调整战略加以适应。布莱森指出,在战略实施过程中,应该根据有用的新信息和环境变化调整行为。[①] 因此要想实现战略规划并不是十分容易的事情。最后战略实施还是检验一个组织能力的重要过程,包括组织目标分解能力,组织结构科学设置能力,组织资源合理配备能力等。这里需要强调,战略规划可以是一部分人的主要工作,但战略实施必须是整个组织全体人员的通力合作,不仅实现原计划的坚决执行,并且需要执行层面不断将最新情况反映上来,以便调整不合理的战略。因此战略实施也是检验一个组织各部门配合的最好环节。

2. 战略实施过程的环节

(1) 战略动员

战略动员也可以称为战略发动。战略实施活动是整个组织全体成员的共同活动,因此要想使战略规划得到有效实施必须得到大多数成员的理解和支持。首先要全力发动组织内部成员,向他们清晰地解释战略规划的各个步骤,使其明确自己的主要任务,还要让他们了解组织面临的内外部环境,包括优势、劣势、机会和威胁,让成员清楚知道组织面临的实际情况。其次要针对相关管理人员进行特殊培训,以便他们能够更好地胜任当前的任务,包括理论知识、技术和方法。最后要获取组织外部人员及团体的支持。相对于私营部门,公共部门的一切计划都要在公众的监督下进行,也必须得到公众的支持。这就需要将战略规划的内容向民众说明,以获得有效的支持。同时,战略实施过程中也需要相关组织进行配合,与相关团体保持良好的关系是战略管理成功实施的重要保证,因此在战略动员时应与相关团体进行良好的沟通。

(2) 制订行动计划

制订行动计划包括以下几点:①将总目标分解成阶段性目标。一个合理的目标层次体系应该由任务、组织总目标、组织分阶段目标、行动计划的具体目标、下属单位的具体目标、个人目标依次递进组成,在制订行动计划环节需要首先明确各个层次和阶段的目标。②协调各阶段、各层次的目标关系,不能产生重复、冲突,尤其是资源和权力的非合理性争夺。③注意新旧战略的衔接,新旧战略之间可能会出现某种程度的抵触甚至冲突,需要注意调节以减少战略实施过程中的阻力和压力。

(3) 战略实施的组织保障

战略实施的组织保障是指要建立与战略实施相适应的有效的组织结构。有效的组织结构包括组织结构的设置,组织人员的配备,组织规章的制定。组织结构的设置主要指新旧组织结构的转换,人们更加熟悉原有的组织结构,在原有的组织结构中会更加高效率地进行工作。但为了配合新的战略规划,原有的结构可能要求局部调整,甚至会彻

[①] Bryson J. Strategic Planning for Public and Nonprofit Organization: A Guide to Strengthening and Sustaining Organizational Achievement. San Francisco: Jossey-Bass, 1995: 292.

底推翻进行重新设计。组织人员的配备主要指选人用人方面,选择胜任的人员是战略有效实施的保证。在人员素质方面,史蒂文·科恩和威廉·埃米克提出:"战略执行中管理者的作用包括向上和向下两个方面。在向上考虑方面,管理者有两个基本作用:一是争取资源;二是维护组织的独特能力。在向下考虑组织的内部情况方面,管理者主要有以下四个方面的功能:一是向组织灌输某种价值观念;二是培养组织的独特能力;三是设置激励机制;四是调解冲突。"①可以看出,无论是管理者还是执行者都需要精挑细选,为了保障人员层次素质,还要聘请部分专家担任顾问。但是公共部门在人员配备上较私营部门要受到一定的限制,主要表现在内部人事方面,公共部门的现职人员很难被辞退,有的甚至调转也很困难。在外部人员聘用上,手续繁杂聘任机制不健全。

(4) 资源准备

资源准备是战略实施的基础性工作,主要包括战略资金的准备和战略权力的准备。公共部门资金来自政府预算拨款,在数量和适用范围上都有严格的限定,并且确定预算后不易更改。传统的预算方式是条款式的预算、累积式的预算,它并不能真实地反映公共部门的工作绩效、成本与收益情况。针对传统预算方式的弊端,政府采用了一些新的预算方式,如零基预算、项目预算。零基预算是得克萨斯仪器公司于1968年开发的。零基预算法要求对每一项目和活动进行零基审查和评估,它包括制订目标、评估项目、作出运筹决定以及编制预算等工作。项目预算能告诉人们各种资源的使用情况以及取得的成果,这既有利于控制资源的使用,又有利于更好地分配资源,将资源分配到能产生最大收益、最大影响的地方。权力资源准备主要指公共部门的权力是法律赋予的,因此公共机关应该根据法律重新审视自身行为的合法性,并积极运用相关法律、法规推动战略规划的实施。

(5) 战略实验

战略实验是战略实施过程中的重要步骤,是战略全面推进前对战略规划进行的实地性局部实施。一般而言,那些涉及全面的重大战略、风险性较高的战略和后果影响深远的战略都一定要经过战略实验。战略实验主要包括三个方面:①选择实验对象。实验对象应该是具有代表性的试点,在常态下进行战略实施,这样才能看出可能出现的问题。②设计实验方案。方案设计要充分考虑各种影响因素,尽可能模拟战略实施的实际情况。③分析实验结果。该环节是战略实验的最终环节,涉及实验数据的收集、整理和分析。通过系统的分析,能够得出实战过程中将会出现的各种情况,及时调整以促进战略规划的顺利实施。

---

① [美]史蒂文·科恩、威廉·埃米克:《新有效公共管理者:在变革的政府中追求成功》,王巧玲等译,160~179页,北京,中国人民大学出版社,2001。

(6) 全面实施

全面实施是组织战略的全面推行,是战略实施过程中操作性、程序性最强,涉及面最广泛、最具体的环节。在全面实施时要充分利用组织资金、信息、权力等资源,调动各种人员的积极性,从而促进战略顺利实施。一般而言,有两种基本的战略实施方式,即渐进式的战略实施和直接的战略实施。直接的战略实施是指直接、全方位地实施战略,而渐进式的战略实施是指逐步地实施战略。当组织面临的政治和技术环境比较简单、战略资源充足、抵制力小,或组织处于危机中,组织可以采用直接的战略实施方式。当组织所处的环境复杂、多变时,组织可以选择渐进式的战略实施方式。

(三) 战略评价

1. 战略评价的内涵

战略评价是战略管理的最后一个环节,它的正确运用将会从管理的角度对预期和假设提出问题,引发对目标和价值的审视,并且激发建立变通战略和判定评价标准的创造性。[①] 在战略实施过程中,将会出现多种情况导致原定战略规划无法实现,一方面,从组织的主观方面看,有些组织成员由于缺乏必要的能力、认识和信息,从而出现行为上的偏差;或者某些组织内部的社会分工和专业化会导致职工的行为偏离整体目标或战略意图。另一方面,从客观的情况看,在战略执行过程中由于客观环境局部或整体发生了变化,与原来的预测结果不同,或者是战略实施所需要的资源与现实资源之间出现缺口,这些都会导致战略在实施过程中或实施后,所取得的实际效果与原定目标之间存在一定的差异。因此为了保证战略管理的实际效果符合预先制订的目标要求,一个完整的战略管理过程必须具有战略评价环节,以此对战略实施进行修正、补充和完善。

具体而言,战略评价是依据一定的标准和程序,对战略实施的效益、效率、效果及价值进行判断的一种行为。目的在于取得有关这些方面的信息,作为决定战略变革、战略改进和制定新战略的依据。

2. 战略评价的基本环节

(1) 确立标准

英国战略学家查德·努梅特(Richard Rumelt)提出了可用于战略评价的四条标准,即一致性、协调性、优越性、可行性。协调性和优越性针对外部组织评估,而一致性和可行性则主要针对内部评估。王乐夫在《公共行政学》中对标准又做了进一步分析,他将标准确立为四个方面,即目标的一致性,环境的协调性,经济的可行性,战略的可接受性。

目标的一致性。目标的一致性主要指战略评价系统中,战略目标、评价目标和评价

---

① Zand. Reviewing the Policy Process. California Management Review, 1987:37.

标准三者之间要保持一致。评价的目标无论在内容上还是在目标的整体性上都应该充分反映战略目标,它是为战略目标实现而服务的,评价标准的确立又要反映二者的实现程度,因而三者之间应该是一致的。

环境的协调性。环境的协调性是指组织为了实现既定目标需要适应内外部环境变化不断调整。有的学者把它归纳为审视战略的基础性工作。在战略实施过程中,会出现很多变化。组织外部环境变化包括技术变化、经济变化、政治变化等,组织内部变化包括人员结构、使用资金调整等。这些变化都会导致最初预设数据改变,优势、劣势可能转变,机会和威胁也可能消失。战略评价就是要分析这种环境变化找出原因。

经济的可行性。经济的可行性主要指成本与收益的关系,在衡量一项战略的经济可行性时,公共部门通常要采用成本—收益分析和成本—效能分析两种工具。成本—收益分析主要用于私营部门,因为它的成本和收益都能够量化,它的目标是追求利润,因此尽可能多的压低成本以获得利润。公共部门追求的目标并不是利润,它追求的是公共福利的最大化,它的某些战略实施结果不能充分量化,因此要想评价它的经济可行性便需要用到成本—效能分析。两种工具的结合使用符合公共部门的管理现状,也是对私营部门管理经验的成功移植。

战略的可接受性。公共部门追求的是公共福利的最大化,是以民众的需求为出发点,这就要求公共部门的战略实施得到民众的认可,战略的可接受性可以从公众的回应度即公众是否满意政府的战略实施,社会公正即是否平等、合理地分配社会资源及保证相关利益两个方面来考量。

(2) 绩效衡量

绩效衡量的主要内容是将预期结果与实际结果进行比较,发现实际进程与计划的偏离程度,评价个人绩效高低以及组织在实现既定目标过程中取得的成绩。绩效衡量主要通过制订计划、技术准备、收集信息、分析评价、绩效反馈等几个环节最终实现对实际效果的考核。

由于主客观等条件的变化,必然会给实际实施带来一定的偏离。这时要详细分析绩效衡量的结果,估算其偏离范围。如果这种偏差是在允许范围内,战略可继续实施,但要找出偏差形成的原因,以防止造成更大的偏差。如果这种偏差超出了允许的范围,并且对战略目标的实现造成了一定的威胁,则要认真分析偏差原因找出问题的所在。有些偏差是偶然的、暂时的或是区域性的,有些偏差是规划或标准制定得太高造成的,也有的是由于实施过程中出现问题造成的,不同的原因会造成不同的偏差,解决问题的方法也各不相同,应该针对性地及时解决实施过程中出现的问题。

需要注意的是,在绩效衡量的过程中同样会碰到定性分析与定量分析相结合问题。对公共部门的战略管理而言,采用定量标准作为绩效衡量存在以下问题:①绝大多数数量标准都是为年度目标而不是长期目标制订的。②很多数量指标,用不同的会计方法计算会得出不同的结果。③在制订数量指标时总要利用直觉判断。鉴于这些及其他原因,质量指标在战略评价中也同样重要。西摩·蒂尔斯提出了可用于战略评价的下述六个定性的问题:

战略是否与企业内部情况相一致?

战略是否与外部环境一致?

从可利用资源的角度看,战略是否恰当?

战略所涉及的风险程度是否可以接受?

战略实施的时间表是否恰当?

战略是否可行?①

(3) 纠正偏差

战略控制的第三个步骤是反馈纠正偏差,就是通过一系列程序得到战略执行情况信息,再返回战略实施和战略规划步骤,针对战略实施过程中出现的问题不断重新调整,最终保证战略实施结果和战略规划一致。需要注意的是,这一反馈过程不是一次性完成的,而是要在整个战略实施过程中不断地检测、衡量、反馈、再检测……如此往复进行,直至战略实施过程圆满结束。

这一步骤是整个控制过程中的重点步骤。它包括两方面的内容:①依据战略规划纠正实施过程中出现的偏差;②根据实施效果调整最初的战略规划。第一种情况下战略规划没有问题,问题出在战略执行过程中,由于没有充分理解战略规划,或者由于故意曲解、拖延等原因造成战略规划无法正常实施。在这种情况下,要求加强监督,督促成员按照既定方案执行。第二种情况属于战略规划出现了问题,在战略规划制定过程中可能忽略了某些因素,或者由于内外部环境发生了巨大变化使得最初的战略规划无法实现,这就需要适当调整战略规划,以保证战略目标的实现。

纠正偏差的过程需要注意以下几个问题:

1) 纠正偏差的过程是一个科学决策的过程。采取何种措施纠正偏差,取决于所出现偏差的性质。而且根据问题的大小,有时只需要在基层或中层进行调整。和战略规划的制定一样,确定纠正偏差措施需十分慎重,决策者应认真设计各种可行的备选方案,然后对这些备选方案进行综合评价,从中筛选出最佳纠偏方案。

2) 经常对规划进行大的修正对整个规划的实现是没有益处的。对此,决策者应持谨慎的态度,并在建立规划、标准时尽可能增加规划和标准的适应性与弹性,允许规划

---

① 苏保忠、张正河主编:《公共管理学》,151~152 页,北京,北京大学出版社,2004。

和标准在一定的范围内波动,以利于控制的顺利进行。[①]

四、公共战略管理的技术和方法

公共部门战略管理的技术和方法大部分源自私人部门,例如下面要介绍的产品组合法、SWOT 分析法等,其生成方法是首先选取私人部门被证明成功的技术和方法,其次根据"公"、"私"部门双方之间的联系与区别对私人部门管理方法进行一定的适应性调整,再次是在一定区域内进行试行,最后经过不断反馈、修改、完善找到普适性的技术和方法。本节当中我们要对比介绍这些经过变化的技术和方法,使大家明确这些方法的各自特点、使用技巧和在"公""私"两种管理体制下各自发挥的作用。

(一) 公共部门的产品组合法

首先讲一下私营部门的产品组合法——波士顿矩阵。这种方法通过把全部产品或组合作为一个整体进行分析,解决相关经营业务之间现金流量的平衡问题。根据有关服务或产品的行业成长(年销售额增长率)及其相对市场份额标准,波士顿矩阵可以把全部经营业务定位在四个区域,分别为高成长性和高市场份额的"明星"业务,高成长性和低市场份额的"野猫"业务,低增长和高市场份额的"金牛"业务,低增长、低市场份额的"瘦狗"业务。

纳特和巴可夫将波士顿矩阵引入公共部门战略管理分析,他们用利益相关者的支持和可控性分别代替市场份额和行业成长性,用对议题的分析取代对产品和服务的分析。这里所指的"可控性"是组织可能成功地解决某一议题的前景,它依赖于技术问题、目标人群混合度、目标人群的人口构成以及目标人群的可变性。"利益相关者的相对支持"则显示了将要受到服务提供机构行动影响的人们所持的态度。

可控性和利益相关者支持的不同组合也类似地产生了四种类型,公共部门管理者可以用这些类型划分组织可能面临的议题,并得到解决这些议题的建议(见图 7-1)。

(1) 怒虎类(Angry Tigers)——这类议题具有低可控性和较高程度的公众支持。这种议题要求立即采取行动,但事实上,这暂时是不可能的,最好的办法是处理其他类型的议题以回避对怒虎类议题的关注。下岗工人再就业、经济通货膨胀就属于这类问题。

(2) 坐鸭类(Sitting Ducks)——这类议题具有高可控性和高度的公众支持,既在公共部门的处理范围之内,又顺应民意,因而处理这类议题比较容易。对那些容易处理的

[①] 王德高主编:《公共管理学》,83 页,武汉,武汉大学出版社,2005。

重要议题采取行动可以为组织带来信任,并能为处理怒虎类议题赢得时间。

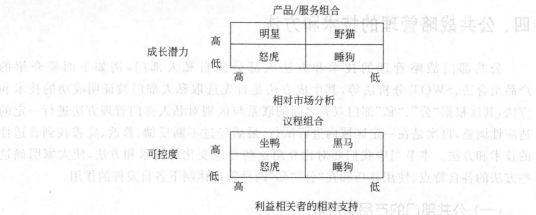

图 7-1 公共与私人部门的产品组合①

(3) 黑马类(Dark Horses)——这类议题具有高可控性,但利益相关者的支持度较低,可以解决,行动本身却不一定会得到公众支持。为此公共部门应该解决此类问题,并将取得的成果公之于众,以赢得公众的信任。

(4) 睡狗类(Sleeping Dogs)——这类议题既不在公众的议程上,也不具有可控性。除非这类问题能够被归入更易管理的问题一类,否则组织不应将它们纳入问题议程。

(二) SWOT 分析法

SWOT 分析法又称为态势分析法,是由美国哈佛大学商学院发明的。SWOT 四个英文字母分别代表:优势(Strength)、劣势(Weakness)、机会(Opportunity)、威胁(Threat)。所谓 SWOT 分析,即态势分析,是将与研究对象密切相关的各种主要内部优势和劣势,如资源投入,现行战略和绩效产出,外部机会和威胁如关键资源控制者,强制力和未来趋势,实际的或潜在的竞争者或合作者,影响竞争和合作的关键因素,组织现有的竞争和合作优势,②通过调查列举出来,并依照矩阵形式排列,然后用系统分析思想把各种因素相互匹配起来加以分析,从中得出一系列相应结论,结论通常带有一定的决策性。

运用这种方法可以对研究对象所处的情景进行全面、系统、准确的研究,从而根据研究结果制定相应的发展战略、计划以及对策等。SWOT 分析法常常被用于制定集团

---

① [美]保罗·C.纳特、罗伯特·W.巴可夫:《公共和第三部门组织的战略管理:领导手册》,陈振明等译校,85~87页,北京,人民大学出版社,2001。

② Bryson J. Strategic Planning for Public and Nonprofit Organization. San Franisco:Jossey-Bass,1996:87,140.

发展战略和分析竞争对手情况,在战略分析中,它是最常用的方法之一。SWOT分析法由私营部门引入公共部门战略管理,其中一个较为明显的优势在于,SWOT分析方法作为一种定性分析方法避开了营利性和竞争性,而公私两部门同样受到内部条件和所处环境的制约,因此相比较而言,这种方法对公共部门具有比较可靠的适用性,但仍需要进行有益的跟进。

表 7-1 SWOT 分析法

战略 外部环境分析	内部资源分析	优势 (Strengths)	劣势 (Weakness)
机会(Opportunity)		O—S 战略	O—W 战略
威胁(Threat)		T—S 战略	T—W 战略

1. O—S 战略

这是一种发挥组织内部优势和利用组织外部机会的战略,是一种比较理想的状态,相对而言战略的制定比较容易,因为当机会来临时很容易想到利用自身的长处把握。由 O—S 战略得到的战略计划通常在执行起来阻力比较小,组织也往往通过采用 O—W 战略、T—S 战略或 T—W 战略而达到能够采用 O—S 战略的状况。

2. O—W 战略

这种战略属于外部有机会,但组织不具备一定的优势。这时组织要利用外部机会调整自身劣势。这种类型的战略计划遇到的阻力较大,组织自身的不足可能让机会白白浪费。但有机会就有努力的方向和目标,如果不断地努力将扭转劣势,相信会取得成效。

3. T—S 战略

威胁与优势相结合,是指组织凭借某一方面的优势应对威胁,这种情况下组织面临的情况相当危险,但组织自身拥有的优势足以应对,组织可以采用多元战略分散风险寻求新的发展机会。

4. T—W 战略

这是一种旨在减少内部劣势的同时规避外部环境威胁的防御性战略。这种战略的制定将组织的预期保持在最不乐观的位置,在本身处于极其劣势的情况下争取减小组织面对威胁时可能产生的损失。

(三) PEST 分析法

PEST分析法本来是战略咨询顾问用来帮助企业检阅其外部宏观环境的一种方法,

在这里我们将这种方法引入公共部门战略规划制定过程中。PEST分析法是一个宏观分析模型,即在宏观上从政治(Politics)、经济(Economy)、社会(Society)、技术(Technology)的角度收集和分析环境变化对本组织的影响。政治分析包括本国内部政治环境,例如政治秩序的稳定性、国内重大政治问题的解决情况、政策执行的效果、国内法律体系的建立等;国际情况包括与邻国的关系,国际事件的话语权及政治地位等。经济分析主要指国内经济发展情况、利率与人均就业率、通货膨胀程度和人均GDP长远预期等;国际经济发展和国家之间经济合作状况,特别关注国际性的金融风险,如全球金融危机事件。社会分析主要指一定时期整个社会发展的一般状况,包括社会道德风尚、文化传统、人口变动趋势、文化教育、价值观念、社会结构、国民文化教育程度以及国际间的文化交流融合程度。技术分析主要指国内外的科技创新,包括新技术、新工艺、新产品的研发使用,也包括国际间的技术交流。这些都会对组织战略的制定产生影响。因此在进行战略规划过程中,要从这四方面分析,找出各方面涵盖的与组织战略制定相关因素,列出各因素权重比例,采用专家问卷打分的方法,最终确定这些因素对于战略制定的影响程度。不同组织的战略因素会有差别,战略因素的确定和每个组织的性质、职能、服务范围有很大关系。

表7-2 典型的PEST分析法

政治	经济	社会	技术
税收政策	利率与货币政策	人口统计、人口增长率与年龄分布	产业技术关注
国际贸易章程与限制	政府开支	劳动力与社会流动性	新型发明与技术发展
合同执行法消费者保护法	失业政策	生活方式变革	技术转让率
政府组织/态度	汇率	教育	能源利用与成本
竞争规则	通货膨胀率	潮流与时尚	信息技术变革
政治稳定性	商业周期的所处阶段	健康意识、社会福利及安全感	互联网的变革
环保制度	经济增长	收入分布	政府研究开支

(四)平衡计分卡

平衡计分卡(The Balanced Score Card,BSC)是绩效管理中的一种新思路,适用于对部门或团队的考核。此法是20世纪90年代初由哈佛商学院的罗伯特·卡普兰(Robert Kaplan)和诺朗诺顿研究所所长、美国复兴全球战略集团创始人兼总裁戴维·诺顿(David Norton)发展出的一种全新的组织绩效管理方法。平衡计分卡,在国际上,特别是在美国和欧洲引起了理论界和客户界的浓厚兴趣与反响。这种方法修正了传统的财务会计模式只能衡量过去发生的事项,但无法评估企业前瞻性投资的缺点,从四个方面组成的绩效指标架构评价组织的绩效,分别是财务(Financial)、顾客(Customer)、企业内部流程(Internal Business Processes)、学习与成长(Learning and Growth)。通过这四项指标的衡量,组织得以用明确和严谨的手法诠释其战略。此法保留了传统上衡量过去绩效的财务指标,并且兼顾了促成财务目标的绩效因素的衡量,在支持组织追求业绩之余,监督组织的行为并兼顾学习与成长方面。同时透过一连串的互动因果关系,组织得以把产出(Outcome)和绩效驱动因素(Performance Driver)串联起来,以需要衡量的指标作为语言,把组织的战略转变为一套前后连贯的系统绩效评核量度,把复杂而笼统的概念转化为精确的目标,完全实现各部门、各成员对组织目标的理解,从而完成组织考核。

平衡计分卡不仅在私营部门的管理当中得到广泛应用。近年来西方国家在公共部门的管理领域当中也在大量使用,取得不错效果的同时也逐步发现作为私营部门发展起来的评估工具并不完全适应公共部门的工作要求,需要针对平衡计分卡的结构和指标体系进行修正。平衡计分卡在公共部门战略管理中的应用主要包括四方面程序:[①]第一,确定公共部门的使命愿景。以平衡计分卡为导向,确定公共部门的使命愿景,也就是从平衡计分卡的4个方面来考虑组织的使命愿景。即通过财务、顾客、组织内部流程、员工学习与成长4个方面确定所需要达到的子战略目标。第二,对公共部门的使命愿景进行宣传和必要的衔接。公共部门的战略确定后,要对战略进行宣传和解释,使各级组织及全体工作人员明确部门战略,这样有利于每一级组织和每一位工作人员的行动与部门的战略保持一致,发挥战略协同作用。平衡计分卡是一个层级的概念,需要制定的是整个公共的平衡计分卡,在此基础上,进一步分解制定各层级组织的平衡计分卡和个人的平衡计分卡。第三,制订实施计划。找出战略实施的关键因素,然后在找出关键的绩效指标(KPI),据此,可进一步制订本部门的年度计划。公共部门的年度目标是按照平衡计分卡的思想从公共部门的战略分解下来的,这就保证了部门的年度计划和战略规划的一致性,且保证了战略规划的可操作性。年度计划制订后,又可根据年度计划来制定下一年的预算,然后把预算又落实到各层级组织。第四,战略的评估与控制。每一年行政部门都要根据管理运行的结果,从平衡计分卡的4个方面评估公共部门战略的效果,对战略执行效果进行反馈,进而衡量出每个部门、工作人员的工作得失并在执行中对战略进行调整。[①]

---

① 苏曦凌、贾丹:《基于平衡计分卡的公共部门战略管理》,载《齐齐哈尔大学学报》(哲学社会科学版),2006(1),61~63页。

(五) 脚本法

一般认为,荷兰皇家壳牌公司于20世纪60年代末首先使用基于脚本的战略规划,获得成功后由该公司的沃克于1971年正式提出。近年来关于脚本法的理论研究也引起了许多学者的关注,出现了一些研究成果。纳特和巴可夫将这种方法引入公共部门战略管理当中,其主旨在于复杂情况下搜寻相关信息为战略的制定提供材料准备。当组织面临的未来形势不清晰或相当模糊时,搜寻就会变得十分复杂。脚本法为围绕各种突发事件展开的搜寻过程提供了一个视窗,从而可用于处理复杂问题。脚本法集中和简化了对回答的搜寻,每个视窗都为搜寻提供了一个中心点。可以利用各种视窗指导搜寻,从而辨识这些阶段的议题、战略、利益相关者以及资源等。脚本法(Scenario)是作为突发事件的框架构建的,它详细指明各种可能性是如何结合在一起产生各种政治的、工业技术的或外部事件的形势,战略可能对这些形势起作用。当每个脚本都被作为战略管理的情况时,不同的议题、战略、利益相关者和资源就会显露出来。[①]

管理学者David Mercer(1995)提出了简化的脚本法(Simpler Scenarios),给出了一个相对清晰的脚本法的步骤,我们也可以进行借鉴。

第一,确定变化的重要因素及其重要事件。

即通过敏感性分析和时间跨度分析,识别确定决定组织未来产业环境的一般环境以及产业环境自身的重要因素及其重要的变化。

第二,将各种事件归纳成一个可行的框架。

这是最困难的一步,此时管理者的直觉将发挥重要的作用。将现有的重要环境因素及其事件重新安排成一个可行的、有意义的框架,即形成7~9个因素事件组。这实际上形成了脚本的雏形。

第三,形成最初的小脚本(7~8个)。

在第二步形成的7~9个因素事件组的基础上形成7~8个小脚本,即对原有的因素事件组进一步分析、归纳。

第四,将脚本减少到2~3个。

从理论上并没有为什么要减少到2~3个脚本的理由,只是出于实践的需要。实践中,管理者往往最多从六七个脚本中选3个脚本。

第五,将脚本写下来。

以最适宜的形式将脚本写下来。考虑的重点是战略要依此生成。这也是脚本生成

---

① [美]保罗·C.纳特、罗伯特·W.巴可夫:《公共和第三部门组织的战略管理:领导手册》,陈振明等译校,208页,北京,人民大学出版社,2001。

者向脚本使用者即战略生成者"营销"自己脚本的过程。

第六,评价各脚本对组织战略的影响。

识别每个脚本对未来有深远影响的事项。在此过程中,战略生成者需要承担主要的决策责任。

(六)互动小组讨论技术

这种方法又可分为三种,即面谈小组技术、焦点小组技术和辩证小组技术。小组讨论技术的特点是互动性,不是由一个人或几个人单独做出决定,而是在不断的探讨和论证中得出结论。面谈小组技术较为传统,就是我们通常意义上所说的"开会"。焦点小组的分析技术则注意到面谈小组的一些问题,因此引入外部专家参与讨论。外部专家会利用自己局外人的优势更好地找到问题的焦点,然后从各种不同的角度触及这个焦点。专家的介入也将使小组的讨论有令人信服的信息量,使得决策的制定具有科学性。辩证小组也延续了多角度看待问题的思想方法,就一个问题建立不同的假设基础和形势分析。①

五、我国公共部门战略管理的问题及其改进

20 世纪 80 年代,西方国家为解决机构臃肿、效率低下、缺乏长远计划等问题将战略管理引入公共部门。通过几十年的不断演化更新,实践总结,目前战略管理已经与公共部门管理活动相融合,并充分发挥着设定目标、配置资源、修正战略计划、保证战略目标实现等作用。在我们国家,公共管理还是一个新的研究方向。但公共部门的管理问题由来已久,尤其是随着经济全球化、信息化的到来,我国更加广泛地参与国际事务,公共管理问题将进一步凸显。要求政府进行转变职能,更新管理方式,构建新的公共管理模式和民众要求参与公共管理的呼声越来越高。面对上述情况,我国逐步施行战略管理,但在实际操作中遇到各种各样的困难和问题,有些问题是公共管理部门的共性问题,有些问题属于我国特有的问题。

(一)我国公共部门战略管理问题

1. 战略规划描述过于抽象,战略目标设定不清晰

公共部门战略管理目标与私营部门目标有所不同,私营部门追求的是利益最大化,公共部门追求的战略目标呈现多元性,需要满足民众多方面不同的需求。尤其是战略

---

① 庄序莹主编:《公共管理学》,391 页,上海,复旦大学出版社,2006。

目标制订本身只能定性分析,再加上整个战略规划过程描述过于抽象化,民众不容易理解,无法获得足够的支持,战略规划在实施过程中遇到的阻力也就会比较大。就像梅尔森和伊迪分析公共部门战略管理问题所说的,正式战略规划过程被描述为比实际情况或可能发生的更具逻辑性和分析性。① 我国公共部门也经常会遇到这种情况,很多战略规划相当复杂,缺乏必要的解释,导致执行起来无所适从,不能达到最终目标还浪费了大量的资源。有的部门战略目标设定不清晰,仅仅规定一个大体方向,没有阶段性目标的设计,缺乏全局性的考虑,根本不符合战略管理要求。

2. 战略评价指标设定片面,评价手段不科学

"一方面,在进行战略评估时,一些公共部门容易片面强调短期的财务指标,一些政府部门甚至出现了 GDP 崇拜的现象。但由于绝大多数财务指标都是为年度目标而不是为长期目标制定的,而有些公共战略需要经过几年甚至更长时间才能实施完毕,其实施结果可能在数年后方能显现。也就是说,短期的财务指标或 GDP 增长率固然重要,但这种做法有时不仅难以对战略做出公正、客观、准确的评价,反而在客观上'弱化'了战略目标,并极易对公共战略实施产生误导。一些公共部门为了追求财务指标或 GDP 增长率,自觉不自觉地将战略目标搁置一边,而采取种种与战略不一致甚至背道而驰的短期行为。另一方面,在进行战略评估时,一些公共部门容易只重视数量指标,而忽视质量指标。很多数量指标会因使用的会计方法不同而得出不同的结果,因此,质量指标在战略评估中就显得非常重要。评估手段不科学主要指,许多公共部门尚未形成相对稳定的评估机制和'动态'的评估体系,而且,远离数字化的落后评估手段在公共部门还有相当的市场。多数公共战略评估,或者是'集中式的专家研讨',或者是'零散的内部报告',评估活动多是'静态'的,即并未将评估活动作为一个动态过程来管理,而是评估报告完成就意味着评估活动的结束。另外,许多公共部门往往习惯于靠直觉决策和评估,这在实践过程中遇到复杂的情况极易出偏差。"②

3. 战略管理的实施经常受到预算的限制

公共部门管理资金主要来源于政府预算,资金的申请使用有严格的限定,程序也相当烦琐,这就使公共部门战略管理缺乏一定的自主性。此外,还要注意两个问题:①战略规划是一个长期的概念,预算按年度划拨,这就导致一个问题,一个长期性的战略规划必将受制于以年度为单位的预算制度。②公共部门战略目标的多元化为解释工作带来了一定困难,再加上有的部门根本就不清楚目标是什么,无法清楚解释要申请的高额预算的用途、目的,或其解释缺少信服力,结果都会使预算申请工作受到影响,最终导致

---

① [澳]欧文·E.休斯:《公共管理导论》,张成福、王学栋等译,168 页,北京,中国人民大学出版社,2007。
② 汪大海:《试论公共部门传略管理的十大误区》,载《中国行政管理》,2004(6),21~22 页。

战略管理规划无法实现。

4. 战略规划过于僵化，无法应对快速变化和动荡不定的外部环境

这个问题主要体现在战略管理评价环节上，有些战略决策部门要求各下属部门严格执行既定战略规划，而且是按几年内固定不变的内容设计的计划，将战略计划看作是连续的而非循环的过程，尤其在管理层次多、沟通渠道不畅的组织中，这种情况更加普遍。在外部环境迅速变化的今天，反馈速度较慢，或者针对反馈情况组织战略层调整不当都会对战略目标的实现造成影响，组织的竞争能力将会随着固化的思维逐渐失去竞争能力，最后被淘汰。

另外，公共部门对问题的解决习惯于层级的下达文件报告式的正式过程，对非正式的、弹性的、创造性的过程还不熟悉。战略管理是面向未来的、非常灵活的，有时候为了赢得时间上的先机，往往要求打破严格的层级传递方式。

5. 政治官员的短任期和行为取向很难使其在任期内形成长期有效的战略管理模式

首先，战略管理具有长期性，而政府官员的任期一般是在3～5年，很难在一个任期内完成一个战略的全过程。一任领导重视的战略不一定能得到继任者的认可，导致许多战略因领导者的更迭而失败，这样将对战略资源造成极大的浪费。其次，很多官员为了在最短的时间内取得政绩，放弃科学、合理的长期战略，转向短期战略，而且这些短期战略往往是锦上添花而非雪中送炭的政绩工程，它的特点是投资数额巨大，生态破坏性强，一般是非必须产品甚至是无用产品。

6. 公共战略管理缺乏自主性，容易受外力支配

公共部门管理与私人部门管理相比，明显缺乏自主性，控制力常常受到众多干扰，这使得公共部门战略管理困难重重。公共部门的政治性使得它成为不同利益集团博弈的产物，如果某战略计划符合政治集团的利益，那么战略规划会得到很好的实施，相反执行起来会非常困难。尤其当决策权由公共部门个别领导者垄断时，上级的意愿完全代替整个部门的战略制定，战略制定工作走向另一个极端。外部利益集团的影响，包括各种私营部门、民间组织或者国外势力的影响，也会使战略不能完全实现，不但浪费许多资源，而且会降低公众对公共部门战略的信任度。

7. 完全照搬，刻意模仿，战略管理缺乏适用性

战略管理最先在私营部门兴起并取得神奇效果，公共部门如果想成功移植战略管理，就需要有针对性地进行改造。就像休斯在《公共管理导论》中所说，战略管理在私营部门中取得的成绩足以表明它是有相当效果的一种模式，但是把它完全照搬到公共部门就会出现问题。如目标问题,公共部门很难给自己的行动确定目的和目标。[①]

各个国家都有不同的具体情况,相类似不等于一致,因此引进的战略管理还需要因地制宜地进行改变。战略的制定应建立在对公共部门外部机会、威胁和内部优势、劣势的全面科学分析与合理论证基础之上,而不是看到其他领域或公共部门的战略获得成功,便盲目跟风。尤其在我国当前高速发展面临的新问题、新情况愈来愈多的时候,公共部门更应该具有创造性的思维,找到适合本部门发展的方法。

(二) 我国公共部门战略管理的改进

1. 树立长远观念,确立战略性思维

首先,公共部门的管理者必须抛弃受任期、预算限制的短期主义的思维方式,克服功能性短视,打破职责的限制,打破部门主义的限制,将公共部门发展成为具有全局观、强调整合的管理部门。公共部门应该将社会问题放在更高层次上审视,使短期利益让位于长远利益,在更高层次上达成共识,为战略管理的实施建立起支持基础。其次,要制定严格的规章制度。对于公共部门人员随意放弃组织战略管理目标的问题,其管理方法是严格地制订组织活动的规章制度,确保组织沿着正确的方向前进,以制度的强制力保证战略的顺利实施。[②]

2. 培养、储备战略人才,实现人力资源的战略化管理

目前我国战略管理研究和实施还处在初级阶段,适合战略管理的人才相对短缺。我们应该清楚地认识到,正确的发展思路固然重要,但能够执行战略规划的人才更为重要,只有拥有人才才能保证战略意图有效达成。在战略决策层面,应尽可能选择充满朝气和强有力的领导者。管理者既要紧密结合管理工作中的各项事务,又要着眼现实、未来和世界的发展潮流,积极开展战略研究,围绕国际、国内重大问题,围绕管理工作中的现实问题以及社会公众关心的重大问题,进行战略思考,提高自己战略素质和能力。在战略管理执行层面,执行人员并不是只按命令行动不用思考的机器人,在战略规划全面展开的过程中,要培养观察思考能力、反馈沟通能力,这样才能及时发现战略实施过程中的具体问题,并有条理地进行反馈。

3. 扩大战略决策和战略规划参与面,加强战略目标的宣传

公共部门与私人部门最大的区别在于其公共性,无论是战略的制定、实施还是评价,都需要有公众的参与。因此,在战略决策和战略规划过程中,要尽可能提供政治参与的权利和机会,这不仅有利于信息的收集,而且更有利于减轻实施战略管理的障碍。此

---

① [澳]欧文·E.休斯:《公共管理导论》,张成福、王学栋等译,168~169 页,北京,中国人民大学出版社,2007。
② 王乐夫、倪星:《公共行政学》,314~315 页,北京,高等教育出版社,2006。

外在战略目标的宣传上,由于战略目标本身呈现多元化,不容易定量分析,因此为了获得民众的支持就必须要加大宣传的力度,通过网络、电视、报纸等多种媒体对政府战略目标进行宣传,保证民众的知情权,也便于民众监督政府行为。一些重大战略,如三峡工程,为了实现国家整体利益会牺牲一部分民众的个人利益,我们要从不同的角度采取多种方式尽心宣传讲解,以获得民众的理解、支持。

4. 科学合理、灵活多变地调整战略规划

这里所指的调整战略规划包括两个方面:①要因地制宜地制定战略规划。公共部门不能照搬照抄私营部门战略,一个国家或地区也不能完全复制其他国家或地区的战略,需要针对自己本身的特点及内外部环境的变化制定战略。②面对复杂多变的组织环境,各部门不能机械地执行原定战略规划,要有针对性地灵活调整。同时需要注意,战略规划调整依据的是战略评价的结果,随意更改战略规划将会造成公共资源的浪费,会影响组织的公信力,因此公共部门要建立完善的反馈体系,并且要加强组织的分析、沟通能力。

第八章 公共资源管理

公共资源是公共管理的主要对象,公共资源管理问题是公共管理领域的重要课题。在我国经济和社会发展的快速转型期,资源稀缺已经成为遏制发展的最大"瓶颈"。如何实现资源的有效配置及合理利用是本章研究的主要内容。

一、合理配置公共资源:公共管理内在发展的依据

马克思在《资本论》中说:"劳动和土地,是财富两个原始的形成要素。"恩格斯说:"其实,劳动和自然界在一起它才是一切财富的源泉,自然界为劳动提供材料,劳动把材料转变为财富。"[①]

(一) 资源与公共资源

马克思、恩格斯的定义既指出自然资源的客观存在,又把人(包括劳动力和技术)的因素视为财富的另一不可或缺的重要来源。可见,资源的组成要素,不仅有自然资源,还包括人类劳动的社会、经济、技术等因素,更包括人力、人才、智力(信息、知识)等资源。据此,所谓资源指的是一切可被人类开发和利用的物质、能量和信息的总称。它广泛地存在于自然界和人类社会中,是一种自然存在物或能够给人类带来财富的财富。如土地资源、矿产资源、森林资源、海洋资源、石油资源、人力资源、信息资源。

在人类经济活动中,各种各样的资源之间相互联系、相互制约,形成一个结构复杂的资源系统。资源系统可从性质、用途等不同角度进行不同的分类。按资源性质可以分为自然资源和社会资源,前者指一切物质资源和自然过程,通常是指在一定技术经济环境条件下对人类有益的资源,又可以细分为可再生资源和非可再生资源;后者是直接或间接对生产发生作用的社会经济因素和技术因素,包括人力资源、信息资源等。按资源

---

① 《马克思恩格斯选集》,第四卷,第 2 版,373 页,北京,人民出版社,1995。

的范围又可以划分为广义资源和狭义资源两类,前者包括自然资源、社会资源等一切社会经济发展的要素;后者主要指以物质形态存在的有形资源。从管理的角度,学者们进一步把广义的资源划分为"条件性资源"与"要素性资源"或者"硬资源"与"软资源",条件性资源包括环境资源、经济资源和社会资源等,要素资源可细分为有形资产、无形资产以及企业能力等。

作为公共管理主要对象的公共资源是有其特定含义和范围的。狭义的公共资源主要指公共物质资源,包括自然资源、公共设施等。广义的公共资源主要是指属于人类社会公有、公用的自然与社会资源的总和。也就是除了狭义公共资源的内容以外还包括公共信息资源、公共人力资源以及公共企业等社会资源。这些资源在名义上是每个人都可以享有的财物,但实际上任何人都不可能完整地占有它。一般来说,为一定社区的人们共同拥有的有形资源和无形资源都属于公共资源管理的范畴。

公共自然资源,即一定社会赖以存在和发展的各种自然性物质条件和基础,如矿产资源、水资源、土地资源、森林资源。这些资源属于国家所有,即全民所有,对它们的合理利用与开发、保护与再造对社会的整体发展影响极大。所以,理应成为公共管理中的重要内容。

公共设施是特定社区所有人们都可以享用和受益的物质性存在,如图书馆、学校、医院、城市道路、路灯、桥梁。如果不是一定社区所有人们都可以享用,仅仅是部分人可以享用的公共产品,则不一定属于公共管理的范围,所以,对大范围和更高级别的公共管理机构来说是公共财产的东西,对小范围和较低级别的公共机构必然是公共财产,但对小范围和较低级别的公共机构来说是公共财产的东西,对更高级别的公共机构却不一定是公共财产,但它们都是"公物"。

公共人力资源是由劳动力、人才形成的社会资源。在种种社会资源中,人力资源是最活跃和最宝贵的财富。因此,对于人力资源的利用、开发已经成为特定的公共管理机构非常重视的方面。人力资源的管理包括预测与规划、教育与培训、选拔与使用和配置与管理等诸多方面。

公共信息资源,即一定社区的人们共同拥有和可能享用的各种精神产品,包括文化产品、科技成果、经济信息等。人们一般把信息、物质、能源三者共同作为现代人类社会赖以生存和发展的基础,其中信息居于首位。可以看出,信息在现代社会中的作用愈加重要。信息资源有两大类:一是一定社区人们所共同拥有和可能享用的信息资源;二是只有局部范围内人们可享用的信息资源。只有前者才是公共管理的对象。

公共企业和公司。公共企业主要是指由国家投资兴办的国有企业。公共企业属于公民共同所有,它是用纳税人的税收和公共投资建立的。因此,对其进行良好管理是公共管理机构应尽的责任。当然,不同性质的公共机构管理的公共企业范围不尽相同。公共管理机构管理公共企业的基本职责之一是让其保值和增值,产生公共收益,这也是公共投资的目的。中国作为一个社会主义国家,具有庞大的国有企业和公共企业财产资源。

(二) 合理配置公共资源的现实意义

1. 公共组织实现自身职能的基本方式

资源是一个组织生存和发展的基本要素,是组织可持续发展的重要保证,也是组织核心竞争力的保证。无论对于营利性组织还是非营利性组织都是如此。就公共组织而言,"资源配置是政府实现其自身职能的一种方式,其核心就是如何把有限的或稀缺的公共资源配置到最需要的地方,从而使资源得到最有效的利用"[①]。其主要内容包括对公共物质资源以及公共权力资源的配置目标、配置方式以及相关的政策法规体系的构建、配置主客体的管理等。

2. 解决经济社会发展"瓶颈"的根本出路

公共资源是社会发展的基础要素,公共资源的合理配置是经济、社会均衡发展的首要条件。实际上,中国为过去三十几年的"经济奇迹"付出了沉重的代价,高速的经济发展是不断向自然资源拼命索取和透支的过程。当前,急剧推进的工业化和城市化进程造成了人口与资源矛盾空前尖锐,产生了大规模的生态破坏和十分严重的环境污染问题。经济系统增长的无限性与资源生态系统供给的有限性矛盾日益突出,当前只有依靠公共资源的合理化配置,才能解决我国发展过程中的环境污染、能源、民生、基础设施建设以及城乡发展等问题最终实现,在时间和空间上最优利用和分配公共资源,合理布局生产力,达到经济持续发展和资源永续利用,推动社会和谐、稳定、健康地发展。

3. 公共管理价值取向的重要体现

公共资源管理的价值取向对于一系列社会公共问题的解决具有重要的影响。由于公共资源的竞争性和对于公共福利和公共利益的直接相关性,政府必须在公共资源的分配中发挥积极作用,保证公共资源真正能为其实际归属者——社会公众提供公共福利或利益,体现政府在公共资源管理过程中的"民本"价值取向。政府部门对公共资源的合理利用会向社会传递一种积极正面的引导信息,在社会再分配领域起着重要作用的政府公共部门,其合理、有效的资源利用也将影响人们对社会公平正义的殷切期盼。

---

① 王乐夫主编:《公共管理简明教程》,137~140页,桂林,广西师范大学出版社,2005。

二、公共部门人力资源管理

对人的管理是各种社会管理活动的基础,同时构成社会管理的核心。人力资源管理是合理配置人力要素的必然结果。公共部门人力资源是整个社会人力资源的主要组成部分,对其管理的有效性决定着整个社会管理活动的成败。

(一)人事管理的困境和当代人力资源管理的兴起

1. 传统公共部门人事管理的困境

传统公共部门对人的管理称为"人事管理"。所谓"人事",是指在用人治事的过程中有关人与人、人与工作、人与组织、人与环境之间的相互关系。随着人类社会的生存与发展,随着人对自然界和社会认识改造程度的加强,必然会产生人与事的相互关系,并且随之发展而复杂化。

在工业化时代,社会经济的增长和财富的创造主要依靠自然资源的利用和开发,以至于形成以"物"为中心,而不是以"人"为中心的管理观念。到20世纪70年代末,西方发达国家的社会矛盾日益尖锐,尤其是传统的政府官僚体制远远不能适应社会环境的变化,以人与事关系为主要内容的传统政府人事管理直接导致政府机构自我膨胀严重、工作效率低下等后果。

从对人的本质的认识角度看,其人性假设是建立在"经济人"的假设基础之上,忽视人的社会性、主体性与能动性。把人设为一种成本,认定为被动的工具,要求个人要服从组织需要,服从工作需要。管理的运行机制是自上而下的"垂直式"管理,强调政治、人治,而忽视法治。

从管理的原则角度看,传统人事管理以物为中心,管理过程强调事而忽视人。主要偏重于具体的、技术性事物的管理,强调"事"的单一方面的静态的控制和管理,管理权限过分集中,管理的形式和目的是"控制人",对人的管理注重的只是投入、使用和控制,根本谈不上开发。

从管理的地位与作用角度看,传统人事管理不重视人事管理的地位与作用。人事部门一般被视作非生产、非效益部门,其功能只是某一职能部门单独使用的工具,与其他部门的关系不大,其管理职能由专职的人事干部执行。把对人的管理看作管理的次要部分,既看不到它的直接影响,更不重视对人事管理本身的研究和改进。存在管理手段和方法简单、粗糙,管理制度落后等问题。

2. 当代人力资源管理模式的兴起

20世纪70年代后,在西方发达国家出现的经济滞胀、工人失业等社会问题,促使私营部门进行了较大规模的管理革新。在对组织人员的管理上,其管理观念、管理活动等呈现出明显不同于传统人事管理的特点。人力资源管理的基本理论和方法逐渐在私营部门的实践中走向成熟。

与此同时,西方公共部门也面临非常严重的财政危机、管理危机和信任危机,这些危机被认为是政府职能扩张和规模膨胀的结果。针对传统危机以及社会公众对政府期待的增大,借鉴私营部门的管理实践来改善公共部门的管理,成为许多西方行政学者进行公共行政研究的切入点。如奥斯本提出"企业家政府理论",主张用企业家精神改造政府。布坎南提出"政府失败说",详细阐述政府的失败原因及其补救策略。

西方的行政改革普遍以人力资源改革为先导,人力资源管理成为政府人事管理的新取向。这场改革主要体现在:伴随种种分权化,政府部门内部的组织结构发生变革;中间管理层次减少,削减公务人员,精简政府机构;上下级权责关系及控制方式改变;改革文官制度,转变人事管理方式;进行政府管理体制创新,增强政府内部活力。西方国家的改革大多数都致力于以行政管理尤其以人力资源管理改革为重点。改革不仅调整行政管理机构和削减公务人员,更在于引入现代人力资源管理模式,重点在管理体制、管理过程及管理方式上加以变革。

以美国为例,20世纪70年代初,美国全国公务员联合会主席宣称:公务员制度是作为恩赐制、分肥制的对立物而出现的,其主要目的是保障社会公平。然而"当今的核心问题是政府的生产率和效率……在这些方面,公务员制度显然失败了"。这一看法预示公务员制度的重大变革。20多年来,西方公务员制度确实在经历一场"静静的革命",传统公务员制度的一些重要原则和核心特征正在被动摇。[①]

从20世纪七八十年代开始,人力资源管理理念逐渐深入人心,人们开始认同把人看作"资源"的核心理念,注意力转向了对人力资源的开发,管理思想也由传统的人事管理转变为人力资源管理。

(二)公共部门人力资源管理的基本内涵和特点

1. 公共部门人力资源管理内涵

公共部门人力资源管理通常是指国家和各种行政组织通过对其人力资源开展一系列的管理活动,实现组织目标的过程,包括宏观和微观两部分。宏观的公共部门人力资源管理是组织对人力资源整体的管理,对公共部门内外的人力资源进行的规划、管理、预测等一系列活动,以达到组织的工作目标、工作的性质与人力资源的整体结构相互匹配的目的,营造公共部门人力资源管理的良好环境。微观的公共部门人力资源管理是

---

① 周志忍:《当代西方行政改革与管理模式转换》,载《北京大学学报》,1995(4),85页。

指各类公共行政部门以及其他国有企事业单位依法对本组织内的人力资源进行规划、招聘、培训、激励、考评等具体的管理活动。目的是通过科学管理,保证人力资源与其具体的工作职位的适应性,使人与人、人与事、人与组织、人与环境之间达到相互协调,从而调动公共部门从业人员的积极性,提高工作能力,改善服务质量。

2. 公共部门人力资源管理的特点

(1) 公共部门人力资源的特性

公共部门的组织特性决定了其人力资源除了具有一般人力资源的共性特点以外,还具有一些自己的特殊性:

① 公共人力资源的政治性。公共部门的人力资源掌握着公民和国家赋予的公共权力,从根本上要受国家政治制度的制约。作为公共部门实现其政治管理职能的重要保障,执行着国家制定的法律和政策,其一切行为的过程和结果都必须以维护国家的基本政治经济制度为依据。

② 公共人力资源的公共责任性。公共部门的人力资源代表国家权威配置社会公共资源,其行为过程和结果直接关系到政府的公众形象和影响。这种特殊的地位和权力必须要与特定的公共责任有机统一起来,才能保证其具有合理性和合法性。

③ 公共人力资源的稀缺性。一方面由于公共部门组织体系构成及职位的有限,使得公共人力资源的数量受到公共部门职位的限制;另一方面由于国家和社会公共事务的专业性、特殊性,对其工作人员的能力素质提出越来越高的要求,导致社会中的人力资源不可能都转化为公共人力资源,导致能够胜任和适应相关要求的人力资源的稀缺性。

④ 公共人力资源的可开发性。公共人力资源作为公共组织发展的资本具有主观能动性,与物质资源的一次性开发不同,对其开发应体现在使用过程中的每一个环节,应根据公共部门职能的变化不断地进行调整与完善,以满足公共部门的需要。公共部门人力资源的价值在开发过程中不断得到提升,这是一个连续不断的过程,只有根据公共部门的任职标准和要求对其进行持续开发才能实现公共人力资源的保值和增值性。

(2) 公共部门人力资源管理的特性

公共部门本身的特殊地位以及公共部门人力资源的特殊性,决定了公共部门的人力资源管理具有自己的特点。

① 战略性。这是由公共部门的战略地位决定的。在各种人力资源中,公共部门人力资源是较高层次的人力资源。公共部门人力资源开发的战略性,一方面体现在各个部门的人力资源战略要符合国家和社会发展的整体战略,制定好公共部门人力资源管理的战略规划是人力资源进一步开发的首要环节;另一方面体现在公共部门人力资源管理对于国家和社会发展的战略意义,公共部门人力资源管理好坏,在很大程度上决定

社会公共治理的结果和影响,决定着国家的前途和命运。

② 复杂性。公共人力资源管理的复杂性,一方面取决于公共部门的特殊性,体现在其管理层次的错综复杂。公共人力资源管理权划分复杂,组织结构纵横交错、层层节制,人力资源管理的难度必然增强;另一方面取决于人力资源管理活动的复杂性。公共部门人力资源管理的目的在于为政府和社会组织培养数量充足、质量优秀的公务员。通过高水平的管理、保持其高涨的士气和不断提升的工作业绩,管理内容繁多、复杂,而且管理过程的不确定性及管理结果的难以评价更加增大了管理的难度。

③ 系统性。一方面公共部门是一个横向部门分化、纵向层级节制的庞大的组织结构体系,系统内的各要素相互联系相互影响;另一方面公共部门人力资源管理的全部活动构成现代国家管理大系统中的一个分系统,同时,这个分系统中的人力资源的需求预测与规划、教育与培训、招聘与使用、配置与管理等活动又构成更小的子系统,所有的小系统共同构成公共部门人力资源开发活动的有机统一体。所有环节必须按照统一和效能原则进行整体的规划和安排,共同作用,产生整体开发效应。

④ 法治性。宪法、法律和各项行政条例是公共部门实现人力资源管理的主要依据,因此公共部门人力资源的规划、管理与开发等活动都是有法可依的,各个部门必须按照法律规定的权限对人力资源进行合理和有效的开发。

⑤ 权威性。公共人力资源管理的主体与其他社会组织的人力资源管理的主体不同,是具有特殊地位和权威性的公共部门。公共部门凭借国家权力对公共人力资源和其他社会公共资源进行管理,因此,公共部门制定的有关公共人力资源的各项管理措施,对其他社会组织也具有一定的强制性和约束力。

⑥ 动态性。公共部门人力资源管理必须根据社会经济发展变化的程度和节奏以及组织目标不断调整管理的内容、手段和方法,是一个不断变化的动态过程。在这个过程中,管理者还要根据公共部门人力资源不同结构层次及公务人员的个体差异性,有针对性地采取不同的开发策略。

(3) 公共部门人力资源管理与传统人事管理的差别

① 对于人的认识是建立在不同的人性假设基础之上的。传统人事管理视人为成本,把人事管理工作看作行政工作,属日常人事行政事务;人力资源管理则把人看作资源,是组织中最宝贵的资源,把对人的开发置于重要位置。

② 从管理方式上看,传统人事管理是强制、被动的"管家式"管理,主要依靠纪律和监督,偏重于"管";人力资源管理实行开发与激励以及有预见性的方式,既注重"管",更注重"理";既强调遵循科学规律,也注重管理的艺术性。

③ 在管理内容上,传统人事管理的主要任务是对组织成员进、管、出各个环节进行管理,为本组织招募新人、填补空缺,监督执行各个环节的有关规定等;人力资源管理的

视野广阔,内容更为丰富,不仅局限于本组织人员使用环节的管理,更注重对人力资源的开发利用,调动组织成员的积极性,开发他们的潜能,使人力资源发挥最大的效用。

④ 在管理部门的地位上,传统人事管理把人事部门视作从属性的非生产、非效益部门,对从事管理的人员要求不高,且进不了决策层;现代人力资源管理部门已经成为组织的核心部门,除了落实传统的人事事务之外,还参与协调管理系统、提供决策预案的咨询等业务,且人力资源管理者越来越多地进入高层领导,甚至成为核心成员。

⑤ 针对国家公务人员的管理,现代人力资源管理更加致力于公共部门人力资源的开发利用,注重现代国家公务员制度的建立与完善,管理日趋科学与规范,将加强公务人员的需求预测与规划、培训与教育、选拔与使用、配置与管理看作开发公共部门人力资源的重要环节;致力于吸引优秀人才,构建政府高效、精干的管理工作系统。

(三)公共部门人力资源开发的主要内容

1. 公共部门人力资源规划

公共部门人力资源规划是指公共组织根据一定时期发展战略的要求,运用科学方法与技术,对公共组织现有的人力资源进行分析与规划,对可能的人力资源进出途径进行系统安排的过程。公共部门人力资源规划的基本任务是要科学准确预测组织的人才需求的数量与质量,依此指导人力资源管理的其他环节和各项活动。公共部门人力资源规划是公职人员录用、晋升、薪酬、培训、考评、退休等环节的基础和依据。

公共部门人力资源规划的主要内容包括:分析公共部门面临的内外部环境的变化,在环境分析的基础上,判断社会发展趋势,了解组织内外部环境的变化对组织发展和人才需要提出了什么要求;对公共部门现有人力资源状况进行分析,统计现有人力资源的数量并分析其质量,找出现有人力资源素质、能力结构与组织目标存在的差距;对组织未来人力资源的需求情况进行预测,其主要内容是预测一定时期内组织人力资源的总体需求、一定时期内社会人力资源的总体供给,分析组织人力资源供求关系的平衡状况,提出具体行动方案;组织人力资源规划的实施,在录用、选拔、绩效评价、职业计划、培训、工资、交流、晋升、辞退、退休等管理活动中贯彻实施人力资源规划的要求;评价人力资源规划的成效,并随着组织目标的调整修正人力资源规划的具体内容。

2. 公共部门人力资源的录用

公共部门人力资源的录用是在公共人力资源预测与规划的基础上,不断为公共部门充实人力资源,以确保公共部门任务和组织目标得以实现的一项重要的管理活动。一般来说,公共部门人力资源的录用包括人员的招募、甄选、录用及评估等环节。

公共部门人力资源的招募途径较广泛:广告招聘是一种信息发布广泛、迅速,操作方便、成本可控的外部招聘方法,成为当前公共部门人力资源招聘中最经常使用的方法。当前针对全国普通高等学校应届毕业生的招聘是公共部门专业技术人员和国家公务人员的重要来源。此外,人才交流中心、网络招聘及部分转业军人的安置等也是人力资源招募的重要渠道。

甄选作为人员录用过程中的最关键环节,直接决定录用的结果[①]。通过笔试、面试以及心理测试等环节考察招录人员的专业能力、思想道德水平以及各方面综合素质情况。几种甄选方式考察的内容各有侧重、相互补充,从而提高录用的质量。

3. 公共部门人力资源的培训

培训与教育作为公共部门人力资源管理与开发的一个主要内容,是根据组织发展的目标,按照不同岗位需要、公务人员自身素质及发展的需要,有计划、有组织地开展旨在提升公务员的智力水准、政治和业务素质的一个训练活动和提高过程。

公共部门人力资源的培训内容主要包括以提高公务人员政治理论和政治素养为目的的政治理论培训;加强公务人员的法律意识和法律素养,提高公务人员的依法行政能力的法律、法规和政策培训;与国家公共管理相关的管理知识和技能的公共管理能力培训;职业道德和行为规范培训;提高公务人员行政能力的其他专门性技能培训,如针对不同层次、不同类别的公务人员举办的各类培训班。

目前我国公务人员的教育培训体系主要由国家和地方行政学院、党校系统以及经各级政府人事部门认定的职能部门的培训教育机构组成,高等院校也逐渐成为培养高素质公务人员的重要组成部分。

4. 公共部门人力资源的薪酬管理

薪酬是指组织成员因工作关系而从组织获得的各种财物报酬,包括薪金、福利及各种奖金等。公共部门人力资源的薪酬管理主要包括工资管理、福利管理等方面。

公共部门人力资源的工资管理是有关公共部门工资形式、工资标准、工资支付原则和办法的总称。工资不仅是公职人员劳动创造的价值,也是个人、国家、部门和全社会公民等诸方面关系的体现。目前我国国家机关建立了适合公务员职业特点的"职级工资制"[②]。事业单位从1993年工资制度改革以来实行职务(岗位)等级工资制[③],工资标准具体有专业技术人员、管理人员和工人的区分。

公共部门人力资源的福利是指社会公共部门为改善和提高公务人员物质文化生活水平而采取的一些措施。一般来说,员工福利的内容由两个方面决定:一方面是政府通过立法,要求公共部门必须提供的。我国的法定福利集中在补助、休假及保险等方面。

---

① 李德志主编:《当代中国公共部门人力资源管理与开发》,112页,北京,科学出版社,2004。
② 职级工资制主要包括职务工资、级别工资、基础工资和工龄工资。
③ 职务工资制主要由职务(岗位)工资(即固定部分)和津贴构成。

另一方面是单位自身主动提供的。由于各单位自身经济实力、管理目标和员工的需要不同,不同单位之间的福利内容可能差距很大。

5. 公共部门人力资源的绩效管理

公共部门人力资源的绩效管理包括绩效考核制度的建立和实施以及以此为依据的奖惩制度和职务升降制度,是人才管理的重要激励机制。

绩效考核主要是指国家行政机关及国有企事业组织等根据法定的管理权限,按照一定的原则和工作绩效测量标准,定期或不定期地对所属公职人员在工作中的政治素质、业务表现、行为能力和工作成果等情况进行系统、全面的考察和评价,并以此作为公职人员奖惩、职务升降、工资增减、培训和辞退等客观依据的管理活动[①]。对公共部门人力资源的绩效考核,按照管理权限,主要考核德、能、勤、绩、廉等几个方面,重点考核工作实绩。考核的种类分为平时考核和定期考核,定期考核以平时考核为基础。对非领导成员公务员的定期考核采取年度考核方式,先由个人按照职位职责和有关要求进行总结,主管领导在听取群众意见后,提出考核等次建议,由本机关负责人或者授权的考核委员会确定考核等次。对领导成员的定期考核由主管机关按照有关规定办理。定期考核的结果分为优秀、称职、基本称职和不称职四个等次。定期考核的结果应当以书面形式通知公务员本人。定期考核的结果作为调整公务员职务、级别、工资以及公务员奖励、培训、辞退的依据[②]。

奖惩是奖励与惩罚的统称,指公共部门根据法律规定的标准、条件和程序,对在公务活动中成绩突出的公职人员给予物质和精神嘉奖,对行为失职的公职人员进行处罚、制裁的活动。奖惩是人力资源管理中具有较强激励作用的手段和措施,它有助于建立组织竞争与发展的机制,调动广大人才的工作积极性和创造性。

职务升降制度是公职人员职务升降的条件、标准、方法、实施程序、管理权限等方面各项规定的总称。这一制度包括公职人员的职务晋升和降职两个方面。公职人员具备拟任职务所要求的思想政治素质、工作能力、文化程度和任职经历等方面的条件和资格,根据工作的需要可以逐级晋升。特别优秀的或者工作特殊需要的,可以按照规定破格或者越级晋升职务。公职人员晋升领导职务的,应当按照有关规定实行任职前公示制度和任职试用期制度,在定期考核中被确定为不称职的,按照规定程序降低职务层次任职。

---

① 孙柏瑛、祁光华编著:《公共部门人力资源管理》,209 页,北京,中国人民大学出版社,1999。
② 参见《国家公务员法》。

(四) 我国人力资源管理过程中存在的问题及其对策

1. 我国人力资源管理的现状及存在的问题

改革开放以来,我国在人力资源管理的理论和实践中逐渐走向深入,尤其《国家公务员法》的颁布实施,使我国公共部门人员任用管理体制日渐规范。传统干部人事制度存在的一些弊端如干部终身制、论资排辈等问题得到了一定的改善,也得到了社会各界广泛的认同。但总体来讲我国公共部门的现代人力资源管理理念仍然缺乏,人力资源管理体制和运行机制面临挑战。

现代人力资源管理虽然是从传统人事管理转化而来,但与传统人事行政有着本质差别。与传统人事管理相比,现代人力资源管理的根本特性是"以人为本"的人本管理,管理过程强调以激励为核心,注重调动人的积极性。目前我国的公共部门人力资源管理缺乏战略性和宏观规划,许多地方仍把人看作完成组织目标的工具,视人力为成本,没有树立为人服务的观念,这与现代先进的人力资源思想背道而驰。我国公共部门人才的选拔、任用机制还不能完全适应未来社会经济发展的需要。我国公共部门具有明显的"官本位"和"科层制"的特征,公务员分类制度设计不够科学合理;竞争上岗的用人机制尚不健全,公共部门职员只有通过在科层阶梯上不断实现职务的升迁;激励机制不能充分发挥作用;绩效考核的标准难以确定,缺乏现代化的绩效评估方法及技术;公共部门人才的市场化管理难以真正推行,职员的短期化行为层出不穷,公共部门对优秀人才的吸引力不足。

我国公共部门人力资源管理存在的问题体现在以下几个方面:

(1) 忽视人力资源规划,人力资源配置不尽科学

公共部门人力资源规划能有效地预测公共部门的人才需求状况与结构,以此指导人力资源管理的其他各个环节和各项活动。我国的公共部门人力资源规划工作尚处于起步阶段,还没有制定出明确的有关人力资源规划的法律、法规。长期以来,因为外部劳动力市场较为丰富,人们通常认为人力资源规划是无关紧要的,组织并不关心人力资源的规划问题,因此也导致公共部门人力资源配置不尽合理。在实际操作中,行政机关缺乏具体的工作分析、职位评价和工作说明书等实质性内容,往往出现人员的能力、水平与岗位需求不匹配,人的才能与潜力无法充分发挥等情况。此外,由于亲缘、地缘等人情关系,在组织结构与人员配置上往往并不是根据部门发展的实际需要确定,甚至有些部门还存在因人设岗、岗位人员供过于求等现象。不合理的配置浪费了有限的人力资源,降低了组织绩效,影响了公共部门的长远发展。

(2) 人力资源录用工作有待完善

当前我国公共部门的人员考试录用制度已经基本普及,尤其是《国家公务员法》颁

布实施以来,"凡进必考"已经成为我国公共部门人力资源录用的重要特征。但是录用的各个具体环节及相关制度等方面还有待完善:个别省市公务员录用中存在身份和地区限制,严重违背了考录制度的基本原则;在公务员招考过程中还存在简化考试办法和程序的现象,尤其是乡镇一级的公务员考试录用的比例偏低;公务员笔试、面试等环节还存在不尽科学的问题,录取同报考者学历水平难以形成正相关关系,测试的范围、测试的内容以及测试的技术环节等方面有待加强。

(3) 人力资源开发培训体系不够健全

组织效率的提高离不开高素质的人力资源,只有通过有效的培训,才能对组织的持续发展起积极的推动作用。社会经济的飞速发展对公务人员的知识、技术和能力方面的综合素质提出了更高的要求,但是我国当前公务人员的学历、知识和技能结构还存在很大的欠缺。目前这方面的主要问题体现在:没有将组织战略目标与组织成员个人需要有效结合,培训需求分析不足,导致培训的针对性不够,无法满足组织成员不同的多样化需求;培训手段相对落后,大多采用"填鸭式"讲授,缺少现代化的教育手段和方式;培训的内容不够科学,随意性强,缺少科学的规划和设置,培训内容滞后,培训效果差;培训评估体系不够健全完善,一般只在培训结束时对受训者的学习效果进行考核评估,缺乏对培训前培训计划的评估、培训中培训过程的监控以及培训后培训效果的跟踪评价。培训评估体系不完善最终导致培训形式化,培训效果无法得到检验和进一步改善。

(4) 人力资源绩效管理亟待加强

目前公共部门的绩效考核框架基本形成,但偏重于定性评价,考核缺乏量化标准,总体上依据的还是"德、能、勤、绩"的模糊评价体系,没有具体、准确和权威的规定,现有的研究成果相对于具体操作来说都过于笼统抽象;绩效考核指标体系不能真实反映工作实绩的情况;由于缺乏评价的定量标准,绩效考核结果与工作业绩的相关度不高,考核结果的主观性使得绩效考评的功能趋于虚化;目前绩效考核主体以部门负责人为主,绩效考核主体和考核对象单一导致考核的片面性,考核信息渠道有限,考核的客观和公平难以实现;绩效考评方法简单,基本是叙述法与硬性分布法的结合体;考评结果为其他人力资源管理活动提供客观依据的作用没有充分体现,在很大程度上,奖惩、职务升降等同公务员切身利益息息相关的决策主要不是依据考核的结果作出,致使考核主体和客体对此项工作失去热情,绩效考核成了"走过场"。

(5) 人力资源激励机制仍存在缺陷

公共部门人力资源激励机制日渐科学,但功能及有效性不足。人力资源激励机制具体缺陷主要在:薪酬制度不合理,公共部门的薪酬水平一般是根据国家的法律、法规统一制定的标准,工资缺乏弹性,并且工资与工作实际贡献、工龄等的相关性很小,激励机制名存实亡。尽管相关法律、法规中的惩戒条款、奖励办法有详细的规定,但由于绩效考评作用的模糊化,使其结果对职务和级别的升降影响不大,激励效果不明显。公务员的退出机制还不健全,普遍只有谋求升迁的动力,被辞退的压力不足,"一业而终",平平稳稳干到退休,缺乏优胜劣汰的竞争机制等。

2. 加强公共部门人力资源管理的对策

(1) 构建人力资源规划与配置制度

我国公共部门人力资源规划与配置应该随着公共部门的管理目标和管理职能的转变而逐渐完善。在国家宏观调控下,对人力资源进行总体规划和配置,其特点是具有层次性、长远性、稳定性和整体性。一方面,人力资源规划要与社会和组织发展目标相适应。目前,应该依据科学发展观,围绕构建和谐社会、科教兴国、可持续发展等宏观战略的实施,制定人力资源规划,有针对性地吸引、调配和补充紧缺人才和重点人才。另一方面,要进一步加强人力资源规划的制度化和法制化建设。有关公共部门人力资源规划的法规要成为一个完整的体系,规范人力资源规划的基本原则、任务、实施方法以及保障措施等,使规划的各个环节都做到有法可依。在制度上,首先要变"人治"为"法治"、"相马"为"赛马",为各级各类人才的脱颖而出创造宏观社会环境。要做到人尽其才,才尽其用,人事相宜,使人力资源的配置科学化、规范化,最大限度地发挥人力资源的作用。

(2) 积极调整和改进考试录用制度

依据"公开、平等、竞争、择优"的公共部门人力资源录用基本原则,目前还有很多工作要做:转变人才录用观念,进一步打破公务员录用中的身份和地区限制;严格禁止各地把对高学历、高职称人员免考或随意简化考试科目和程序作为吸引人才的优惠政策;根据实际需要,对考试录用的范围适当加以扩大;合理解决考试的轮制和分级、设限问题,保证考试的可信性与有效性;科学安排录用程序,邀请经验丰富的专家,设计合适的测试问题,保证面试的科学性和规范化;通过法律、法规堵塞录用过程中的不正当渠道;设置专门机构,对录用工作实施监督;建立权益维护机制,保障应聘者的合法权益[1]。

(3) 改革与完善人力资源的培训体系

深化公共部门人力资源教育培训机制改革,加强公共部门人力资源培训的制度化、法制化建设,创建学习型组织,提高公务人员的能力和水平已成为一项刻不容缓的任务。积极借鉴国外经验,研究制定国家公职人员各种类型培训的管理办法,建立培训施教机构资格认定和培训质量评估等制度;充分利用现代化的培训设施和手段,开辟个性化的、经济实用的培训途径,不断提高培训的吸引力;努力提高公职人员培训质量和培训机构的办学水平、优化整合各种教育培训资源;根据公职人员的培训需求确定培训内容,将个人需求、职位需求、组织需求结合起来;及时更新培训内容,注重培训的时效性,

---

[1] 李德志主编:《当代中国公共部门人力资源管理与开发》,114 页,北京,科学出版社,2004。

不断地将党和政府工作的新思路、新变化、新趋势等体现在培训内容中,将管理科学的最新研究成果、行政改革的新动向等充实进去;拓宽培训途径,将在职培训与学位教育相结合,进一步规范和加强 MPA 教育,改善公职人员队伍的学历结构和知识结构,提高队伍的整体素质和能力水平。完善公务人员的职业生涯管理。在尊重公务人员的个性和需求的基础上,根据其能力和潜力,指明努力的目标和方向。为其预留和创造个人发展空间。

(4) 提高公共部门绩效管理的准确性和科学性

绩效管理是一项战略导向的系统工程。绩效标准的设置、指标体系的构建是绩效管理的核心,应注重过程和结果的有机结合,控制和激励并重,运用多种方法和技术,提升绩效管理水平。目前,我国公共部门绩效考核的重点和难点是要设计定性与定量相结合的科学评价体系:①公共部门绩效考核的科学性建立在严格的工作分析基础上,必须健全工作分析和职位说明书,依此制定出适合于不同层级、不同职位的考核标准;②当前必须重视量化考核指标的设置,强化考核指标的可度量性和可操作性,减少考核中的主观随意性;③公共部门绩效考核主体不仅应该包括上级、同级,还应包括下级和广大的服务对象,增加考核主体的范围和参与程度;④克服考核人员在评估过程中的各种心理因素的影响,如首因效应、近因效应、晕轮效应;⑤注重结果运用和绩效改进,建立完整的绩效管理信息系统,并将考评结果反馈给被考评者,以改进以后工作的绩效;⑥公共部门绩效考核还可以尝试把部门作为一个整体考核,这样可以激发团队的合作力,有利于部门目标任务的完成,从而促进组织的整体目标的实现。

(5) 加强公共部门激励机制的水平和有效性

激励机制的建立主要是要坚持公平、公正的原则,目的是要通过激励机制在公共部门内部建立公平的竞争机制,并且充分尊重和满足各类人才自我发展的需要。为此,要改革我国公共部门的薪酬制度,改革的主要目标是让公共部门工作人员的待遇与经济社会发展水平相适应,并且要体现出实际的工作成绩、工龄因素等对薪酬待遇的影响,发挥待遇的激励作用。要建立起有效的绩效评估机制,改革现有的考核手段,建立科学的考核指标体系,使评估手段科学化,并且要实现绩效评估结果与实际待遇和晋升机制的切实挂钩,发挥绩效评估和晋升的激励作用。要逐渐实行竞争淘汰机制,这样不仅可以选贤任能,还可以激发组织成员的工作激情和危机意识,使其成为工作的内在动力,以此实现竞争激励的作用。此外,公共部门还应加强对组织成员的职业生涯规划,有计划地为组织成员提供相应的培训机会和轮换岗位的机会,培育组织成员的自我激励机制,使其将自身目标与组织目标结合,自觉投入到组织工作当中,实施自我监督、自我管理、自我评价和自我控制。

(6) 采用新技术提高公共部门人力资源管理的效率

随着计算机和网络技术的广泛运用,公共部门人力资源管理可以运用多种高新技术,组建计算机网络信息系统,对人力资源实施科学管理。新技术的运用使得信息的传递变得快捷,沟通反馈效果得以改善,使人力资源管理中的招募、培训、日常管理等事务性工作以及信息搜集工作降低了成本,提高了速度,使得人力资源管理工作变得更加有效。从公共部门人力资源管理的角度出发,用数据库将几乎所有与人力资源相关的数据,包括从笔试、面试开始到离职或退休整个周期的人事信息统一管理起来,形成完整的信息库。完备的信息系统可以实现人力资源管理的科学化,使人力资源管理人员得以从繁重的事务性工作中解放出来,把精力投入到更富有挑战性和创造性的人力资源开发工作中,从战略和宏观的角度考虑组织的人力资源建设。

三、公共信息资源管理

信息、物资、能源三者共同作为现代人类社会赖以生存和发展的基础。其中,信息居于首要地位,这足可以看出信息在现代社会中的作用愈加重要。尤其是在经济全球化的信息时代,公共信息资源的开发利用更加成为政府改进公共管理的重要内容与有效手段,政府成为公共信息资源管理的核心及主导力量有其合理性和必然性。

(一) 公共信息资源及其特征

信息一般是指消息、情报、指令、数据、信号等。信是指信号,包括数据、指令、符号等;息是指消息,包括情报、知识等。信号和消息的总和就是信息。

信息资源是信息活动中各种要素的总称,分为狭义和广义两种。狭义的信息资源是指信息本身,即人类社会经济活动中经过加工处理有序化并大量积累的有用信息的集合,包括文字、声像、印刷品、电子信息、数据库等;而广义的信息资源还包括与信息相关的人员、设备、技术和资金等各种信息活动中的相关要素资源。

公共信息资源是相对于只有局部范围内人们可享用的私人信息资源而言的,是在一定时间、空间意义上的社会公众所共同拥有和可能享用的信息资源,包括以政府为主体的一切负有公共事务管理职能的组织在行政管理过程中生产、拥有并使用或者有权获得的所有信息。可见,公共信息资源属于公共物品范畴,主要特征体现在以下几个方面:

(1) 动态性。任何信息资源都不是静止不变的。公共信息资源的动态性一方面体现在一定的时空界定上;另一方面公共信息资源的公共物品属性也因其公益性程度及划分边界等条件随时变化。这些信息只有与政府管理活动联系起来时,原有的信息才称得上是政府公共信息,这也决定了政府公共信息资源管理的内容是充满了变化的。公共信息资源无时不处于动态的变化之中,动态变化成为公共信息资源的存在方式。

（2）复杂性。随着公共管理领域的不断扩展，信息空间的范围逐渐扩大，信息结构复杂，总量激增。此外，信息技术更新迅速，公共信息获取传递的渠道多样化，政府的相关公共事务日益膨胀和复杂化。同时，社会公众参与公共信息资源开发建设的积极性、主动性高涨，这些都决定了公共信息资源的复杂性。

（3）系统性。虽然公共信息资源表面上看似杂乱无章，但作为一个系统，其内部始终是无序与有序的高度统一。其有序性主要体现在系统内的信息是按照某种相互联系的形式有规律地排列着，如按照传递的路径、按照涉及的内容以及作用范围等进行分类。

（4）开放性。公共信息资源系统具有广泛的社会覆盖面，该系统不断与外部环境进行物质和能量交换，如与其他组织、企业、社会非营利组织的合作等都可以促使新的信息以及新的信息传播方式产生。同时，系统内的循环运动也会相应地通过其自身管理结构的完善向社会输出具有高附加值的信息资源和高效率的管理模式。

（二）公共信息资源管理在公共管理中的意义

1. 公共信息资源管理及其主要内容

公共部门的信息资源管理是公共管理的重要领域，是构建公共信息系统的过程，指对信息活动中各要素的全面管理。它把信息、信息生产者和信息技术三要素按一定的原则进行配置，构成一个信息系统，降低成本、提高效率，使组织运作更为有效。通过对公共信息诸要素的组织和运作，使之达到为公共管理服务的目的。

公共部门的信息资源管理以电子计算机和网络为中心，其主要内容包括：运用电信、缩微复制、声像等技术和手段进行信息的收集、储存、加工和传递；信息收集、整理、优化配置、合理利用；对信息工作人员的管理，进行职责教育与技术培训；信息资源管理所需基础设施的建设和维护，信息技术的开发与信息系统的建设，信息资源的安全管理等。[①]

2. 公共信息资源管理在公共管理中的意义

公共管理更依赖于信息。从某种意义上讲，政府本身就是"信息处理企业"。学者科恩提出：公共组织与私人组织相比，所面临的问题更为复杂，公共组织面临更为复杂的决策环境，公共规划与政策更易引起人们的广泛关注并引起更大的政治冲突。只有那些私人市场不能应对的复杂、困难的问题才会进入公共的议程。因此，公共部门对信息的需求要比私人部门大得多。这样也可以解释为什么公共方案过于谨慎而且步调比较慢。据此，成功的信息管理对于公共部门来说是绝对需要的和不可缺少的。[②]

---

① 李军鹏：《公共管理学》，248 页，北京，首都经济贸易大学出版社，2005。
② 张成福、党秀云：《公共管理学》，243 页，北京，中国人民大学出版社，2001。

(1) 信息资源管理有利于提高公共决策的科学性和准确性

信息技术的发展可以扩大信息的来源和增大信息的获得量,使得公共决策者可以在更为充分了解决策所需信息的前提下进行决策,有助于提高公共管理者对问题的判断和解决问题的能力。这样可避免靠经验决策和信息不完备导致的盲目决策,改善决策者的有限理性,提高公共决策的科学性和合理性。

(2) 信息资源管理促进了公共组织变革

组织结构是公共部门组织结构的主要模式,它的弊端在于对外界环境变化的适应能力较差,而且会压抑组织成员自身的全面发展。现代信息技术通过加强操作执行层与高层决策者直接沟通,管理幅度得以增宽,逐步缩减以致最终取消中间管理层,从而使公共部门的组织结构扁平化。这一发展趋势对于公共管理部门机构改革有着重要的启发意义。

(3) 信息资源管理提高了公共组织的行政效率

现代信息技术的采用降低了信息传输和加工处理的时间成本、人力成本,使公共部门的工作效率大大提高。如决策支持系统(DSS)、电子会议系统(EMS)、动态网络计划等先进的信息技术可大大提高公共管理的工作效率,同时降低公共部门的行政成本。

(4) 信息资源管理提高了政府的社会回应力,扩大了公民参与范围

各级政府的信息数据库建设和政府电子政务的开展提高了政府工作的透明度,有利于勤政、廉政建设。各级政府网站建设成为便民服务的窗口,帮助人们实现足不出户便可完成政府各部门的办事程序。政府机关借助现代信息和通信技术建立政府组织间、政府与社会、政府与企业、政府与公民之间的广泛的沟通网络,及时传达政府的施政意图、方针与政策,反映公民的要求和呼声,提高政府的反应能力和社会回应力。

(三) 推进公共信息资源管理的基本策略

1. 公共信息资源管理的原则

(1) 突出公共性

公共信息资源具有公共物品属性,因此必须坚持公共信息资源的公共性,推行信息公开。政府作为公共利益的最大代表,不能利用公共信息资源谋取自身利益。公共信息寻租行为必须得到有效遏制,主动开展面向公众的公共信息服务是政府坚持公共性的重要途径。

(2) 及时反馈

信息的反馈机制是把信息通过信息系统输送出去,把信息作用结果返送回来,并对信息的再输出发生影响的过程。信息反馈贵在及时,这是由其时效特性决定的。尤其是政府对有关民生的重要信息必须及时反馈。随着全球信息化的发展,信息的种类、数量

有了极大增长,这更要求对行政信息的捕捉要快、要广泛,加工、传递也要高节奏、高效率。

(3) 公平优先,兼顾效率

公共信息资源的公共利益取向和共享性特性决定如果公共信息资源过度使用或滥用,将因缺失公平而畸形发展。因此,为了保障社会的信息秩序和信息公平,政府必须对公共信息资源的过度使用和滥用行为加以严格的限制。此外,目前我国在公共信息资源管理方面还缺乏强有力的管理协调机构,各级行政组织各自为政、低层次大量重复建设等问题不断出现,造成信息资源的浪费。

2. 推进公共信息资源管理的策略

目前我国政府的信息化建设取得了一定进展,重点行业的信息化建设取得了明显成效;政府网站体系初步建立;网络化服务也取得可喜的成果,主要体现在办公业务网、办公资源网、政府公众信息网等方面的建设,提高了政府系统的工作效率和服务质量。尽管如此,我国的公共信息管理水平与美国、欧洲一些国家相比差距还很大,尚有很大的提升空间。加强公共信息资源管理还要进一步做好以下几项工作:

(1) 提升公共资源管理系统各要素的整体水平

公共资源管理系统是由信息、人、载体和技术等要素构成的。发达国家在政府信息资源管理上的投入是不遗余力的,也取得了显著的成绩。目前我国公共资源管理水平参差不齐,许多领域管理技术相当落后,而且现有政府公共信息服务水平的地区间差异导致社会公共信息资源分配的不平等。加强公共资源管理水平,首先要制定科学的政府信息资源管理标准和规范。提高相关管理人员的综合素质,对他们进行职责教育与技术培训。加快现代信息技术在公共信息管理方面的应用,包括信息管理的系统方法、系统工程方法以及信息处理的网络技术、检索技术等,使用现代信息技术是提高信息管理效率不可或缺的条件。加强信息管理的基础设施建设、提高信息安全的防护是信息资源管理的重要任务。

(2) 建构公共信息资源多元化的管理体制

随着公共信息资源管理主体趋向多元化,涉及多方主体参与的管理活动的管理体制的建构也应多元化,即构建一个政府主导、第三部门辅助、企业积极参与的公共信息资源管理综合体系。

以往人们认为,政府信息资源作为公共物品只能由政府提供,其他部门不可能也不允许介入。这种认识其实是思维和政策选择上的误区,这种认识误区致使政府信息资源管理的低效率状态长期得不到根治。究其原因,是垄断造成竞争意识缺失。诺贝尔经济学奖获得者弗里德曼(Milton Fredman)认为,政府公职人员是在"用别人的钱,办别人的事"①。现在人们已经普遍认识到,解决政府信息资源开发利用效率低下问题的关键是:打破政府垄断,引进竞争机制。要引进竞争机制,就必须实行政府信息资源开发利用主体多元化,允许非政府部门参与政府信息资源的开发利用。也就是说,为了提高政府信息资源的开发利用效率,有必要实行市场化、社会化的开发利用策略。同时,社会公众对公共信息个性化、多样化需要的增加,也必然需要实现公共信息资源管理主体的多元化。

随着当前社会公众对公共信息个性化、多样化要求的增加,这与政府对公共信息垄断、单一的开发利用模式之间的矛盾将越来越突出,应公共信息资源开发利用中引入竞争机制,构建多元化的管理体制以满足公众的不同要求。但是,在政府公共信息资源开发利用中引进竞争机制,竞争主体在经济利益的驱使下,容易作出只顾效率、不顾公平的行为,致使公众利益受损。为了避免出现这种情况,政府必须采取适当的经济、法律、行政等手段,对竞争主体的行为施以严格的政府规制。②

(3) 建立、健全政务公开制度

公共信息资源是一种典型的公共物品,政府是最主要的制造者、拥有者和使用者。政府有义务公开信息,社会公众也有权利要求政府开放信息。这首先是基于法理的要求,是为了保障公民的知情权。知情是公民参与民主决策的基本前提,因此,为了最大限度地保障公民的知情权,除了危及国家安全、社会秩序和公民隐私权的信息之外的其他信息都应全面公开。要按照规定的制度和程序,对应该公开的事项采用方便、快捷的方式及时公开。

建立、健全政府信息公开制度,把政府信息公开纳入制度化轨道。政府要打破自己的信息垄断地位,并制定约束和规范自身的信息公开制度,包括审核备案制度、评议制度、责任追究制度和社会监督制度等,把信息公开作为政府建设的一项基本任务完成,努力提高政府机构政务活动的透明度。由主观行政转变为依法行政,由暗箱行政转变为公开行政,拓宽公众参与渠道。对政务信息公开的范围、内容、程序和途径等要有明确要求,有法可依、有章可循,通过立法形式确立政务公开的制度。这也是建立、健全惩治和预防腐败体系,形成行为规范、运转协调、公正透明、廉洁高效的行政管理体制的重要内容。

《中华人民共和国政府信息公开条例》(以下简称《条例》)于 2008 年 5 月开始施行。《条例》是推进社会主义民主、完善社会主义法制的重要举措,是提高科学执政、民主执政和依法执政能力的必然要求,是建设行为规范、运转协调、公正透明、廉洁高效的行政体

---

① 王红玲:《当代西方政府经济理论的演变与借鉴》,227 页,北京,中央编译出版社,2003。
② 蒋永福:《论公共信息资源管理——概念、配置效率及政府规制》,载《图书情报知识》,2006(5),14 页。

制的重要内容。认真贯彻施行《条例》,保障公民、法人和其他组织依法获取政府信息是行政机关的重要职责。各级地方政府应依此为依据,切实做好落实《条例》的制度规范和相关配套设施,积极推动信息公开工作。

(4) 树立积极的服务理念

对公共信息资源的管理体现在运用公共信息资源服务于组织行政目标的实现和社会公众需求的过程中。目前对于公共信息资源的管理还存在不平等服务、强制服务和不对称服务问题。不平等服务是指对待不同用户在服务的态度、服务内容以及服务的时效性等方面给予不平等的信息服务。强制服务是因为政府行为具有强制性,同时政府管理系统庞大复杂,政府公共信息服务不可避免地是面向社会公众提供整齐划一的服务,无论是哪种层面的社会公众,无论其是否需要和认可,都会进行强制性的信息传递和灌输。不对称服务即政府在不了解其他社会组织、企业和公众想法的情况下,按自己的臆断为公众确定服务方式、提供信息内容。例如要求在信息化基础十分薄弱的贫困地区开展公共信息的网上公开,在应对灾害、疫情等危机时的信息沟通不畅等。①

(四) 电子政务建设

从世界范围看,推进行政管理的网络化、自动化、电子化、数字化以及由此所带来的全面信息共享已经是大势所趋。世界各国都把推进国家政府信息化作为工作重点,希望通过信息技术应用改进政府组织,重组公共管理。中国政府于1999年开展"政府上网工程",电子政务得到了较快的发展。

1. 电子政务的概念与特点

所谓电子政务,就是政府机构应用现代信息和通信技术,将管理和服务通过网络技术进行集成,在互联网上实现政府组织结构和工作流程的优化重组,超越时间和空间及部门之间的分隔限制,向社会提供优质的、全方位的、规范而透明的、符合国际水准的管理和服务。电子政务是新型的、先进的、革命性的政务管理系统。电子政务并不是简单将传统的政府管理事务原封不动地搬到互联网上,而是要对其进行组织结构的重组和业务流程的再造。因此,从管理上讲,电子政府与传统政府有明显的区别。

从对定义的分析可以看出,电子政务具有以下特点:

(1) 在电子政务的概念中,核心内容是政务,即政府的两大职能——管理和服务,电子政务只是提高政府行政效率的手段。

(2) 电子政务是对政府组织结构和流程的优化和重组,不是简单的流程电子化。

(3) 电子政务提供跨越空间、时间和部门限制的沟通和协作渠道,用于提高政府的

---

① 夏义堃:《解读政府公共信息资源管理》,载《图书馆论坛》,2007(2),102~103页。

管理水平和服务水平。

2. 电子政务发展的客观必然性

(1) 计算机和网络技术的发展为电子政务的实现提供了现实可能性

互联网有几个非常重要的特点：①多中心,而不是一个中心；②开放式,资源共享；③既允许差异又允许统一。其服务本质通过快速的信息交流、信息获取和资源共享等途径实现。政府的平台和政府的服务在某种意义上与互联网的本质特征相关,通过互联网行使政府的功能,这两者能够结合到一起。

(2) 电子政务是信息时代飞速发展的必然要求

20世纪90年代以来,伴随着信息技术特别是网络技术的飞速发展,信息化成为各国普遍关注的一个焦点。在国家信息化体系建设中,政府信息化又成为整个信息化中的关键。国外"信息高速公路"建设是从20世纪70年代开始的,到20世纪90年代末期,由于信息网络技术的快速发展和信息基础设施的不断完善,电子政务的发展进入快车道,突破了部门和地域限制,开始向交互性和互联网方向发展。

(3) 政府的大力倡导为电子政务的发展提供了主观条件

发达国家推动电子政务的发展普遍与政府改革紧密地结合。近20年来,发达国家普遍进行了大规模的政府改革运动：减少政府对市场的干预,放松政府对社会、市场的管制；削减名目繁多的规制,简化政府管理的行政流程；在政府管理中引入市场机制,推行公共服务市场化；使政府职能向社会转移,更多地发挥非政府组织或民间组织在公共管理中的作用；优化政府组织结构,裁减机构和人员,削减财政开支；将政府的决策和执行功能分离,加强对政府的绩效评估,提高政府管理透明度等。在经济全球化和信息技术飞速发展的历史条件下,发达国家不仅高度重视政府治理的变革,更加注重运用信息技术改造传统的政府管理方式,把巩固改革成果与推动政府信息化、发展电子政务有机结合起来,收到了显著效果。

3. 电子政务的内容及其功能

(1) 电子政务的内容

电子政务的内容非常广泛,国内外有不同的内容规范。根据政府所规划的项目来看,电子政务的内容主要包括以下几个方面：

政府间的电子政务是上下级政府、不同地方政府、不同政府部门之间的电子政务,主要包括以下内容：电子法规政策系统、电子公文系统、电子司法档案系统、电子财政管理系统、电子办公系统、电子培训系统、业绩评价系统等。

政府对企业的电子政务是指政府通过电子网络系统进行电子采购与招标,精简管理业务流程,快捷迅速地为企业提供各种信息服务,主要包括：电子采购与招标、电子税务、电子证照办理、信息咨询服务、为中小企业提供电子服务。

政府对公民的电子政务是指政府通过电子网络系统为公民提供的各种服务，主要包括：教育培训服务、就业服务、电子医疗服务、社会保险网络服务、公民信息服务、交通管理服务、公民电子税务、电子证件服务等。

（2）电子政务的功能

从电子政务与政府行政管理关系的角度分析，电子政务主要有以下几大功能：

① 实行电子政务有利于简化行政环节和办事程序，提高行政效率，降低行政成本。在传统方式下处理行政事务，需要层层审批，通过很多部门最后到达职能部门，办理结果反馈又需要一定周期，群众费时费力，有些事情没等解决就已经过了时效。实行电子政务，公众可以用交互式的方式直接将要求、意见和建议反映到有关职能部门。实行电子政务，政府提高了信息资源的获取能力，预先将各种证明或文件电子化，建立起统一的信息资源库，提高办事效率。

② 实行电子政务能够提高政府政务信息公开的绩效水平，有利于廉政、勤政建设。政务信息公开的绩效体现在公开内容的全面性、实效性、准确性与完整性四个方面。实行电子政务，可以使更多的政府信息向社会公众公开，公众可以直接了解政府工作进程和工作业绩，监督政府行政。同时，政府在制定政策、作出重大决策过程中，也可以通过网络听取公众意见和建议。通过电子政务拓宽各种公众参与渠道，不仅能够体现出参政议政的效果，同时能够评估政府是否能够保证公众的意见和建议得到及时处理与反馈。

③ 实行电子政务改善了政府管理模式，从传统的集权管理向集散管理转变。目前我国政府管理的模式基本上是按区域、级别、职能划分，自成一体，相互之间信息沟通阻滞，无法应对全球化背景下的政府管理要求。实行电子政务后，传统的金字塔式瘦长型的组织结构将改变为扁平化的网络结构。借助网络，政府部门的上下级之间以及政府部门与社会公众之间的信息能够畅通、迅速地进行双向传递，实现广泛民主形式下的集中管理的有机结合。网络使每个人享有同等的知情权和提请权，建立在广泛协同基础上的集散管理有助于推动社会的民主进程。

4．电子政务建设的对策

目前世界各国正在加快发展电子政务。电子政务在提高政府工作效率、改善公共服务、提高政府工作的透明度和民主化中发挥着越来越重要的作用。早在1992年，国务院办公厅就提出建设全国行政首脑机关办公决策服务系统的目标和具体实施方案，并在全国政府系统推行办公自动化。2001年，国务院办公厅又制定了全国政府系统政务信息化建设的5年规划。最近几年来，我国的电子政务建设开始向更高层次发展，许多地方政府都将国民经济和社会信息化作为社会发展规划的重要内容，其中电子政务的建设被列为数字化城市建设的核心内容之一。专业化的政府服务网站日益增多,服务内容更加丰富,功能不断增强,互动性得到很大提高。

尽管电子政务建设取得了一定的成绩,但是我国现阶段电子政务建设还存在许多的障碍,如政府内部事务处理尚未网络化,难以支持网络化服务;网络普及率仍很低,政府即使开展网络化服务,仍不能让大众普遍享受;电子政务是在市场机制已经初步建立但远未完善的条件下开展的,市场监管、信用体制等亟待建立或加强等。

电子政务不是一个技术项目,而是一个引领变革的工程。电子政务的最终目标是构建信息时代的政务。因此,在我国,在当前和今后一段时期内,电子政务建设应侧重以下几个方面。

(1) 明确电子政务建设的目标

我国政府信息化的建设目标在于:在政府管理领域普遍有效地利用现代信息和通信技术,建立一个有效率的、有反应力的、开放的和服务导向的政府。发达国家在确定电子政务目标时,把电子化服务作为重要的衡量指标。他们认为,在电子化政府战略中,如果没有为公民服务以及运行效率衡量目标,电子政务的发展就将是失败的[①]。电子政务建设的目标应该是:促进政府信息公开、流通以及普及应用;支持政府政策制定和科学决策,以提高政府的政策规划和决策能力;提升政府对公民的服务水平和服务质量;促进政府改革,提高政府效率。

(2) 加强政府有效监管能力

国家着手研究、制定政府信息公开以及其他相关的法律制度。对政府信息公开的原则、公开的标的、公开的方式、请求人、适用机关、例外条款、请求公开的处理程序、信息获取的费用以及救济制度作出明确的界定。制定涉及政府信息公开的法律制度。满足人民的知情权,便利人民监督政府施政,强化政府部门信息流通进而提高行政效能。

(3) 推动政府信息和通信网络的发展

推动国家信息基础结构(NTT)的发展,加速国家信息化的步伐:经过一段时间的发展,将政府、企业、社会组织和公民联结在一起,以便整个社会彼此分享信息;以互联网络为基础,建构政府信息服务骨干网络 GSN,在骨干网络上提供电子窗口、电子目录、电子邮寄、电子新闻、电子民意箱等基本服务;发展和建设政府机关内部的局域网应用环境,提供各级政府人员建设和发展电子化政府的系统平台,作为取得政府信息化服务系统及信息设施等。进一步加速传统媒体与政务微博客、政府网站以及移动政务客户端等新兴政务平台应用的综合协调与互动。

---

① 资料来源:中国网 http://big5.china.com.cn/index.htm,《中国电子政务发展研究报告(2003)》。

(4) 提高政府工作效率，提升行政服务水准

政府信息化或电子化政府的基础在于政府业务的电子化，即改变传统的政府机关的办公方式和手段。传统的办事方法、公务处理及事务管理皆可通过现代信息及通信技术加以改变。参照国外发达国家的经验，我国政府业务的电子化，应着重加强电子公文、电子邮寄、电子采购、电子法规、电子税务、电子工商管理以及电子公共事务等方面的建设。对于地方政府，特别是最接近居民大众的基层组织，应更多地强调开展服务。《中国电子政务发展报告（2009）》的主题是：加强政府信息资源开发利用，着力推进服务型政府建设。报告重点围绕政府信息公开与信息共享，探讨如何将信息资源开发利用与政府网站、网络和业务系统建设密切结合，使信息资源真正成为政府履行职能、提高行政效率的重要手段。

(5) 建立、健全政府信息化组织和协调运作机制

政府是信息资源的最大拥有者和使用者，对政务信息资源的开发利用是政府进行科学决策的前提和基础，也是政府信息能力的集中体现。需要建立科学合理的管理机制，有效使用电子政务信息资源，提高信息利用的程度，以满足公众对政府管理和政府服务日益攀升的需求，从而提高整个社会信息资源的使用效率。国家应设立政府信息化运作的议事协调机构，负责统一领导、规划、协调全国政府信息化的工作。地方政府设立承担政府信息化职能的机构，积极研究与探索政府信息化实施的新机制。

(6) 加强公务员现代信息和通信技术的教育和培训

从一定程度上讲，公务员的信息素质以及应用能力的高低是政府信息化能否落实的关键。适应政府信息化发展的需要，每一位公务员除了必须具备基本的电脑操作以及应用能力外，也要为适应信息时代的到来，依其专业性质和业务需要，具备较高的信息网络应用的相关能力，这样才能成为一名符合信息时代要求的公务人员。加强公务员教育和培训：将信息网络应用能力作为考试、录取以及培训的内容之一；加强对政府机关管理者进行信息管理培训，以利于政府信息化的拓展；整合政府、学校各种资源（培训机关），配合政府信息化的发展，不断开展信息化的教育和训练。

(7) 加速政府的业务流程再造

电子政务推行的初衷是促进政府行政与服务效率的提升，电子政务不是一个简单的政府上网工程，而是一个引领变革的系统工程。电子政务应用系统设计者在改进政府为企业和居民服务的同时，必须对政府的业务流程进行重新设计，对政府的结构进行重组，在电子手段的帮助下简化政府与企业、政府与居民互动的程序，降低而不是增加政府业务运行的成本。只有对政府业务流程彻底改造，与现代化高科技手段以及配套的政策法规进行有机组合，才有可能达到变革和改造现有政府形态的目的。

(8) 加强信息安全保密工作

首先,应健全信息安全保密制度。据有关专家估计,信息网络上的安全问题80%以上是由于制度不健全引发的,建立、健全相关责任制和规范管理是加强信息安全保密的必要手段。其次,建立安全认证中心,保证信息传输安全,对不同的应用网络进行逻辑隔离和物理隔离。最后,建立网络安全紧急反应及处理机制,协调政府机关处理信息安全管理事件。采取有效的技术手段,建立统一的电子政务安全保障体系,加强对政府内部信息网络系统的监控。

四、自然资源管理

作为人类生存发展的基础条件,自然资源不仅在数量上是有限的,而且地区间的资源分布具有明显的差异性。通常,为了减少或消除这种差异带来的不良后果,在一定范围内,自然资源的合理开发、使用等方面必然要求公共部门的积极配置与协调。

(一) 自然资源管理时代主题

1. 自然资源概述

自然资源是指能够为人类生存发展产生经济价值、增益造福的那部分自然环境的总和,也可以说是能被人们开发利用的那部分自然环境。

通常,按照能否恢复或更新,人们将其划分为不可再生资源和可再生资源两类。不可再生资源是人类开发利用后逐渐减少以至枯竭,在现阶段不可再生的自然资源。主要指经过漫长地质时代形成的矿藏,包括金属和非金属。可再生资源是指可以通过天然作用或人工经营使之得到恢复和更新,能为人类反复利用的各种自然资源。主要有土地资源、水资源、气候资源、生物资源等。

自然资源具有公共物品属性,这也是其作为公共资源的本质。主要体现在:①自然资源作为公共资源具有公共性,其所有权不属于某个人,而是属于部分成员或全体成员所有。它同时存在多个使用者,每一个使用者不存在竞争性,具有公共性质。②自然资源作为公共资源具有不可分性、整体性。这就决定公共资源如受到破坏,将影响公共资源的整体价值。③自然资源作为公共资源,其价值具有社会性和间接性。评价公共资源价值不仅偏重于其经济价值,更重要的是偏重于其公共资源的社会价值。④自然资源作为公共资源具有一定的外部性。一旦公共资源遭到破坏,对其他使用者来说会产生一种额外支出。⑤自然资源作为公共资源,在使用上还具有非排他性,一个使用者使用公共资源应该不会引起另一个使用者的效用的减少[①]。

我国自然资源总量丰富,但人均占有量极少。我国山地多,平地少。森林类型和树种繁多,但森林覆盖率低,仅为12‰,森林分布不均,森林资源急切需要做好管理保护工作。全国现有可利用的草原为33亿亩,目前由于农牧民缺柴,用草做柴烧引起草原退化相当严重。我国平均每人占有地表水资源约2 700立方米,居世界第88位。从水资源总量和人均占有量来看,我国水资源并不丰富,处于缺水状态,全国许多地方用水告急。我国是世界上矿种比较齐全、矿产资源丰富的少数几个国家之一,但是在矿产资源开发利用中乱采乱挖,采富弃贫,造成严重资源浪费。基于以上情况,我国公共部门在自然资源的分配与使用上应升级管理水平,不断提高自然资源的使用效率,做到最小消耗与最大产出有效结合,实现在自然资源使用上的可持续发展。

2. 自然资源管理

自然资源管理是社会公共部门运用政策制度、科学技术、社会经济规划和有关法律、法规等对自然资源的开发、使用、保护等环节进行有效管理,促进其合理开发利用,提高资源利用的经济、社会和生态效益,实现资源利用的可持续发展。可见,自然资源的管理具有独特性,主要体现在以下几个方面。

① 广泛性。自然资源管理的地域范围涉及有资源的各个地方,包括空间、地表、地下所有天然存在的各类资源。

② 紧迫性。当今自然资源遭到严重破坏,生态失调,环境污染严重。全球面临的资源危机已经危及全人类的生存,是亟待解决的问题。这也说明了加强自然资源管理的紧迫性。

③ 艰巨性。自然资源遭到破坏,生态失衡,是长时期累积的结果,几十年上百年难以恢复。因此,我们所面临着的自然资源管理工作是十分艰巨的,一定要抓紧此项工作,保护我们赖以生存的自然环境。

④ 复杂性。我国幅员辽阔,各地的自然资源情况复杂多样,需要针对不同情况实施不同的管理措施。此外,由于历史的原因,以及各地经济、社会发展的不平衡,人们对于自然资源管理的认识也是千差万别,这都给公共部门对自然资源实施管理带来不便。

3. 公共管理过程中面临的自然资源问题

公共部门面对的各类资源管理问题中,自然资源方面的问题占有较大比重。在工业化社会以前,各种资源大量存在,人们没有感到它的稀缺性。随着工业化带来的经济飞速发展,科技的进步以及人口的剧增,自然资源的稀缺性日益显著。人类发展对于资

[①] 楼惠新、王黎明:《论公共资源开发中的参与式管理问题》,载《中国农业资源与区划》,2002(5),36页。

源需求的无限性与自然资源的有限性之间的矛盾随着经济社会的飞速发展逐渐凸显出来。生态系统失调、自然资源锐减、环境污染严重以及能源紧缺等问题,已成为人类面临的重大社会经济问题。以我国为例,劣质耕地面积增加,优质农田面积减少。由于受耕地资源质量的限制和优质耕地数量不断减少,在农业科技没有重大突破的情况下,这种情况将直接威胁我国粮食安全。水资源问题日益严重。水资源对社会经济发展的制约作用逐步加大,一方面表现为资源型缺水问题突出,缺水程度加剧;另一方面水污染加重,水质型缺水范围扩大。随着水资源利用总量的不断增加,废污水排放总量也随之增长。水资源不合理利用导致生态环境恶化[①]。如果这种情况得不到有效解决,必将严重制约我国社会经济发展。

目前,世界各国尤其是众多的发展中国家为发展本国经济,过度消耗自然资源,出现了自然资源,特别是森林和土壤的退化,加剧了大气变暖、水灾、沙漠化和淡水资源枯竭等全球生态危机,发展中国家和地区绝大多数居民受到生存威胁。在我国现代化建设进程中,也正面临着人口、粮食、资源、能源、环境五大生态经济问题的严重挑战,其中最核心的仍是资源问题。这是由于自然资源是现代化建设的物质基础,人类对粮食、能源等需求量的日益增长,必然给自然资源带来巨大的压力。环境污染和生态失调等问题实际上也都是自然资源的浪费与不合理的开发利用带来的后果。据有关资料报道,1953—1985 年,我国国民收入增长 9.1 倍,能源消耗增长了 14 倍,有色金属和铁矿的消耗增长了 23 倍以上。目前,全国每年因环境污染造成的经济损失高达 360 亿元。严峻的现实已经为我们敲响了警钟,我们必须以负责任的态度对待自然资源的管理问题。

可见,在现实中,对于自然资源的利用与再造已经成为公共资源管理过程中所面临的困境。如何把资源保护与合理开发利用紧密地结合起来,争取更大的经济效益,已成为 21 世纪世界各国经济持续发展的根本问题,同时也是实施自然资源管理的公共部门面临的核心问题。

(二) 西方国家自然管理的模式和成功经验

1. 国外自然资源管理模式

由于资源条件的不同、各国管理制度和社会发展水平的差异,在自然资源管理模式上很难找到完全相同的国家。学者总结国外经验,将自然资源的管理模式概括为以下三种基本类型。

(1) 集中管理模式

此模式是将土地、矿产、森林、海洋等主要资源由中央政府的一个部门统一、协调管

[①] 宋建军:《我国自然资源开发利用的成就和问题》,载《资源开发与市场》,2004(20),180 页。

理,如美国、加拿大、俄罗斯即采用此法。这些国家对各种自然资源的认识和利用有个渐进的过程。最初对自然的索取非常有限,随着人口的增加和经济社会的发展,人与自然的平衡被逐渐打破,为防止社会的无序使用必须对某些短缺资源的使用加以控制,实行集中管理。资源的开发在这类国家占有重要地位,涉及出口创汇、就业、稳定经济等方面,资源管理部门特别受到政府重视,能够集中多方面力量协调各种关系。在这种管理模式下,国有资源的所有权、管理权和处置权基本一致。另外,社会组织健全和市场化水平较高也是这类国家的共同特点[①]。

(2) 相对集中管理模式

相对集中管理模式是指土地、矿产、海洋、森林、水等主要资源由中央政府部委以下的二级机构管理或由少数专门的部委管理,英国、法国、德国、日本等国较为典型。如法国的经济、财政和工业部统一管理能源和矿产,土地由税务总局的地产管理局管理,海洋资源由海洋国务秘书处集中管理。

这类国家资源缺乏,由于工业高度发达,各种资源需求较大,因而对各种资源的国外供应依赖程度逐渐加大。为保证国民生活质量,政府部门必须组织强有力的机构加强对外交往,最大限度满足国内各方面需要。如日本的综合资源能源调查会是应经济产业大臣的咨询要求,对确保能源以及矿产资源的稳定有序供给,促进资源有效利用的政策进行调查审议。该类协调机构熟悉本国企业和世界同类企业的情况,会对政府政策的制定产生直接影响,起到桥梁作用。

(3) 分散管理模式

分散管理是将土地、矿产、海洋、森林、水等主要资源分别由中央政府的多个部门管理。巴西、智利、墨西哥和印度属于这类管理模式,以印度为典型。

这些国家大多属于发展中国家,资源较丰富,具备向工业化高级阶段迈进的基础。同时资源开发在本国经济中占有较重要的地位。快速发展的工业对各种资源的消耗均表现较突出,资源开发业对国民经济的贡献也较大。政府在资源开发管理中居于主导地位。由于经济发展处于一种起步状态,各类组织机构的作用尚未完全发挥,尤其是生产组织还在向竞争性的市场化迈进过程中,需要完善的地方还很多。因此,政府对经济的引导甚至是主导的作用一时还难以退出舞台,政府对经济的行政干预是必需的手段。同时综合协调机构作用也很大,保证了资源的合理开发利用。上面列举的巴西、智利等国都设有综合协调委员会,该委员会是保证本国资源合理开发利用的重要协调机构。

2. 国外自然资源管理的成功经验

随着经济的发展和社会的进步,尤其是经历了工业化发展的资源急剧消耗,世界上

[①] 周进生:《国外自然资源管理模式及选择动因分析》,载《国土资源情报》,2005(2),1~2页。

许多国家已经意识到资源管理的重要意义。学者们对国外许多国家的资源管理状况进行了详细的研究,借鉴他们的研究成果,得出国外自然资源管理的成功经验主要体现在以下几个方面。

(1) 自然资源的管理机构和职能趋向综合

自然资源综合管理是当前国际上的发展趋势。所谓综合管理,是指以整体的自然资源为管理对象,依据不同门类自然资源的共性以及它们之间的相互关系,运用一体化的综合运行机制,对不同门类的资源统一管理。这种资源的综合管理不是简单的机构合并,而是构成各资源管理机构之间的相互协调,相互掣肘的牵制关系。

由于以土地和海洋为载体的各种资源都不是孤立存在的,各种自然资源相互间存在天然的、密不可分的联系。某一种资源的开发利用必然会给其他资源带来影响,打破原有的平衡。所以在资源开发利用时,必须综合评价资源之间的相互影响。此外,地球表面的资源各有功用,同一种资源也可能存在多种不同的用途,资源间的这些用途可能相互作用,又可能相互竞争,因此最好能统筹规划和管理其所有用途。因此,强化多种资源综合调查评价和规划监督管理的资源管理体制就成为发展的必然趋势。

(2) 自然资源的管理职能向产业管理延伸

产业的本来意义是指国民经济的各生产部门,有时也专指工业。后来随着"三次产业"的划分和第三产业的兴起,推而广之,泛指各种制造提供物质产品、流通手段、服务劳动的企业或组织。自然资源及以其为依托的产业是经济社会赖以生存和发展的物质基础,从产业管理角度,其管理的主要内容包括两个方面:法律、制度、政策层面的宏观管理,产权、市场和价值的微观管理。

在市场经济条件下,资源管理与产业管理是相通的,两者互为基础,互为依托。资源管理是产业管理的基础,产业管理则是资源管理的目的之一(目的之二是资源的保护和生态的保护)。资源是一个抽象的概念,其价值是通过产业活动实现的。在市场经济国家,资源管理在纵向上适度延伸,在走一条资源管理与资源产业管理理性结合的道路。目前还没有发现资源管理与产业管理截然分开的例子。

(3) 自然资源管理日趋与生态一体化耦合

20世纪以来,由于自然资源的过度开发与消耗,污染物质的大量排放,导致全球性资源短缺、环境污染和生态破坏,世界面临人口、资源、环境和经济社会发展失衡的严峻挑战。相应地,在资源管理上,世界各国强调在加强对资源的资产属性管理的同时,开始逐渐注重协调资源开发与生态环境保护之间的关系,并且在管理上两方面表现出综合的趋势。资源管理与生态保护的日趋耦合,首先体现在资源管理观念和理念的转变。先后经历了从可持续发展到理性发展,再到生态安全战略以及循环经济,这些理念几乎无一不与资源的生态问题紧密相连。随着人类社会对资源认识程度的加深,从"狭义的资源观"到资源的"产业观"、资源的"生态观"以及资源的"全球观"的演化,各国政府对资源的管理先后经历了一个从数量管理到质量管理再到顺序开发及至生态管理的发展过程。

工业化推进过程中,生态环境日益恶化已成为世界各国特别是发达国家经济社会可持续发展的制约因素,因此在对自然资源管理过程中,无一例外地加大了对生态环境的保护力度,这些特点从各国的立法、资源管理机构设置及其职能定位上都有所体现。另外,各发达国家从中央到地方还建立了各种环境保护管理部门和监测机构,政府不断加大对环境保护方面的科学调查和环境检测项目的投资力度,从而把生态环境保护工作推进到一个新的发展阶段。

(4) 自然资源管理手段与方式日趋优化

资源调查是资源管理的基础,许多国家成立了专门的调查机构,加强资源综合调查与综合评价。同时凭借自然资源管理的信息化建设推进资源综合管理的实现,世界各国的管理机构都在向信息化方向发展,构建自然资源管理信息系统是许多国家资源管理改革的重要目标之一。优化资源配置,进行综合规划与整治,考虑资源的自然条件,从经济、社会、文化等政策措施的整体观点对其加以综合利用、开发、维护,并使产业获得适当的配置,以提高资源利用的综合效益。

(5) 自然资源管理观念越发理性

西方国家在自然资源管理过程中逐渐形成了理性发展、生态安全和循环经济理念。理性发展强调人类的经济活动与自然环境相协调,强调在资源开发、利用和分配过程中应该考虑子孙后代的长远利益。这是可持续发展理念在资源开发保护领域的具体应用,也是解决当前人类共同面临的环境与发展问题的最优方略。

资源安全是国家安全的重要保障,也是一国经济安全的重要基础,如何为国家社会经济发展提供足够数量和质量的各种自然资源是提高国际竞争力,实现国民经济持续快速发展的首要问题。

循环经济是目前国际社会推进可持续发展的一种经济理念和实践模式,它的核心是最有效利用资源和保护环境。在西方国家,将循环经济发展理念贯穿到区域经济发展、城乡建设和产品生产中已经成为一种趋势,有些国家甚至以立法的方式加以推进,如德国1996年就颁布实施了《循环经济与废物管理法》。

(6) 自然资源管理的制度保证

在现代市场经济国家,资源法系逐渐得到确立,并与产业法系有了一个比较好的融合。同时,各国逐渐确立了资源法系在民法中的地位,已经与民法、商法、行政法、环境法和产业法等各种法律有机融合。立法管理在许多国家都是国土资源与产业管理的一项基本制度。

具有公共物品属性的各种自然资源,尤其是稀缺的自然资源,由于不具备排他性的使用功能,在开发利用时极容易出现"搭便车"和低效率,因此,许多国家采取资源有偿使用和许可证制度。资源有偿使用制度一方面有利于维护自然资源所有权主体的权益,增加政府财政收入;另一方面,通过有偿使用和许可证管理,有利于加强政府对资源使用情况的监督管理,促进自然资源的合理利用与保护。

(三)加强自然资源管理的路径选择

公共部门开展自然资源管理的目标是要促进自然资源的合理开发、优化配置、高效利用,从而最大限度地节约和保护自然资源,实现自然资源的可持续利用。为了实现这个目标,结合我国现阶段自然资源管理现状,今后应着重从以下几个方面进一步加强。

1. 自然资源管理的制度创新

社会主义市场经济的快速发展、现行自然资源管理制度安排的缺陷以及自然资源资产化管理的客观要求,使我国必须尽快对自然资源管理制度进行重新设计和安排,通过一系列的制度创新,促进经济可持续发展。具体来说,我国自然资源管理制度创新主要包括以下几方面。

(1)自然资源产权制度创新

产权不明晰和产权配置不适当被认为是资源耗竭的根本原因。党的十八届三中全会提出要完善产权保护制度。产权是所有制的核心。新制度经济学家科斯和诺斯都特别强调明确的产权对于市场经济的制度安排的重要作用。当前我国应依据市场经济发展对经济体制转变提出的客观要求,修改和完善有关法律,重点是进一步确立自然资源的所有权制度。健全归属清晰、权责明确、保护严格、流转顺畅的现代产权制度。公有制经济财产权不可侵犯,非公有制经济产权同样不可侵犯。这一制度应体现出:在自然资源的所有权结构上表现为多种所有制同时并存,以国家所有制为主体、以集体所有制为补充;明确国有自然资源由中央政府主管部门统一行使所有权职能;明确国有自然资源属于国有资产,自然资源的国家所有制是国有资产制度的一种实现形式;完善自然资源的有偿占有制度,在制度上充分体现自然资源所有权的经济权益;实现由以行政手段为主向以经济手段为主转变的国有自然资源产权转让机制。通过对产权制度的创新与完善,可以突出体现自然资源所有权管理和集中统一管理,管理过程中重视经济手段的作用,能够促进国有自然资源的产权流动性;在明确国有自然资源的所有权、管理权、经营权的界限与相互关系的前提下,使国有自然资源的所有权在制度上既得到充分保证,增强资源的约束,又可以防止国有资源资产的大量流失,保证资源的配置效率。

(2)自然资源使用制度创新

目前我国国有自然资源使用权受到的约束较少,对自然资源无偿开发和利用导致自然资源重采重用而轻保护、轻管理,并使自然资源的综合利用效果差。自然资源使用制度创新应体现以下内容:实行资源有偿使用制度和生态补偿制度。通过使自然资源所有权与使用权分离,资源的有偿占有制决定资源的有偿使用制;提高资源使用成本,改变资源使用的零成本或低成本状况;建立中央政府与地方政府之间规范化的委托代理关系;改变生产增长方式,实行低消耗、高产出的集约型生产增长方式;明确职能分工,划分资源的所有者、管理者以及使用者各自的责、权、利界限,使所有者和管理者对使用者的监督约束的力度增强;改变计划经济体制下主要用行政指令手段配置资源的方式,综合运用经济、法律、行政等手段配置资源,充分发挥市场机制的基础性作用。实行自然资源的有偿开发利用制度可有效地将自然资源的开发利用与生态保护协调统一起来,提高自然资源的综合利用效率。

(3) 资源产业发展制度创新

为了适应世界资源产业发展大趋势,我国资源产业发展制度应着力加强资源产业管理体制建设,组建资源产业管理的政府职能部门,结合我国国情尽快地制定出符合世界资源市场发展趋势的资源产业政策和发展战略与规划。通过对资源市场的科学研究,构建有效的运行模式,充分发挥市场的自发调节作用和政府的宏观调控作用。在这种机制下,资源得到优化配置和有效利用,提高资源产业效率。出台有效管理资源产业的技术经济政策,加快发展生态环保产业等。制度是经济发展的保证,资源产业发展制度创新既能调整和优化产业结构,促进资源产业自身的稳定发展,又能解决资源的再生产和永续利用问题,实现经济、社会、资源环境协调发展。

(4) 自然资源管理的法律、法规与监督问责制度创新

自然资源的管理涉及一系列权力和利益关系的调整,以及新的运营方式下整体协调的问题。国家或地方需要健全和完善管理公共资源的相关法律以及与之相配套的具体实施办法和操作细则;有关立法机构制订管理公共资源的行为宗旨和规范,确定公共资源管理的法律框架,使各项活动有法可依,并努力做到执法必严、违法必究;建立自然资源管理的评估评价体系;对资源的管理过程所涉及的部门、组织、责任人员实行评估评价制度及问责制度,对自然资源管理的目的、计划以及管理过程(包括公共资源的分配、开发、管理以及评估等的结果进行评价以及责任问责);建立对自然资源的评估和信息反馈机制,加强对自然资源管理行为的评估,这种评估的主体应该由社会公众和利益相关者组成。通过自然资源管理的法律、法规与监督问责制度创新,加强监督机制,减少公共资源被滥用的可能性,提高公共资源的正确使用率,减少行政成本,从而提高行政效率。

2. 自然资源管理的治理模式创新

长期以来许多自然资源开发利用中的难题一直困扰着人类社会,例如如何有效地

对资源进行管理；如何避免"公地悲剧"的发生，控制"搭便车"的行为；如何实现自然资源永续利用，促进社会整体利益或公共利益的最大化。选择有效的自然资源公共治理模式是解决这一问题的办法。

(1) 政府集权治理模式

健全自然资源资产产权制度和用途管理制制度。政府是公共资源管理的重要主体，发挥着积极的作用。政府运用强制性的公共权力对资源的生产和消费过程实施控制，对各种滥用公共资源的行为进行监管和处罚，强化对公共资源的保护，建立完善的公共资源保护体系，通过完善政策法规制度引导和激励全社会参与公共资源的保护，推进政府与社会的合作治理。

(2) 市场机制治理模式

新制度经济学家科斯指出：在本质上，经济学是对稀缺资源产权的研究。一个社会中稀缺资源的配置就是对使用资源权利的安排。在产权经济学看来，市场交换是分配财富的最有效的机构，也是资源分配的最有效途径。建设统一开放、竞争有序的市场体系是使市场在资源配置中起决定性作用的基础。市场机制之所以能够有效配置资源和供给物品，是由于其中"看不见的手"对市场中的各种行为主体起到的利益激励与约束作用。自然资源市场机制的治理模式主要是运用市场的价格变化、供求关系与竞争法则等管理公共资源，最终达到公共资源配置效率的最大化。

(3) 自然资源的社区治理模式

自然资源的传统政府治理与市场机制治理并不是无所不能的灵丹妙药，在双重失灵的情况下，以奥斯特罗姆夫妇为代表的制度分析学派通过大量的实证研究表明：许多社区的人们能够凭借既不同于国家也不同于市场的制度安排，在一段较长的时间内，对某些资源系统成功地实行适度治理。① 社区本身是人们长期合作的产物，从公共资源治理的角度，社区内的公共资源使用者之间通过对公共资源的使用促进了相互认同与合作，增进彼此间的承诺、信任与社会资本，从而有效地治理公共资源，避免政府失灵、市场失灵现象出现。

(4) 自然资源的网络治理模式

自然资源的网络治理是指为了增进公共利益，实现公共资源的永续利用，由政府部门、私营部门、第三部门以及公民个人等众多主体构成相互联系的网络，网络上的各个结点彼此合作、共同行动、相互协调，完成共同管理公共资源的目的。网络的构成是相互选择的结果，本身基于彼此信任、互惠与共同遵守的行为规范。与其他治理模式相比，公共资源的网络治理具有一些明显的特征：首先，它克服了市场模式在某些领域的无奈，

---

① [美]埃莉诺·奥斯特罗姆：《公共事物的治理之道》，余逊达、陈旭东译，上海，上海三联书店，2000。

是建立在一种管理主体的相互依赖关系中,通过彼此的沟通与信息交流,能够弥补公共资源治理中信息的不完全和不对称,从而减少公共资源治理的不确定性。其次,它避免了传统政府治理的命令等级和科层链接,建立的是一种基于共同准则的相互协作关系,不是正式的权威关系。①

以上的各种治理模式有其优越性,但也有各自的局限性。

政府介入自然资源管理会造成管理成本大、管理效率低;信息不全、决策时滞。在管理过程中,官僚会尽可能利用手中的权力进行寻租,并且追求预算的最大化,致使公共资源无法达到最优化配置。

市场机制治理模式并不适用于所有自然资源管理。事实上,对于那些涉及范围过大、产权界定非常困难的公共资源,例如环境、空气和水,由于它们无法解决公共资源的外部效应等问题,而且它所涉及的消费者人数众多,难以形成一致性同意契约。因此,在自然资源治理中,市场机制并不是万能的。

从理论上讲,社区虽然在公共资源治理方面比政府治理及市场模式更容易使人们达成合作,但社区治理的方式也不是自然资源管理的万能钥匙,其适应的条件比较严格。如埃莉诺·奥斯特罗姆所指出的,适合这种治理方式的资源必须是可再生的,是相当稀缺的。资源使用者能够相互伤害,但参与者不可能从外部伤害其他人②。因此,只有奥斯特罗姆定义的公共池塘资源,如农业灌溉系统、渔场和水利才是适合社区治理模式的资源类型。

综合以上分析可见,自然资源治理模式各有利弊,有其适用的特定范围。在选择我国自然资源的治理模式时主要应该依据资源本身的特性以及具体的组织环境和制度规范,在不同情况下,综合应用不同的治理模式,才能实现对公共资源的有效治理,促进公共资源的可持续利用。

3. 自然资源管理的理念创新

(1) 战略管理理念

战略管理最早出现在军事活动中,之后广泛运用于各类组织管理领域。当今时代,由于资源与市场的有限,世界市场的争夺以及世界市场一体化造成市场竞争激烈,环境恶化。因此,在自然资源管理过程中应站在一定高度,审时度势,全面地分析管理对象的资源禀赋、所处内外环境状况,制定出长远性、全局性的谋划或方案,避免出现在自然资源管理中的短视、盲目、被动地应对等现象,保证我国在国际竞争中资源供给的优势地位。

---

① 鄞益奋:《网络治理:公共管理的新框架》,载《公共管理学报》,2007(1),92页。
② [美]埃莉诺·奥斯特罗姆:《公共事物的治理之道》,余逊达、陈旭东译,上海,上海三联书店,2000。

(2) 理性发展理念

资源利用既涉及国家经济安全,也涉及国家生态安全,不仅涉及当代人的利益,也涉及后代人的福利。理性发展追求资源利用和配置的动态优化,资源管理的目的不再是单纯追求经济效益最大化,适度和次优标准可能更适用于当前的实际情况。理性发展强调人类的经济活动与自然环境相协调,强调在资源开发利用和分配过程中考虑长远利益和子孙后代的福利,是当前人类在管理和解决所共同面临的环境与发展问题的核心理念。

(3) 生态循环理念

人类社会的经济增长和物质财富的增加并不仅仅是人类经济活动的结果,而是经济循环和生态循环的综合作用结果。在发展经济过程中,要充分认识生态平衡是经济平衡的客观基础,只有生态平衡下的经济平衡,才是社会经济效益最优的平衡。不能再把生产发展建立在贪婪地索取自然资源、大量地消耗自然资源的基础之上,使自然资源长期处于被强度开采和超负荷的状态。形成以减少资源消耗、节约资源、提高资源的利用率和资源循环利用率为基本目标的自然资源开发利用理念。自然资源管理必须把握生态与经济相协调的发展战略,既不把生态凌驾于经济之上,也不把生态置于经济之下,而是两者相互渗透、相互作用,互为条件、互相推动发展,真正做到在经济发展中保护资源、保护环境,在科学利用资源、改善生态环境中促进经济发展。

第九章 公共财政管理

公共财政是市场经济体制下我国财政改革的基本方向,每项财政改革措施都应在公共财政方针的指导下进行。当务之急是准确定位公共财政,搞好公共财政管理,提高财政改革效率。公共财政实质上是市场经济财政,公共财政改革应树立市场经济观念,从市场经济出发,运用市场经济一般原理,定位财政各个范畴。把公共财政预算与收支作为公共管理内在发展的基础,通过公共预算管理对财政收支进行合理有效的安排和部署,以市场失效作为财政职能定位的经济依据、以公共需要作为财政支出定位的前提、以公共权力作为财政收入定位的法律依据、以公共选择作为财政决策定位的理论依据,推动公共财政改革向纵深发展。对公共财政的本源、公共财政同我国社会环境的相容性、在我国推行公共财政的重要性和难点问题进行深入探索是十分必要的。

一、均衡的公共财政预算与收支:公共管理内在发展的基础

公共财政是以国家为主体,通过政府的收支活动,集中一部分社会资源,用于履行政府职能和满足社会公共需要的经济活动。它具有弥补市场失效、为市场活动提供同质服务、非市场营利性、法制性四个特征。在市场经济条件下建立、健全的公共财政框架,既是建立社会主义市场经济体制的客观要求,又是转变财政职能的内在需要。均衡的公共财政预算与收支是公共管理内在发展的基础,也是今后一个时期我国财政改革和发展的方向。

(一) 公共财政的含义及其特征

1. 公共财政的含义

所谓公共财政,简而言之是指仅为市场经济提供公共服务的政府分配行为,它是国家财政的一种具体存在形态,是与市场经济相适应的财政类型。[①]

---

① 叶振鹏、张馨:《公共财政论》,1页,北京,经济科学出版社,1999。

2. 公共财政的基本特征

(1) 以弥补市场失效为行为准则

市场失效是伴随市场经济产生和存在的。这就要求对市场失效进行合理的弥补，通过非市场的手段，借助公共活动和政府的力量，改变市场失效的状态。故此在市场经济条件下公共财政的存在是非常有必要的。

(2) 为市场活动提供同质服务

同质服务即对待市场活动主体的一视同仁性，主要体现在公平与公正两方面，消除不同经济成分的不同财政待遇，使之符合市场经济的规律，确保社会主义市场经济进一步完善。只有这样，任何市场活动主体才不能通过政府自身权力获取额外的利益，更不至于由于政府的干涉而承担额外的支出及费用。

(3) 非市场营利性

公共财政的重要特征主要体现在公共服务的非营利性。在市场经济条件下，公司企业、个人家庭、经济主体追求短期的、自身的利益行为在某种前提下被视为合理行为，这就要求必须有一个能够站在高处、远处并以全局的角度从事以促进社会整体利益为目的的服务组织。为了避免政府财政活动陷入以"个体主义"、"本位主义"和"短期获利"为特征的局面，就必须要求公共财政服务具有非营利性，只有以社会利益作为其直接目标，才能发挥其有效的作用。

(4) 法制性

市场经济是法治经济的一种，从某种意义上说，公共财政既然是与其相适应的一种财政类型，自然也是法治财政。公共财政活动的实施也必受到法律、法规的制约，这样也就为社会公众约束和监督政府财政活动，以及真正实现对政府收支进行支配提供了保障，同时也确保了政府的公共活动合理化。

公共财政是建立在市场经济条件下的政府财政。没有市场经济，就没有公共财政；市场经济的发展，也必然要依赖于公共财政的建立。

公共财政理论的最早奠基人是18世纪英国经济学家亚当·斯密。他在著名的经济学著作《国富论》中，将政府财政的管理范围和职能定位在公共收入、公共安全、公共工程、公共服务、公共机构等范围，从整体上把公共财政的理论范围确定了。经过长时间的研究和发展，公共财政理论逐渐完善。

公共财政理论认为，在市场经济条件下，市场机制的作用主要体现在发挥资源配置的基础性方面，即凡是市场可以有效配置资源的领域，都可以让市场机制发挥作用。然而仅靠市场机制完全配置社会资源在实际意义上是不全面的，因为市场机制所提供的公共物品并不能完全满足实际需要，这就必须依赖于公共财政弥补。

公共财政是国家(或政府)为满足市场经济需要所提供的公共服务的分配活动，它是适应市场经济的一种财政类型和具体模式。公共财政的活动领域之所以被限定在市场失效范围之内，主要是因为其具有弥补市场失效的特征。双元财政指的是社会主义市场经济条件下由相对独立的公共财政和国有资产财政组成的有机统一体。因此单从两者的概念含义来看，在我国社会主义市场经济条件下，公共财政与双元财政是主体和个体的关系，也就是说公共财政是双元财政的一部分，双元财政和公共财政之间不存在排斥与对立，而是范围上的全集与交集的关系。双元财政是我国计划经济体制转为市场经济体制过程的必然产物，是客观存在的事实。几十年"大一统"的财政模式由于无法适应市场经济发展的内在要求，必然需要一种新的财政模式取而代之，于是公共财政、双元财政就纳入到了政府部门的日程中。随着政府作为政权组织和生产资料所有者双重身份的分开和政府职能的转变客观上也要求新的财政模式内部逐步区分为两个既相互独立又有内在联系的财政分配行为，即为满足国家行使政权组织职能需要的公共财政分配行为和行使生产资料所有者职能的国有资产财政分配行为。很显然，这种内含两类财政分配行为的财政模式就是双元财政。双元财政是与我国转轨时期经济发展相适应的客观财政模式，并且在市场经济体制建立后还要长时期存在。①

我国现行财政体制是从传统的计划经济体制下进化而来的"国家财政"。在传统的计划经济体制下，社会资源配置的主体是国家，财政作为主体的分配职能，在社会资源配置中必然居于主要地位，进而形成财政的职能范围不断扩大，深入生产、投资乃至消费等很多方面。在市场经济体制下，社会资源的主要配置者是市场，而不是国家政府，这样一来，以国家为分配主体的我国财政职能范围就显得过宽。随着我国经济市场化的推进，有些市场自身难以解决的问题，财政又变得无能为力，国家财政职能开始出现严重的"错位"现象，这主要表现在财政支出范围上的"越位"和"缺位"问题。所谓"越位"，即不该由国家财政负责的项目和部门，财政却依然为其提供资金，如企业挖潜改造支出、企业亏损补贴，这使得财政支出向竞争性生产建设领域延伸过多，远远超出了政府职能的范围。所谓"缺位"，即应该由国家财政保证资金供给的项目和部门，财政却由于种种原因（财力紧张、收支矛盾尖锐等）而无法满足，致使有关社会稳定和促进改革进一步深入的政策措施如社会保障、转移支付等难以付诸实施。财政应当保证的基础教育、基础科学、卫生保健等方面同样也发生了财政资金支出不足现象，这种种迹象都表明，健全中央和地方财力与事权相匹配的体制，完善促进基本公共服务均等化和主体功能区建设的公共财政体系，深化财政体制改革势在必行。

---

① 赵复元：《"国家财政"与"公共财政"理论探讨综述财政研究论文》，载《经济研究参考》，2003(55)。

(二) 公共财政管理释意

在很长一段时间里,公共财政管理一直与公共预算的概念相混淆,出现这种现象的原因是人们在较长的时间内都认为政府会忠实地不加更改地执行权力机关制订的预算方案,认为只要具备合理的预算方案,公共财政所要达到的目标就会自动实现,因此人们主要把公共财政管理的着力点放在了预算上。20世纪六七十年代以来,伴随公共选择等一系列理论的盛行,人们逐渐改变了对政府行为的看法,由相信转变为怀疑甚至反对。从那时起,人们开始关注政府的预算执行情况,进而也产生了与执行相关的公共财政管理概念,形成了有特定含义的"公共财政管理"概念。

按照美国学者的经典定义,公共财政管理是一个技术性的概念。"公共财政管理考虑的是如何花钱做事,这也是公共组织管理的核心。""公共财政管理是指处理公共资产与债务,并向公共官员提供有用的相关信息与观点,以使他们能够做出相应的决策。"[1]有学者进一步指出,公共财政管理是采用与企业财务管理相类似的分析方法、技术和管理工具进行资源配置与控制的活动,但政府所具有的独有的征税权、禁止权和惩罚权,使公共财政管理远不同于企业财务管理。[2] 但这并不能说明公共财政管理从技术性角度凌驾于公共财政之上,学者们仍然把资源的配置与获取作为公共财政管理概念的基本内涵。

借鉴西方公共财政实践分析中国财政运行状况,我们能够清楚地发现中国转轨时期的公共财政体系还存在一些问题。

首先,财政职能定位不够清晰,相对于市场经济"公共性"要求而言,"缺位"与"越位"并存。公共财政本身即意味着应着眼于满足社会公共需要,如义务教育、社会保障以及公共设施,在政府公共财政必须重点投入的领域内体现其价值。就目前来说,市场机制能够有效解决的问题,政府部门应坚决不予插手和干预。凡与"公共性"执行规律相违背或与其行为相抗衡的有目的性的竞争或经营活动都是影响和损害市场有效竞争的因素。而在一些由市场控制和独立发展的竞争与经营相结合的领域中,财政应该果断退出坚决杜绝干涉,由于其没有及时的动作而使本应由财政供给的义务教育、社会保障、公共设施建设等项目出现资金短缺导致无法正常进行,进而使财政职能出现严重的"错位","缺位"与"越位"现象并存。

其次,财政控制缺乏统一部署,运行过程逻辑性差,应采取监督手段对财政进行有效的控制。要想获得更优质的监督效果,就要从制度本身抓起,建立细节清晰、内容公

---

[1] B J Reed, John W Swain. Public Finance Administration. 2nd ed. Thousand Oaks, CA: Sage. 1997: 2~3.
[2] John L Mikesell. Fiscal Administration: Analysis and Applications for the Public Sector. 5th ed. ,1999.

开、概括全面的制度体系是使监督目的得到更为突出体现的基础和关键。我国财政监督在很多方面都存在缺陷,尤其在制度部署和制度环境两方面表现得更为明显。尽管近几年我国财政监督的力度有所加强,监督手段有所改善,在预算执行情况检查、预算外资金收支清查等方面做了大量的模范性工作,成绩也非常可喜,但就公共财政发展的方向和前景讲,财政监督的力度和执行范围仍然有待加强和改善,尤其应加大监督的深度和广度,这也是适应公共财政发展的需要。监督的实施方法和实施内容也要进行相对调整,要把监督重点放在事前调查和事中审核上,公共收入与公共支出监督力度均衡,整体监督方式与特体监督方式一致。杜绝由于财政监督滞后导致的违法违纪问题的延迟处理和解决,避免由于监督的失误给国家和地区造成巨大损失。故此,建立、健全公共财政框架,构建公共财政体系,实现有效的公共财政管理势在必行。

总而言之,不管学者们对公共财政管理的看法和定义是什么,相同点与不同点有多少,总结起来无非是从公共财政管理的主体公共化、环节多样化、本质技术化、技术多元化、职能扩大化这几个方面进行分析和阐述。因此,我们将公共财政管理定义为公共部门为保证公共财政职能的履行,对财政收支所进行的决策、管理、监督等活动的总和。

(三)公共财政管理的基本内容

公共财政管理主要包括三大部分:公共预算管理、公共收入管理和公共支出管理。公共预算管理侧重于决定"做什么",公共收入和公共支出管理则决定"怎么做"。有效的公共财政管理是要建立、健全公共财政框架。这不仅仅是有效地实现公共财政管理的捷径,同时也是准确无误地使其内容在市场经济体制中得到充分的贯穿。一个全面完整的公共财政框架由公共收入、公共支出、公共管理以及宏观调控四个主要部分组成,每个部分的内容又各自具备属于自己的理论构架和政策标准。健全的公共财政框架的建立是我国市场经济体制下一项迫切需要实现的内容,它不仅仅是优化财政职能的需要,同时也是使我国财政得到快速发展的关键所在。

考虑我国目前所具备的经济技术条件以及社会形态的特点,建立一个合理的符合我们国情的公共财政框架事关重要。

首先,界定公共财政管理的目标。要想实现这个目标就需要我们适应社会主义市场经济体制,从政府职能入手,使其重新分析和划分,从实际出发以需求和供给作为界定的依据,对层、级进行科学的划分。在社会主义市场经济体制不是很健全的今天,财政在强化社会资源配置、收入分配调节和宏观经济调控等方面职能的同时也要从微观经济经营管理领域中脱离出来,使自身的市场性淡化甚至消失,以充分体现国家财政社会性和公共性的一面。放眼于我国当今所处的社会形态,中国社会主义市场经济体制中国家职能的范围仍然很广,公有制为主体的社会形态决定了其职能范围,国有资产经济管理等仍然包含于其内。影响财政运行模式发展的非正面促进因素,如政府内部组织机构的转型,体制以及职能的变化等,使当前财政执行过程孕育着强有力的经济转型潜能,新旧制度的交替和磨合非常正常。也就是说,当我们认清并明确目标时,充分考虑原有经济体制向理想模式转换的可行性,采取有效措施完成既定目标。

其次,采取正确可行的财政收入管理。要想建立一个体系完整、有较高能见度的国家财政收入体系框架,应在明确出发点和目的的前提下利用相应的辅助措施和手段实现其最终目标。满足社会的共同需求以及合理运用政府职能是建立财政收入体系框架的前提,了解并限定公共财政收入的范围、形态和方式是建立财政收入体系框架的关键环节,结合利用政府采取的融资作为有效的执行手段,建立体系完整、内容合理的并以各种税收收入作为主要目的,以现实可行的政府规范为辅助措施的财政收入管理体制。在财政收入管理过程中需要特别关注的内容主要有对税收制度进行持续性完善和优化,在更大范围内更切实更具体地对税费进行改革。利用征收税金以及自身的特点保证政府在行使其职能时能有所需地固定收入,严法治税,为各行各业的公平竞争创建更合理更真实的税收领域,充分发挥税收对收入分配所起的平衡作用。在对农村税费改进的前提下,尽可能地调整政府收入分配方式,使农民、企业、社会的负担减到最少的同时对乡镇政府机构进行改革,全面推进城乡义务教育财政体制和财政管理模式建设,只有这样才能实现在不损害单独个体利益的同时可以较完善地建立一套行之有效的公共财政收入管理体系。

再次,使财政支出管理更加有的放矢。财政支出管理的意义在于通过对财政资金的合理化分配,使政府在规定的范围内充分发挥其积极作用,进而让社会的公共需要和国家的各种职能得到更为合理的满足。只要把握其核心财政支出管理,就会顺利地实现合理化目的。

确定财政支出规模的结构和范围是财政支出管理的核心。在严格按照公共财政要求的同时积极控制公共财政支出范围,限制公共财政支出的规模,加大支出结构调整力度,保证国家稳定、政权建设和公共事业发展的需要的前提下,逐步减少财政对应由市场调节的项目以及可利用社会资金发展的事业投资,精细化支出结构,构建以提高公共服务水平为前提,以保持党政机关内部正常运行为基础,以提升科学、教育、社会保障为重点,以基础设施建设为补充的具有清晰的时代特征和国情特征的财政支出管理体系。① 具体而言,继续深化部门预算、国库集中支付制度、政府采购制度等支出管理制度改革和"收支两条线"管理等改革,同时,应结合政府财政收入的管理,取消预算以外政府收支,将预算以外政府收支纳入预算内管理,形成一个覆盖政府所有收支、不存在任何

---

① 李艳梅:《我国公共财政管理问题研究》,载《河北企业》,2009(7),22页。

游离于预算之外的政府收支项目的完整、统一的公共预算,改革预算外资金管理体制,使财政管理更加规范,提高财政资金使用效益,这样才能真正完善公共服务,保证公共财政目标的实现。[①]

最后,形成配套的预算监督体系。在明确公共财政管理的目标并对公共财政收入和支出进行管理的同时,完善相关的财政法律、法规和财政规章制度,创建优质的财政监督、审计监督、税务监督、社会监督等监督体系对于形成健全的财政管理制度也是非常重要的。[②] 随着市场经济的不断完善,公共财政改革的不断深化,审计监督以自身的特殊职能作用和职能性质在监督体系中的地位明显高于财政监督、税务监督、社会监督等。审计监督的有效实施,不但使财政的整体监督得到加强,同时也促进了公共财政体制的进一步规范。通过审计监督,人民群众能够真正得到来自政府管理公共资源的效率和效果的确切信息,维护公共利益免受侵害,保证政府公共受托经济责任的履行,在人民群众和政府财政部门之间建立起一条监督和信任的纽带,维护人民群众的利益,保证政府政治廉洁,行为规范。[③] 到2002年年底,全国审计部门查处并上缴的财政资金约1 500多亿元,减少财政拨款和补贴500多亿元,追回被侵占挪用的资金1 300多亿元,挽回了巨额的损失,制止了浪费。[④]

二、公共预算管理

公共预算管理是公共财政管理的主要组成部分。在市场经济条件下,几乎全部政府收支活动都被纳入公共预算范围内进行。公共预算在公共财政中所处的位置,决定了公共预算管理的政治性与复杂性。

近年来,我国的公共预算有了很大的进步,特别是在十八大报告中,对公共预算管理提出了新的要求。但公共预算毕竟不是我国特有的产物,在很长一段时间,人们一直对公共预算的本质认知上还存在着很多误区,导致我国的公共预算始终处于不健全状态。虽然自颁布并实行《中华人民共和国预算法》及其《实施条例》以来我国公共预算体系结构和职权内容从透明度和清晰度上都有了明显的改善,但公共预算体制仍处在预算发展的初级阶段,因此从理论上探讨公共预算的一些基本问题仍是我国当前的研究重点。

---

① 丁斐:《我国公共财政管理探析》,《中国论文下载中心》,2007。
② 李艳梅:《我国公共财政管理问题研究》,载《河北企业》,2009(7),22页。
③ 丁斐:《我国公共财政管理探析》,《中国论文下载中心》,2007。
④ 同上。

(一)公共预算管理的内涵

就目前学术界来看,不同学者从不同角度对公共预算概念给予界定。[①] 彭建把公共预算看成是一个过程管理的工具。他认为,预算主要指"国家编制收支计划,参与社会产品与国民收入分配与再分配的活动,国家通过税收、国债等手段筹集预算收入,再将其在全社会范围内进行再分配"。[②] 丛树海认为,公共预算是"由公共实体有计划地获得和使用资源"。[③] 美国著名公共预算管理大师阿伦·沃尔达夫斯基认为,公共预算在现实中是一个渐进过程,预算资源的有限性决定了其在很大程度上要受政治因素的影响,是为了防止对有限资源的浪费、界定政府部门的大小、决定哪一部分的政府行为用公共资源来支持的一个过程。[④] 综合中外学者的观点,我们认为,公共预算不仅是财政学的研究领域,同时也是政治学和公共行政学中一个非常重要的分支。所谓公共预算是指公共部门为了保证公共财政职能的履行批准的本年度的所有公共收支计划。

理解公共预算的内涵,应注意以下几个方面。

公共预算的核心是如何对财政收支进行安排,从另一个角度讲也是利益与权威分配的政治过程。公共预算的特征主要有政治性、民主性、公共性、法治性。政治性主要表现为:公共预算由权力机关审批和制定,权力机关对预算行使操控职能。民主性主要表现为:公共预算活动以民主方式开展,国家权力机关能够通过民主表决控制公共预算。公共性主要体现为:公共预算以公共服务为主要导向是为了实现全民的社会福利。法治性主要体现为:公共预算活动受法治限制和引导,遵循"有法可依,有法必依,执法必严,违法必究"的法律规则。

从行政管理的角度来看:公共预算是一种管理活动。公共预算的收支具体阐明政府在未来即将进行的公共项目,提供公共服务的具体方式、方法以及最终的运算成本等各种情况,通过这些我们可以清晰地知道公共部门执行政策的方法和手段,甚至可以获得政府对资源进行分配的目的和方法及各自对国家税收及公共支出的管理思维与经营方式等。公共预算是一种技术性活动。首先,它主要是指公共部门的资金收支计划。公共预算包括预算收入与预算支出两个部分,寻求的真正目的是政府收支平等,对每年政府财政收支的职责范围和内容进行预计和推测。因为所涉及的是政府内部资金的再次分配,所以需要在一定职责范围内把每笔资金的收支状况详细辨析。因此这就需要有强大的技术力量作为支持。其次,公共预算资金必须按照预算法所规定的管理程序进

---

① 唐华陶、裴君博:《我国公共预算管理体制改革的价值选择》,载《党政干部论坛》,2009。
② 同上。
③ 同上。
④ 同上。

行。在政府财政部门内部,公共资金和财产管理手段主要靠公共预算实现。它"不仅涉及各政府机构资金获得的多少,处理事情的数量,而且涉及政府的政策和公共管理方针。而这些资金应用到不同的预算项目,其中涉及获利的人群,也涉及政府如何向委托人——纳税人上报的问题"。因此,公共预算资金的使用必须按照一定的管理程序进行。公共预算也是一种政治行为。它在本质上是政治性的,是因为公共预算的底层所衬托的是政府执行什么和不执行什么的权衡问题。同时公共预算也反映了支出上的先后顺序:先发展还是后发展,先吃饭还是先卫国。从政府的资金分配流向上公共预算为公民监督提供了一种理性的方法,同时体现出利益集团间的权力制衡状况。

例如,在新的历史时期,公共预算的强化力度直接关系到我们国家的兴衰、富强,乃至整个民族的起落。2009年我国经济发展面临严峻挑战。国际金融危机一直蔓延,全球经济增长速度始终在下降与国内经济周期性调整叠加在一起,短期困难与长期矛盾共存,保持经济平稳增长发展的难度非常大。财政是国民经济运行的综合反映。2009年财政,收支紧张的矛盾非常突出。从收入方面看,受经济增长速度递减等因素影响,我国经济进一步发展困难重重,私营企业、国有企业效益下降,财政收入来源较往年明显减少。同时,为保持经济平稳增长发展,需调整财政政策的执行方法,从税收方面实行结构性递减。近几年财政收入增长的原因中有很多特殊因素,这些因素在2009年基本已经模糊甚至消失,无形中加大了财政收入的难度,缩减了其获取渠道。从支出看,增加政府公共投资规模,保障和改善民生,加强教育、"三农"、医疗卫生、社会保障和就业、节能减排等经济社会发展重点领域,从根本上使部分行业和企业脱离经营逆境,加速灾区的重建工作等,都需要财政加大投入力度。财政支出基数较大、刚性很强,也无形中增加了财政的支出压力和负担。

2008年预算的执行,总体情况是良好的,只是局部问题有待解决。财政支出结构还需优化,对经济社会发展薄弱环节的支持力度需进一步加大;税费内容不尽合理,税收制度有待改进,政府参与国民收入分配的秩序和途径需加大规范;转移支付制度应更加完善,省以下财政体制还处于初级状态,部分县乡公共财政保障能力还比较薄弱;预算起草和编制从精细化角度还需提高,预算执行普及率距离理论值仍有很大差距;铺张浪费、挪用挤占财政资金等现象还依然存在。

为了减少乃至避免2008年预算执行中出现的问题,必须要加强对财政预算的监督管理,提高财政资金的使用效率,使财政资金充分得到有效的利用,使我国能顺利不受影响地度过经济危机,免受其冲击。

2009年政府工作报告提出为添补财政收支非平衡所形成的缺口,拟安排中央财政赤字7 500亿元,比上年增加5 700亿元,同时国务院同意地方发行2 000亿元债券,由财政部代理发行,列入省级预算管理。全国财政赤字合计9 500亿元,占国内生产总值比重3％以内。虽然赤字问题一直困扰着财政收支的进度，但由于前几年连续减少赤字，发债空间较大，累计国债余额占国内生产总值比重20％左右，这是我国综合国力可以承受的，总体上也是安全的。

继续进行预算管理制度改革。第一步是将目前的双元复式预算逐步改为多元复式预算。当前考虑的是将国家预算从经常性预算和建设性预算的双元结构变革为政府公共预算、国有资产经营预算和社会保障的三元预算，当整体规划和进展有所发展和成熟的时候，再逐渐增设财政投资预算。第二步是把零基预算提升到一个新的高度。我国长期以来一直实行的是基数预算。由于预算编制与预算执行在时间上有齿状现象，经常造成下一年度预算的进度领先于上一年度实际支出结算的状况，以致基数法的实施缺乏实际的客观依据，预算支出太过于草率和随意。

在公共财政体系建设中这个环节的实现至关重要。阳光预算法是要求把政府预算全过程乃至全部内容置于公开、公正的阳光下，让社会公众尽可能翔实地了解和参与政府预算编制和决策的全过程，在参与的同时可以充分表述自己的意见和建议，有监督政府部门预算资金使用的权力。这不仅是以委托人的角色对被委托者行使监督，同时也是在实际的执行中为了使政府部门预算编制更为严谨，杜绝以官员意志取代公众意志，防止资金浪费以及暗箱操作，降低预算执行随意性出现概率的根本措施。

充分发挥审计监督的建设性作用。审计部门在抓具体问题整改的同时还要通过透析问题产生的原因，挖掘机制、体制、制度等方面存在的弊端和问题，配合被审计部门形成健全的内部控制制度，配备合格的财务管理人员，制订完善的管理措施，合理利用和分配财政资金。构建会计监督体系和协调机构，构建审计监督的完整结构，在职能部门内部形成责任分工制度，把工作重点落实到每个人的头上。与此同时，还必须综合应用各种手段加大审计处罚力度，对违反国家预算法律、法规的个人和部门主要负责人依法追究行政的、经济的乃至刑事的责任，在组织内部加强对个人的处理力度，将中层干部的任用及待遇与审计监督挂钩，把收支管理中的各种违纪违法行为控制在萌芽阶段，切实发挥财政审计监督作用。

以邓小平理论"三个代表"重要思想为指导，深入贯彻落实科学发展观，加强财政预算科学管理，加强对预算编制、审议、执行各个环节的监督管理力度，只有这样才能提高财政资金绩效，积极发挥财政职能作用，使目前的市场经济体制下的经济状况稳步改进。

（二）公共预算管理的基本类型

公共预算的类型有很多，从收支管理角度分，可分为总预算和单位预算；从预算的主体性质分，可分为中央预算和地方预算；从预算计划的时效性分，可分为年度预算和中长期预算。可是从管理方法的角度观察，公共预算管理主要有五种基本类型：分项排列预算模式、规划—计划—预算模式、目标管理预算模式、零基预算模式和绩效预算模式。①

1. 分项排列预算模式

分项排列预算是在美国出现的具有现代管理意义、产生时间较早、管理方式较为简单的预算管理模式，也是最广泛最常见的管理方法。这种管理方式以预算支出的若干特定目标为核心，采用分项排列方法依次列出特定目标的预算资金，由拨款机构加以拨付。1949年后，面对日益扩大的政府职能和公共事务，政府与议会无法再将预算作为反映资金流向的"象征性论述"，而是侧重将预算看做一种资金管理手段，将资金管理与项目有机地进行统一分析，以确保支出的优先顺序，保证资金充足并合理化。如以人员作为预算资金的分配依据，在政府预算支出的计划表中，将各个部门的薪水、津贴、业务费、建设费、维修费、部门杂项支出、意外支出等管理支出项目逐一排列。

分项排列预算的具体内容主要有：①将拨款分为行政性支出、事业性支出和专项性支出。无论是西方还是东方，虽然职能部门的称谓有所不同，但是履行的职责都不尽相同。行政性支出针对行政部门，事业性支出针对事业单位，专项性支出针对特定支出项目如建设等，这些支出在执行的时候是绝对不能通用的。②以"单位"为编制基础，将公共产品的生产与提供紧密结合。分项排列预算是一种按单位编制预算的模式，仅从指导思想上说，预算的目的首要任务先是维持其预算单位的生存，然后才是如何解决问题，所以一定要抓住问题的实质。③采用按管理要素的支出分类方式。不管是什么性质的拨款，都要统一计算标准，如有特殊需要另设专项拨款。

分项排列预算在会计上有简便的优势，按照总科目、科目、二级科目、明细科目等分类可以清晰地看出预算资金在不同项目中的分配情况。从便利性讲，这一优势使得分项排列预算模式到今天为止在不同的地区和城市仍在运用。就分项排列预算本身来说，其优势有很多：①整齐划一。通过独立参数就可以计算出最终的预算结果。例如在政府年度预算中，只要确定人均支出，通过单位的定员数就可以很容易地计算出最后的支出数。②容易编制。采取"基数法管理"在短时间内就可以编制完成。③从政治领域看，它有利于体现渐进性和均衡性。在政治格局中部门之间的"利益均衡"决定了其优点的发挥。

由于具有上述优点，美国国会始终要求各政府部门尽可能以分项排列的方式呈递预算草案，并以此作为审核和操纵政府预算的依据。即使在广泛采用绩效的今天，这一方法还在应用。

---

① [美]杰克·瑞宾、托马斯·D.林奇主编：《国家预算与财政管理》，丁学军等译，6~49页，北京，中国财政经济出版社，1990。

2. 规划—计划—预算模式

规划—计划—预算制度（PPBS）是 20 世纪 60 年代前后在美国发展起来的预算管理模式。它以计划为中心，利用成本—收益分析方法，把目标规划、计划制定与预算编制融为一体，成为一种旨在增进政府预算执行效果的"方案导向型"预算管理模式。规划—计划—预算模式强调预算与政府的 5 年或长期计划联系。

规划—计划—预算模式是美国国防部于 1961 年首先创用，1965 年被应用到民政部门和企业界，后在西欧和加拿大、日本等国得到广泛应用，取得明显效果。以前，美国国防部的预算编制分别由两个系统进行。研究开发计划按军种和任务分类，由从事作战参谋工作的军职人员制定后交参谋长联席会议汇总。此类计划一般不被列入成本费用的计算和详细的财务说明，往往是预测未来一段较长时间的长期规划。预算编制按职能机构分类，由三军文职部长和各级审计人员负责编制，以国家本年度财力作为预算标准，而且只对将来 1 年需求做短期预算。由于系统之间缺乏关联性，以致研制计划与预算工作分离。这样做的后果不是做重复性的弥补预算工作造成超支，就是撤销已经完成的计划或正在完成的计划造成不必要的浪费。为了避免这些不该发生的损失和问题，使上级领导对实际工作有较及时和翔实的了解和管理，美国国防部委托兰德公司进行研究。最后由兰德公司研究出这种系统管理方法，并在国防部内成立系统分析机构协助推行。

PPBS 在内部组成方面有适合自身结构和运行特点，把制定决策过程中的规划、计划和预算三个阶段合成一个总体系统统一考虑，并开发一系列工作文件用来协调各阶段工作，通过建立信息管理系统对各部门间的有关信息加以储存、传输和重组。它的基本观点是年度财政预算要遵循先计划后规划、先核实后归纳、最后由国家最高目标的优先顺序确定实际需求和具体工作任务。PPBS 由三个部分构成：①规划：主要是确定综合性的战略目标和研制规划，据此制定实现这些目标和规划的若干备选方案，并对这些备选方案进行费用效益分析，最终制定出资源分配的最佳方案。②计划：把战略目标分成多个具体目标考虑，制定出实施这些目标的相关方案，并根据规划中的任务和需求制定出五年计划和年度计划，对所需的各种资源正确估算，申报上级批准。③预算：以计划为依据制定每年的预算，分配资金。对计划与预算制定相同的结构目的是在工作中形成密切的结合性，即计划中每一项目中的任务必须在对应的预算项目中支取经费。根据每个项目的费用水平进行财务检查，不允许超支，除非经过特别批准才可追加预算。

PPBS 具有六种基本特点：①树立明确的长期总体发展目标；②从这些目标中选择最主要和最迫切的任务；③利用系统分析选出实现主要目标的最优方案；④不但要制定长期费用计划，而且要定出年度预算，便于执行和检查；⑤要衡量各项计划方案的实施成效，保证资金得到最有效的利用；⑥整个工作过程多处应用了预算技术、系统分析、滚动计划等系统工程方法,以使规划工作的预见性和科学性得以加强。

3. 目标管理预算模式

20世纪70年代初,美国各级政府开始将原属于私人部门的目标管理方法引入公共部门,并发展成为一种新的预算管理模式。目标管理预算模式注重预算项目执行的效率,为行政权力更好地控制预算做了一种策略尝试。

目标管理预算模式的要点包括四个方面:①说明单位的基本任务;②确定预算主次目标;③设定可供考核的指标,管理者与下级交换意见以确保可行性;④列出具体时间进度供监督。[①] 目标管理预算模式下,政府对科研项目基本没有先期投入,仅对通过审核认定的科研成果投入资金,强调对科研项目所达到的目标进行管理,即注重对成果的审核、鉴定、购买与转化等方面的管理,而对出成果前的科研的具体工作,例如人员安排、项目研究的进展、经费预算等都不予关注,把具体的科研工作视为不可见的"黑箱"。[②]

目标管理预算模式以成果为核心,抓住了问题的本质,使有限的科研资金在最能产生效益的地方得到最充分合理的应用,同时简化了管理程序,克服了过程管理模式长期以来重点不集中、针对性不强、事事不精的弊端,无疑是一套真正公平的竞争机制。它必然促使激烈的竞争由项目的申请转移到研究和出成果上,形成重视产出的导向,极大地提高我国科研的整体效率和科研投入产出比。同时,我们也应看到,目标管理预算模式不能绝对解决科研管理中出现的问题,更无法担当起管理所有科研项目的重任,需要改善和改进的地方还很多。

4. 零基预算模式

美国得克萨斯仪器公司的彼德·A. 菲尔(Beter A. Prhrr)于1970年提出了"零基预算法"(zero-base budgeting,ZBB)概念。美国的政府部门,特别是佐治亚州政府最早采用ZBB,并取得了成效。随后,企业组织也相继采用。

零基预算,是指不考虑过去的预算项目和收支水平,以零为基点编制的预算。零基预算模式制度是指任何使用预算资金的单位在提出预算计划时,无论是原来固有的主体项目,还是新增设的创新项目,都要以其产生的支出效益为标准,在必要性和社会经济效益方面要重新判定,凡是无价值和效益欠佳的项目,一律不予保留,尽管一切需要列入预算的项目保留了下来,但是也要对其支出的数额进行重新审核。因为零基预算制度不受往年预算项目和数量既成事实的影响,所有预算的收入和支出都是通过对实际情况的了解、分析而确定,是建立在成本需求上的预算。零基预算并不遵循公共预算

[①] 陈振明主编:《公共管理学原理》,314页,北京,中国人民大学出版社,2003。

[②] 孔伟强、奉公、杨国军:《科研管理的过程管理模式与目标管理模式探析》,北京,中国农业大学出版社,2006。

上的"渐进主义"传统,不按上年度的"渐进增量"考虑预算,而是逐个对部门的工作任务及工作量重新进行全面审核,然后再确定各部门的支出预算。

零基预算在执行过程中要掌握准确的信息资料,对单位的人员编制、人员结构、工资水平、工作性质及设备配备所需资金规模等都要了解清楚,在平时就要建立单位情况数据库,非经法定程序,不得随意变动。同时也要确定各项开支定额,满足编制零基预算的基本要求。要根据事业需要和客观实际情况,对各个预算项目逐个分析,按照效益原则,分清轻重缓急,确定预算支出项目和数额。零基预算还能克服我国长期沿用的"基数加增长"预算编制方式中的不足,不受既成事实的影响,一切都从合理性和可能性出发。实行零基预算是细化预算、提前编制预算的前提。①

零基预算较我们熟悉的调整预算有很大的区别,从特点上讲主要有三个方面:

首先,预算的基础不同。调整预算是以上一期的最终结果作为编制依据,本期的预算金额根据上一期情况做出相应的调整。零基预算则不同,零基预算无须参照前期数据,每个阶段的预算额是相对独立计算的,是根据这个阶段的实际经济情况和人员活动的重要性以及允许操控的资金量确定的。

其次,预算编制分析的对象不同。调整预算倾向于业务行为的拓展区域,更多地关注新增添的活动项目并加以成本效益分析,对同类事物不做思考。零基预算却要对预算期内的所有经济活动予以关注,并逐一进行成本效益分析。

最后,预算的着重点不同。调整预算主要着眼于实际金额数值的高低,单纯从货币流通价值控制预算金额的增减。零基预算在考虑实际金额高低的前提下还从事物本身的价值性和重要性分配固定资金。零基预算既然与其他预算有明显区别并有独立结果,在编制时主要遵循五个步骤:①划分和确定基层预算单位;②编制本单位的费用预算方案;③进行成本—效益分析;④审核分配资金;⑤编制并执行预算。

零基预算与传统预算相比对于部门和单位的管理能力以及长远规划和发展都有极大的优势,具体表现在:①有利于提高员工的"投入—产出"意识;②有利于合理分配资金;③有利于发挥基层单位参与预算编制的创造性;④有利于提高预算管理水平。

尽管零基预算法在很多方面都领先于传统的预算方法,可是从实际操作和执行上看并不十分完善,还存在一些问题:①由于工作的无依照性,造成采用零基预算法编制工作繁重、任务较多、承担费用相对较多;②分层、排序和资金具体分配时,个人情绪和主观看法使单位之间、部门之间不协调因素增加,不稳定因素滋生;③每个职能部门的工作内容都有很大的差别,重点也各不相同,极端地关注当前的工作和任务,会导致工

---

① 江西理工大学财务处:《江西理工大学关于校院两级管理经费分配的暂行办法》,见《江西理工大学校院两级管理文件读解》,2008。

作人员把眼前的利益放在首位而忽视了单位的全局部署和长远利益，使个人利益凌驾于整体利益之上。

从本质上讲，零基预算是一种关于组织机构的目标、活动范围以及资源运用等先后顺序安排的一种思维方式。重点着眼于"需要优先"，然后根据资源可能进行比较分析，按顺序筛选安排。

零基预算起源于美国，从理论方面最早可追溯到1952年。然而，自零基预算出现以后，人们对它的态度各不相同。到1982年，美国大约有18个州采用了零基预算编制法。目前零基预算体系在世界其他国家也基本形成规模，一系列科学的预算定编、定额、定标准等方法相继出炉。

我国的预算管理制度。1951年8月政务院发布《预算决算暂行条例》，规定了国家预算的组织体系，各级人民政府的预算权，各级预算的编制、审查、核定与执行程序、决算的编报与审定程序等。1995年11月2日，我国颁布《中华人民共和国预算法实施条例》，标志零基预算正式成为我国法定的预算编制模式。20世纪80年代末至90年代中期，我国在部分省级财政如河南、安徽、云南、湖北以及深圳等地区开始试行零基预算制度，并取得了显著的成效。尚未实行零基预算的地区也十分关注这项改革。就目前我国国情来说，实行零基预算不能完全照搬国外的做法，应根据我们自身具体情况进行相应的调整和试实施。

零基预算被很多人看做实际作用较大而成本较低的预算方式。但零基预算的计算方法和根据需要从无到有，而且任何细节和过程都需要按照计划定期稽核，基础工作会比较繁重。由于政府官员可以凭借预算的稽核和计划修正终止上一个财政项目，同时将自己目前正在执行和管辖的计划作为首选，中国引入零基预算制度能否适合近年来的需要，还需要我们深思和探究。

5. 绩效预算模式

绩效预算模式是一种以绩效或结果为导向的预算管理方式。1949年在胡佛委员会的推荐下，美国在世界上首次大规模采用绩效预算编制方式。绩效预算编制的重点是测量完全成本、估算单位成本和工作量。1951年，美国政府通过预算账户和叙述式计划与业绩报表将计划和活动清单纳入预算，其中一些报表用于说明计划工作量和根据权责发生计算出的成本。遗憾的是，绩效预算推行的成效并不尽如人意，政府行政绩效大幅提高的情形并未出现。因此，从20世纪60年代中期开始，试验失败后，绩效预算基本消失，美国政府很快放弃了绩效预算编制方法，取而代之的是计划—项目—预算（计划项目预算制，PPBS）、零基预算（ZBB）等。然而，随后的这些预算改革也都没有取得成功。尽管后来证明，美国取得的经验教训有一定作用，而且20世纪90年代的预算改革也吸取了这些经验教训(特别是成本效益分析以及明确指出目的要求)。①

20世纪90年代,在继承以往预算改革的一些有价值的内容并开始崭新的研究探索为前提的基础上,美国、新西兰和澳大利亚的OECD国家相继推行了以绩效为基础的"新绩效预算",其核心内容是强调政府预算必须与政府的中长期战略计划结合,以政府职能的整体目标为指导,绩效目标为约束手段,在强调上层组织控制支出总量的同时,赋予中、低层管理人员自由支配预算资金权力,使政策(目标和结果)与管理(产出和激励)有机融合在一起,并在预算制度中得到充分体现。从推行新绩效预算的实践来看,新绩效预算在有效促进政府改革,有效制止财政资金浪费、实现财政收支平衡等方面的效果是相当明显的。

绩效预算改革尽管曲折、坎坷,甚至在某一历史阶段失败过,但实践证明,绩效预算倡导的"效率、绩效"理念符合预算制度改革发展的方向,对世界范围内的预算改革仍具有普遍的借鉴意义。目前,中国正在逐步建立与社会主义市场经济相适应的公共财政管理体系,在这个阶段,科学、规范的绩效预算制度是公共财政管理体系中不可缺少的组成部分。从中央财政到地方财政,有关绩效预算尤其是项目支出绩效的一些待开发性的试点工作正在展开,在这样的背景下,在中国多角度多方位地建立正确、合理、完善的绩效预算体系至关重要。

绩效预算主要包括以下内容:政府职能(经济、国防、教育等)、部门(如教育下面分为高等教育、中等教育和初等教育)、支出费用(分列为经常支出和资本支出)、最终产品(如受教育人数、新建校舍及教育设施)及成本与目的,然后对各项计划从其最终产品成本及目的衡量和评估其绩效。

从绩效预算在各个国家的实行特点看各有不同,国情的差异导致具体的做法也有很大的差别,但是总体来说绩效预算主要可分为五个管理阶段:①公布绩效报告,系统地向公众发布有关政府服务的信息;②明确绩效目标,目的是要影响政府活动;③将绩效报告提交审计师审核;④预算机构与支出管理机构或某个机构与其管理者之间订立绩效合同,详细规定机构在可使用资源的条件下应取得的绩效;⑤编制绩效预算,一方面列出支出;另一方面列出与此相对应的预期绩效,绩效预算体现了绩效合同的内容。在绩效预算中,必须要把握三个要点:①绩效评估的精确化;②放权以使项目管理者成为绩效责任人;③把预算当作改善业绩的手段。②

绩效预算的特点是按计划决定预算,按预算计算成本,按成本分析效益,然后根据效益衡量其业绩。可见,绩效预算的理论取自于成本—效益分析方法,从而明确支出标

---

① 陈纪瑜:《国家预算理论与管理》,成都,西南财经大学出版社,1998。
② 陈振明主编:《公共管理学原理》,315页,北京,中国人民大学出版社,2003。

准的预算组织形式,它对于监督和控制预算支出、提高支出效益、防止铺张浪费有较大的促进作用。

采用绩效预算的国家与地域很多,其影响范围也比较大,尤其是西方一些国家纷纷仿效绩效预算,试行以计划为中心、以成本—效益比较为考核标准的预算制度。如英国的"功能成本"、"产出预算"和"计划分析与检查",法国的"预算选择合理化",瑞典的"功能预算"。实行绩效预算制度也有一定弊端,比如说对某些部门支出进行成本效益评估时,量化的表述方法很难实现,直观的数字形式无法表现,导致绩效预算的本质内容无据可依。例如,国防支出的"绩效",教育的"真实绩效"就很难进行评估,致使该制度在各国并未普遍推广和应用。近年来,我国的部门预算改革取得了很大的进展,实现了每个部门有一个统一的预算,为实行绩效预算制度提供了有利的基础。统一的部门预算使部门的绩效考核成为可能。但是由于缺少绩效方面的考核,大大限制了部门预算功能的发挥,每个部门的负责人和领导都竭力使自己掌控的预算规模和执行权力扩大,却很少让行政成本减少,或者根本就没考虑过。

实行绩效预算制度有利于提高政府和其他企事业单位的工作效率,使公共资源得到节约,更符合公众的利益。尽管绩效预算与我国目前的预算编制方法存在许多根本理念上的差别,但是可以通过逐步过渡的方法,在实践中不断探索和改进。

(三) 公共预算的基本过程

公共预算的基本过程大致上可分为编制、执行和决算三个阶段。

1. 预算编制

预算编制是各企事业单位对未来一段时间内制订筹集和分配预算资金年度或更长时间计划的预算活动。预算编制在整个财政管理中占据重要地位。预算编制管理可使企业的资源配置更优化,全方位地调动企业员工的积极性,发挥其主观能动性,是会计将企业内部的管理有机灵活地应用于预算管理当中,是促使企业效益扩大,构建坚实基础的力量。预算编制是企业行为计划的量化,这种量化有助于管理者在整个企业中协调、贯彻计划方案的实施,是一种重要的管理工具。

为科学、合理地编制部门预算,在预算过程中,应遵循以下原则:

(1) 合法性原则

各个部门预算的编制都要符合《预算法》和国家其他法律、法规的规定,充分体现国家有关方针、政策的内涵,并在法律赋予部门的职能范围内编制。具体来讲:①收入要合法合规;②各项支出要符合财政宏观调控目标,要遵守现行的各项财务规章制度。支出预算要结合本部门的发展计划、目标和工作量计算;对预算年度收支增减因素进行预测;要时刻与发展国民经济创建和谐社会的方针相呼应,要符合当代社会经济增长的速度;从履行国家产业政策出发,适应国家产业结构的特点,发扬厉行节约,反对浪费,勤俭办事的精神;人员经费支出要严格执行国家工资和社会保障的有关政策、规定及开支标准。

(2) 真实性原则

部门预算收支预测要严格按照国家社会经济发展计划以及履行部门的职能需要为依据,收支的数字指标应做周详测算,保证各项收支准确无误。对部门内部机构、人员、编制等基础数据资料进行反复审核后填报;各项收支预算要通过近期实际收入情况及近几年的具体数额对比进行测算,支出要按规定的标准和实际情况测算,坚决杜绝弄虚作假事情的发生。

(3) 完善性原则

部门预算编制要体现综合预算的思想。各种预算外资金要严格执行"收支两条线"管理,所有收入和支出全部纳入部门预算,取消收入与支出挂钩的预算方法,对各独立部门预算中每项财政资金和其他收入统一管理、统筹安排、统一编制综合财政预算。对各项收入、支出预算的编制做到不重不漏,不能在非主体预算外保留其他收支项目。

(4) 科学性原则

部门预算编制要具有科学性,要从以下四个方面进行安排:①预算中对收入支出的预测方向要具有科学性,要与国民经济和社会发展状况结合,有力地推进国民经济可持续发展;②合理分配预算编制时间,在保证质量的同时尽可能提高效率;③预算编制的方法要科学,预算的编制需收集大量可靠的数据后进行科学规范的测算;④预算的核定要科学,基本支出预算定额要按照科学方法制订,做好主次排序,科学合理地选择项目。

(5) 稳妥性原则

部门预算的编制需做到正确稳妥,不能出现赤字预算。要对收入预算内容负责,严格控制收入项目的存留,杜绝支大于收现象出现。预算要在保证基本开支的基础上进行再分配,避免预算二次或反复调整。项目预算的编制要做到量力而行。

(6) 透明性原则

部门预算要体现透明原则。对部门中的经常性支出实现预算分配标准化。对于特殊工作和非正常性项目支出要实行文字归档制度,通过科学分析对优先级高的项目和任务提前处理,从而减少预算分配中存在的主观随意性与"暗箱操作",使预算分配更加规范、透明。

(7) 绩效性原则

部门预算应建立绩效考评制度,对预算执行过程和完成结果进行"职责化"管理,持续提高预算资金的使用效益。从项目申报、项目执行、项目完成的各个阶段对其进行监督和审阅,及时对考核合格并通过的项目进行备案,促使预算资金的安排由"重分配"向"重管理"转变。

预算编制过程中的总体流程为中央部门预算编制程序实行"二上二下"的基本流程。"一上":部门编报预算建议数;"一下":财政部下达预算控制数;"二上":部门上报预算;"二下":财政部批复预算。

不同社会和不同国家预算编制有其各自的原则。自由资本主义时期,资本主义各国强调政府预算的完整性、包括性、年度性、可靠性和公开性。到了垄断资本主义时期,为了适应国家干预经济的要求,资本主义国家又提出加强政府行政机构预算主动权的原则。

中国国家预算的编制除了强调其完整性、可靠性和公开性等一般原则外,还根据社会主义的特点坚持以下原则:①贯彻中国共产党和国家的路线、方针、政策的原则;②正确处理国家预算与国民经济和社会发展计划关系的原则;③正确处理积累和消费的比例关系的原则;④坚持当年预算收支平衡略有结余的原则。后备基金主要有两种形式:①国家预算预备费,用以解决预算执行过程中因临时需要而增加的支出;②国家预算周转金,用以保证预算资金季节性周转的临时垫支,防止预算执行中的收支脱节。

总之,公共预算编制涉及目的和手段的选择。公共预算编制与其他经营部门有许多共同点,但在某些方面采用的标准各不相同,其中最主要的区别在于,很少有公共部门的决策会从利润和成本角度考虑问题,而其他经营部门必须顾及自身企业长久生存的可能性。

2. 预算执行

预算经过批准以后就进入执行阶段。预算执行,是组织预算收支任务实现的过程,也是预算执行时预算计划付诸实施的过程,包括组织预算收入率、拨付预算支出资金、动用预备费和周转金以及预算调整等内容。根据我国《预算法》的规定,各级预算由本级政府组织执行,具体工作由本级政府财政部门负责。

预算收入征收部门必须依法及时将应上交的预算资金及时、足额地上交国库。各级财政部门必须依照法规规定,及时、足额地拨付预算支出资金,并加强管理和监督。县以上各级预算必须设立国库。国库是国家金库的简称,是国家财政资金的出纳、保管机构,负责办理预算收入的收纳、划分、拨解和预算支出的拨付业务。中央国库业务由中国人民银行经营,地方国库业务依照国务院的有关规定办理。各级政府预算预备费的动用方案由本级政府财政部门提出,报本级政府决定。各级政府预算周转资金由本级政府财政部门管理,用于预算执行中的资金周转,不得挪作他用。

预算调整是预算执行中的一项重要工作内容,是组织新的预算收支平衡的一个重要方法。所谓预算调整,是指经过批准的各级预算,在执行中因特殊情况需要增加支出或者减少收入,使原批准的收支平衡的预算的总支出超过总收入,或者使原批准的预算中举借债务的数额增加的部分变更。预算调整应当由各级政府编制预算调整方案,并须提请各级人民代表大会常务委员会审查和批准,未经批准,不得调整预算。各部门、各单位的预算支出应当按照预算科目执行。不同预算科目间的预算资金需要调剂使用的,必须按照国务院财政部门的规定报经批准。

预算执行往往比编制涉及更多的利益相关者和参与者,面临变动的宏观经济形势,保证执行与预算目标的一致性十分重要。亚洲开发银行专家认为,预算执行管理必须遵循四项原则:①确保按照法律授权权限实施预算,这种授权既包括财务授权也包括政策授权;②根据宏观经济环境发生的重大变化对预算进行调整;③解决预算实施过程中出现的各种问题;④有效管理资源的购置和使用。①

3. 决算

决算是预算执行的总结和终结。决算草案由各级政府、各部门、各单位完成。每个预算在年终以后按照国务院规定的时间编制,以此回顾并集中反映过去的一年来预算活动的内容、基本情况及政府绩效,同时作为下一年度预算编制的参考依据。具体事项由国务院财政部门部署,编制决算草案必须符合法律、行政法规,做到收支数额准确合理,内容完整,上报及时。决算草案的上报和审批与预算草案的履行和审批过程相同。各级政府决算经批准后,财政部门应当向本级各部门批复决算。地方各级政府应当将批准的决算报上一级政府备案。我国的决算具体过程主要包括以下几个阶段:①准备阶段,由各级财政部门在每年10月份左右分别下达编制本级政府决算草案的原则、要求、方法和报送期限,并对本年度结算进行清理;②编制阶段,各支出部门按相关要求针对本部门特点进行决算草案的编制,并逐级上报汇总;③审查阶段,各级财政部门对同级政府收支总决算进行审核;④批准阶段,经财政部门审查后的决算草案经各级行政领导阅审批准后提请同级人民代表大会批准。通过决算后公共预算过程暂时"休庭",新一轮的公共预算过程随之开始。

三、公共收入管理

公共收入亦称财政收入或政府收入,是政府为履行其职能而筹集的一切资金的总和。在当今市场经济体制下,公共收入的结构主要由税收、规费和公债三部分组成。公共收入的基本问题主要是如何使公共物品和劳务的成本费用能正确合理地由社会成员分担,即如何使税收负担公平合理。

---

① [美]Salvatore Schiavo-Campo 等著:《公共支出管理》,张通译,133 页,北京,中国财政经济出版社,2001。

(一) 公共收入的基本理论

在公共财政理论中,公共收入是制约财政运行、衡量政府公共资源和宏观调控能力的重要标志,是化解公共风险、保证政府公共经济活动的物质基础,同时也是实现经济可持续发展和构筑和谐社会的重要手段。[①] 收入虽然在个体或私营单位可以体现出自身在一段时期内的经营情况,与效益相挂钩。公共收入却与其内容有很大的区别,在基本特征、规模与作用点等区别于私人部门的收入。因此,正确理解公共收入的基本问题是形成公共财政体制的关键。

1. 公共收入的基本特征

公共收入是指政府部门为了使公共经济方面的职能得以实现,利用政治和经济权力获得的所有货币收入。其主要特征表现为:

(1) 公共收入衬托公共经济过程

这一特征不同于国家因通货膨胀形成的收入。公共收入在实现其自身价值的同时也完成了生产过程、交换过程、分配过程;而国家利用通货膨胀取得的收入在上述过程中没有任何的体现,国家无非是利用货币垄断发行权,借助纸币贬值的方式,将实际资源变通到国家手中。这种利用通货膨胀取得公共收入的行为,需承担较高的公共风险,从经济学角度讲只有非常时期可以采用,其他阶段是不能使用的。

(2) 公共收入是一定量的货币收入

这种货币收入代表国家在以剩余产品价值为主所占有的社会产品价值的比例。

(3) 公共收入是公共支出的源泉,也是以政府为核心公共部门行使职能的保障

公共收入和公共支出是公共经济表现的方式和方法,公共经济也是通过这两个必要的阶段进行的。公共经济从公共收入着手,政府有目的性地将经济活动中的资源分划到提供公共产品或进行公共管理、致力于增进公共利益的各种组织和机构中。对公共经济活动而言,不管过程手段有多复杂,最终的结果是依靠公共支出体现出来的,目的是使统治机构已拥有的非绝对资源作为一种调节供求关系趋于平衡的渠道补充到社会当中,使资源在社会各个部门中所占的份额合理化,资源结构和配置更加规范化,使收入公平、社会和谐。

(4) 公共收入是双权力并存的结果

政府利用政治权力和经济权力取得公共收入,凭借国家特有的政治权力使用其本身具有的强制性、无偿性和稳定性,国家可获得固定的税收收入。政府依靠自身所具有的多方面的经济权力对国有资源进行非税收入,除此之外,政府还可以利用国家信用关

[①] 江福秀:《公共财政与西部财源建设研究》,南宁,广西人民出版社,2003。

系，采取有借有还的信用手段，通过发行公债筹集一定的债务收入。

2. 公共收入的规模

公共收入包含的范围。公共收入包含范围的宽窄是由一个地域在某个时期内转移到各级公共部门的市场经济主体所体现价值多少决定的。公共收入包含的范围含义：①从时间范围定义，多指在一个比较确定的时期范畴内；②从隶属范畴角度定义，一般指国家或国家范围内某一区域政府的公共收入；③指各级政府公共财政收入的价值总量。

公共收入包含的范围的大小可以从其数量和比例两方面加以区分。单从数量上讲，具体指某一时期内公共收入的数量总和。而从份额和比例角度看，公共收入包含的范围则表现为特定时期范畴内公共收入和经济变量所占份额的百分数。大致可分为两种情况：①财政收入所占GDP的百分数，因为在公共财政收入中大部分资金来源于税收，只有不到1/10来自税收以外的其他收入，所以从占主体来源角度讲，税收相对更为重要，因此公共财政收入也可用税收收入占GDP的比重衡量，即"宏观税率"。②非税收入在GDP中占的比重，非税收入所占GDP的百分数突出体现了税收以外的非规范性收入在我国目前的费税体制演变过程中的倾向性，是全部取决于税收还是完全将其取代，如果只是简单的取代其负面影响的大小又如何去处理，这都需要我们面对和思考。依照目前市场经济国家的习惯行为，政府通过正规渠道得到的收益属于公共财政受益理论范畴。那些只认可公共财政中的税收收入的看法的确有些偏激。政府通过合理渠道获取的资金将一直在公共财政体系中存在，是无法被取代的。而非税收入要从另一个侧面去看待它，如果它在GDP中所占的比例介于允许和接受范围内，那么它是促进政府所进行的公共经济活动的。因为税收收入与非税收入在体现公平与效率的收入原则上有差异，同时在政府公共财政预算处理方式上也是不同的。税收相对集中和规范，而非税收入则分散和不规范，但它具有体现受益原则和灵活性的特点。① 因此从分配方式方法上重点把关，合理分配非税收入的比例和份额并使其独立存在也是有必要的。

发达国家与发展中国家公共收入在GDP中所占的比重是不一样的。20世纪末，很多发达国家公共收入都超过30%。一些发展中国家却不能达到这个水平，如印度尼西亚为20%，泰国为21%，韩国为18%，而我国当时仅为15%。从以上数据可以看出，发达国家公共收入要多于发展中国家10%左右。

对比十一届三中全会前后公共收入占GDP的比重：1978年该比重约为30%，到2002年下降为18%左右，2004年上升为20%。这种前高后低的比重现象决定了公共收入增长变化的两种形态和逆差：当以GDP的增长速率作为参照点，公共收入增长速度

---

① 郭北辰、樊长才、刘莹等：《公共收入的基本特征与规模》，载《财会研究》，2005(9)，4~5页。

如果大于参照点,其增长就会缓于公共支出增长速率。如此形成的结果会给我国公共财政的运营造成很大的阻碍和影响,甚至起到负作用。如非预算内支出不断增加,政府计划内开销受到预算合理支出影响,导致公共财政结构分散,严重破坏财政资金的整体性。公共财政长期处于这种不确定的演变模式下,不但会延缓我国社会主义市场经济发展的步伐,还对收入重新分配内容的补充和经济秩序的稳定产生极大的影响。

公共收入规模与各种政治经济条件的健全与否关系密切,包括生产技术水平、经济发展水平等,生产技术水平和经济发展水平的影响最为重要。影响公共收入规模的经济因素有以下几个方面。

从生产技术方面分析,经济发展程度的快慢始终与生产技术的发展程度呼应。据计算,我国技术进步对经济增长率的影响要远远低于同时期发达国家的同类指标,要想摆脱第三世界国家的经济状况,生产技术水平在我国还有待继续提高。

从分配的结构和形式分析,1994 年,为了构筑"公共财政"框架,借鉴西方国家的"联邦制财政体制"的某些有益经验,实行"分税制"公共财政体制改革。① 1995 年公共财政收入占 GDP 的比重却下降到 10.7%,2001 年基本上保持在 10%~11%,2004 年因政府对宏观经济调控力度的加大和市场经济的进一步发展,这一比例提高到 20% 左右。② 分配结构和形式的最终产物就是 GDP 分配方式的改变。

从价格水平分析,公共收入包含的范围受价格水平的影响可通过以下两个方面完成:①价格机制。虽然《中央银行法》中已明确规定:公共财政赤字不能由中央银行增发货币加以弥补,但是现实物价整体水平的上涨幅度已经受到公共支出膨胀的影响,公共收入包含范围的虚假扩大现象已悄然出现。假如中央银行的上述规定中把"不能"改为"能"并予以认可和实施,那么最终的结果将更为严重。这种由公共财政赤字致使物价总水平上升的最终结果是削弱货币的部分购买力并将其由国家获取,作为国家的习惯性收入延续。②物价水平升高的体系结构可使公共收入的来源结构改变。这种非定性化的物价水平会导致 GDP 在各经济主体间的二次分配,公共收入的财源体系也会相继改变,其结果是造成各经济主体税率不同程度的不一致,导致公共收入出现各种各样的改变。

(二) 公共收入的原则

公共收入中最基本的来源是税收,因此公共收入的原则重点也是通过辨析税收原则内在的原理和形式体现。在很多关于公共收入原则的解析中,亚当·斯密和瓦格纳

---

① 郭北辰、樊长才、刘莹、梁俊荣:《公共收入的基本特征与规模》,《财会研究》,2005(9),5 页。
② 同上。

的表述可以算是比较权威的。古典经济学创始人亚当·斯密的著名著作《国富论》曾经提到过税收四原则,即公平、确实、便利与征收费用最少原则。19世纪末期,经济学家瓦格纳对税收原则进行了进一步讨论,具体分为四项:①财政政策原则,即税收应能取得充分收入,且有弹性;②国民经济原则,也就是选择恰当的税源和税种;③社会公正原则,即征收税收应平等并普遍;④税务行政原则,即税收要真实可靠,降低征收费用,并为纳税人提供便利。从现代经济学理论来看,税收原则可大致分为公平原则、效率原则和经济稳定与增长原则。

1. 公平原则

公平(equity)原则在当代财政理论中主要通过两个角度进行分析。

(1) 受益原则(benefit principle)

亚当·斯密在《国富论》中说:"一切公民,都须在可能范围内,按照各自能力的比例,即按照各自在国家保护下享得收入的比例,缴纳国赋以维持政府所需。"也就是说,向政府提供的商品和服务缴纳资金的形式应该与从政府向居民提供的服务中索取的收益有关。然而,事实上多数政府所提供的服务没有落实到个人,是在以非合理途径消耗。在许多特定的经济活动中,从政府提供的服务中获得的收益也有所区别,因此,要想明确、合理地体现受益原则,政府应当运用多种融资方式补充由于特殊原因造成的分歧。在受益原则下,个人所交纳的份额恰恰能反映出从公共产品与劳务中获得的边际效用,这样不仅使等价交换的原则得以充分发挥,也使经济资源的结构配置在私人部门和公共部门之间得到最佳的体现。

(2) 支付能力原则(ability to pay principle)

这一原则基础是财政负担分配与个人从政府活动中获得的收益无关。一般情况下,支付能力是因个人收入水平的高低而不同。这个原则要求把政府支出负担的分配与个人支付能力有机地结合运用,能者多劳,弱者少劳,无者不劳。

支付能力原则可以从两个方面体现:①横向公平,即要求纳税能力相同的人承担相同的税收;②纵向公平,即要求纳税能力不同的人承担不同的税收。支付能力的衡量理论界存在客观说和主观说争议。

客观说是以纳税人所拥有资产的收入额和支出额的多少衡量其支付能力。由于拥有财富的多少多用收入、财产和支出表示,纳税人纳税能力的测度也就可具体分为收入、财产和支出三种尺度。收入通常被认为是测度纳税人纳税能力的最好的尺度,因为收入最能决定一个人在特定时期内的消费或增添其财富的能力。财产也可以被认为是衡量纳税人的纳税能力的合适尺度,财产代表纳税人的一种独立的支付能力。消费支出则可作为测度纳税人的纳税能力的又一尺度,因为消费的充分性反映一个人的支付能力。

主观说则认为应该以纳税人因纳税后而反映出或感受到的承受和牺牲程度大小衡量其支付能力,分为均等牺牲、比例牺牲和最小牺牲三种尺度。均等牺牲即不同的个人因财政负担所牺牲的效用总量应当相等;比例牺牲即不同纳税人或财政负担人因纳税牺牲的总效用量与纳税前的全部所得的总效用量之比应当相等;最小牺牲即财政需要量的分担应使每个负担者的最后一个单位货币的边际效用相等。

2. 效率原则

效率(efficiency)原则是指通过减小收入成本获取更大收益。税收效率原则有多层含义,从资源配置方面看,要求税收有利于促进社会资源的高效配置;从经济机制的方面看,要求税收有利于市场机制的优质发挥;从税务行政方面看,税收制度要简单合理,征纳双方的费用也要从简。因此,效率原则具体又可以分为经济效率原则和行政效率原则。

经济效率原则:西方经济学家对经济效率的解释习惯使用"帕累托效率",即只有在一种形态下的经济资源配置才有效率可谈。没有任何一种改进方式可以使整体人群的福利提高而不使部分人群福利下降。有效的税收表现在由于征税导致的额外负担以及额外收益的减小和增大。政府征税的过程实质上就是将社会资源以纳税的方式从个人手中转移到政府手中的过程,这势必会对经济状况造成影响。如果这种影响没有干涉征税数额本身以外的因素,那么这种影响可以看做是正常的负担;如果在这种正常负担之外,社会资源配置状态和社会经济行为被直接或间接地干扰和阻碍,这样就产生了税收的额外负担。税收的额外收益是指除征收税收以外,不但使资源配置效率得到提高、产业结构得到优化,也促使社会经济正向稳定发展。为了实现税收的经济效率,在降低税收额外负担的同时最大可能地发挥税收的正效应,以此提高额外收益。实现税收经济效率原则的根本途径在于尽可能保持税收对市场机制的"中性"影响,即确保税收中立。税收中性主要通过两方面体现:①指政府征税使社会付出的代价应以征税额为限,不能使社会和纳税人承受其他的经济损失和额外负担;②指政府征税应当回避对市场机制运行产生的负面效应。严格地说,税收中性实际上只是一种理论假设,现实中任何税收都并非中性,绝对化的中性是不存在的。实际经济生活中,调节经济是税收分配的一种内在调控工具手段和方式。

3. 经济稳定与增长原则

经济稳定与经济增长是与灵活运用各种法律化的经济政策、合理实施经济手段、进行宏观调控三者的有限结合密切相关。保障物价整体稳定和经济适度增长,是保证经济与社会优质运行和协调发展的关键所在。正是基于这种观点,经济稳定增长现象才在整个社会乃至国家得以普遍出现。

经济稳定和经济增长对税收政策和实施的影响。

从经济稳定角度讲：目前我国所处的市场经济条件下的经济运行状况与自给自足的自然经济有很大的区别，市场机制会出现极为严重的不平衡现象。因此，平等、公平的收入分配是目前市场经济最需要的。千差万别的原因交织在一起，既有财产的差别，也有个人主观能力的差别和教育与培训的差异。这些问题政府只有通过再分配政策解决。通过征税减少收入分配的不平等是一个政府调控的必要手段。政府可以通过对不同人群采取不同征税方式获取税收，富人多征，穷人少征。政府也可以在支付制度上进行改进，把收来的税金用于筹建社会保障制度，帮助由于经济灾难而陷入困境的人解脱出来；还可以通过支出，使低收入者获得医疗、食品和住房补贴等服务。实质上，社会公平问题的解决一方面受社会普遍富裕程度的影响；另一方面还要符合收益民族长期存在的思想观念。这要在政府的文明程度、道德水平和政策倾向上充分体现。综上所述，要想创建公平、公正、有比例的税收制度，应根据不同人群的不同纳税特点有效地进行征税，实现经济稳定发展。

从经济增长角度讲：经济增长一般指一个国家国民经济所生产的产品和劳务数量的增加，从绝对数值来看，可以用国民生产总值或国民收入的增长表示；从相对数值来看，可以用人均国民生产总值或人均国民收入增长表示。为了能客观地反映一个国家一个民族的国民经济增长，仅仅考察一个年度的趋势是不足以说明问题的，而是要以一个长期的时间段作为观察期，判断在整个时间范围内的年平均增长率。经济增长的最主要部分是资本构建、劳动供给和技术发展。劳动供给对经济增长的影响主要决定于劳动力总和以及劳动者的劳动时间。

技术发展的速度在经济增长整个过程中起着关键的作用，它直接决定劳动生产率的提高。提高技术进步的途径是发明与创新、先进技术的引进和借鉴，同时增加人力资本投资。

资本形成始终是经济增长的重要影响因素。资本形成过程通常分为三个时期：①储蓄的增加，这取决于人们的储蓄意识以及储蓄潜能；②信贷和金融机构是否有能力号召和引导这些储蓄转变为投资；③使储蓄投资到物质资本和人力资本，这主要取决于投资的效率及水平。

从理论上分析，税收促进经济增长的机制是通过税收对劳动供给、技术发展和资本形成三个方面产生影响实现的。在目前中国劳动力需求小于供给的状况下，单凭税收不足以影响劳动供给的现状。因此，主要通过税收政策的改善和税收提供的优惠政策促进技术发展，扩大储蓄范围，促使社会资金转化为资本，体现税收在经济增长中所起到的作用。

税收作为财政收入的主体，不但是维持国家有效运转的经济基础，又是国家调节经济水平的重要手段。从广义上讲,税收是社会总产出的重要组成部分。从狭义上讲,税收与企业制造产品、商品交易、对外服务以及产生各类应税行为相配合。同时,从另一个角度看税收对经济也起到负面作用。合理的税制可以权衡纳税人之间的税负,创造公平竞争的市场氛围,大大减少资源配置不完善的程度,使社会成本和税收成本降到最低,达到促进社会经济效率提高的目的。

2006年全国税收收入已超过19 300亿元人民币,与2005年同期相比增长了20%左右。这种大幅度的税收增加近期在我国已经并不罕见。中国国家税务总局负责人始终表示,税收增长与经济稳定与增长基本协调。税收取决于经济,税收收入的迅猛增长是经济平稳较快增长的具体体现。

(三) 公共收入的形式

公共收入的形式可以依据不同的标准进行划分。以公共收入的经济性质为标准,可将公共收入划分为税收收入、债务收入、国有资产收入、规费收入、罚没收入等。这种划分突出体现了政府以不同身份和所依据的不同职能获得公共收入,是公共收入的最基本分类方法。下面以这种划分方式为导向对公共收入形式进行具体的介绍和分析。

1. 税收收入

税收是国家通过强制手段无偿地获取公共收入的方式。国家凭借政治权力和自身的职能,依照法律的要求,实现剩余产品价值的二次分配。从国家产生那一刻起税收也随之诞生,税收的主体是国家,以国家政治权力为首要目的的分配形式。征税的过程也是社会产品和国民收入转移的过程,即从社会个体手中转移到国家手中的过程。这一分配过程不仅体现了国家、纳税企业和纳税个人之间的征纳关系,也体现了国家征税必然引起各社会成员之间占有社会产品或国民收入比例的变化,所以它也是分配关系的充分展示。

税收作为财政分配的手段之一,和其他公共收入方式相比,具有以下三个特征。

(1) 强制性

税收的强制性指国家凭借自身具有的征税的政治权力,通过法律、法令约束进行的。税法作为国家法律的一个重要组成部分,其强制性决定任何人都要无条件地遵守税法,依法纳税,如若违反必然会受到法律的制裁。这种强制性的遵守并不属于国家暴政行为,国家与纳税者都属于国家法律体系的组成部分,对于双方来说税收是一种强制性与义务性、法制性的结合。税收的强制性特征使它与公债、国有资产股息红利、上缴利润等公共收入形式有本质的区别。

(2) 无偿性

税收的无偿性指国家通过征税获得的税金不会再以直接方式归还给纳税人,也不会以其他形式向纳税人提供报酬。然而,国家征税的最终目的是为了满足社会公共需要,将税款转化为财政支出,用于修建公共设施和提供公共物品。在这个过程中纳税者会通过其他形式变相地获得收益,可能其获收益不与纳税款绝对等价。因此税收并非绝对的"无偿",而是无偿性、偿还性、间接性、非等价性的结合体。

(3) 固定性

税收的固定性指国家对征税对象、征税规范、征税金额、征税比例在征税前就已经做了定性定量的明确规定。纳税人只要符合税法要求获得了应该纳税的收入,拥有的财产达到了应该纳税的要求,产生了应该纳税的行为等,就必须按照预定的标准按期、按量地纳税。税收的固定性实质上是指税法的确定性,它并不是永不改变的。税收政策和制度是与社会生产力、社会生产关系的进步共同发展的,只是通过税法体现改革和发展的变化,在某一时期内是稳定不变的。

以上三个基本特征从税收的共性方面做了阐述,某种公共收入如果具备这三个基本特征就属于税收。

税收制度的基本因素包括纳税人、课税对象、税率、课税环节、附加、加成、减免和违章处理等。

纳税人是税法规定的直接负有纳税义务的个人和单位,主要说明向谁征税或向谁纳税的问题,具体分为自然人和法人。课税对象是征税的标的物,说明对什么课税。课税对象规定征税的范围,是确定税种的主要标志。课税对象的不同也是区分两种税的方法。税率是应纳税额与课税对象之间的比例。税率的高低关系到政府财政收入与纳税人的承受力,从一个侧面体现了国家一定时期的财政税收政策,是税制设计的中心环节。课税环节是税法规定的纳税人必须履行纳税义务的主要环节,它规定了发生纳税行为的阶段以及课税的单重性。税收附加也可称作地方附加,是地方政府附加征收的正税以外的一部分税款。通常税收附加是为了解决地方机动财力需要而加收的税款。加成是对特定纳税人的一种加税措施,主要是为了调节经济而实施的一种限制政策。政府通过减税、免税、规定起征点以及免征额等措施减轻纳税人的负担。违章处理是为惩罚那些违反税法中相关征管条款行为的纳税人而制定的措施,具体有批评教育、强行扣款、加收滞纳金、罚款及追究刑事责任等。

按课税对象的性质分类,税收可分为流转税、所得税、财产税和行为税四大类。流转税是指将商品流转额作为课税对象征收的一种税,如我国现行的消费税、增值税、营业税。所得税是指以所得为课税对象征收的一种税,我国现行的个人所得税和企业所得税就属于这类税。财产税是指以财产为课税对象的一种税,如我国现行财产税。行为税是指以某些特定的行为为课税对象课征的一类税,如我国现行筵席税、证券交易税。

按税负是否转嫁进行分类,税收可分为直接税与间接税两大类。直接税是指那些需由纳税人本身负担的税种,而这些税负不能转嫁或难以转嫁,如财产税和各种所得税。间接税是指那些税负可以或比较容易转嫁的税种,各种以流转额为课税对象课征的税种,如增值税、消费税、营业税、关税等都属于这一类。

2. 债务收入

当公共支出已经无法由公共部门的收入满足和弥补的时候,政府可以通过借债获取收入填补这一缺口。公债发行是政府债务收入的主要来源。此外,政府债务收入还可以利用其他一些特定方式取得贷款,例如向银行借款,向外国政府借款,向外国政府、金融机构或国际组织借款。下面我们重点对债务收入的主要来源——公债的相关理论知识进行介绍。

公债是政府以债务人的身份、依据借贷原则取得公共收入的方式。公债虽和税收(以及价格或使用费)一样是公共收入的形式之一,但二者又有区别和不同方式,具有自愿性和有偿性特点。公债具有政府弥补预算赤字,进行宏观调控的功能。

从财政角度观察,公债作为填补公共收入的后备力量和手段,可以及时解决财政困难、弥补财政赤字。当国家财政支出在短时间内大于收入时,或有紧急需要时,发行公债特别是短期国库券,不但方式简捷,而且能解决一时之需。从长期效用观察,公债还是筹集建设资金的捷径之举。在很多投资大、建设周期长、起效慢的项目,如交通、能源、环保重点工程,这些项目的建设需要政府积极介入和支持,投资也是在所难免的,这在某种情况下会制约国民经济的发展,而公债的发行恰恰可以满足政府的这一支出需要。

从经济的角度观察,公债是政府调控经济的重要政策工具,是政府经济政策的一个重要组成部分:①调节消费与积累,平衡两者在国民经济中的比例。在现实生活中,消费数额与人们的实际消费额从数量上和时间上存在不统一、不一致,因此需要加以适当的调节。公债采用信用方式并没有从根本上改变资金的所有权,只是获得了一定时期内资金的使用权。适当发行公债可以更好地维持两者均衡的比例关系。②调节投资结构,优化产业结构。政府投资对产业结构有很大的影响,合理运用公债资金可以提高产业结构合理性。③调节金融市场、维系经济平稳发展。公债具有金融资产和有价证券双重身份。公债可以作为一种调节金融市场的有利手段和工具。根据经济状况政府可随时调整并进行公债的买卖,有机地调节资本市场的宽松度和严密性,避免经济形势的起伏。④调节社会总需求,使社会总供给与总需求趋于平衡,包括供求关系总量和结构上的平衡。另外,外债还有特殊的作用:如果将发行外债的所得款用于储备,将极大地促进币值的稳定和外汇的平衡;如果用于扩大进口贸易,亦可以通过引进先进技术设备使国内产业结构升级。

公债的规模是指公债发行量。公债规模的极端化会阻碍经济正常发展。衡量公债规模主要是通过指标法衡量。指标法是采用一些国际上经常应用的指标和经验数据衡量债务的规模。

3. 国有资产收入

国有资产是指国家以各种形式投资及收益、接受馈赠形成的，或者凭借国家权力取得的，或者依据法律认定的各种类型的财产和财产权利。[①] 国有资产收入是指国家凭借其所拥有的国有资产取得的财政收入。具体来说就是经营和使用国有资产的企业、事业单位和个人把其收入的一部分交给国家，国家在这里是以资产所有者的代表的身份取得，而不是以社会管理者的代表的身份得到的收入。国有资产收入是我国财政收入的重要组成部分。国有资产收入多少，一方面反映国有资产营运效益的好坏，反映国有资产保值和增值的情况；另一方面关系到为国有资产的恢复、改造、更新提供所需资金。因为任何一项国有资产管理指标的好坏都会从收益上面得到体现，特别是关系到国有资产扩大再生产提供资金和物质条件的问题，同时也关系到当年财政收入和今后财政收入增长的问题。

4. 规费收入

规费是指国家公共部门在对市民或法人提供特定劳务或履行某些管理职能的过程中收取的手续费或工本费。在我国，政府部门提供的服务种类很多，但并不是对所有的服务都征收规费，只对那些从政府的服务中获得了特定的利益、免除了特定的义务或证明了特定的权利身份的公民才征收规费。规费主要包括行政规费和司法规费两部分。行政规费是一些行政机关部门收取的费用，例如护照费、内务费（如户籍规费）、经济规费（如商标登记费）、教育规费（如毕业证书费）以及其他行政规费；司法规费是指司法机关收取的费用，例如诉讼费、申请费。

5. 罚没收入

罚没收入是各级政府的公安、司法、海关、物价等部门依法查处走私贩私、投机倒把、非法经营、贪污盗窃、行贿受贿等案件的罚款收入，没收物品变价收入，以及各部门、各单位追回的赃款、赃物的变价收入。[②] 罚没作为一种权力行为手段，是达到维护社会秩序或进行社会再分配目的的政治法律措施。它包含两方面内容：社会管理手段，社会再分配措施。[③] 罚没收入是公共收入的一种形式。国家历来都非常重视罚没收入权力的行使和收取的过程，也出台了相关文件规范罚没权力的行使，以及罚没收入的应用。罚没

---

① 郭新艳：《国有资产管理法律制度浅析》，中国论文下载中心，http://www.studa.net/sifazhidu/070704/11254994.html。
② 佚名，http://www.docin.com/p-15059666.html。
③ 刘运毛：《论行政法上的没收——行政权和财产权相对化的产物》，见《公法研究》，第3卷，160页，北京，商务印书馆，2005。

收入本身的性质决定了它的使用方向。目前我国对罚没收入使用的规定主要有四种模式：①上缴国库；②上缴财政；③由中央财政和地方财政按比例罚没；④作为罚没机关的经费来源。

四、公共支出管理

公共支出(Public expenditures)也称为财政支出或政府支出，是指政府为履行其职能而支出的一切费用的总和。换句话说，一旦政府在以多少数量、以什么质量向社会提供公共物品或劳务方面做出了决策，公共支出实际上就是执行这些决策必须付出的成本。所以，公共支出也就是政府行为的成本。公共支出是公共部门经济活动的一个重要方面。公共部门对经济的影响作用主要表现在公共支出上，政府干预、调节经济的职能也主要是通过公共支出实现。本节将主要介绍公共支出的基本理论，公共支出管理的四个具体方面：购买性支出管理、投资性支出管理、转移性支出管理以及政府采购管理。

（一）公共支出的基本理论

公共支出指的是政府为履行其职能而支出的一切费用的总和，也就是政府行为的成本。它是公共部门经济活动的一个重要方面，其数额的大小不仅反映政府介入经济社会生活的规模和深度，也反映公共部门在经济社会生活中的地位。

公共支出的基本理论主要包括公共支出的概念、公共支出的原则和公共支出的分类。

1. 公共支出的概念

公共支出是公共财政的一个主要支出项目，因为其支出数额巨大，且与社会发展、人民群众的利益密切相关，因此成为公共财政管理中的一个重要环节。公共支出是公共财政的支出，是政府为市场提供公共服务安排的支出。公共支出可以为社会成员提供大体均等的公共服务需要的开支，可以确保国家职能的履行、政府经济作用的发挥，在市场经济社会中，可以支持市场经济的形成和壮大。

公共支出管理是高度具体化的公共财政管理，是对支出资金进行安排、拨付的具体管理活动。①

公共支出的范围主要有：行政管理、国家安全、公安司法、监察、公益型事业、大型基础设施建设、科技教育、公共卫生、环境保护、社会保障、对经济尽享宏观调控所必需的支

---

① 陈振明：《公共管理学——一种不同于传统行政学的研究途径》，2版，374页，北京，中国人民大学出版社，2003。

出等。①

2. 公共支出的分类

对公共支出可以从不同的角度进行分类。在理论上,按照公共支出的性质,可以分为消耗性支出和转移性支出;按照公共支出的目的性,可以分为预防性支出和创造性支出;按照政府对公共支出的控制能力,可以分为可控制性支出和不可控制性支出;按照公共支出的受益范围,可以分为一般利益支出和特殊利益支出;按公共支出有无直接对资源和要素形成需求标准,可将公共支出分为购买性支出和转移性支出。②

在统计上,还可以根据政府预算编列的支出项目和政府部门的职能或机构设置,将公共支出区分为若干项。

(二) 购买性支出管理

购买性支出是指政府直接进入市场购买商品或劳务的公共支出。直接表现为政府购买商品和服务的活动的支出,包括购买进行日常政务活动所需的或用于国家投资所需的商品或服务的支出,它体现的是政府的市场再分配活动。在财政支出总额中,购买性支出所占的比重越大,财政活动对生产和就业的直接影响越大,通过财政配置的资源的规模就越大。购买性支出也称消耗性支出,是指政府支出本身将形成对产品和劳务需求这类财政支出。

购买性支出基本上反映了社会资源和要素中由政府直接配置与消耗的份额,因而是公共财政履行效率、公平和稳定三大职能的直接体现。

(1) 购买性支出直接形成社会资源和要素的配置,因而其规模和结构大致体现了政府直接介入资源配置的范围和力度,是公共财政对效率职能的直接履行。这样,购买性支出能否符合市场效率准则的根本要求,是公共财政活动是否具有效率性的直接标志。

(2) 购买性支出中的投资性支出将对社会福利分布状态产生直接影响,因而是公共财政履行公平职能的一个重要内容。

(3) 购买性支出直接引起市场供需对比状态的变化,直接影响经济周期的运行状况,因而是政府财政政策抉择运作的基本手段之一,是公共财政履行稳定职能的直接表现。为此,必须正确把握财政的购买性支出对市场均衡状态的影响,以确保政府正确实施财政政策。

---

① 颜永明、杨明玉:《公共财政支出预算管理制度的改革取向》,载《闽江学院学报》,2004,6(3),38页。
② 叶振鹏、张馨:《公共财政论》,142页,北京,经济科学出版社,1999。

(三) 投资性支出管理

投资性支出是指以国家为投资主体,以财政资金为投资来源的一种投资活动。投资性支出将从社会产品或国民收入中筹集起来的财政资金用于国民经济各部门,是一种集中性、政策性投资,是财政支出中的重要部分。

投资性支出从属于政府经济职能,是政府直接干预经济,进行宏观经济调控的重要方式之一。特定的投资支出意味着所投资金不仅可以收回,而且可以得到增值,国家生产性投资都具有这一性质。广义的投资支出还包括国家财政用于非生产性领域的基本建设支出,如行政机关办公楼的兴建、国有医院医疗设备的采买。

(四) 转移性支出管理

转移性支出是指政府无偿将资金单方面转移给受领者的支出活动。转移性支出主要由社会保障支出和财政补贴支出等组成。有补助支出、捐赠支出和债务利息支出,它体现的是政府的非市场型再分配活动。在财政支出总额中,转移性支出所占的比重越大,财政活动对收入分配的直接影响就越大。

转移性支出具有单向无偿的特点,转移性支出:政府→私人和企业→市场。转移性支出管理主要分为社会保障支出管理、财政补贴管理和其他转移性支出管理。

1. 社会保障支出

社会保障是指国家和社会依据一定的法律和规定,通过国民收入的再分配,对社会成员的基本生活权利予以保障的一项重大社会政策。社会保障支出是政府向由于各种原因暂时或永久丧失劳动能力、失去工作机会或生活面临贫困的社会成员提供保障其基本生活的支出。[1]

在我国社会保障支出作为一种经济保障具有以下几个基本特征:①社会广泛性特征;②强制性特征;③立法性特征;④约束性特征。社会保障体系包括社会保险、社会救济、社会福利、社会优抚等,其中以养老、医疗和失业为核心。社会保障体系必须兼顾公平和效率原则,使所有人都能得到最低限度的社会保障,同时根据个人能力的不同,受益程度也要有所不同。

2. 财政补贴支出

财政补贴是一国政府根据一定时期政治经济形势及方针政策,为达到特定的目的,对指定的事项由财政安排的专项资金补助支出。一般认为财政补贴具有以下三个特

---

[1] 陈振明:《公共管理学原理》,328页,北京,中国人民大学出版社,2003。

征:①具有很强的政策性。财政补贴是国家实现一定的政策目标的手段,财政补贴的对象、补贴的数额、补贴的期限等都是按照一定时期的国家政策需要制订的,因而,财政补贴具有很强的政策性。国家的政策是多方面的,不仅包括经济政策,而且包括政治和社会政策。因此,财政补贴不仅是国家调节经济的一个杠杆,而且也是协调各种社会关系,保障社会秩序和政治局面安定的一种经济手段。②具有一定的灵活性。国家一般都是根据形势的变化和政策需要,及时地修正和调整财政补贴,所以,在世界各国财政补贴往往是国家实现短期经济的重要财政手段。③具有明显的时效性。国家的政治、经济和社会政策是随着政治经济形势的变化而修正、调整和更新的。财政补贴措施一般都是依据一定时期的国家政策需要制定的,是为实现国家的政策目标服务的,因此,当国家的某些政策发生变化时,财政补贴措施也应做相应调整。

3. 其他转移性支出

转移性支出中除了社会保障支出和财政补贴支出外,还有其他一些支出项目,例如,债务支出、外援支出以及其他支出。这些支出占的比重不大,但也起到一定的作用。

(五) 政府采购管理

政府采购是指国家各级政府及其所属机构为从事日常的政务活动和为满足公众提供公共服务的目的,在国家财政的监督下,以合法的途径,通过公开招标、公平竞争的方式,统一购买商品和劳动的行为。政府采购是市场经济国家管理购买性支出的一项基本手段,其核心是统一购买、公开招标。政府采购不仅是指具体的采购过程,还包括在采购过程中所遵循的政策、程序、管理的总称,是对公共采购行为的一种管理制度。推行政府采购制度是建立我国公共财政管理框架的基本内容之一,是强化政府宏观调控、加强支出管理、提高财政资金使用效益的必然选择。

政府采购是一种政府行为,它既不是个人行为也不是企业、社会团体和其他国家机关的行为,其主体是政府或政府的相关职能部门。实行政府采购制度,其实质是将市场竞争机制和财政支出管理有机结合在一起,它一方面使政府可以得到价廉物美的商品和服务,有效节约资金;另一方面可以使财政支出管理从价值形态延伸到实物形态,从而改变财政支出管理的粗放状况,提高财政资金的使用效率。

政府采购制度诞生并完善于市场经济发达的西方国家,距今已有二百多年的历史,是西方发达国家公共支出管理中普遍采用的一种手段。政府采购制度是公共财政体系管理中的一项重要内容,是市场经济国家管理政府支出的一项基本制度。我国目前正处于建立社会主义市场经济体制的转轨时期,实施政府采购制度对我国市场经济发展有重要的意义。相对于西方发达国家,我国的政府采购制度起步比较晚,但也已建立基本框架体系。具体来说,政府采购制度包括以下内容:

1. 政府采购的目标和范围

政府采购的目标主要包括：有效利用财政资金，节约财政支出；从制度上制止贪污腐败行为，促进廉政建设；实现平衡社会供求、优化产业结构、稳定物价等宏观调控职能；切实维护采购当事人、国家和社会的利益。

政府采购的范围主要包括：货物、工程和服务。货物主要是各种形态和种类的实体物品，如原材料、设备、产品。工程主要是建设工程，包括建筑物的兴建、改建、扩建、装修、拆除、修缮等。服务主要包括网络开会、会议接待、通信传输等货物和工程以外的其他政府采购对象。

2. 政府采购原则

（1）公开透明的原则

政府采购使用的是公共资金，因此，采购必须满足公众的需求和利益，接受公众的监督。同时，要有利于引导企业规范经营、诚实经商，提供一种公开竞争的市场环境。

（2）公平竞争的原则

政府采购制度在购买各种商品时必须充分考虑到公众的整体利益，在同一市场条件下接受同样的条件，形成良好的竞争环境。

（3）诚实信用的原则

在采购中应以诚实信用为准则，杜绝贪污腐败行为，以最低的成本最大限度地满足政府部门或其他消费者对商品各方面的要求，做到物美价廉。对于采购中的一切欺诈等违法行为依法追究采购机构、社会中介机构和供应商的法律责任。

3. 政府采购的程序

政府采购程序主要有三个步骤：①确定采购需求，也就是编制采购计划，是采购机构按照各级政府部门的商品需求向全社会发布所要采购的商品和劳务需求的相关信息。采购计划一经确定将不能随便更改。②确定采购合同。采购机关按照要求编制招标书并向社会公布，吸引有兴趣的供应商投送标书参与竞标，然后采购机关根据相关标准通过考察、评审确定采购合同的授予人。③执行采购合同。在签订采购合同后，为了确保供应商能够按时、按质、按量地提供所需要的商品，采购机构必须对供应商违约责任进行追究。

4. 政府采购的方式

政府采购可以采取公开招标、邀请招标、竞争性谈判、询价、单一来源和国务院政府采购监督管理部门认定的其他采购方式。其中公开招标是最常用的方式。

一个良好的规范的政府采购行为能给国家带来一定的经济效益，可以提高有限财政资金的运用效率和利用率，缓解资金短缺矛盾。同时，政府采购还有助于建立一个公平竞争的市场环境。

第十章 公共政策

政府等公共权力主体在实现公共利益的价值取向过程中,需要依靠一定的手段与工具,将自身的行为活动与目标追求寓于这些手段与工具的选择与使用中。公共政策是现代政府及其他公共部门所采纳的主要行为手段与工具。公共管理作为一种新兴的社会治理范式,研究的范围不仅包括公共行政与各种公共事务,还包括公共政策。其研究重点也从传统行政重视机构及人员的管理转变为政策的议题、建议与制定。可以说,公共政策已经成为公共管理学的重要研究课题。本章对公共政策的内涵、系统构成及政策过程进行分析,为优化我国的决策过程提出建议,使得公共政策在现代公共管理中发挥应有的功能与作用。

一、构建公共政策协调机制:公共管理协调发展的生命

公共管理是一个复杂的利益协调过程。在利益分化与价值观念多元发展的现代社会,不同的社会个体、团体、阶层都被纳入公共管理的范围内。而掌握公共权力的公共部门如政府,它的主要职责和任务是如何有效运用其所拥有的公共权威与组织优势,尽可能地将多元主体间的利益冲突维持在一个较为缓和的程度上,实现社会的稳定与长远发展。这也是政府所秉持的公共利益这一主导价值取向的基本要求。作为公共管理基本手段与工具的公共政策,也就自然而然地担当起主要的构建社会利益协调机制的角色。

(一) 公共政策的概念特征及其功能

尽管在现代公共管理语境中,"公共政策"已经成为了一个耳熟能详的常见词汇。但事实上,当前学术界并没有就什么是公共政策达成普遍的共识;同时,学理意义上的公共政策概念与人们在日常生活中所应用的政策词汇,在内涵与外延上,严格来说存在一定区别。所以在此首先对公共政策内涵给出明确的界定是必要的。

1. 概念

现代公共行政学创始人伍德罗·威尔逊认为：公共政策是具有立法权的政治家制定出来的由公共行政人员执行的法律和法则。① 现代公共政策学创始人哈罗德·拉斯韦尔和亚伯拉罕·卡普兰认为：公共政策是一项含有目标、价值和策略的大型计划。政策学家戴维·伊斯顿认为：公共政策是对全社会的价值所做的权威性分配。美国政策学者托马斯·戴伊认为：公共政策是涉及大量人力和资源或关系到很多人的政府决策，公共政策就是政府的作为（to do）和不作为（not to do）。② 詹姆斯·安德森认为：政策是一个有目的的活动过程，而这些活动是由一个或一批行为者为处理某一问题或有关事务而采取的。③ 此外，还有学者将公共政策界定为政府及其与环境的关系，如罗伯特·艾斯通的观点。以上西方学者对于公共政策的界定各有不同的侧重点，如威尔逊的观点侧重政府的管理职能，伊斯顿的观点侧重政策的职能，安德森的观点侧重决策的过程。

国内学者对于公共政策也有不同的定义。如伍启元认为公共政策是一个政府对公司行动所做出的指引。孙光认为政策是国家和政党为了实现一定的总目标而确定的行动准则，它表现为对人们的利益进行分配和调节的政治措施和复杂过程。张金马认为政策是党和政府用以规范、引导有关机关团体和个人行动的准则或指南。林德金认为政策是管理部门为了使社会或社会中的一个区域向正确方向发展而提出的法令、措施、条例、计划、方案、规划或项目。陈庆云认为，公共政策是政府依据特定时期的目标，在对社会公共利益进行选择、综合、分配和落实的过程中所指定的行为准则。陈振明认为，公共政策是国家机关、政党及其他政治团体在特定的时期为实现或服务于一定社会政治、经济、文化目标所采取的政治行为或规定的行为准则，它是一系列谋略、法令、措施、办法、方法、条例等的总称。④ 归纳以上观点，我们可以尝试性地提出公共政策的定义：公共政策是指具有公共政策制定权的政府或者其他公共权力机关在特定的时间和空间为了所代表群体的利益的最大化，通过特定的程序，针对公共问题选择的行动准则、措施和手段。可以从以下几个方面理解公共政策的内涵：①公共政策的主体是指享有决策权的公共政策制定者，它可以是国家公共权威部门、政府机构、政党以及其他各类政治或社会团体，也可以是地区性或国际性组织，如联合国、欧盟。不同的政策主体制定的政策具有不同的权威性和适用范围。例如，我国的全国人民代表大会制定的法律（政策）具有最高权威和最广的适用范围——全国，而某一省级政府的决策只在本省管辖的范围

---

① 伍启元：《公共政策》，4页，香港，商务印书馆，1989。
② Thomas R. Dye, Understanding Public Policy, 11th ed., Englewood Cliffs N. J. : Prentice Hall, Inc., 2005: 1.
③ [美]詹姆斯·E. 安德森：《公共决策》，唐亮译，4页，北京，华夏出版社，1990。
④ 以上观点均转引自陈潭：《公共政策学原理》，3~4页，武汉，武汉大学出版社，2008。

内具有最高权威,但相对于人大的立法而言属于低级层次的政策。②公共政策的目标是指公共政策的制定和实施要完成的任务或要达到的目标,具有明确的方向性。应当注意的是公共政策与私人决策的一个重要区别在于目标的不同。公共政策目标属于公共性目标,关注社会公众的利益和诉求。而私人决策的目标仅仅涉及自身利益。同时,公共政策的目标具有双重性,一方面服务于政治统治;另一方面服务于公共事务。公共管理领域中的公共政策的目标显然属于后者。③公共政策具有过程性,是一个动态过程。这一复杂过程具体包括政策制定、执行、评估、监控、终结等具体阶段,本章将在后面具体介绍。④公共政策的形式多种多样,主要包括法律、命令、指示、计划、措施、办法、条例、策略等。

2. 类型

根据不同的标准可以将公共政策划分为不同的种类。如根据公共政策所处理的社会事务的不同领域可以将其划分为教育政策、科技政策、农业政策、金融政策、能源政策等。但是目前最常用的还是依据政策的功能进行划分。美国政治和政策学者洛威(T. J. Lowi)在其《政策、政治与选择的四个体系》中,根据政府的强制是直接的、间接的还是不存在,以及政府的强制通过什么起作用,将公共政策划分为分配性政策、管制性政策、再分配性政策和构成性政策。其中,分配性政策是指对个人进行资源分配的政策中没有利害冲突的政策。这种类型的政策通常没有直接受到损害的群体或个体,其成本由全体人民共同承担,因此通常不会遭遇严重的利益冲突。管制型政策是指对存在利害冲突的资源进行分配的政策。这种类型的政策经常导致一部分人的利益遭受损害,从而往往引起冲突。再分配性政策是指对资源分配中的利害冲突在社会阶层中的体现进行处理的政策,涉及不同群体间财富、收入、权力转移。它的目的不在于财富或权力运用方式的改变,而是财富或权力的重新分配。典型的是各种财富转移政策,如通过累进课税政策、社会保障政策进行财富转移。因为会出现权力和利益的排他性,所以再分配性政策从指定到维持都非常困难。最后的构成性政策是指与制定以上政策的制度相关联的基础性政策,如选区的改进、中央与地方关系的调整、行政改革。[①]

3. 特征

在对公共政策内涵理解的基础上,需要进一步了解公共政策的基本特征。一般从公共政策的本质属性和自身规律入手,可以发现其具有以下特征:

(1) 公共性

公共政策是根据公共意志,为了满足公共利益制定的,是公共权力机关对社会公

---

① 张亲培:《新编公共政策基础》,13~14页,长春,吉林大学出版社,2009。

领域进行管理,维护社会公正,确保社会公平,协调公共利益,促进社会全面发展的措施和手段。公共政策的公共性要体现其公众性,必须立足于整个社会发展,从全社会绝大多数人的利益出发,制定和实施各种行为规范。如果离开了社会多数公众,公共政策就有可能变为某些少数个人、团体、阶层牟取私利的工具。如果背离了绝大多数公众意志和利益,不仅政策的合法性,政府的合法性基础都将发生动摇。公共性还体现在其合法性上,包括内容的合法性和形式上的合法性。前者是指公共政策所规定的行为准则、所实施的计划措施能使公众利益得到协调、平衡,符合多数人的长远利益要求,得到公众的认可和接受;后者是指公共政策的制定、执行、评估、监控、终结必须是法定主体按照法定的程序进行。离开了合法性,公共政策就失去了生存的法律基础,就丧失了权威性和严肃性,得不到贯彻和落实,也就无法发挥公共管理的作用。

(2) 整体性

公共政策是一个整体系统,是由各种政策相互作用、相互制约构成的有机整体。宏观性的总政策决定了具体政策的目标和原则,是具体政策制定的依据。而各项基本政策和具体政策又决定了总政策确定的目标和原则能否实现。没有各项基本政策和具体政策,以及不同政策之间的相互配合和联系,总政策的存在和发展就丧失了基础。公共政策的整体性首先表现在它的关联性上。政策配套必须把单项政策作为政策体系的一个有机组成看待,注重政策之间的联系,注重政策的整体效应。公共政策的整体性还表现在它的层次性上。在政策体系的纵向结构中,高层次政策对低层次政策起着支配作用,但高层次政策的内容大多是概括性很强的原则性规定,在实际贯彻中需要逐层分解,制定一系列低层次的政策,才能使高层次的政策得到具体的实施。

(3) 动态性

公共政策与其他开放系统一样,需要不断与外界环境进行物质、能量、信息的交换,处于不断的运动、变化与发展之中。公共政策的动态性首先表现在它的过程性或阶段性上。公共政策是一个由酝酿、制定、执行、评估、终结等一系列环节构成的动态的生命过程。公共政策的动态性还表现为它的开放性或灵活性。就政策本身来说,即使解决一个稍微复杂的社会问题,也不可能一次就能制定出最优的方案,需要在与社会环境的相互作用中,不断调整、修订与完善政策,才能逐步做到优化。需要注意的是,公共政策既具有动态性,又具有稳定性。稳定性是动态性的特殊表现形式。在政策演变过程中的每一个阶段,公共政策都处于相对稳定的状态中。政策动态性并不意味着不考虑稳定性,朝令夕改必然导致公共政策丧失公信力。因此如何处理公共政策动态性与稳定性的关系,是公共决策者必须着重关注的问题。

(4) 规范性

公共政策是政府等公共机构制定、实施的约束社会行为的规范和准则。公共政策的规范性首先体现为它的权威性,即公共政策具有法律的或行政的约束力,必须坚决执行,不能随意违反。

公共政策之所以具有权威性,是因为它是按照法定程序,经由特定公共权威机关颁布的,同时也是由于公共政策的受众因为自身利益诉求而对特定政策加以服从的结果。公共政策的规范性还体现为它的强制性,是指公共政策是以国家的强制力作为后盾保证执行。如果一些个人或团体因为特定的公共政策而利益受损以至对公共政策加以抵制,势必遭到国家暴力机关的制裁。

(5) 目的性

任何公共政策都是政策主体为了实现特定时期内的特定任务或特定目标而制定的,因此都具有明确的目的性。公共政策的目的性首先表现在它的功能效用上。公共政策是根据政策体系的目标以及为实现目标所必需的功能建立起来的。如果没有问题或问题已经得以解决,就不再需要政策了。公共政策的目的性还表现为它的价值相关性。政策制定过程中公共决策主体所秉持的价值取向会影响到公共政策的目标和行动方向,公共政策的目的性也就体现了制定者的价值观。作为公共管理主要行为主体的政府部门,在政策的制定过程中所需秉持的价值取向应当是社会的公共利益,以此调整政策方案中的各种利益关系。

(6) 多样性

在全球化、市场化、信息化的推动下,人类社会日益复杂,公共权力机关所要处理的事务日益增多,公共政策也日益丰富化、多样化。公共政策的多样化首先表现为内容的丰富性,主要体现为经济领域、社会领域、国际领域公共政策日益增多上。随着社会问题日益增多,政府的各项职能日益扩展,在诸如社会公平、社会保障、社会安全、国民教育、公共交通、环境保护等方面广泛地制定了大量的公共政策。公共政策的多样性还表现为它的功能的多重性。由于整个社会是一个相互联系的有机系统,政府所指引的行动会牵涉社会的各个方面,因而其功能也不是单一的。当然,公共政策功能的多重性可能也会造成公共政策选择上的困难,如在经济政策的制定中如何处理好公平与效率的关系就是长久以来困扰公共决策者的一大难题。①

4. 功能

公共政策的功能是指公共政策作为公共管理活动的工具,在对社会公共事务进行管理的过程中所发挥的作用。如前文所述,公共政策的功能具有多重性,主要包括:

(1) 导向功能

公共政策是针对社会利益关系中的矛盾所引发的社会问题而提出的。为了解决特

---

① 陈潭:《公共政策学原理》,5~9页,武汉,武汉大学出版社,2008。

定的政策问题,公共决策机关必须依据特定的目标,通过具体政策对人们的行为和事物的发展加以引导,使得政策具有导向性。公共政策的导向功能有两种形式:直接引导和间接引导。从作用结果来看,公共政策的导向功能包括正向导向功能和负向导向功能。具体来看,公共政策的导向功能表现为:统一思想,确定目标和因势利导等,基本上都属于软性的诱导。

(2) 调控功能

公共政策的调控功能是指公共决策机关运用公共政策,在对社会公共事务中出现的各种利益矛盾进行调节和控制的过程中所发挥的功能和作用。政策的调控作用主要体现在调控社会各种利益关系特别是物质利益关系上。为了平衡各种利益矛盾,实现社会秩序稳定和长远发展,作为一项治理工具的公共政策,需要承担起调控社会利益关系的重任。

(3) 分配功能

公共政策应该具有社会利益分配的功能。社会经济地位、思想观念、风俗习惯和知识水平的不同造成了不同的人有不同的利益需求。然而社会的资源是稀缺有限的,将其分配给这一部分人必然导致另一部分人的利益受到损害。每个人都希望在资源分配中分得更大的份额,由此将导致严重的利益冲突,从而危害社会的稳定与长远发展。公共政策作为基本的利益分配手段,在分配过程中必须处理好分给谁、分多少以及如何分配等问题。

(4) 管理功能

公共政策的管理功能是指公共政策在其运行过程中所应承担的和可能承担的基本政策任务。它要研究政策整体与局部以及各个局部之间的相互关系、相互转化的动态过程。核心问题是如何调动和发挥政策主体、客体的积极性和主动性,以顺利实现政策目标,增强政策效益。公共政策的管理功能主要体现在它的决策职能、计划职能、组织职能、控制职能以及协调职能上。

(5) 动力功能

公共政策的动力功能是指公共政策利用自身的资源优势和符号象征对国家管理和社会改造所具有的促进和推动的能力和作用。政策的动力功能主要体现在经济、政治、文化、科技、安全、社会等各个领域,对经济发展和社会发展都显示出强大的生命力和巨大的推动力。

(6) 类法律功能

公共政策的类法律功能是指公共政策作为一种社会规范起到指导、补充甚至替代法律的功能。这是公共政策自身属性的体现,也是法律在特定时期和特定领域内的外在要求。公共政策具有指导、补充甚至替代正式法律的制定和实施的重要功能。

（二）公共政策在公共管理中的地位和作用

现代政策科学于 20 世纪 50 年代诞生于美国，最初是由政治科学发展而来。除了与政治学的承续关系外，公共政策研究还具有多学科的视角，从行政学、管理学、社会学等其他社会科学乃至一些自然科学中吸收了大量的研究方法和理论资源。此外，公共政策的实践性很强，是一门来自于实践并以应用于实践为最终取向的学科。特别是实践中的公共政策与公共管理关系密切。正如上文指出的那样，公共政策可以一般性地理解为现代公共管理活动中的公共权力主体赖以使用的手段和工具。

一般来说，公共管理在实现公共利益这一价值取向过程中需要完成两项任务：①如何有效地增进公共利益；②如何公平合理地分配公共利益，并在此基础上完成公共利益的协调与整合。公共管理这一目标不仅强调结果上的公平，而且强调机会上的平等；不仅强调社会民主，而且强调社会责任，使得那些具有同样能力的人拥有同等的生活机会，获得自己本应得到的基本权利与根本利益。公共管理强调社会公平的这一基本价值理念为公共政策的发展奠定了一个建立在理性实证主义之上的哲学基础，使得实现公共利益成为公共政策实践的核心要素。①公共政策作为公共管理的重要手段，其作用凸显了公民社会的逐渐培育。公共政策所具有的有效配置社会稀缺资源、体现与维护公共部门形象的重要功能，在很大程度上决定了公共部门对于社会管理的质量和价值导向。因此，公共管理的有效性与合理性如何，与公共政策的质量、效用密不可分。

通过既有的对公共管理的相关研究，人们普遍发现，公共政策既可以作为政治活动的结果，也是约束公共管理主体行为的原则性规范，是政府实现与维护社会公共利益的重要手段和方式之一。公共管理组织是公共政策过程中的最重要的决策主体，公共管理活动遵守的原则也是公共政策制定与执行的根本规范。因此，必须从公共管理整个领域的范畴展开对于公共政策的研究，并且必须将其作为公共管理研究中的核心内容之一加以对待。从某种意义上说，公共管理研究的根本目的与最终落脚点在于通过对于社会公共性问题的认定与吸纳，并通过民主、科学的程序与方式制定优质高效的、直接契合社会现实问题的公共政策，促进社会问题的解决、增进社会公众福利，并保持经济、社会的长远稳定健康发展。公共政策的制定与实施过程实质上是一个社会不同利益的表达、综合与实现的过程。当社会中的某些个人或集团提出一项或几项政策诉求时，就标志着公共政策过程的正式开始。这种政策诉求的提出过程实质上就是社会公共问题进入政府议程即公共管理者视野的过程。因此公共管理视阈中的公共政策已经具有特定的实质性表征，在社会利益的分配与实现过程中发挥着权威性的主导作用。

---

① 黄维民：《公共管理视角下的公共政策》，载《西北大学学报（哲学社会科学版）》，2009(3)，114 页。

公共政策作为现代公共管理活动最重要的治理手段与方式之一,其根本目的是为了协调社会复杂利益关系的冲突,纠正社会的断裂与失衡,承担起促进、分配与协调社会公共利益的重任。因此,维护社会的基本稳定,承担公共利益的基本价值与向公众负责,是公共政策的题中之意,也是"公共"政策与一般"私人"决策的最大区别。公共政策的这一根本特征也决定了公共管理活动的效率与质量。在实现公共利益这一基本价值目标的过程中,就公共管理与公共政策两者的关系而言,公共管理是公共政策赖以生存和发展的现实基础,没有管理中的需求,公共政策也就成为"无源之水";而公共政策是公共管理最为重要的治理方式与手段之一,对公共管理具有能动的促进作用,没有良好的公共政策公共管理活动难以具体展开。公共管理要想有效地增进公共利益,通过对于社会公共问题的不断解决行使公共管理职能,实现社会的长远稳定与和谐发展,公共政策是可选的理想工具之一。总之,公共政策作为公共管理解决社会利益关系矛盾冲突的重要方式,它的发展体现了一种探求社会公众共同参与分配,协调与整合社会多方面利益关系的诉求,也体现了现代社会民主政治的基本价值诉求。当然,这一功能的实现必须以公共政策制定中的科学化、民主化与法制化作为保证。因为从根本上说,公共政策只是工具性的。不同的主体从不同的出发点出发采用同一项公共政策可能导致完全不同的政策效果。

公共政策在公共管理中的地位是由其在公共管理活动中的作用体现出来的。一项公共政策作用的形成往往又是由它在公共管理中的地位决定的,地位与作用紧密联系。一般来讲,公共政策越是居于各种社会关系的中心,它就越具备协调处理各种社会关系的作用,其地位也就越突出。公共政策作为公共管理活动的重要手段,作为社会活动的规范和准则,与社会生活的各个方面有着千丝万缕的联系。公共政策正是在这种相互联系的社会系统结构中确定了自己的地位,实现着自己的作用。[①] 具体来说,公共政策在公共管理中的作用都涵盖在上面分析的公共政策的功能之中,在此不再重复。

二、公共政策系统的构成

系统分析是政治学的一项主要分析工具,在公共政策研究中也是如此。公共政策的运行是以公共政策系统为基础的。按照美国学者克鲁斯克的观点,公共政策系统是政策制定过程所包含的一整套相互联系的因素,包括公共机构、政策制度、政府官僚机构以及社会总体的法律和价值观。[②] 国内有学者将公共政策系统界定为由政策的主体、

[①] 梁玉萍:《政策在公共管理中的地位及作用》,载《中共山西省委党校学报》,2001(6),57页。
[②] [美]E.R.克鲁斯克:《公共政策词典》,26页,上海,上海远东出版社,1992。

政策客体及其与政策环境相互作用构成的社会政治系统。① 严强认为公共政策系统的研究应包括公共政策系统的环境系统与资源系统、公共政策的主体系统与客体系统、公共政策的组织系统与体制系统、公共政策的信息系统与咨询系统以及公共政策的运行及其周期等。② 我们认为分别从公共政策的主体、公共政策的客体、公共政策的环境与公共政策的工具分析公共政策的系统较为合理。

（一）公共政策主体

公共政策归根结底是由人类通过自身的活动解决社会中出现的各种公共问题的实践过程。一般公共政策的主体是指直接或间接地参与公共政策过程的个人、团体或组织。公共政策的主体不仅参与和影响公共政策的制定，而且在公共政策的执行、评估、监控和终结等环节发挥着积极的能动作用。由于各国在政治制度、经济社会发展和文化传统等方面存在着较大的差异，由此导致公共政策主体的构成要素及其作用方式也各不同。公共政策的主体一般包括立法机关、行政机关、司法机关、政党、利益集团、思想库、大众传播媒介以及公民个人等。一般可以将其大体划分为官方决策者和非官方决策者两部分。安德森认为，官方决策者是指那些拥有法定权威参与制定公共政策的人们，包括立法者、政府首脑、行政人员和法官；而非官方参与者主要包括那些参与政策过程的利益集团、政党派别、研究组织、大众传播媒介和公民个人。这些非官方的参与者通常并不具有制定公共政策的法定权威，他们主要是在政策制定过程中提供信息、施加压力、游说官方决策者。③

1. 官方决策者

官方决策者是指广义上的政府（包括立法机关、行政机关和司法机关）。在现代政治体制中，它们分别掌握着立法、行政与司法三种重要的公共权力。三者各司其职，依据宪法赋予的权力制定各类公共政策，同时相互制约，保持彼此之间的平衡。由于我国的特殊国情，我国的执政党即中国共产党在公共政策的制定中具有极其重要的地位，所以我国的官方决策者包括立法机关、行政机关、司法机关和执政党。

（1）立法机关

立法机关是公共政策主体构成要素中最重要的要素之一，其主要职责是进行立法，即制定法律和政策。

立法机关在西方主要是指国会、议会、代表大会一类的国家权力机构，在我国则是

---

① 陈振明：《政策科学》，105页，北京，中国人民大学出版社，1998。
② 严强：《公共政策学》，79～80页，南京，南京大学出版社，2002。
③ 陈庆云：《公共政策分析》，68页，北京，北京大学出版社，2006。

指全国及地方各级人民代表大会及其常务委员会。由于政治体制的不同,各国的立法机关在公共政策过程中所扮演的角色和承担的功能不同。在西方尤其是美国,各个层次的立法机关通常能够独立地行使立法权。我国实行议行合一的政治体制,宪法规定我国的一切权力属于人民,人民行使国家权力的机关是全国人民代表大会和地方各级人民代表大会。全国人大及其常委会是最高权力机关,其制定的法律和政策具有最高的效力。行政、司法机关制定的法规、政策一旦与全国人大制定的法律、政策相抵触,全国人大就有权力对其加以纠正或将其撤销。

(2) 行政机关

行政机关是贯彻执行国家的法律和政策,管理国家的内政、外交等行政事务的机关。它掌握国家的行政权力,运用公共政策对社会公共事务进行管理,是立法机构确立的国家意志的执行者。在西方国家,行政权力有不断扩张的趋势,其在政策制定过程中的地位和作用越来越突出,出现了所谓的"行政国家"。在我国,在一定程度上同样出现了这一趋势。我国的国家行政机关是指国务院及其组成部门和地方各级人民政府,他们是国家权力机关的执行机关,行使国家行政权。国务院作为中央政府,其权力主要包括行政立法权、法律提案权、授权立法权、行政管理权、经济管理权、社会管理权、外交管理权等。在我国,各级地方政府都在国务院的统一领导下,负责管理各地方的政治、经济、社会、文化等工作。

(3) 司法机关

司法机关作为政府的重要组成部分,也是公共管理的重要主体之一。司法机关传统上只被认为是检察、审判机构,但它在公共政策制定中也发挥着重要作用。如在美国法院可以运用司法审查权和法律的解释权对公共政策的性质和内容产生很大的影响。法院参与公共政策的制定,不仅规定政府不能做什么,而且同样规定政府应该采取何种行为。在我国,作为司法机关的人民法院和人民检察院是国家权力结构中的重要组成部分。按照宪法规定,人民法院是司法审判机关,独立行使审判权;人民检察院是司法监督机关,独立行使检察权。行政机关、社会团体和个人不能对司法机关的活动进行干涉。从目前的实际情况看,我国司法机关的作用主要体现为在政策执行和监督方面,并没有成为真正的政策制定主体。

(4) 执政党

我国现行的政治制度是中国共产党领导的议行合一制。从政府过程来看,中国共产党是我国政府系统的领导核心,左右着政府运行过程,主导着公共政策的制定。我国公共政策的制定与执行过程,实际上是以中国共产党组织为首的所有履行当代中国社会公共权力的组织机构的决策与执行的过程。① 中国共产党作为执政党,在我国的公共政策过程中发挥着主导性作用,它对国家各政府部门的领导主要体现为政治领导、思想领导和组织领导。同时,我国实行的是中国共产党领导的多党合作和政治协商制度。中国共产党和各民主党派的关系是执政党和参政党的关系。民主党派作为参政党,主要是通过参加政治协商会议的形式从政治协商与民主监督两个方面参与公共政策的制定过程。

2. 非官方参与者

非官方参与者包括利益集团、参政党、大众传播媒介、思想库和公民个人等。他们作为体制外的主体,主要通过游说官方决策者施加各种压力,从而影响公共政策的制定。

(1) 利益集团

利益集团是在社会中提出特定要求并具有共同态度的集团。从公共政策的视角来看,利益集团主要具有两个基本特征:①具有共同的利益和主张。共同的利益特别是经济利益是利益集团形成的基础和前提。从政府过程的角度看,利益集团的主要功能在于履行利益聚合和利益表达的功能,以保障、促进其内部成员的利益为根本价值取向。②影响公共政策的制定,这是利益集团实现本集团利益的主要方式。利益集团通过各种途径将自己的利益主张和要求向各级政府部门表达和诉求,主要采取"院外"游说的方式,又被称为院外集团。如在美国的多元社会中,利益集团影响公共政策制定的方式和途径主要有直接游说、间接游说、司法诉讼、政治捐款和示威抗议等。在我国,随着改革开放的不断推进,社会利益分化与分层日益明显,各种利益集团也在逐渐形成,并已经开始通过各种渠道在公共政策制定过程中发出自己的声音。

(2) 参政党

政党是公共政策主体中的一种核心力量,政党政治是现代国家政治统治的基本形式,公共政策在很大程度上可以视为执政党的政策和策略。政党在现代社会中主要发挥组织选举、参与立法、组建政府、利益聚合等功能。西方国家中的政党制度一般采取两党制或多党制,这主要与其选举制度相联系。一般是多数代表制倾向于形成两党制,比例代表制倾向于形成多党制。我国的政党制度是中国共产党领导的多党合作制,与西方的主要政党制度有着根本上的不同。不管是西方政党制度下的在野党抑或中国政党制度下的参政党,都通过政治协商、民主监督和参政议政等方式在公共政策制定过程中发挥着参与者作用。

(3) 大众传播媒介

当代大众传播媒介主要包括广播、报纸、电视、电影、书刊以及互联网等传播工具,它们是社会公众获取信息的主要来源,对公共政策过程有着十分重要的影响。具体来说,

---

① 胡伟:《政府过程》,17 页,杭州,浙江人民出版社,1998。

大众传播媒介的作用主要有：①传播公共政策信息，实现政府与社会公众的双向互动。大众传媒可以将政府的政策意图传达给社会公众，同时也可以将底层民意输送给上层决策者，是国家与民众互动的中介，为公众有效地参与决策过程提供了途径。②引导社会舆论，影响公共政策议程设置。大众传媒可以通过带有倾向性的报道引导和控制公共舆论的关注点和基本走向，使人们按照大众传播媒介的意图分配自己的注意力。

(4) 思想库

思想库又被称为"智库"，是现代政策研究组织机构的别称，是政策主体非常重要的构成要素。比较著名的政策思想库有兰德公司、布鲁金斯学会等。在现代社会中各种政策问题日益复杂，需要专门的知识与技术，导致决策的难度不断加大，非专业人员难以胜任。所以现代的科学决策离不开政策咨询。政策研究机构的出现代表了未来公共决策的主要发展趋势。思想库是由专业人员组成的跨学科、跨领域的综合性政策研究组织，它的出现对于改善决策系统和环境、促进决策质量的提高起到了重要的作用。

(5) 公民个人

社会公众是公共政策主体的一个重要组成部分。公民个人可以通过各种政治参与途径影响或制约公共政策的制定与执行。在西方国家公民参与政策过程的方式主要有参加投票、公民公决、参加听证会、游行示威、举行罢工等。但是，单个公民个体的作用十分有限，因此普通公众要想有效地施加对于公共决策的影响，必须通过各种方式组织起来，如参加利益集团或政党。

(二) 公共政策客体

所谓公共政策的客体，是指公共政策所直接作用的对象，包括公共政策所要处理的社会问题和所要发生作用的社会成员及目标群体。需要注意的是，由于公共政策系统及公共政策过程的复杂性，公共政策的主体和客体的划分只是相对意义上的。对于许多属于中间层次的个人、团体和组织而言，他们往往同时充当了公共政策的主体和客体双重角色。[①]

1. 公共政策的直接客体——社会问题

在公共政策过程中，只有涉及多数人的公共问题才能够成为社会问题。制定公共政策是为了解决社会问题，但并非所有的社会问题都需要由政府等公共权力部门解决。如许多公共产品的生产都可以承包给私人市场主体，政府在其中主要发挥监督生产和保证公平分配的职责。按照社会生活领域的不同，可以将社会问题划分为不同类型：政治领域的问题，如政治体制、机构、外交、军事、行政、人事、民族、阶级方面的问题；经济领

---

① 陈庆云：《公共政策分析》，74～75 页，北京，北京大学出版社，2006。

域的问题,如生产、流通、分配、消费等生产环节的问题;社会领域的问题,如环保、福利、人口、治安;文化领域的问题,如教育、科技、体育。

2. 公共政策的间接客体——目标群体

公共政策的目标群体是指受公共政策规范、管制、调节和制约的社会成员,他们是公共政策要调整的复杂利益关系的对象,也是公共政策结果的主要承担者。公共政策制定的根本目标是如何处理好具有全社会分享性的公共利益、具有特定组织或集团共享性的部分利益和只具有私人独享性的个人利益三者之间的关系,以实现三者利益的和谐为根本追求。

在公共政策的制定与执行中,目标群体的态度对于公共政策的效果有着重要的影响。公共政策问题能否得以解决,公共政策目标能否得以实现,并不是由政策制定者和政策执行者的主观意愿决定的。目标群体理解、接受和遵守公共政策的程度是决定公共政策有效性和执行力的重要因素。一般而言,目标群体分为两种,一种是利益受损者,另一种是利益获得者。由此导致目标群体对于公共政策的态度也分为两种:保守抵制态度与积极倡导态度。具体来说影响目标群体的态度有很多,比如有学者将目标群体服从的原因归纳为政治社会化、政策合法化、成本利益衡量、顾全大局观念、基于私利、避免惩罚、情势变迁等,而认为目标群体不接受公共政策的原因有价值观念的冲突、同辈团体的社会化、传媒影响、追求眼前利益、选择性认知不同、政策本身不妥等。[①]

(三) 公共政策环境

安德森认为根据系统理论,对政策行动的要求产生于环境中存在的问题和冲突,并由利益集团、官员以及其他政策行动者传递到政治系统;与此同时,环境限制和制约着决策者的行动。[②] 公共政策是外部宏观环境的产物,受到自然和社会的各种因素的制约和影响。就政策与环境关系而言,政策环境决定和制约政策系统,起着主导作用;政策系统反过来影响和塑造政策环境,具有反作用。

1. 政策环境的内涵

所谓公共政策环境,是指影响公共政策产生、存在和发展的一切因素和总和。从系统论的角度看,一切事物都处于一个更大的系统之中,是这个更大系统中的子系统,而这个更大的系统构成该子系统的生态环境。凡是对公共政策产生作用和影响的因素都可以归结为公共政策环境。安德森认为公共政策的环境包括地理因素,如气候、自然资源和地形;人口因素,如人口的规模、年龄分布、种族构成和空间分布等;政治文化;社会

---

① 林水波、张世贤:《公共政策》,286~292页,台北,台湾五南图书出版公司,1980。
② 陈庆云:《公共政策分析》,77页,北京,北京大学出版社,2006。

结构和经济体制等。具体来讲,可以将公共政策环境分为一般环境和工作环境两类。其中一般环境是指作用和影响公共政策的所有外部因素的总和,主要包括地理自然环境、经济环境、政治环境、社会环境、文化环境和国际环境等。它们是政策系统存在和发展的基础,对政策系统的组织特性和功能会产生相当大的影响,是公共政策制定、执行和评价的宏观背景和总体性框架。公共政策系统的工作环境是一般环境中的不同部分在特定时间点上的聚合,具有多样性、变动性、主观性和人为性等特点。一般环境虽然是客观存在的,但是要依赖公共政策主体对其加以观察、识别、理解和寻找。[1]

2. 公共政策环境的构成

公共政策环境是一个复杂的子系统,主要包括以下构成部分。

(1) 经济环境

经济环境是对公共政策系统具有重要影响的各种经济因素的总和,主要包括生产力的性质、结构,生产资料所有制的形式、经济结构、经济制度、经济体制、经济总量等。无论何种性质的公共政策主体,其决策体制、决策目标、决策行为、决策原则和决策方法等都要受到经济环境的制约。经济环境是制定和执行公共政策的基本出发点,提供了公共政策系统运行所必需的各种资源,如人力、物力、财力、信息、权威。同时,经济环境还影响公共政策系统的目标取向。公共政策主体不能仅靠自己的主观愿望制定和推行公共政策,而必须将特定时期的经济状况、经济利益矛盾、经济资源分配等因素作为制定和实施经济政策的基本依据和主要内容,并由此决定公共政策不同的经济目标取向。[2]

(2) 政治环境

政治环境是指对公共政策系统具有重要影响的政治状态,包括一个国家或地区的政治体制、政治结构、政治文化、政治关系等。政治环境决定公共政策系统的性质,具体是由公共权力在各政策主体之间的分配方式以及运行机制的设计决定的。政治环境决定公共政策系统的民主化程度,体现了政策制定过程中的开放性和多元参与性。此外,政治环境还决定公共政策的合法性程度。只有在一个法制健全、司法独立的社会中,公共政策才可能实行程序和内容的合法化。只有具备了合法性的公共政策,才能最大限度地得以有效贯彻实施。

(3) 社会文化环境

社会文化环境是指对公共政策系统具有重要的影响的社会状况和文化状况,主要包括人口规模、性别与年龄比例、地区和民族分布、社会道德风尚、国民受教育的水平等。

---

[1] 宁骚:《公共政策学》,242~245 页,北京,高等教育出版社,2003。
[2] 刘斌、王春福等:《政策科学研究》,127 页,北京,人民出版社,2002。

社会文化环境首先决定公共政策系统运行所需要的智力条件,有助于保障公共政策执行的科学化。其次,社会文化环境还影响公共政策系统运行的伦理和心理条件。如果一个社会具有良好的伦理道德传统,政策的制定和执行者具有较高的素质和责任感,公共政策系统的运行就将比较顺利。

(4) 国际环境

国际环境既包括国际范围内的政治、经济、文化发展的一般趋势,也包括对一个国家或地区的生存和发展产生影响的,由国家间、国际组织间的竞争与合作导致形成的具有一定稳定性的政治、经济、文化关系等。随着现代国家间关联程度加大以及各种国际性问题的出现,国际环境对于国内公共政策系统的运行影响越来越大。如环保政策、反恐政策的制定与执行一般都要考虑国际环境的影响,增强国家之间的协调机制。

(四) 公共政策工具

公共政策作为公共管理的主要手段和工具,其本身的制定和执行同样需要特定中介手段的作用,由此导致了对政策工具的研究。20世纪90年代以来政策工具开始成为西方政策科学研究的重要课题。政策工具研究的兴起主要源于:①政策执行的复杂性以及政策的失败导致人们对政策执行工具或手段的反思,实际的政策执行对工具方面知识需求的增长;②福利国家的失败以及政府工作的低效率,导致人们对工具途径的政治及意识形态上的支持;③当代社会科学实践性的增强,特别是应用性社会科学领域日益介入政府的政策和管理实践,导致这些学科的学者对包括工具性知识的更多的追求;④政策科学的研究领域自身的扩展导致了政策工具被纳入学科的视野之中。①

政策工具是实现公共政策目标的主要手段。决策者选择的政策方案只有通过适当的政策工具才能得到有效的执行,从而达到政策设计的理想状态。在政策的实施过程中,政府要选择合适的政策工具手段。例如,政府不但要决定是否要对水质恶化采取行动,而且还要决定应该通过何种手段达到目的:是应该通过群众性活动督促人们摒弃污染行为,还是制定规则禁止一切引起污染的行为,抑或向污染公司提供补贴,以鼓励他们采用更安全的生产技术等,这种对于政策手段的选择可能引发的争议往往不亚于政策选择的本身。② 从广义上,政策工具本身可以归属于政策制定的一部分。因此,政策方案的选择过程往往也包括了政策工具的选择。

公共政策具有不同的类型,豪利特和拉米什根据提供公共物品或服务的过程中政

---

① 陈振明:《公共政策分析》,47页,北京,中国人民大学出版社,2002。
② [加]迈克尔·豪利特、M.拉米什:《公共政策研究:政策循环与政策子系统》,庞诗等译,141页,上海,上海三联书店,2006。

府介入程度的程度,对各种政策工具进行了分类,主要包括自愿性政策工具、强制性政策和混合性政策工具三种。

1. 自愿性政策工具

不受或很少受政府影响是自愿性政策工具的主要特征;公共权力机构期望中的任务是在自愿的基础上完成的。政府有意识地对一些公共问题不予理睬,是因为它们相信家庭、市场或志愿性组织是解决问题的最佳渠道。随着公共部门改革和私有化的不断发展,人们对自愿性政策工具的使用不断增多。自愿性工具一般具有成本低的特点,符合人们所追求的自由文化价值,因此往往成为许多社会中首选的政策工具。具体来讲,自愿性政策主要包括以下类型:①家庭与社区。在任何社会中,亲戚、朋友和邻里提供了大量的公共物品与服务。将家庭与社区作为公共政策工具的优势在于,除非政府向他们提供补助或补贴,他们将不消费财政资源。同时家庭与社区与消费者关系最密切,可能获得最直接的需求信息。但是在许多具有复杂性、广泛性特点的社会问题中,该种工具的作用有限。②志愿者组织。志愿者组织的志愿活动不受国家强制力的约束,不以追求利润为目的,而且由其提供的物品与服务成本较低,具有较高的灵活性和回应性。但是志愿者组织同样不适用于解决复杂的社会、经济问题,应用范围有限。在实践中,志愿者组织也可能异化为官僚组织,会使其效率和效用受到不利影响。③市场。迄今为止,市场的基础性作用在受到广泛认可的同时仍存在不少争议。市场是消费者和生产者之间自发互动的场所,前者追求的是用有限的资金购买最多的物品和服务,后者追求的是利润的最大化,双方相互作用的结果是市场提供了使双方都满意的产出。市场在提供大部分私人物品上是富有效率的手段,是资源配置的有效工具。然而,市场也有其固有缺陷。在诸如公共物品供给如国防、警察中会出现"失灵"现象。同时,单纯依靠市场工具调节可能会出现对于社会公平的背离。比如可能会导致社会收入差距的拉大,因此就需要决策者在使用该工具时具有清晰的头脑和判断力,正确处理好公平与效率之间的关系。

2. 强制性政策工具

强制性政策工具也称为直接工具,强制或直接作用于目标群体,后者在响应措施时只具有很小的或没有自由裁量的余地。政府等公共权力主体在履行统治权威时,可以命令某个公民依据特定规范行事,如可以组建政府控制的公司(国有企业)提供特定公共物品。

(1) 管制

管制又称规制,是指政府通过一系列行政管理活动对个人、团体和机构的行为做出要求和规定的活动。对于这些规定,目标群体必须遵守和服从,否则将受到惩罚。管制作为政策工具的一种,优点包括所需要信息较少同时便于实施;管制效果较为明显、迅速且直接成本较小等。同时管制手段也有自身的缺陷,它可能会破坏市场机制,损害经济效率;可能会抑制技术进步与创新且缺乏一定的灵活性,过于刻板。管制所引起的社会服从和长远成本可能会比较高。

(2) 公共企业

公共企业也称国有企业,可以看做是管制的一种极端形式,是指政府通过投资或直接组建企业提供公共物品或服务。公共企业作为政策工具的优势包括：可以弥补市场机制的不足,在私人市场不愿进入的领域进行投资,直接为社会供给所必需的公共物品;公共企业的信息需求量可以由政府正式渠道加以保障。此外,公共企业的利润能够积累公共资金以用于公共支出。公共企业也有较多缺点：政府难以有效地控制公共企业;公共企业缺乏成本约束,可能造成财政资源浪费;在诸如水电等供应领域中,公共企业的垄断地位可能促使其将效率低下的成本负担转移到社会公众身上,损害消费者利益。

(3) 直接提供

由公共财政直接拨款并由政府机构提供的公共物品和服务是一种基本政策工具。大部分的政府职能都是通过该政策工具完成的,如国防、外交、消防、公共卫生。直接提供作为政策工具的优点包括：直接提供所需的信息少,所受到的限制也少;直接提供将间接提供的谈判等交易成本加以"内化",可以节省资源消耗。同时,直接提供的缺点也较为明显：官僚机构在进行服务的直接提供中往往缺乏成本约束,容易导致其生产效率低下与资源的严重浪费。此外,各地方政府之间及政府职能部门之间的内耗、冲突可能会损害该政策工具的效用发挥。

3. 混合性政策工具

混合性政策工具是自愿性政策工具和强制性政策工具的混合形式,允许政府将最终决定权留给私人部门的同时,可以不同程度地介入非政府部门的决策形成过程。介入程度从最低的发布导向信息到最大限度地对非福利的行为进行惩罚性课税,介于二者之间的是对鼓励行为采取的补贴措施和在一些领域建立价格机制等。

(1) 信息与规劝

信息传播是一种比较消极的政策工具,政府向个人或公司提供特定信息的目的在于期待它们的行为发生预期中的变化。它假设人们一旦获得相关问题的知识和信息,就能做出正确的选择。规劝是政府试图说服人们去做或不做某事,目的在于改变人们的偏好和具体行动。该类政策工具的优点包括：当问题尚没有明确的解决办法时,规劝是较好的选择工具;如果找到了更好的替代工具,改变或放弃规劝工具也比较容易;规劝工具的实施成本很低,强调自由和个人责任的民主理念相一致。但是规劝归根结底是一种较软弱的工具,往往需要其他政策工具的配合。

(2) 补贴

补贴是指政府给个人、公司和组织的各种形式的财政资源的转移,目的在于通过影响和改变受资助对象对不同备选方案的成本—收益的对比判断,促使其采取政府所期待的行为。补贴的具体形式包括直接拨款、税收减免、凭单、低息贷款等。作为政策工具的补贴的优势在于它易于确立并加以实施,是一种灵活的政策工具;其实施成本和管理成本较低,并具有较大的政治可行性。补贴的缺点包括:补贴一般需要财政资金,同时收集关于补贴的相关信息成本较高,这种工具的实施具有一定的时滞性,效果发挥较为缓慢;补贴一旦建立起来,就难以取消。

(3) 产权拍卖

这种政策工具假定市场是最有效率的资源配置工具。政府可以通过产权拍卖在不存在市场的公共物品和服务领域建立起市场。如许多国家都采用这种工具控制有害污染物的排放,典型做法是政府先确定可以进入市场进行交易的污染物的排放总量,然后通过定期拍卖分配污染物的排放指标。产权拍卖的优点包括:它只需政府设定物品和服务的总量,具体分配事项可以方便地由市场机制加以解决。这种政策工具具有灵活性,政府可以根据需要确定不同的标准。在政策不变的条件下,目标群体也可以根据实际情况的变化调整自身的行为。产权拍卖的缺点是:它可能会助长投机行为;它是一种不公平的政策工具,依据支付能力配置资源往往导致那些支付能力有限但是又确实需要的人们的强烈反对。

(4) 税收与使用者付费

税收是一种法定的由个人或者公司向政府的强制性支付,是政府获取财政收入的重要手段。作为政策工具它也是市场机制发挥作用的表现形式。使用者付费是税收方式的一种,是管制与市场这两种政策工具的混合。税收与使用者付费的优点包括:它是一种比较容易确立的灵活的政策工具,可以提供持久的财政激励,同时它将调整行为的责任留给个人和公司,减少了官僚机构的执行任务。税收与使用者付费的缺点:确定引发预期行为的税率和收费水平需要大量的信息;不能满足危机时期快速反应的要求;比较繁杂,可能会提高管理成本等。[①]

以上介绍了公共政策制定与实施中可以应用的多种政策工具类型。虽然可供选择的工具类型比较丰富完善,但是如何选择合适、有效的具体工具成为决策制定者和执行者需要解决的突出问题。一般而言,选择政策工具应该坚持相机抉择的原则,即根据不同时期的不同环境特点和形势要求,采取相适应的政策工具。政策工具的选择应该以

---

① 陈庆云:《公共政策分析》,82~87 页,北京,北京大学出版社,2006。

政策问题的类型为依据,一切都以最高效、优质地解决社会公共问题为出发点和落脚点。

三、公共政策的过程分析

20世纪中叶前后,伴随着行为主义的兴起,政治学、公共行政学以及公共管理学的研究取向发生了转变。典型特征就是由侧重特定政治制度、组织结构的静态研究转变为侧重多种参与主体、集团互动的动态"过程"研究。在该时期兴起于美国的现代政策科学也不例外。例如政策科学的开创者拉斯韦尔提出政策过程的"七阶段说":情报、提议、规定、合法化、应用、终止、评估。此后经过琼斯、安德森等学者的发展,最终形成了政策过程的"阶段启发法"(the stages heuristic)。① 这种政策过程的阶段启发框架明确将政府的决策过程划分为几个主要的阶段(如议程设置、政策制定、政策合法化、政策执行、政策评估、政策终结),一方面将复杂的决策过程加以简化,使得分析和研究更加方便;另一方面突出了不同阶段的不同特征,如在不同的政策过程阶段中的参与主体是不同的,其中所涉及的利益冲突也不相同。正是由于阶段分析的这些优点,使得该方法自诞生起就备受关注,特别是20世纪七八十年代,成为西方政策分析领域占主导地位的分析工具。特别是在政策科学教学过程中,阶段分析成为西方主流教科书的通用方法,因此被纳库缪拉称为"教科书法"(textbook approach)。② 鉴于该分析方法的优势,本书也采用该模式,将公共政策的过程具体分为政策制定、政策执行、政策评估、政策监控和政策终结五部分分别加以分析。

(一) 政策制定

政策制定是公共政策过程的初始阶段,但也是一个复杂的过程,具体包括政策问题的界定、政策议程的设置、方案的规划与选择、赋予合法化等具体程序。

1. 政策问题的界定

拉斯韦尔指出,政策科学区别于以往其他科学的特点之一就在于它具有明确的问题导向。这使得公共政策的研究具有现实倾向,进而围绕问题的解决产生公共政策科学研究对特有的社会问题的解释力、应对力和内在的学术张力。③ 并不是所有的问题都可以成为政策问题。安德森认为:社会上存在各种各样的需要和问题,然而,只有那些

---

① [美]保罗·A. 萨巴蒂尔:《政策过程理论》,彭宗超等译,8~12页,上海,上海三联书店,2004。
② 同上书,8页。
③ [美]杰伊·沙夫里茨、卡伦·莱恩、克里斯托弗·博里克:《公共政策经典》,彭云望译,总序第3页,北京,北京大学出版社,2008。

促使人们行动的问题才是政策问题。从政策意图的角度看,政策问题可以被定义为某种条件或环境。这种条件和环境引起社会上某一部分人的需要或不满足,并为此寻求援助或补偿。① 由此可见,只关涉个人的私人问题不会成为政策问题。政策问题往往涉及社会上多数人的利益和要求,往往与社会公共利益衔接。

一般的社会问题上升为政策问题需要一定的过程,这里涉及问题的确认(界定)。虽然社会问题都是客观存在的,但是客观社会问题不会自动成为政策问题,它和人们的认知、理解以及价值判断密不可分,因此又具有一定的主观性。政策问题的确定主体主要是政府公共决策部门以及相关的信息咨询机构,此外专家学者、利益集团等利益相关群体等也会在这一过程中施加自己的影响。一般来说,能够由一般社会问题上升为政策问题而进入政策议程的,或者是政策公共决策部门认为需要解决的社会问题,或者是相关利益群体能够对政府决策部门施加有力影响,从而加以推动解决的问题。社会影响力有限、受影响公众范围小、影响弱的问题很难受到政府决策部门的关注,因此也难以进入议事日程。由于问题被政府决策部门确认是政策制定的首要前提,因此在涉及多元利益主体冲突的问题中,不同主体都会在问题界定阶段施加影响,其结果往往是优势利益方能主导问题界定过程。一旦发现不利于自身的社会问题,会阻挠该问题上升为政策问题,出现"非决策"现象。

2. 政策议程的设置

从政策问题到政策形成需要经历一个中间阶段,即政策议程的设置。关于什么是公共政策议程,国内不同学者有不同的看法。如安德森认为:"在人们向政府提出的成千上万个要求中,只有其中的一小部分得到了公共决策者的密切关注。那些被决策者选中或决策者感到必须对之采取行动的要求构成了政策日程。"② 金登认为所谓"议程",就是"对政府官员以及与其密切相关的政府外人员在任何给定时间认真关注的问题进行的编目。议程建立过程将这一组问题的范围缩小到那些真正成为关注焦点的问题。"③ 国内学者张金马认为:"所谓政策议程就是将政策问题纳入政治或政策机构的行动计划的过程,它提供了一条政策问题进入政策过程的渠道和一些需要给予考虑的事项。"④ 归纳以上观点,可以将政策议程定义为将政策问题上升为公共决策部门的议事日程,公共决策部门将对政策问题进行讨论和研究,并提出相关解决方案的过程。

政策议程的启动不是自发的,一般需要特定的引发机制。有学者把该引发机制分

---

① [美]詹姆斯·E.安德森:《公共决策》,唐亮译,65~66页,北京,华夏出版社,1990。
② 同上书,69页。
③ [美]约翰·W.金登:《议程、备选方案与公共政策》,2版,丁煌译,4页,北京,中国人民大学出版社,2004。
④ 张金马:《政策科学导论》,146页,北京,中国人民大学出版社,1992。

为内在和外在的两种形式。其中,内在的引发机制包括:① 自然灾害;②意外的人为事件;③科技方面的重大变革;④资源分配中的偏执与失衡;⑤生态变迁等。外在的引发机制主要包括:①战争;②武器技术的重大发展;③国际冲突;④世界性联盟的格局发生的变化等。① 这些客观存在的问题是引发公共政策议程的源泉和动力。

社会问题要想通过公共政策途径加以解决,必须通过各种渠道进入政府的议事议程。具体来说,社会问题进入政策议程的主要渠道包括以下几种:①政治领袖的作用。这是决定政策议程的一个重要因素。如果某一社会公共问题能够引起政治领袖的注意,它往往能够在进入政策议程过程中事半功倍。如 1974 年尼克松政府关于放松《清洁空气法》中某些污染控制标准的建议,就直接提上了国会的议事日程。②政治组织的作用。这是形成政策议程的基本条件。政策问题上升为政策议程的过程过于复杂,仅靠单个人或少数几个人的力量是难以实现的,这时就必须借助一定的组织形式(如政党、利益集团和社会组织)。在我国这些政治组织主要包括政府、政党、工会、妇联和青年组织等。③代议制的作用。代议制是形成政策议程的一个基本途径。代议制是社会公众通过选举产生利益代表,组成代表大会或议会等形式,就有关社会问题形成各种议案、提案,以引起政府的关注或要求政府将其列入议事日程。在我国,人民代表大会制度是社会公众参政议政的基本形式。许多关系国计民生、经济社会发展的重大问题都是首先由人大代表提出然后纳入政府议程的。④选举制的作用。选举制是和代议制相配套的一种民主制度。选举的过程实质上是选民对自身利益和意愿的选择,通过选举可以有助于将关切自身利益的政策问题上升到政府议程中。⑤行政人员的作用。行政人员在执行政策以及处理日程事务的过程中往往能够掌握更充分的信息,发现更多实际问题。为了解决不断出现的问题,便于政策的执行,他们往往会推动政策问题进入政府议程以尽快得以解决。⑥利益集团的作用。利益集团存在的目的之一是影响政府的决策,推动与本集团利益密切相关的政策问题进入政府议程也是其主要行为目的。⑦专家学者的作用。专家学者在各自的专业领域中具有技术和信息优势,能够运用科学理论和分析技术对社会发展的趋势和进程进行科学预测。一旦取得对经济建设和社会发展产生巨大和深远影响的结果,往往能够通过各种渠道将其列入政策议程。⑧公众的作用。公众在日常生活中对于某些影响或损害其利益问题的不满,一般通过各种渠道向政府反映,以求得以解决。公众采取的手段一般带有群体性,如游行、示威、抗议、罢工、暴乱,一般都会迫使政府采取行动解决问题。⑨大众传播媒介的作用。媒体会形成强大的舆论压力,引起社会的广泛关注,从而促成政策议程的建立。⑩危机和突发事件的作用。如在我国一些地区小煤矿的坍塌、爆炸等事件经常发生,这促使政府将关闭小煤矿问题提上

---

① 张国庆:《公共政策分析》,174 页,上海,复旦大学出版社,2004。

政策议程并采取相关行动。①

政策议程的具体建立有不同的方式,美国政策学者罗杰·W.科布根据政策问题的提出者在议程中的不同作用以及扩散其影响力的范围、方向和程序,将政策议程的模型分为三种②:①外在提出模型。政策诉求由政府决策系统之外的个人或团体提出,并经过一定的渠道进入政府议程。②内在提出模型。政策诉求源于政府决策系统内部的职能部门或公务人员,由他们直接将政策问题列入政策议程。③动员模式。具有权威作用的政治领袖主动提出相关的政策意向,并对社会公众进行动员以获得广泛支持,使相关问题进入政策议程。无论通过何种方式,政策问题一旦进入政府议程,政府的主要任务就在于制定相关的政策方案并进行择优选择。

3. 政策方案的形成与选择

政策方案规划与选择又称方案形成,是政策制定过程中的最重要的环节。一般可以将其界定为对政策问题的分析研究并提出相应的解决办法或方案的政策形成过程。具体包括目标确定、方案设计、方案选择三个主要环节。

制定公共政策必须首先明确政策制定的目标,它是政策制定的根本出发点和落脚点。没有目标就无须政策制定,偏离了目标即意味着决策的失败。为了确保政策目标的科学性,目标确定应具有以下性质和特点:①目标的明确具体性。目标必须界定清楚,不能发生歧义,还应包括时间和空间的明确界定,否则将影响问题的解决和社会效果。②目标的可行性。这既包括技术上的可行性,如现实的执行条件(技术、资金、人员)是否具备,还包括政治上的可行性,如是否符合政治领导层的意愿等。③目标的前瞻性。确定政策目标时应以发展的眼光科学地预测问题的发展态势,从而使政策目标得到合理的定位并具备一定的持续性。④目标的协调性。公共政策涉及的社会问题往往比较复杂,要达到的政策目标也不是单一的,往往是多个子目标构成的目标体系。这些子目标之间要相互协调,而且不能与总目标相抵触。⑤目标的规范性。目标的确定要体现社会公众利益,符合社会的主流价值取向和行为规范,不能与国家宪法、法律相抵触,否则将导致政策遭到抵制而失败。③

有了明确的政策目标之后就是如何设计政策方案,这一步是政策制定的中心环节。在方案设计中,既要符合时效,又要保证质量,这也是保证达成政策目标的必然要求。具体来说,政策方案的设计应以实事求是的态度,采用科学的决策理论,广泛吸取多方人员的意见和要求设计出尽可能多的备选方案以供选择。因此,决策方案设计具有科学

---

① 陈振明:《政策科学——公共政策分析导论》,2版,214~217页,北京,中国人民大学出版社,2003。
② 张金马:《政策科学导论》,153~154页,北京,中国人民大学出版社,1992。
③ 张国庆:《公共政策分析》,189~190页,上海,复旦大学出版社,2004。

化与民主化两方面要求。其中,科学化要求在方案设计中最大可能地发挥人的理性因素,从实际出发,对政策问题及政策环境进行深入探究,充分掌握各种政策信息,采用科学的设计工具,避免方案设计中的盲目臆断。民主化要求在方案设计中应充分考虑利益相关方的意愿和要求,尽可能地使政策方案成为"集体智慧的结晶"。一般而言,由于政策方案的制订涉及各种专业性知识和技能,因此各类专家、学者、"智库"等往往成为参与主体。政策方案制订的结果是形成多种不同的设计方案以供公共决策主体进行选择。

方案选择是与方案的论证与评估相伴随的。一般来说,方案的评估主要包括价值评估、可行性评估、效果评估、风险评估等。评估的具体标准包括政治价值标准、成本—效益标准和伦理道德标准等。从政策科学的发展来看,受行为主义的影响,早期的方案选择标准主要采用成本—效益的标准,采纳预期净效益(主要为经济效益)最大的政策方案。但是随着对新古典的这种理性标准的批判,政策学者越来越发现这种单纯的评估标准可能会引发许多社会问题,如收入差距扩大导致对社会公平的偏离。因此当代政府在进行政策选择时,需要综合考虑各种因素,在经济领域中典型的要求就是兼顾公平与效率进行择优选择。

4. 赋予合法性

经过评估论证选择出来的"最佳"的政策方案并不能立即付诸实施,它必须经由合法化过程被赋予合法性,才能在执行过程中得到国家强制力的保障。戴伊认为,合法化作为政策制定的最后阶段集中表现为立法阶段。[1] 当然,并不是所有的政策都需要上升为正式的法律层面,但即使是一般的政府规章、文件等,至少都需要经由正式的程序加以批准,以获得公共效力。具体来说,按照公共政策合法化的主体划分,从权力效力由高到低的顺序可以分为不同的层次:①立法机关的政策合法化。大多数国家的立法机关既行使立法职能,又行使其他职能,如批准或通过政府提出的计划、预算、决算等公共政策,并赋予它们合法性以准予实施。②行政机关的政策合法化。它的效力比那些通过立法机关获得合法化的政策的效力要低,属于较低层次的政策合法化。③半官方机构的政策合法化。半官方机构在特定条件下,通过授权或委托也可获得使某些公共政策合法化的权力。但是这样合法化后的政策的效力层次是最低的。[2]

公共政策的合法化是政策制定与政策执行的必经阶段,只有赋予选择出的政策方案以特定的合法性和执行的效力,才能为政策的执行提供合法性的依据。未经合法化过程的公共政策会影响政策供给的质量,成为政策执行受阻的隐患。因此,必须充分重视政策合法化的重要性,以保证公共政策的质量,减少或避免实施和执行政策过程中的

---

[1] [美]托马斯·R.戴伊:《理解公共政策》,10版,彭勃等译,39页,北京,华夏出版社,2004。
[2] 张国庆:《公共政策分析》,200页,上海,复旦大学出版社,2004。

失误。

(二) 政策执行

政策执行是政策过程的关键环节,再好的政策方案得不到有效的执行也无法实现预期政策目标。现实中的许多政策失败或失效现象恰恰是执行中出现偏差的结果。作为政策执行主体的行政机关具有较大的自由裁量权又使得这种执行偏差经常发生,并导致许多严重的政治、经济和社会问题。20世纪70年代开始,西方国家尤其是美国的公共政策学界开始关注政策执行问题,并取得了许多有益成果。政策执行作为政策过程的一个重要阶段,有必要对其进行全面、细致的分析。

1. 政策执行的含义

美国早期研究政策执行的政策学者普雷斯曼和威尔达夫斯基认为:政策执行是在目标的确立与适应于取得这些目标的行动之间的一种互动的过程。① 美国政策学者萨巴蒂尔和马兹曼尼安认为可以将政策执行视为这样一种过程,即用法律、上诉法院、行政命令或用议会决定、内阁政令的形式,执行一种基本政策决定的过程。② 除此之外,国内外不同学者都有各自对于政策执行的界定,但是总结来看可以将其归纳为一个动态的过程,当政策方案经过合法化阶段被颁布之后,政策的执行主体依靠一定的组织形式,运用各种资源,通过各种具体手段和措施将政策内容转化为现实的政策效果,从而追求既定的政策目标得以实现。

公共政策的执行主体一般是政府的行政机关。但是随着政府部门公共改革浪潮的兴起,在公私合作化运动的推动下,一些市场主体以及非政府公共部门在一定程度上也经由政府授权获得一定的执行功能。如在公共产品的供给过程中,其直接的生产任务往往以承包等形式转交给了私营市场主体,政府在这一过程中主要充当监督者、购买者、分配者角色。除了主体的多样化外,政策成功、有效地实施离不开科学的执行原则,主要表现为以下几个方面:①合法、公正性原则。政策执行必须依照法定职权进行,遵守法定程序,并接受法律、法规和政策的约束。同时还必须坚守公平正义的原则,保证对政策受众的公平对待。②权变性原则。政策执行主体在执行政策时,必须符合客观、适度、符合理性的要求。在有政策和法律规定的前提下,有时为了适应变化了的新情况,需要变通执行,使得原则性和灵活性相结合。③系统性原则。政策执行是一项系统工程,必须从宏观上保证整体性的协调一致,并保证时间上的阶段性和连续性。④时效性原则。现实中的政策问题和政策环境是不断变化的,有些政策的时效性非常强,因此政策

---

① 摘自陈潭:《公共政策学原理》,182页,武汉,武汉大学出版社,2008。
② 同上。

执行必须遵循时效性原则。时效性同样是政策执行的题中之意,现实中许多政策失败的根源都在于超前或滞后导致的时机把握上的偏差。⑤民主原则。它要求政策执行必须符合人民群众的意愿,坚持公民参与,维护公众的知情权。⑥效益原则。政策执行必须进行成本—效益分析,最大限度地减少执行成本,提高公共服务的水平和公共产品供给的质量与效率,从而提高政策执行效益。

2. 公共政策执行的模式

在公共政策执行的研究过程中,许多学者提出不同的执行研究模型,从20世纪70年代至今大致经历了三种执行模式,分别称为"三代"执行理论。70年代开始的自上而下的研究取向是政策执行研究的"第一代"。此种模式强调的是政策制定与执行的可分离性,认为政策制定者的任务在于决定政策目标,而政策执行者的职能在于实现政策目标,二者形成的是一种"上令下行"的指挥命令关系。该模式的主要代表为普雷斯曼和威尔达夫斯基的《执行》一书,以及萨巴蒂尔和马兹曼尼安的综合执行模型等。自上而下研究取向的基本命题如下:①政策制定与政策执行是有界限的、分离的、连续的;②政策制定与政策执行之所以有界限,是因为:一是政策制定与政策执行者的分工相当明确;二是政策制定者能够明确地陈述政策,因为他们能够同意许多不同目标间的优先顺序;三是政策执行者有技术能力,愿意执行政策制定者所指定的政策;③既然政策制定者与执行者接受两者之间的任务界限,执行过程必须是在政策指定之后的连续过程;④涉及政策执行的决定本质上是非政治的与技术性的,执行者的责任为中立的、客观的、理性的与科学的形式。①

20世纪70年代末到80年代盛行的是自下而上的研究取向,被称为执行研究的"第二代"。采取该研究取向的学者较多,主要有韦瑟利和利普斯基(合作《基层官僚与制度创新》一文)、爱尔默以及贺恩等。他们都强调从基层的实际情况或问题出发研究政策的执行过程。与自上而下的研究取向相比,他们的关注点不是政府决策系统上层中的决策者,而是下层(如街道层级)的具体执行者。该研究取向涵盖了如下基本命题:①有效的政策执行在于包含多元组织的执行结构,政策执行能否有效完全要看最基层的执行结构中到底有哪些多元组织涉入其中。②政策执行结构具有共识的自我选择过程。政策执行不是对于政策的僵化实施,它必须与基层结构达成执行政策的共识,因为下属机构会自行选择他认为可行的方式实现政策目标。③政策执行以计划理性而非组织理性为基础。是公共计划而不是行政组织决定了执行的结构。④有效的政策执行取决于执行机关间的过程与产出,非政策决定建构者的主观意图,因此要特别注意政策执行机关之间的互动过程有何问题,该问题有何影响。⑤有效的政策执行是多元行动者之间复

---

① 刘伟忠:《现代西方政策执行研究的路径与意义》,载《江海学刊》,2006(4),212页。

杂互动的结果,因此必须充分掌握多元主体间的互动网络关系。⑥有效的政策执行必须涉及妥协、交易或联盟的活动,因而互惠性远比监督性功能更为重要。①

由于自上而下与自下而上的政策执行研究取向有各自的优势与不足,因此20世纪90年代以来,在对前两种模式进行扬长避短的基础上产生了对二者进行整合的努力,形成公共政策执行研究的整合模式,又称"第三代"研究模式。比如萨巴蒂尔和简金斯-史密斯共同提出的倡导联盟框架就属于典型的整合模式。倡导联盟框架将政策子系统作为基本的分析单位,政策子系统内涵盖的行动者涉及所有层级的政府部门行动者。在对政策执行的动态过程进行的分析中,该理论既注意到了上层的如宪政制度、政府主要领导者等的影响,也注意到了下层如街道层级的官僚、相关利益群体等的影响。

3. 政策执行的基本手段

政策执行手段是政策执行主体为了实现政策预定目标而采取的各种措施和方法。执行手段选择的恰当与否直接关系到政策目标能否顺利实现,政策执行的复杂性也决定了政策执行手段的多样性。概括来讲,主要的政策执行手段包括:

(1) 行政手段

它是依靠行政组织的权威性,采用行政命令、指示、规定和规章制度等方式,按照行政系统、行政层次和行政规划实施政策的方法。行政手段具有权威性、强制性和时效性等主要特征,构成政策执行不可缺少的基本因素。该方法便于解决一些特殊的、紧迫的、突发性的问题,有利于保证政策的顺利运行。但是执行过程中的硬性和无偿性以及下级的被动地位都不利于充分发挥下级的积极性和创造性。因此行政手段的应用必须限制在一定的范围内,不可以滥用。

(2) 法律手段

它是通过各种法律、法令、法规、司法工作特别是通过行政立法和司法方式调整制定活动中的各种关系的方法。法律手段除了与行政手段一样具有权威性和强制性外,还具有稳定性和规范性特点。法律手段是政策执行活动得以进行的根本保障,依法行政、依法管理不仅具有权威性,而且具有科学性和客观性。只有运用法律手段才能消除阻碍政策目标实现的各种干扰,保证政策执行活动有法可依,从而有利于政策的顺利实施。

(3) 经济手段

它是根据客观经济规律和物质利益原则,利用各种经济杠杆,调节政策执行过程中的各种不同经济利益之间的关系,促进政策顺利实施的方法。经济手段具有间接性、有偿性和关联性等特征。在政策执行过程中,合理运用经济手段,调节各方面的利益关系,

---

① 刘伟忠:《现代西方政策执行研究的路径与意义》,载《江海学刊》,2006(4),13~14页。

有利于调动人们执行政策的积极性和主动性,增强政策的效力,使政策目标得以实现。

(4) 思想手段

它是一种以人为中心的人本主义管理方法,通过运用非强制性手段,诱导政策执行者和政策对象自觉自愿地去贯彻执行政策,不从事与政策相违背的活动。思想手段在对象上具有多元性,在方式上具有协调性,在作用上具有宏观控制性特点。其最大特点在于通过政府有计划地诱导,使政策自觉得以实施,是一种柔性的执行手段,有利于减少执行中的摩擦,降低执行成本。

总之,公共政策执行是一个重要且复杂的过程,它直接关涉政策目标能否实现。现实政策实践中,政策的失败或者政策结果对于政策价值与目标的偏离往往都是发生在执行的过程中,因此需要对执行过程予以充分的关注与研究。

(三) 政策评估

早期的政策研究者认为政策制定后经过执行就达到了目的。实际上完整的政策过程不仅应当包括合理的政策制定和有效的政策执行,还应该包括科学的政策评估。公共政策评估是公共政策过程的一个重要环节,政策本身的价值、政策目标的实现与否都必须通过政策执行才能得以确定。

1. 政策评估的含义

拉斯韦尔从政策过程的角度将政策评估及其功能理解为"就公共政策之因果关系做事实上的陈述";德洛尔认为评估就是在反馈中进行有系统的学习;美国政策学者琼斯将政策评估理解为对政府计划之良莠的判断,并指出评估的目的在于确定政府计划是否已对其所欲解决的公共问题产生了影响。[①] 除以上理解外,国内外不同学者对于政策评估的界定各不相同,主要有以下五种观点:①政策评估主要是对政策方案的评估,属于政策评估中预测评估的范畴;②政策评估主要侧重政策内容的阶段性分析,是广义政策执行过程中的一个环节;③政策评估是对政策效果的评估,是对政策的效益、效率及价值进行判断的一种行为;④政策评估是发现误差,修正误差;⑤政策评估是对政策全过程的评估,既包括对政策方案的评估,还强调对政策执行以及政策结果的评估。[②] 本书采取第五种观点,并将公共政策评估界定为特定的政策评估主体,按照一定的评估程序和评估标准,采用科学的评估方法,对政策方案、政策实施的过程以及政策的效果和影响进行评价,以判断政策结果是否与政策目标相符的一种专项研究。

---

① 钱再见:《公共政策学新编》,162~163 页,上海,华东师范大学出版社,2006。
② 张亲培:《新编公共政策基础》,427 页,长春,吉林大学出版社,2009。

2. 公共政策评估研究的演进

现代政策评估是在 20 世纪 60 年代发展起来的,其兴起的背景是美国林登·约翰逊总统的"大社会计划"(great society)和"对贫困宣战计划"(the war on poverty program)。当时人们普遍认为这些计划远不如预期的那样理想,其中的一些社会项目受到了批判,从而使得项目评估领域受到人们的关注和重视。政策评估研究迄今为止主要经历了以下阶段:

第一代政策评估:实验室实验(第二次世界大战以前)。该时期的评估以测量为主,受到社会现象研究的影响和科学管理运动的影响。该时期政策评估的特色是在研究方法上普遍采用实验室的实验方法。但是,实验室实验法的最大缺点在于:实验室是一种完全人为控制的环境,与实际社会现象相去甚远。

第二代政策评估:实地实验(第二次世界大战后至 20 世纪 60 年代)。该时期的评估除了仍然维持测量特性外,还对第一代评估的缺点加以修正,转而着重强调描述功能的发挥。该评估还具有高度的目的导向性,对已付诸执行的政策方案,按照预期的特定目标描述其结果的优劣。但第二代政策评估仍没有脱离实验的本质,存在与现实脱节的问题。

第三代政策评估:社会实验(20 世纪 60 年代至 70 年代中期)。受行为主义的影响,第二代评估的功能逐渐受到质疑。该时期的社会实验评估一反过去评估中注重科学、强调价值中立的评估模式,特别强调评估者就是判断者,认为评估模式不应只偏重测量与描述,评估者本身的判断也是不可或缺的。易言之,第三代评估主要在于评估社会行动计划能否有效解决社会问题、能否反映特定社会经济背景下的社会需求。

第四代政策评估:政策制定(20 世纪 70 年代中期至今)。20 世纪 70 年代中期以后,评估在政策过程中的地位日益重要,并成为政府政策制定过程的核心。第四代政策评估认为,以往的评估过于简化科学与真实世界的因果关系,忽视了社会科学难以测量的特性。所以必须修正以往过分重视实证的评估方式,正视社会中存在的多元价值观。

20 世纪 80 年代以来,世界各国普遍都比较重视公共政策评估工作。政策评估的理论与实践得到进一步的发展,表现为公共政策评估开始走向职业化和学科化,评估的范围进一步拓宽,评估的功能不断完善。[①]

3. 公共政策评估的功能

科学的政策评估目的在于对政策问题进行分析和评价,及时发现和修正政策制定和执行过程中的相关问题以及评估公共政策的实施效果。具体来看公共政策评估在政

---

① 钱再见:《公共政策学新编》,164~168 页,上海,华东师范大学出版社,2006。

策过程中的功能和作用主要包括以下几个方面:

(1) 政策评估是检测政策效果的基本途径

政策方案投入实施后不会一帆顺利地得到实施,因此需要利用科学的技术和手段收集相关信息,并在此基础上加以分析,以检验一项政策的目标实现程度及其社会影响。同时也有助于在政策执行过程中及时发现问题并适时地对政策方案加以调整,从而提高政策的质量。

(2) 政策评估是决定政策延续、调整和终结的重要依据

政策是一个动态的过程,所有政策都可以体现为政策变迁的过程。无论是政策的延续、调整还是终结都不能单纯依靠决策者的主观臆断,也不能依靠对政策方案本身的预测,必须根据全面、系统的分析和评估。

(3) 政策评估是有效政策建议和合理资源分配的基础

由于政策资源的有限性,如何把这些有限的资源进行合理的配置,以获取资源的最大化利用是决策者要突出关注的问题。通过科学的政策评估可以确定每一项政策价值,并决定政策资源投入的优先顺序和比例,寻求最佳整体效果,推动政策的有效实施。

(4) 政策评估是评判政策价值取向的有效途径

在政策的制定和执行过程中很难体现政策的价值取向。通过对政策目标的系统分析和政策执行的效果评估,可以判断政策的价值取向是否与政策初衷相符合,是否能对社会产生正面的影响。[1]

4. 公共政策评估的主体

政策评估的主体是直接或间接地参与公共政策评估过程的个人、团体或组织。具体来说公共政策的评估主体包括:

(1) 决策者和执行者

他们是政府活动的关键角色,能够比较全面、直接地掌握政策相关信息,因此具有较大的优势。但是由于他们与政策制定有直接关系,在评估中容易受到很多因素的干扰,如部门利益、思维方式、上级压力、心理因素,从而使评估的结果受到影响甚至遭到质疑。

(2) 专家学者团体和研究机构

他们往往受托于政府决策部门进行政策评估,因而在评估经费、信息获取方面具有一定的优势。同时由于他们所具备的专业理论知识和技术条件,使得他们能够胜任政策评估工作,而且更加具有权威性。

(3) 政策目标群体

他们既是政策的受众,又是政策过程的参与主体,政策成败与之有直接的关系。他

---

[1] 张亲培:《新编公共政策基础》,428 页,长春,吉林大学出版社,2009。

们往往能够通过自己的切身感受和彼此之间的信息沟通对政策执行效果做出具有针对性的评价。但是需要注意的是，目标群体中既有政策的利益获得者，也有利益受损者，他们会从各自的利益角度对政策进行价值判断，或者会设法掩盖政府决策的失败，或者设法夸大政策执行中的负面影响，甚至采取极端的全盘否定相关政策的态度。所以在听取目标群体的意见时，需要注意区分他们的不同政治和利益立场，对他们的态度和意见进行有意识的选择。

5. 公共政策评估的方法

政策评估方法是政策评估主体在进行政策评估过程中采取的所有方法的总称。评估方法的选择和应用往往能够决定评估结果的质量。现实中的评估方法主要有定性评估方法和定量评估方法两种。定性评估方法是一种非数量化的、非统计化的评估方法，具体包括：①问卷调查法，用书面形式间接搜集研究材料的一种调查方法。通过向被调查者发出简明扼要的问题表，请他们填写对相关政策的意见，间接地获得评估资料。问卷一般有三种形式：报刊问卷、邮寄问卷和发送问卷。②焦点访谈法。此法是由著名社会学家墨顿提出的定性研究方法，又称焦点集团访谈法，是指选取特定政策相关者针对特定的主题进行非正式、非操作化、互动式的讨论。该评估方法的特点在于能够深入了解当事人的看法，避免评估按照预设的框架进行。③深度访谈法，一般是由 6～10 人组成的团体针对某项议题对被调查者进行一种无结构的、直接的、个人的访谈。访谈过程中激发的各种观点就是评估资料的来源。④参与观察法。它要求对一种活动、行为、联系、现象、网络或项目的进程进行直接的观察，要求评估者亲临现场，实际参与被评估的实践，从情境和当事人的角色，深入观察该事件所蕴含的整体意义。该方法通常与直接观察、讨论和非正式访谈结合使用。

公共政策的定量评估是运用数据、统计等自然科学的方法和手段验证评估结果。定量评估的具体方法有很多，如前后对比法、成本—收益评估和模糊综合评估，在这里不再加以具体介绍。

（四）政策监控

政策监控是政策过程的一个基本环节，贯穿政策过程的始终，制约和影响着其他的各个环节。由于政策本身并不能自动达成人们所期望的目标或效果，因此需要对其运行过程进行监控。监控的目的在于保证制定出尽可能完善的政策方案，保证正确的政策方案得到有效的贯彻实施，并及时发现和纠正政策偏差。只有这样才能提高政策绩效，实现政策目标。

1. 政策监控的含义与分类

政策监控是政策监督和政策控制的合称，是为了实现政策的合法化与保证政策的贯彻实施而对政策的制定、执行、评估和终结等活动进行监督和控制的过程,其目的在于保证政策系统的顺利运行,提高政策执行与执行的质量,促进既定政策目标的实现和提高政策效率。① 首先,政策监控具有特定的主体。不同层次的政策由不同层次的机关及其组成人员负责制定、执行、评估及调整,政策监控的主体也随之不同,表现出明显的层次性。同时,政策监控在政策过程的不同环节由不同的主体负责实施,因此政策监控的主体表现出多样性特点。其次,政策监控具有特定的客体,即政策系统及其运行。从总体上看,政策过程的所有环节都应当纳入政策监控的范围之内。再次,政策监控表现为一个活动过程,而不是一个孤立的活动环节。最后,政策监控具有目标取向,其根本目标在于保证政策体系的顺利运行,提高决策质量和效率,保证公共政策目标的最终实现。

政策监控是一种多样化的活动,可以从不同角度对政策监控进行分类。比如根据政策过程的不同阶段可以将其分为政策制定监控、政策执行监控、政策评估监控和政策终结监控;根据政策监控的不同时态可以分为事前监控、事中监控和事后监控;根据政策监控的层次可以分为自我监控、逐级监控和越级监控;根据政策监控的内容可以分为目标监控和关键点监控;根据政策监控的主体可以分为立法机关监控、行政机关监控、司法机关监控、政党系统监控、利益集团监控、公众和大众传媒监控等。

2. 政策监控的作用

政策系统主要通过政策监控子系统及监控活动确定政策方案是否合理、合法,找出政策目标与执行手段之间、预期政策目标与实际政策绩效之间的差距,发现问题,并从中寻找解决问题的新办法,如调整政策目标、加大执行力度、重新配置资源。公共政策监控作为政策系统的重要组成部分,其作用表现在以下几个方面:②

(1) 保证政策合法化

它是指对政策制定活动进行监控以使政策制定严格遵守法定程序,并审查所指定的政策是否符合宪法和有关法律、法规的规定。它是由国家机关根据法定程序和权限对立法活动所作的审查构成,是政策取得合法性的重要环节。

(2) 保证政策贯彻实施

政策只有在被采纳并付诸实施之后,才有可能产生实际作用并达到预期的目标。但是由于现实中的种种原因,政策的实行往往偏离原有政策方案及其目标。政策监控的作用即根据一定的标准对政策执行活动进行监督、检查,保证政策执行,达到预期目标,或者发现预期目标与现实效果之间的差距,找出原因加以改进。

---

① 陈振明:《政策科学——公共政策分析导论》,2版,344页,北京,中国人民大学出版社,2003。
② 同上书,378~380页。

(3) 实现政策调整与完善

政策作为人的认识的产物,一旦制定出来并付诸实施就需要保持相对的稳定性,由此可能带来政策相对于现实状况动态变化的滞后性。因此,政策必须随着外部世界的变化和人的认识的深化作出调整。只有这样才能使政策目标、实施步骤、执行手段与客观现实相符合,从而产生良好的绩效。在此方面,政策监控的作用在于敏锐地捕捉外部世界的发展及人的认识的深化和政策之间的差距,及时调整政策,使之不断完善。

(4) 促使政策终结

所有政策都具有时效性,即原有政策由于客观条件或政策环境的变化不再符合现实的需要。其中的许多问题不是单靠政策调整就能解决的,需要进行政策终结。但是,政策监控的作用不在于具体实施政策的终结,而是通过本身的工作发现错误或失效的政策,及时向有关方面提出建议,促使政策终结的实现。

3. 政策监控机制的构成

公共政策监控机制,即政策监控主体与政策监控客体的构成及其相互作用的关系。再次需要关注的是监控主体的构成以及作用的内容与方式。具体来说,政策监控的主体与政策执行及实施的主体在很多时候是一致的,包括立法机关、行政机关、司法机关、政党系统、利益集团、公民以及大众媒介等。

(1) 立法机关

立法机关不仅是最重要的政策制定主体,也是最重要的政策监控主体之一。立法机关既作为监控的主体,同时又作为监控的客体存在。作为监控主体的立法机关主要依靠法律制定、听取和审议预算决算和立项、对政府的人事任免权以及质询等方式对公共政策加以监控;作为监控客体的立法机关,法案形成过程的公开、法案生效的控制、法案的司法审查等都是主要的被监控方式。

(2) 行政机关

行政机关是最主要的政策执行主体,同时也正成为越来越重要的政策制定主体。对行政机关政策执行的监控主要来自三个方面:①作为政策制定主体的立法机关对行政机关的政策监控;②司法机关对行政机关的事后监控;③行政系统内部的监控,主要指上级主管机关对下级执行机关工作的指示、检查、布置、督促等。

(3) 司法机关

司法机关是专门的法律监督机构,其职责和使命在于通过严格执法维护法律的尊严。司法机关的公共政策监控角色主要表现为:①对公共政策制定程序与原则合法性的监控;②对公共政策内容合法性的监控;③对政策执行合法性的监控。

(4) 政党系统

政党系统的政策监控主要体现为执政党的作用,包括以下几种形式:①将自己的成员选入立法机关,通过影响立法影响并监控公共政策的制定;②将自己的成员列入各级政府机关及政府各部门中,以影响政策的实施;③由于执政党事实上控制了各种权力机构,可以通过党纪、国法等各种形式对政策制定者和执行者进行检查、监督、任免或处罚等;④执政党还可以以其所影响的社会团体、社会组织以及它所掌握的大众传媒等制造舆论,从而对公共政策各个环节进行有力的监控。

(5) 利益集团

利益集团在政策过程中的作用主要在于:①表达集团要求,影响政策制定;②将国家意志和信息传达给社会并对其加以管理。

(6) 普通公民

普通公民对于政策的监控是间接的,一方面可以经由选举并通过民意代表实现对政策制定的监控;另一方面可以经由申诉并通过司法系统实现对政策执行的监控。

(7) 大众媒介

大众媒介对于公共政策的影响力在某种意义上就是公众影响力的表现。大众媒介、社会舆论对政策监控作用的发挥,除了保证它的相对独立性外,还要有其他监控主体如行政机关、司法机关等的密切配合。行政和法律的监控与社会舆论的监控密切配合,才称得上是完整意义上的政策监控机制。[1]

(五) 政策终结

政策终结是与政策评估相联系的一种政策现象,是政策过程的最终阶段。公共决策者在通过政策评估获得政策结果的信息后,面临对政策去向的判断和选择:是应该终止该政策,还是继续执行,或者是加以部分调整或变革。作为政策过程的最后一个环节,及时、果断地终止一项多余的、失效的或者已经完成的政策,有利于政策资源的优化配置,避免浪费。

1. 政策终结的含义

狄龙认为,政策终结是"政府当局对某一特殊功能、计划、政策或组织,经过深入评估而加以结束或终止的过程"。丹尼尔斯认为政策终结是对政府项目、政策、组织的终结,也是组织为削减预算对自身的调适和政府服务民营化而产生的削减。还有西方学者将政策终结简单地界定为"对政府特定的职能、计划或组织的故意的结束或终止"。[2] 综上所述,可以将政策终结界定为是公共政策决策者通过对政府或项目的评估,采取相关措施,对那些过时的、多元的或者已经失效的政策或项目进行终止的行为过程。

---

[1] 钱再见:《公共政策学新编》,195~201页,上海,华东师范大学出版社,2006。
[2] 陈振明:《政策科学——公共政策分析导论》,2版,390页,北京,中国人民大学出版社,2003。

政策终止具有强制性、更替性和灵活性三个特征。其中强制性是指一项政策的终结往往会损害到既得利益者的利益，因此会遭到强烈的反抗和阻挠，所以一般需要靠强制性保证实施。更替性是指政策终结意味着新旧政策的更替，是政策连续性的特殊表现。灵活性指政策终结是一项负责的过程，必须采取审慎而又灵活的态度，处理好所涉及的各种利益关系。

2. 政策终止的原因

就一项具体政策而言，一次重要的人事变动、一次典型事件的发生都可能导致它的终结。尽管导致政策终结的原因是不同的，但对这些不同原因进行归类，不仅是可行的而且也是必要的。有学者认为，导致政策终结的原因主要有以下三种。

(1) 政策使命的结束

一项政策在实施一段时间之后，政策决策者发现政策目标已经实现、政策问题已经解决，政策就没有继续存在下去的必要了。

(2) 失误政策的废止

通过评估，政策决策者发现所执行的政策是无效的，无法解决所面对的问题，如强行加以执行必然造成危害，此时就必须终止原政策，制定出新的政策替代原有政策。

(3) 稳定的长效政策转化为法律

政策经过一定时间的实践，证明在现在和将来一段时期内都是有效的，政策决策者通过国家立法将其转变为正式的法律，这也属于政策终结形式的一种。

3. 政策终结的方式

丹尼尔斯认为政策终结的方式有两种：一是政策效力减弱的自然老化；二是与强烈抵制政策终结的力量博弈，使其终结，这一过程需要运用终结的策略，也需要强有力的终结执行者。[①] 政策终结的具体形式多种多样，包括以下几种形式。

(1) 政策废止

政策废止即直接宣布一项公共政策或项目的废止。

(2) 政策更替

新政策取代旧政策，但面对的问题不变，所要满足的要求也不变。

(3) 政策合并

政策合并指旧的政策虽然被终止了，但政策要实现的功能并没有取消，而是将其合并到其他政策中去。

(4) 政策分解

政策分解是将旧政策的内容按照一定的原则分为几个部分，每个部分各自形成

---

① 陈振明：《政策科学——公共政策分析导论》，2版，394页，北京，中国人民大学出版社，2003。

一项新的政策。

(5) 政策缩减

政策缩减是指采用渐进的方式对政策进行终结,以缓冲政策终结带来的巨大冲击,逐步协调好各方面的关系,减少损失。

(6) 政策法律化

政策法律化是原有非正式的政策经由立法程序上升为正式的法律也是政策终结的形式的一种。

4. 政策终结的障碍

政策终结并不是自动实现的,而是一种需要采取行动的复杂过程。由于政策终结涉及众多利益相关者、机构和制度等复杂因素,因此必然会遇到许多困难或障碍。

(1) 利益相关者的抵制

由于公共政策涉及对社会资源和价值的权威性分配。在任何既定的政策规范下,都会形成一定的既得利益群体。对原有政策的终结过程必然会打破既有的利益格局,会遭到既得利益群体的反对。这些既得利益群体会利用自己所掌握的优势资源和地位影响公共决策部门,拖延或者中断政策的终结过程。

(2) 现存机构的持续性

政策执行机构具有寻求生存和自我扩张的本性,即使已经没有存在的必要,仍有继续存在的"惰性"。因此在现存机构中的许多人员在机构遭裁撤后将面临重新选择职位的不确定性,基于对这种不确定性的回避必然采取各种办法阻挠政策的终结。

(3) 法律程序上的复杂性

任何政策的确定和组织机构的建立都需要通过一定的法律程序进行。同样,政策的终止和机构的裁撤也必须按照法定程序办理。法律程序的复杂性往往影响政策终结的及时进行。

(4) 高额的成本

政策终结的成本往往很高,既包括终结行为本身要付出的成本,也包括现有政策的沉淀成本。过高的当前成本往往使得决策者难以下定终结政策的决心。

鉴于政策终结中存在的诸多障碍,政策终结要求政策决策者运用高度的智慧和技巧,采取灵活的策略加以妥善处理。

四、我国公共政策过程优化的对策

英国政策学者黑尧认为公共政策制定和执行过程本质上是一个政治过程,是各种社会主体运用自己所掌握的政治资源表达其利益要求和愿望,影响政府决策,使自己的利益偏好在最后的决策结果中得到优先照顾,实现自身利益最大化。

公共政策作为政府行动的主要内容和手段应该具有特定的问题取向,代表一定的公共利益和公共价值,对社会进行有效、公平的资源配置,最终追求良好的治理效果。因此必须不断致力于提高公共政策的质量,追求政策过程的开放性、参与性,使得公共决策的科学化、民主化和法制化贯穿政策过程的每一个阶段中。

就我国目前的决策水平而言,政策制定水平不高、政策执行不力、政策评估不科学、政策监控不完善、政策终结不及时等问题的存在都可以归结为公共决策科学化、民主化和法制化的缺失与不完善。具体而言,决策科学化是指决策者及其他参与者充分利用现代科学技术、知识及方法特别是政策科学理论和方法并采用科学合理的决策程序进行决策。决策的民主化是指必须保障广大社会公众和各种社会团体以及专家学者、政策研究机构能够充分参与公共决策的过程,在政策中反映广大人民群众的根本利益和要求,并在决策系统及运行中形成民主的体制、程序和气氛。所谓决策的法制化是指通过宪法和法律规定和约束决策主体行为、决策体制和决策过程,特别是通过法律保障广大人民群众参与公共决策的民主权利,并使党政机关及其领导者的决策权力受到法律和人民群众的有效监督。

具体来说,要对我国的公共决策过程进行优化,即实现公共决策的科学化、民主化和法制化,可以从以下方面入手加以完善。①

1. 树立正确的决策思想,注意更新决策观念

当前我们必须大力提倡科学、民主和法制精神,摒弃一切不适应时代要求和市场经济发展的旧观念,树立现代化的决策观念。决策过程归根结底是一种主观的选择过程,在这其中,决策者的价值观、责任心、进取精神等主观因素的影响力很大。因此决策者在制定决策时,必须树立正确的决策思想,更新决策观念,实事求是,量力而行,这样才能使决策者避免因主观好恶而作出错误的决策。

2. 完善公共决策体制

现代科学决策与传统经验决策的一个重要区别在于决策单元是由信息系统、咨询系统、决策系统、执行系统和监控系统构成的有机系统,各个子系统相互协调、密切配合,共同实现决策功能。公共决策体制的完善和发展需要分别从以上各个子系统入手,弥补其中的缺陷和不足,使得整体性功能得以有效发挥。

3. 充分获取决策信息,依据科学理论和客观现实进行决策

政府进行决策必须全面地了解、收集和掌握相关的政策信息,并通过去伪存真、去

---

① 陈振明:《政策科学——公共政策分析导论》,2版,651~655页,北京,中国人民大学出版社,2003。

粗取精筛选出有价值的信息。在公共决策过程中要尊重客观经济规律，应用正确的经济理论和经济方法正确处理各地区、各部门之间的利益关系，防止决策的随意性。

4. 扩大决策过程中的民主参与

决策过程中的民主化主要包括两个方面：①要求政府在决策过程中要广泛接受社会公众的监督，实现透明决策，避免决策过程中的"黑箱"操作；②要求政府通过各种制度建设为公民直接参与决策过程提供途径，使普通公民拥有实现利益表达的渠道。

5. 提高决策者的自身素质

优秀的决策者对于公共政策制定效率以及质量的提高不可缺少。优秀的决策者应当具备坚定的政策立场、养成客观求实的工作态度、培育科学的创新精神并丰富自己的知识储备，提高科学决策能力。

6. 健全法制规范的保证

要保证决策科学化、民主化的实现，使公共决策更加合理，至少避免重大的失误，必须有一套完善的法律规则制度。首先要依法确立决策权力的合理结构和科学合理的决策程序；其次要强化决策的法律监督机制，建立、健全决策者的责任；再次要健全民主机制，明确规定政策参与主体的权利与义务；最后要增强全民法制意识，动员全体社会公众共同参与决策制定与监督。

第十一章 公共部门绩效管理

CHAPTER 11

绩效管理最早应用于工商管理领域,主要在人力资源管理方面发挥作用。通过企业绩效管理可以达到简化管理层级、提高工作效率、监督和评定企业目标实现过程的目的。尤其在全球化和信息化的时代,世界各国企业都面临异常激烈的国内和国际市场竞争,为了提高自身竞争力,许多企业更加注重投入产出的最优配比,实现科学合理的绩效评估便成为企业生存发展的先决条件。随着人们对绩效管理的重视,绩效管理的相关理论在私营部门中的实践越加广泛,其研究和实践成果逐步趋向成熟,这也成为公共部门借鉴的前提。

自20世纪60年代以来,传统的公共部门绩效管理模式已经逐渐被人们诟病,无论是对个人还是对组织而言它都失去了应有的意义。正如休斯在《公共管理导论》中阐述的,"人们过去经常不去考虑公共部门产生了什么产品、质量如何、谁将得到奖惩以及谁是一个优秀的工作人员。在任何情况下,行政官员都不必担心自己的工作绩效,因为其工作就是执行命令,而绩效测量是针对那些发布命令的人而言的。对各种方案和人员的评估既不经常进行也不充分,而且即使有明确的目标,也没有实现目标的想法。"[①]我们需要强调,在管理实践中公共部门与私营部门相比需要面对更多的困难,像私营部门一样仅强调投入产出比例,即单纯追求行政效率已经不能满足人们对公共部门管理的现实要求,人们开始更多关注经济、效率、效益、公平等因素。公共部门绩效管理应用的特殊性与改进的急迫性吸引了诸多专家学者的关注,逐渐成为多学科集中研究的重点。

本章主要包括三部分:①对公共部门绩效管理相关概念进行界定,研究其兴起发展的背景及原因,同时对公共部门绩效管理的主要特征及实施的重大意义进行解释说明。②主要对绩效管理的具体指标体系设计及测评技术和方法进行说明,包括我们一直比较关注的平衡计分卡法、标杆管理法、关键绩效指标法等。③将研究的视角转向我国,针对我国公共部门绩效管理的现状展开讨论,在指出问题的同时提出相应对策。

---

① [澳]欧文·E.休斯著:《公共管理导论》,张成福、王学栋等译,182页,北京,中国人民大学出版社,2007。

一、科学的公共部门绩效机制:公共管理发展的加速器

私营部门的绩效管理可以追溯到 19 世纪末 20 世纪初"科学管理之父"——泰勒(Frederick Winslow Taylor)关于动作、时间和工资制的研究。"一般管理之父"——法国管理学家法约尔(Henry Fayol)后来又进一步将绩效管理从工商管理领域向外拓展开来。从此,绩效管理成为适用于政治组织、经济组织、宗教组织和军事组织的一般性管理理论与方法。绩效管理真正被运用到公共部门组织管理中,开始于 20 世纪 50 年代美国的绩效预算制度,直到 20 世纪 70 年代西方国家普遍开展新公共管理运动,才使得绩效评估在政府管理中得到广泛的应用和发展。

(一) 公共部门绩效管理的内涵

1. 绩效和绩效管理

"绩效"一词在《现代汉语词典》中的解释为"成绩;成效"[①]。"成绩"主要指"工作或学习的收获",强调对工作和学习结果的评价。[②]"成效"的含义是"功效或效果"[③],强调工作或学习的结果和影响。从词义的角度上看,绩效是二者意义的综合。

在英语体系中,performance 在《牛津高阶英汉双解词典》中注解为"process or manner of performing 执行;履行;工作;作用;实行;进行",也可以解释为"action or achievement (尤指出色的)表现,行为,成就","ability to move quickly, operate efficiently, etc (良好的)性能,工作情况"[④]。

在现代管理学的语言体系下,"绩效"一词的含义非常丰富:在经济管理活动方面,是指社会经济管理活动的结果和成效;用在人力资源管理方面,是指主体行为或者结果中的投入产出比;当"绩效"被引入公共部门以后,它的注解便更为多样化,范围也逐渐拓展开来。有的学者认为"绩效"在公共部门应为"政府绩效",即政府工作完成情况或政府工作的成绩、成效、功绩、政绩,[⑤]包括行政效率和行政效果两方面的内涵。美国公共行政学家尼古拉斯·亨利认为:"政府生产力是指政府改善其服务提供的效率和效果之和,更正式地表述是投入和产出之间的比率。"有的学者倾向于将公共部门绩效解释为"政府在社会经济管理活动中的结果、效益、效能,是政府行使其职能、实现其意志过程中

---

① 中国社会科学院语言研究所主编:《现代汉语词典》,649 页,北京,商务印书馆,2005。
② 同上书,172 页。
③ 同上书,173 页。
④ [英]霍恩比著:《牛津高阶英汉双解词典》,李北达译,1091 页,北京,商务印书馆,2002。
⑤ 彭和平编著:《公共行政管理》,3 版,316 页,北京,中国人民大学出版社,2008。

体现出来的管理能力"。①

有的研究人员将公共部门中的"绩效"称之为"行政绩效",并从宏观和微观两个层次加以定义。"宏观层次的行政绩效涉及整个政府管理活动的成绩和效果,具体体现为政治的民主与稳定、经济持续发展、人们生活水平的提高、社会的公平公正、国家的安全和社会秩序的改善、文化发展和精神文明的提高等方面;微观层次的行政绩效是特定的政府机构或公共部门的工作成就或效果,包括经济性、效率、服务质量、客观社会效果、服务对象的满意程度等。"②

也有学者认为公共部门中的绩效应该是公共部门在依法履行职能过程中投入所获得的初期和最终结果及其所产生的社会效果。具体包括:公共部门绩效是在公共部门履行职能过程中取得的;公共部门绩效范围不仅包括做了什么本身,还包括行为所产生的效果和影响;公共部门绩效不仅有数量(做了什么、做了多少),而且还有质量(做得怎么样);公共部门绩效不仅表现为初期结果,还有最终结果,具有绩效周期。③

关于公共部门中的"绩效"还有很多定义,通过总结归纳,我们得到它们的相同之处:首先是绩效产生的主体同为公共部门,进一步细化包括组织绩效——政府机构所产生、个人绩效——政府机构的国家公务人员所产生。其次是绩效衡量标准的确定不仅需要考量投入和产出的配比关系,同时需要考虑产出的社会效果,即对于公共部门所能提供的社会服务、社会产品,不仅有量的要求而且更加注重质。质量合一才是绩效衡量的标准。最后是绩效还是一个时间过程概念,表现为绩效考量的范围是整个过程,不仅要比较成本和产出,而且要更加关注整个完成过程中阶段性目标的实现。

综合各位学者的观点,我们认为公共部门中的绩效应该指:"政府在社会管理中的业绩、效果、效益及其管理工作效率和效能,是政府在行使其职能、实施其意志的过程中体现出的管理能力。"④

关于绩效管理的含义,也存在多种不同的解释,具有代表性的是美国国家绩效评估中的绩效衡量小组(performance measurement study team)给它下的经典性的定义:绩效管理是"利用绩效信息协助设定统一的绩效目标,进行资源配置与优先顺序的安排,以告知管理者维持或改变既定目标计划,并报告成功符合目标的管理过程"。⑤ 通过该定义我们可以清晰地知道绩效管理是一个动态的并持续循环的过程,通过对绩效目标不断评估、反馈、修正最终达到管理目的。绩效管理一般有三个最基本部分:①绩效计

---

① 王德高主编:《公共管理学》,266页,武汉,武汉大学出版社,2005。
② 应松年、马庆钰主编:《公共行政学》,293页,北京,中国方正出版社,2004。
③ 王乐夫、蔡立辉主编:《公共管理学》,455页,北京,中国人民大学出版社,2008。
④ 张创新主编:《中国当代政府管理模式与方法研究》,484页,吉林,吉林人民出版社,2006。
⑤ 张福成、党秀云著:《公共管理学》,271页,北京,中国人民大学出版社,2001。

划。绩效计划是一个将个人目标与部门或组织目标相结合的一个目标确定过程,该目标包括总体目标和阶段性目标,一般是通过协商沟通确定的结果。②绩效考核。绩效考核是根据预先确定的绩效指标对公共管理组织和人员进行考核,最终确定绩效评定的等次。对于公共管理而言,绩效考核非常重要,它是组织调整完善管理方法、测评组织管理能力和个人工作成果的关键,也是员工奖惩的依据。③绩效反馈和改进。绩效反馈涉及两方面的内容,一方面要让被考核者明确自己的绩效情况是否达到预期目标,知道如何完善;另一方面要让组织管理者明确该部门某项环节的进度是否符合预先计划,归纳问题找到原因,然后针对问题制定合理的绩效改进方案并付诸实施。

2. 公共部门绩效管理价值标准

在制定公共部门绩效计划之前,首先要考虑的是公共部门绩效管理的价值标准,只有这样才能使绩效计划做到有的放矢。在绩效管理过程中,针对不同的目标,侧重的标准各有不同,但就其价值标准来讲主要集中在以下几点。

(1) 经济

任何组织进行管理经营活动都要考虑经济(economic)因素,公共组织同样需要考虑投入产出,在追求最大效益的同时尽可能减少人力、物力和财力的消耗。因此,评估组织绩效第一个问题就是要考量组织在规定的时间内耗费了多少资源,是否符合规定程序。经济测评包括两个方面,首先是成本与投入的比例测定,主要指资金与投入的转化率。由于资金不能直接作用于产出,需要转化成人力、物力、设备等,因此需要测定资金与投入的转化率。如果出现超量投入,投入目标偏出等现象,我们就认为是不经济的表现。其次是行政开支与业务开支的比率。行政开支主要指服务机构的运营开支,包括行政设备、办公设施、雇员工资等。业务开支主要指直接作用于服务对象的开支。业务开支属于主要开支,行政开支属于支撑业务的服务性开支,如果行政开支远远超出业务开支,即行政开支与业务开支比例失调,我们认为该组织的绩效评估在经济方面是不合理的。总之,经济价值标准是要以最低的成本,创造既定数量与质量的公共产品或公共服务。

(2) 效率

绩效评估第二个需要考虑的相关问题是效率(efficiency),主要指机关或组织在既定时间内的预算投入究竟得到多少产出。效率最初产生于企业管理,后来被引入公共管理,主要指投入与产出的比例关系。效率关心的是手段问题,而且这种手段是以货币方式加以表达与比较的。①

效率测评分为两个方面,第一是生产效率,与企业管理领域的效率测评一致,公共部门生产效率是指在固定投入量下,最终的实际产出与最大产出两者间的比率,可反映

---

① 王乐夫、倪星主编:《公共行政学》,347 页,北京,高等教育出版社,2006。

出达成最大产出、预定目标或是最佳营运服务的程度。第二个方面是配置效率,主要指组织所能提供的产品或服务是否能够满足不同偏好。如政府提供的福利、教育、公共基础设施,其预算配置比例是否满足民众的偏好顺序,资源配置是否能实现大多数人的最大利益。

(3) 效益

效益(effectiveness)也称作效果或效能,这一概念主要针对效率概念提出,因为效率概念仅适用于那些可以被量化的公共产品和服务。但事实上许多公共服务的性质是不可以量化的,也就是说不能用效率一词来衡量,因此在绩效评估过程中引入效益这一概念。效益主要包括经济效益、社会效益与群体效益。经济效益主要用于企业工商管理活动,通过商品和劳动的对外交换取得的社会劳动节约,即以尽量少的劳动耗费取得尽量多的经营成果,或者以同等的劳动耗费取得更多的经营成果。社会效益主要指公共部门指定的目标、政策还有服务是否体现国家意志,能够代表广大人民的利益,也包括公共部门完成该目标的能力。当然,如果管理活动的产出符合满足社会公众的需要,我们认为其社会效益是正值;相反,认为其社会效益是低下的,甚至是负效益。群体效益主要衡量公共组织本身,包括组织内部结构、机制是否合理,组织人员配备是否得当,组织目标设定是否清晰明确等内容。如出现机构臃肿、人浮于事或盲目追求高学历等现象,便认为其群体效益是低下的。

(4) 公平

公平(equity)在工商管理领域是不被重视的,而在公共管理领域公平这一概念极其重要。传统公共行政盲目追求效率而舍弃公平,其后果是造成贫富差距加大、社会秩序混乱。公平的衡量标准是"接受服务的团体或个人是否都受到公平的待遇,需要特别照顾的弱势群体是否能够享受到更多的服务"。①但对公平的衡量不容易清晰界定,原因在于对于公平无法进行定量分析。"在进行定性分析的过程中有三个原则可以帮助进行衡量,一是帕累托标准:即一个人境况变好的同时,不能使其他人的境况变坏。帕累托标准的目的是保障最低福利。二是卡尔多—希克斯标准:在效益上的净收益者能补偿受损者。该标准的目的是保证净福利的最大化。三是哲学家罗尔斯提出的分配标准:使处于条件恶化的社会成员收益增加,则是正义的行为,该标准强调再分配福利最大化。"②

3. 公共部门绩效管理的特征

(1) 公共部门绩效管理的目标是提高公共部门绩效,增强责任意识和危机意识

政府是公共物品及公共服务的提供者,具有一定的垄断性。缺乏激烈的竞争的行

---

① 黄艳:《关于构建公共服务型政府绩效评价体系的思考》,载《湖北经济学院学报(人文社会科学版)》,2005(2),78 页。
② 王德高主编:《公共管理学》,273 页,武汉,武汉大学出版社,2005。

政环境导致政府部门工作绩效不尽如人意,拖沓、推诿、重复、浪费等问题非常严重。政府绩效管理就是要改变这种情况,将责任划分清晰,绩效评估从部门到个人,以评估成绩优劣为手段,促进政府效能建设,不断提高政府在经济、效率、效益、公平等方面的绩效,塑造民众满意的高效政府。

(2) 公共部门绩效管理重视外部评价,以民众的要求为导向,以民众的满意度为衡量标准

公共部门绩效管理重视外部评价是由本身的公共性决定的。公共部门服务的对象是民众,因此提供的公共物品或公共服务是否有效需要由民众判定,以公众的需求为导向,以公众的满意度为衡量标准是公共部门绩效管理的关键原则。需要指出的是,所有民众的需求并不是一致的,由于生活习惯、层次及认识程度不同,需求五花八门,因此要塑造一个现代的顾客导向型政府,就必须综合各方面的要求制定符合大多数民众需求的政策,有效促进公共服务品质的提升。

(3) 公共部门绩效管理吸引民众广泛参与,实现绩效管理公开化

民众是公共绩效评估的主体。从公共行政的角度,政策由议程提出到公布实施的每个步骤都少不了民众的支持,缺少民众支持的政策其命运只能是无疾而终。民众参与的形式多种多样,可以通过媒体进行监督审查,也可以通过公共组织定期进行民众满意度问卷调查,或者组建专门的民间绩效评估组织对公共部门绩效进行独立评价和审视。

(4) 公共部门绩效管理关注绩效评估结果的同时,更加关注管理活动的整个过程

绩效评估一般只关心最终目标的实现,不关心其过程如何。但公共部门活动往往涉及全局性、宏观性领域,整个实施过程中任何一个环节出现问题都会影响巨大,导致的后果是任何个人或任何一级政府都难以承担的。即使结果与预设目标一致,某个环节的错误也会使最终结果失去意义。因此公共部门绩效管理必须加强事前、事中监督,重视结果的同时,更注重管理过程的有效性。

(5) 公共部门管理要兼顾组织绩效和个人绩效双重要求

政府绩效的形成不是公务员个人绩效的机械相加,这与政府的职能部门设置、部门内的岗位设置、相应的信息传递系统、机构运转机制等密切相关,其中任何一个因素不科学,都会影响整体的绩效。过去公共部门通常进行的是公务员的个人绩效评估,但在个人与组织互动日益密切的情况下,仅仅进行个人绩效评估是不够的。个人绩效的提高并不必然导致组织绩效的同步提高,只有将二者有机结合起来,才能促进公共部门整

体绩效的提高。①

(二) 公共部门绩效管理的兴起和发展

1. 公共部门绩效管理兴起的背景

20世纪60年代以来,政府部门面临着机构臃肿、人浮于事、办事效率低下、过分注重投入产出比例而忽视行政效果等问题,尤其在新公共管理浪潮的推动之下,要求政府以市场化、社会化的方式提供高质量公共产品和公共服务的呼声愈来愈高。将私营部门绩效管理引入公共管理领域成为解决以上问题的一个有效办法,于是公共管理部门摒弃以往单纯追求行政效率的绩效管理体系,开始建设绩效导向政府的实践。

(1) 公共部门管理问题愈发严重,迫使人们开始考虑绩效管理

"在垄断资本主义条件下,从维护资本主义生产关系和正常社会秩序的客观需要出发,西方国家不得不采取对社会公共事务的积极干预政策。垄断资本和国家政权紧密结合在一起,政府的经济职能和社会服务职能均加强了。政府通过行政手段和法律手段来保证市场秩序的维持,通过预算和高额税收、发行公债等经济手段承担起某些社会公共事务的管理。在收入再分配领域内采取一系列福利措施,以维护社会经济的发展和政治稳定,政府行政权力就是在这种社会背景下日益强化。政府职能急剧扩张、政府涉足的领域急剧扩大、政府干预社会公共事务的程度也急剧加深,由此导致了机构规模急剧膨胀和政府体制的变化,行政权力范围不断扩展,政府的官僚机构和军事机构不断扩大,政府变成了集中主要权力的'万能政府'。"②这种大而全的政府管理模式逐渐表现出管理成本上升、管理效率降低、财政赤字增加、政府的公信力急剧下降诸多问题,因此人们开始急迫地想解决目前发生的政府管理危机。

(2) 新公共管理理论的出现要求公共部门进行绩效评估

20世纪70年代出现的"新公共管理"运动以解决公共部门的管理问题为核心,融合了多学科相关的知识,创立了一个新的公共管理理论框架,以适应当代公共管理实践发展的迫切需要。新公共管理理论从经济学的途径研究公共管理问题,同时还强调民主参与、民主管理理念,强调以公众的需要为导向,并且主张在公共管理过程中引入市场竞争机制,利用社会与市场力量实现公共服务市场化。公共部门绩效评估正是在这种理论指导下被引入公共部门。

2. 公共部门绩效管理的发展

20世纪七八十年代,随着公共管理的逐步推进,绩效评估作为公共行政的一个重要

---

① 王乐夫、倪星主编:《公共行政学》,347页,北京,高等教育出版社,2006。
② 蔡立辉:《西方国家政府绩效评估的理念及其启示》,载《清华大学学报(哲学社会科学版)》,2003(1),77页。

管理工具在公共管理中得到广泛的研究和运用。尤其在西方,随着政府管理成本的逐渐增加,各国都在致力于研究自己的绩效评估管理体系。

(1) 英国公共部门绩效管理的进程

20世纪70年代,英国政府面临严重的经济危机、管理危机和信任危机。与此同时,理论界也出现了"新右派"体系,主张相信市场力量,减少政府干预,采用私营部门的管理哲学和管理方法,用企业家精神塑造政府并认为这是政府改革的一条捷径。"1979年撒切尔夫人上台以后,英国保守党政府推行了西欧最激进的政府改革计划,开始以注重商业管理技术、引入竞争机制和顾客导向为特征的政府管理改革。1980年,英国环境大臣赫尔在环境事务部率先建立了'部长管理信息系统'(management information system for ministers),它集目标管理、标杆管理和绩效评估为一体,旨在向部长提供全面的、规范化的信息,以此来提高政府的服务质量。1983年'财政管理创议'启动,建立起一个自动化的信息系统来支持财政管理改革;1987年著名的《改变政府管理:下一步行动方案》(next steps)报告,提倡采用更多的商业管理手段来改善执行机构,提高政府服务的效率。1991年,英国卫生与社会保障部发动'公民宪章'和'质量竞争'运动等,使政府服务质量的理念得以广泛接受,绩效评估技术日趋成熟。"[1]

(2) 美国公共部门绩效管理的进程

在美国,严重的财政赤字开始影响民众对政府执政能力的信心。为了解决这两个问题,美国把绩效管理与评估视为重新调整政府与社会关系能否取得成功、能否再造出有效政府责任机制的决定性条件。"二战"期间,美国学者克莱伦斯·雷德累和赫伯特·西蒙出版了《市政工作衡量:行政管理评估标准的调查》一书,标志政府绩效评估研究的开始。1973年,美国总统尼克松政府颁布了《联邦政府生产率测定方案》,使公共部门绩效评估系统化、规范化。美国公共部门绩效评估在20世纪90年代达到鼎盛时期,其过程更加完善。在克林顿执政时期,公共部门绩效评估运动获得了重大的突破,同时这场运动并没有随着克林顿的卸任而终结。政府绩效评估在对责任的持续强调、现代管理信息系统的广泛传播以及顾客调查的增加使用上得到进一步的推动,继任的布什总统上台之后,对于公共部门绩效评估的重视并没有减弱。

20世纪90年代,除英国、美国之外,公共部门绩效管理在法国、德国、新西兰等国家都得到广泛应用。

(3) 我国公共部门绩效管理的进程

① 理论研究环节

在我国,现代意义上的政府绩效管理研究起始于20世纪90年代中期,迄今为止大

---

[1] 吴卫东:《关于提高政府服务质量管理的思考》,载《改革研究》,2007(4),25页。

致经历了三个发展阶段：

"第一阶段是初步探索阶段(1994—1999年)。20世纪90年代初期,我国理论界已经使用了'绩效评估'的概念,但对它的理解等同于雇员个人的绩效考评。1994年,中国行政管理学会左然编译了英国学者大卫·伯宁翰的《英国地方政府中运用绩效评估尺度的观察》和约翰·鲍恩的《评估中央政府的工作绩效》两篇短文,标志着以组织为对象的政府绩效评估进入了我国学者的视野。1995年,周志忍在《新视野》上发表了《公共组织绩效评估：英国的实践及其对我们的启示》一文,对英国政府绩效评估的实施背景、特征、绩效指标设计、评估的内容框架、绩效评估在管理中的作用等作了概括性介绍。这一时期的探索从绩效评估开始逐步扩展到政府绩效管理,研究内容涉及绩效管理的基本理论、运行机制、操作技术和国际实践等诸多方面。但总体看,研究者数量有限,其研究没有引起行政管理学界和政府官员的普遍重视。"[1]

第二阶段是研究拓展阶段(2000—2003年)。进入新世纪以后,政府绩效评估在国内逐渐引起关注,相关研究有了一定拓展。这一时期主要从四个方面进行研究：第一项是基础理论研究,第二项是关于西方国家政府绩效评估的系统介绍和研究,第三项是对我国政府绩效评估活动的评价研究,第四项是对我国政府绩效评估制度设计的初步探索。这一时期的研究重点是政府绩效评估。随着学术关注度和研究队伍的扩大,对绩效评估的研究呈现出系统化的发展趋势。

"第三阶段是研究的系统化、细化和创新阶段(2004年至今)。国内对政府绩效评估的学术关注度2003年明显上升,2004年国务院文件中首次使用了'绩效评估'概念,标志着这一概念得到官方和社会认可。同年,党和国家领导人提出贯彻落实'科学发展观'需要树立'正确政绩观',提出了构建'服务型政府'的目标,不仅为相关研究注入活力,而且确定了努力方向。绩效管理成为公共管理学的热门领域,研究队伍急剧壮大,研究成果特别是专著大量涌现。研究的系统化主要表现在三个方面：第一,研究重点从绩效评估扩展到绩效管理,关注绩效评估与战略规划、绩效计划、绩效监测、绩效信息利用的结合,从而形成系统的绩效管理过程;第二,绩效管理研究的分支领域相继出现;第三,绩效管理研究呈现出多重视角。2006年9月,全国绩效管理研究会成立,既是我国绩效管理研究的重大事件,又是领域研究的新起点,使研究逐步细化,并且具体到专门主题进行较为深入的研究。绩效管理研究的创新,主要表现为立足我国国情,注重政府新目标模式和发展战略与绩效管理关系的研究,构建具有中国特色的绩效管理体系的理论框架与操作工具的研究等,呈现出构建我国特色的绩效管理体系的发展势头。"[2]

---

[1] 周志忍：《我国政府绩效管理研究的回顾与反思》,《公共行政评论》,2009(1),35页。
[2] 同上书,37~39页。

② 政府实践环节

我国的公共部门绩效管理充分体现理论与实践相结合,学术研究与政府决策积极互动这一原则。2003年,学术界关于公共部门绩效管理的探讨逐渐引起政府部门的注意,我国高层领导人开始关注如何将绩效管理推向实践,其想法在中央政策中逐步体现出来。"2003年1月27日,时任国务委员、国务院秘书长王忠禹同志对中国行政管理学会的效率标准报告作出批示:'政府实施绩效管理是一件非常有意义的工作。……请人事部关注此事。'这是政府高层领导第一次使用'绩效管理'概念。2004年国务院颁布的《全面推进依法行政实施纲要》中指出:'要积极探索行政执法绩效评估和奖惩办法。''绩效评估'概念第一次出现在中央政府官方文件中,但范围限于行政执法。2005年,国务院在《2005年工作要点》中指出'探索建立科学的政府绩效评估体系和经济社会发展综合评价体系',绩效评估从行政执法扩展到各级政府的全面工作。随后的几年中,国务院开始推进政府绩效评估工作。2008年3月,温家宝总理在十一届人大一次会议上作的政府工作报告中提出要推行'政府绩效管理制度',绩效评估由此成为绩效管理的一个组成部分。学术研究与政府决策积极互动的另一表现是,相关学术研究紧紧围绕中央的施政理念和发展战略,把绩效管理作为构建服务型政府、责任政府、法治政府的有效工具,推进其普遍实施和科学化,从而发挥学术研究的服务功能。"①

(三) 公共部门绩效管理的意义

1. 公共部门绩效管理有利于公共管理目标的正确选择

任何组织都有自己的行动目标,组织目标是体现组织存在价值,保持组织凝聚力的根本因素。缺乏明确合理的组织目标将会导致两方面问题出现:①组织目标不明确将会使组织缺乏前进的动力。表现为重视公共管理的过程,忽视公共管理的结果;重视公共行政效率,忽视公共行政效益。以往的错误想法是只要踏踏实实工作、辛辛苦苦为人民就是对的,只要工作效率不断提高,做到少投入、多产出就是正确的。在没有正确目标指引的情况下,用这样的想法指导公共管理,只会南辕北辙,造成公共资源的严重浪费,最终的结果是组织的动力不足,能源耗尽,生命终结。②组织目标不明确将会使组织缺乏凝聚力。在这种情况下,组织中的各部门将会各行其是、缺乏合作,一些部门的优势无法与其他部门的劣势进行互补,组织的综合实力无法体现。作为组织中的个人,如果没有明确的目标,只会凭借个人主观意愿完成自我拟定的各项任务,随意性强。没有计划也无法衡量绩效,个人英雄主义盛行,组织团队合作精神丧失;个人目标充分体现,组织目标无法完成,最后将导致组织走向解体。因此,组织必须要有明确、合理的目标,而这

---

① 周志忍:《我国政府绩效管理研究的回顾与反思》,载《公共行政评论》,2009(1),39页。

正是进行绩效管理的前提。绩效管理就是要针对预定目标的完成度进行考量,通过绩效管理可以实现各部门有序的分工、充分的合作和目标的对接,也可以实现个人目标与组织目标相统一,个人利益与组织利益相挂钩,这样才会使组织具有凝聚力,充满生命力。

2. 公共部门绩效管理有利于加强政府与社会之间的良性互动

公共管理的服务对象是国家全体民众,政府施政的客体是整个社会,其工作优劣的评价完全由民众决定。公共部门绩效管理欢迎广大民众参与,通过举报、上访等多种形式传达对政府工作的意见,通过报纸、杂志、网络等多种渠道表达对政府工作的想法,这样就能在全国建立广泛的民众监督体系。民众是公共服务的消费者,也是公共管理的参与者和评判者。"权力是对公共服务供给的直接控制"[①]的客观事实要求公共部门绩效管理必须面向民众,通过公众对绩效部门的评判改善公共部门与民众的关系,增强民众对于公共部门的信任感。同时绩效评判不仅能展示优秀的成绩,也能充分暴露缺点和不足。这些问题能对公共部门的信誉和民众的信心造成多大影响完全取决于政府对于问题和不足的态度和改正的具体措施,因此,从另一个角度上看,绩效评判也是公共管理部门前进的动力。另外,政府与公民,国家与社会良性互动关系也会提高政府公共部门权威,有助于强化政府政治合法性,减少行政管理活动阻力,降低公共政策成本,是推进经济发展和社会进步的关键。

3. 公共部门绩效管理有利于竞争机制、激励机制和约束机制的建立

政府部门向民众提供公共服务具有垄断性,这就导致其日常工作中难以形成必需的竞争意识,缺乏提高工作质量的压力。同时,没有一定的绩效评估,组织无法建立切实有效的激励和约束机制,无法对现有的行为进行评定,同样会造成工作积极性下降,服务质量和效率也无法提高。绩效管理一方面通过测评各个公共部门的绩效并公布有关结果,引导公民大胆选择公共服务机构,通过选择淘汰服务低劣的公共机构,对公共部门施加压力,促使其提高服务质量和效率。另一方面,使绩效管理的结果与奖励和惩罚挂钩,在绩效考核的基础上形成奖金、晋升、免职、罚款等有效的促进行为,有助于营造竞争氛围,形成诱因机制,激发人们的工作热情。绩效评估使政府组织的激励、约束等机制都有了依据,同样建立在绩效评估基础上的奖惩制度也强化了政府组织的激励与约束机制。

4. 公共部门绩效管理为公共行政提供了一种管理工具

新公共管理的兴起主要是对政府效率低下的严重不满。传统行政并不在乎绩效,

---

① Max Sawicky. What's New Paradigm? A Guiding Theory of the New Right. Social Policy, Winter, 1992.

只需听从命令服从指挥即可,后果就是人浮于事,浪费严重,效率低下。对于现代公共部门来说至少有三个方面的主要责任:①政府的支出必须获得公民的同意并按正当的程序支出;②资源必须有效率地利用;③资源必须用于达成预期的结果。[①] 绩效管理作为一种管理工具,其意义就在于在政府运作和管理中加入了成本—绩效的考虑,有助于政府组织科学设定目标并根据效果配置资源,减少公共部门的浪费。因此从某种角度来说,绩效管理也是有效配置资源的一种重要手段。同时绩效管理也是组织决策的基础,它不但能为组织提供组织活动、物质消耗和工作协调结果等信息,还有助于组织调整战略目标和人员分配,使组织中的成员能够以绩效评估的结果为目标,不断修正错误行为,符合组织战略目标的需求。

二、公共部门绩效管理的指标体系构建和技术方法选择

对于不同的组织、部门和个人来说,所承担的任务和功能存在极大的差异,而绩效评估指标的设立又要真实地反映该评估客体的业务性质和职权范围,因此评估客体职能的复杂性和目标的多样性直接决定了多种测评技术的产生及发展。由于在众多测评技术方法中并没有一种适合所有组织的需要,因此在真实测评活动中通常的做法是各种方法配合应用。

(一)公共部门绩效衡量指标体系构建

公共部门绩效衡量标准用于衡量被评估对象的实际行为结果是否达到绩效目标,达到什么程度。针对一个具体的绩效目标,需要建立众多的评估指标,因此公共部门绩效衡量的标准是一个指标体系,该指标体系分为四个方面:业绩指标、效率指标、效能指标和经济指标。在设计绩效指标体系时,应注意遵循 SMART 原则:S 表示具体的(specific),即指标应具体明确,应该指向特定的工作目标并对其加以适度细化。指标设定得具体明确、有针对性,不仅便于日后顺利地实施考评,也更有利于发挥绩效考核的指引和导向作用。M 表示可度量的(measurable),即指标应是数量化或行为化,验证这些指标的数据或信息是可以获得的。能量化的指标尽量量化,难以量化的指标,尽量使用如优、良、一般、差等有梯度的评价标准。A 表示可实现的(attainable)。管理学理论认为,设定绩效目标的适宜标准是让员工跳起来刚好可以摘到"苹果",即指标应是在员工付出努力的情况下可以实现的。组织既不应设定过高的标准使员工因难以达到而感觉沮丧,也不宜设定过低的目标让员工因标准易于达到而不愿付出努力,滋生惰性。

---

① 陈振明主编:《公共管理学原理》,241 页,北京,中国人民大学出版社,2003。

R 表示现实性的(realistic),即指标应是现实存在并可以实际证明和观察的,不是凭空创造的。T 表示时效性的(time-bound),即指标中应设定好完成这些指标的时间限制,体现对效率的要求。

1. 业绩指标

公共管理业绩是公共部门履行职能与职责的结果及其所产生的社会影响,是反映公共部门业绩评估的指标。首先,需要考察的是公共服务的数量和质量,由政府部门提供的公共服务,如政府直接投资兴建的基础设施、颁布实施维护经济秩序的法令法规,在数量上要尽可能满足多方需要,在质量上要提供优质的公共服务,具备较高的办事效率。其次,需要考察的是公共管理目标的实现。如经济是否持续增长,就业是否充分,是否达到收支平衡。再次,要考察政策制定水平与实施效果。最后,考察公共管理效益,如税收占 GDP 的比重、政府支出占税收的比重、外资企业和外地企业的投资总额。

2. 效率指标

公共部门的效率是指投入、产出的比率,是公共管理者从事公共管理活动所取得的成果与所消耗的人力、物力、财力、时间的比例关系。公共管理的效率可以从公共产品或服务的数量、质量、时效、费用、公共管理能力的发挥水平、组织系统要素和系统整体的运行状况等方面的指标测量。效率指标通常包括提供公共服务与产品的单位成本、服务与产品的数目、公共政策执行的开支、公共部门的办公物品损耗费用等。①

3. 效能指标

(1) 产出质量指标

产出质量指标是对公共部门产出质的一种展示。一般质量指标如差错率、准时率、合格率和优秀率可以应用于所有公共部门。对于特定公共部门,往往需要根据工作性质设定有针对性的指标。

(2) 社会效果指标

理想的客观社会效果是公共部门管理和服务活动效益的表现之一。社会效果的指标测定一般只能定性研究,无法定量研究,并且由于社会效果不容易在短期内观察,有些合理的公共行为在短期内的社会效果甚至是负面的,所以社会效果指标评定需要长远考虑、综合评定。

(3) 对顾客满意度的测评

公共部门服务的对象是广大民众,公共管理的效能指标设定当然要考虑公众的满意度,可以通过问卷调查等多种形式收集公众意见,作为效能指标的评定依据。

---

① 王乐夫、倪星主编:《公共行政学》,352 页,北京,高等教育出版社,2006。

4. 经济指标

经济指标设定目的是要公共部门在进行公共管理的同时考虑节约公共资源、降低成本、避免浪费。其主要测评指标的设定分为两个方面:

(1) 维持政府机构正常运转产生的费用

这一部分费用主要包括公共部门占用的人力、物力、财力,具体包括办公地点的租用、办公设施的兴建、办公器材的购置、办公人员费用的支付等。这一部分费用不是为提供公共服务或者公共物品的支出,而是属于辅助性支出。但近年来这一部分辅助费用支出经常占很大比例,造成管理费用剧增,管理成本加大。

(2) 公共部门的支出

这一部分主要指中央政府国内外负债及占用 GDP 的比重,中央政府为发展科教文卫等事业的专项支出,还有政府一般性支出占 GDP 的比重等。

(二) 公共绩效管理的技术方法选择

1. 平衡计分卡法

平衡计分卡(The Balanced Scorecard, BSC)源自哈佛大学教授罗伯特·卡普兰与诺朗顿研究院的执行长戴维·诺顿在20世纪90年代所从事的"未来组织绩效衡量方法"研究计划。该计划的目的在于找出超越传统的以财务会计量度为主的绩效衡量模式,使组织的"策略"能够转变为"行动"。卡普兰和诺顿曾指出:"传统的绩效量度聚焦在外部的财务数据——资产负债表和损益表的指标如何,在信息时代的企业需要更多有效计划编制的工具,还应该综合考虑其他一些重要的非财务指标,只有这样才能够保持企业的长期、持续发展。"[①]于是他们提出一种具有划时代意义的绩效考核功能管理系统——平衡计分卡。平衡计分卡是由财务、顾客、企业内部流程、学习与成长四项组成绩效指标架构评价组织的绩效,它保留了传统上衡量过去绩效的财务指标,兼顾了促成财务目标的绩效因素的衡量;在支持组织追求业绩之余,也促使组织兼顾学习与成长,把复杂而笼统的概念转化为精确的目标,寻求财务与非财务的衡量之间、短期与长期的目标之间、落后与领先的指标之间以及外部与内部绩效之间的平衡。

由于平衡计分卡具有强有力的理论基础和便于操作的特点,自20世纪90年代初一经提出,便迅速被美国等发达国家企业采用。平衡计分卡在改善公共部门的管理上也能取得很好的效果,可以起到发挥集中重点、激发潜能和提高责任感的作用。图11-1 为

---

① [美] 罗伯特·S.卡普兰、戴维·P.诺顿:《平衡计分卡——化战略为行动》,刘俊勇译,35页,广州,广东省经济出版社,2004。

公共部门平衡记分卡的基本框架。①

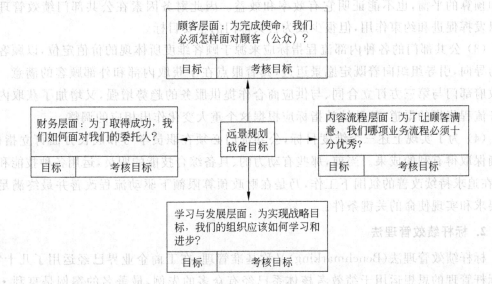

图 11-1　公共部门平衡计分卡基本框架

需要注意的是平衡计分卡并不是普遍适用于所有组织的标准模式，政府与企业这两种组织在价值架构上有重要差异，卡普兰和诺顿指出这些差异主要表现在"公共组织与非营利组织之成功的终极定义，乃是它们在完成使命上的绩效高低。无论哪种产业的民营企业，都可以运用'增进股东价值'此一致性的财务层面数字来评定绩效。然而，由于公共部门与非营利组织的使命范围广泛多元，因此必须根据其所带来的社会影响与高阶目标来分别对待"。② 正是这种本质上的差别导致平衡计分卡在被引进公共管理部门的绩效管理时要进行部分修正。具体修正如下：

（1）将组织使命，即服务于顾客的层面置于顶层，将满足顾客和相关利益者的要求作为主要目标。组织使命是指组织的目标定位及存在价值，是组织战略的基础和宗旨。与之直接相关的是组织的顾客，即公共部门必须明确自己提供服务的对象是谁，以及如何完全满足他们的需求，从而实现组织使命。这一修正突出了公共部门的特殊使命，影响顾客满意度的业绩驱动指标兼顾了公共部门绩效管理的其他关键层面，在完成其使命和战略目标的同时，保证行政过程的有效性。

（2）对于公共部门来说，财务层面的指标是一个约束而不是一个目标值。公共部门必须把开支控制在预算之内，但不能以能否维持开支和预算的平衡衡量它是否成功。

---

① 王乐夫、倪星主编：《公共行政学》，358 页，北京，高等教育出版社，2006。
② [美]保罗·尼文：《政府及非营利组织平衡计分卡》，250 页，北京，中国财政经济出版社，2004。

如果公共部门严重违背了它的使命和利益相关者的期待,即使它能够减少开支,完成开支和预算的平衡,也不能证明它有效率和效益。因此财务因素在公共部门绩效管理中可以发挥促进和约束作用,但很少成为公共部门的主要目标。

(3) 公共部门的各种内部流程指标应来源于顾客维度所体现的价值定位,以顾客价值为导向,引导组织向着既定愿景迈进,其着眼点在于获取内部和外部顾客的满意。随着政府部门与第三方订立合同、与供应商合作提供服务的趋势增强,又增加了获取内部业务流程指标的渠道,各种绩效指标应根据这个重大变化作出相应的调整。

(4) 为了实现上述三个维度目标,公共部门必须在职员学习和成长方面订立指标,以确保取得有利的成果。当前,那些有动力的、具备综合技能的职员,运用各种技能和工具,在追求持续改善的氛围下工作,乃是在财政预算限额下驱动流程改善并最终满足顾客要求和实现使命的关键条件。

2. 标杆绩效管理法

标杆绩效管理法(Benchmarking)又称基准管理,在工商企业界已经运用了几十年。将标杆管理的思想运用于绩效考核体系已经有众多的先例,最著名的案例是亨利·福特把芝加哥屠宰厂猪肉处理系统应用于汽车生产装配线。从 20 世纪 70 年代起,标杆管理在企业界大行其道。1980 年初期,施乐公司以标杆作为改善绩效的方法,获得了前所未有的绩效表现,并且成为标杆管理的代言人和典范。从 1990 年起,标杆管理被引入政府管理领域,很快受到重视和喜爱,成为推动政府绩效改进的一个重要的管理工具。标杆管理的含义是不断寻找和研究业内外一流的、有名望的组织的最佳实践,以此为标杆,将本组织的产品、服务和管理等方面的实际情况与这些标杆进行定量化评价和比较,分析这些标杆组织达到优秀水平的原因,结合自身实际加以创造性的学习并选取改进的最优策略,从而超越一流组织或者创造高绩效的不断循环提高的过程。

标杆管理方法分为两种类型:一种是内部标杆,主要是以企业或政府各部门之间为实施对象,它是最简单且易操作的标杆管理方式之一。辨识内部绩效标杆的标准,即确立内部标杆管理的主要目标,可以做到企业内信息共享,同时通过辨识企业内部最佳职能或流程及其实践,然后可以推广到组织的其他部门。但是单独执行内部标杆管理的企业往往只有内向视野,容易产生封闭思维,因此在实践中内部标杆管理应该与外部标杆管理结合起来使用。另一种是外部标杆,是主要以竞争对象为基准的标杆管理。竞争标杆管理的目标是与有着相同市场的企业在产品、服务和工作流程等方面的绩效与实践进行比较,直接面对竞争者。这类标杆管理的实施较困难,原因在于除了公共领域的信息容易接近外,其他关于竞争企业的信息不易获得。

在实践中，标杆管理的实施程序有很多种，这里主要介绍三种有代表性的做法。

第一种：施乐公司的罗伯特·开普将标杆管理活动划分为五个阶段，每阶段有2～3个步骤：

(1) 计划

A. 确认对哪个流程进行标杆管理；

B. 确定用于作比较的公司；

C. 决定收集资料的方法并收集资料。

(2) 分析

A. 确定自己目前的做法与最好的做法之间的绩效差异；

B. 拟定未来的绩效水准。

(3) 整合

A. 就标杆管理过程中的发现进行交流并获得认同；

B. 确立部门目标。

(4) 行动

A. 制订行动计划；

B. 实施明确的行动并监测进展情况。

(5) 完成

A. 处于领先地位；

B. 全面整合各种活动；

C. 重新调校标杆。

第二种：美国电报电话公司的(AT&T)的九步骤模式：

(1) 决定标杆的标的物；

(2) 发展标杆管理的计划；

(3) 选择搜集资料的方法；

(4) 搜集资料；

(5) 选择业界中表现最好的公司；

(6) 对此最好的公司进行现场访问、搜集相关资料；

(7) 比较双方的工作流程，找出表现的落差所在，提出改善建议；

(8) 执行改善建议；

(9) 重定标杆。[1]

第三种：柯汉(Cohen, and, Emicke, 1995)等人主张的适合公共管理部门的标杆管

---

[1] 张成福、党秀云主编：《公共管理学》，278页，北京，中国人民大学出版社，2001。

理模式:

(1) 决定哪个单位或流程将会是比较的标的物;
(2) 找出衡量成本、品质及效率的指标;
(3) 针对每个标杆找出表现最好的其他单位;
(4) 衡量这些表现最好的单位之表现;
(5) 衡量或界定自己的组织和最好的表现者之绩效落差;
(6) 决定缩短落差的行动方案;
(7) 执行方案并追踪考核。[①]

3. 关键绩效指标法

关键绩效指标法(Key Performance Indicator,KPI)是对传统绩效评估理念的创新,将组织宏观战略目标经过层层分解产生可操作的战术目标,同时它也是一套衡量、反映、评估组织业务状况的、可量化的关键性指标,通过 KPI 的牵引,使员工个人工作目标、职能工作目标与组织战略发展目标之间达到同步。

关键绩效指标法是运用关键绩效指标进行绩效考核,这一办法关键是建立合理的绩效指标。建立绩效指标体系应遵循如下几条原则:①目标导向原则。关键绩效指标确立必须依据工作目标确定,其中包括组织目标、个人目标、岗位目标。要把个人和部门目标同组织目标相联系,以全局的观点思考问题。②注重工作质量原则。工作质量是任何组织在市场经济中拥有强大竞争力的核心要素,但往往难以衡量,因此,对工作质量指标进行控制尤为重要。③可操作性原则。从技术上保证指标的可操作性,对每一个指标都给予明确的定义,建立完善的信息收集渠道。④强调输入和输出过程的控制。在设立关键绩效指标时,要优先考虑流程的输入和输出情况,将两者之间的过程视为一个整体,进行端点控制。⑤指标一般应当比较稳定,即如果工作流程基本不变,关键指标的项目也不应有较大的变动。⑥关键指标应当简单明了,容易被执行者理解和接受。[②]

关键绩效指标法的操作流程包括以下三步:①关键绩效指标体系的建立。关键绩效指标体系的建立是关键绩效指标法的第一步,也是最基础的一步。在关键绩效指标体系建立好之后,我们才能为其中的每一个绩效指标制定出在一个考评周期内应达到的合理的绩效目标。关键绩效指标体系的建立包括三方面的内容,一是根据组织的战略目标建立组织级的关键绩效指标;二是根据组织级关键绩效指标建立各部门的关键绩效指标;三是根据部门级关键绩效指标建立各岗位及个人的关键绩效指标。②关键绩效指标的审核。关键绩效指标的审核是对已建立的绩效指标体系进行全面的核准,

---

① 张成福、党秀云主编:《公共管理学》,279 页,北京,中国人民大学出版社,2001。
② 王乐夫、倪星主编:《公共行政学》,356 页,北京,高等教育出版社,2006。

包括明确各项指标应达到的标准,审核指标与标准的客观全面性和可操作性,以及再次明确关键绩效指标的考核主客体等。③关键绩效指标和目标的评估与调整。关键绩效指标和目标的评估与调整是关键绩效指标法的最后一个流程,这一环节主要针对考核实施的结果进行操作,包括将考核结果对外公布并征求反馈意见,通过分析考核结果与整理反馈意见找到影响工作绩效的原因,同时进行有针对性的调整。

4. 目标管理法

目标管理(Management By Objective,MBO)源于美国管理专家德鲁克。他在1954年出版的《管理的实践》一书中首先提出"目标管理和自我控制的主张",认为"企业的目的和任务必须转化为目标。企业如果无总目标及与总目标相一致的分目标指导职工的生产和管理活动,则企业规模越大,人员越多,发生内耗和浪费的可能性越大。"概括来说,目标管理是让企业的管理人员和员工亲自参加工作目标的制订,在工作中实行"自我控制"并努力完成工作目标的一种管理制度。

目标管理法的管理步骤主要有:

(1)制定组织的整体目标和战略。目标管理涉及整个组织,每个部门和个人的目标必须与整个组织的目标一致,同时目标管理所指定的目标应当清晰具体,尽量转化成定量指标,这样有利于进行度量和测评。

(2)在经营单位和部门之间分配主要的目标。由于组织目标是一个整体概念,该目标需要分化到各部门,这样有利于责任明确,落实到位。同时在完成任务的时候各部门之间需要经常性的合作,合理分配目标是各部门协作的基础。

(3)与具体实施工作的组织部门和个人讨论目标。各部门领导需要与相关人员讨论目标指标,征询实际工作人员的意见,这样有利于调整完善目标,同时通过沟通建立的目标更具有约束性。

(4)管理者和下属商定如何实现目标,商定行动计划。

(5)对工作绩效进行评价。对工作进行审查,部门领导就本部门和各个组织成员的实际工作成绩与他们事前确定的目标加以比较,对各方面的信息加以整理分析。

(6)提供反馈。各部门召开会议针对评估结果展开讨论,与众人一起在分析结果的同时收集各方面的意见,为进一步调整提供资料。

5. 关键事件法

关键事件法(Critical Incident Method,CIM)是由美国学者福莱·诺格和伯恩斯在1954年共同创立的,它是由上级主管记录员工平时工作中的关键事件:一种是做得特别好的,一种是做得特别不好的。在预定的时间内(通常是半年或一年之后)利用积累起来的记录,对被考评者的绩效做出判断和评价。主管人员可以根据绩效提出自己期望或不期望员工做的一些行为。关键事件是指那些会对公司、部门或个人的整体工作绩效产生积极或消极影响的重大事件。

这种工作绩效评价方法的优点是：①为管理人员向下属人员解释绩效评价结果提供一些确切的事实证据。在绩效实施与辅导阶段，对员工在工作中表现出来的关键事件进行记录，是为了在绩效考评中有充足的事实依据。管理者将一名员工的绩效判断为优秀、良好或者差，需要一些证据支持，即管理者依据什么标准对员工的绩效进行评判，这绝对不能凭感觉，而要用数据说话。这些关键事件除了可用于对员工的绩效进行考评外，还可以用作晋升、加薪等人事决策的依据。②确保管理人员在对下属人员的绩效进行考察时，依据的是员工在整个年度中的表现（因为这些关键事件肯定是在一年中累积下来的），而不是员工在最近一段时间的表现。③保存一种动态的关键事件记录还可以使管理人员获得一份关于下属员工是通过何种途径消除不良绩效的具体实例。绩效管理的目的之一是改善和提升员工的绩效和工作能力。在绩效改进阶段，当管理者对员工说"你在这方面做得不够好"或"你在这方面还可以做得更好一些"时，需要结合具体的事实向员工说明其目前的差距和需要如何改进和提高，这样就会让员工清楚地看到自己存在的问题，有利于他们改善和提高绩效。④关键事件法是其他工作绩效评价方法的补充，尤其是对等级评价的补充。

但是这种方法也存在缺点：①费时，需要花大量的时间搜集那些关键事件，并加以概括和分类；②关键事件的定义是显著的对工作绩效有效或无效的事件，但是，这就遗漏了平均绩效水平。对工作来说，最重要的一点是要描述平均职务绩效。利用关键事件法，对中等绩效的员工就难以涉及，因而全面的职务分析工作就不能完成。

三、我国公共部门绩效管理存在的问题及其对策

在传统公共行政中，绩效管理无论是针对个人还是针对部门，其操作态度和操作过程都有缺陷。同时，对于公共行政绩效，人们一直没有给予足够的重视，至于公共部门提供了怎样的公共服务和公共物品，谁该得到奖励等问题人们通常不去考虑。对各种方案和人员的评估既不及时也不准确，缺乏明确的评估指标。究其原因在于传统行政体制下，人们对于权力、责任的归属比较模糊，并且这种模糊性根深蒂固地存在于公务员的意识中。现代公共行政要求提高行政效率、改善行政效果、降低行政成本、加强行政公平性的呼声越来越高，这就迫使公共部门开始考虑政府绩效问题。

对于我国来说，从1993年我国正式建立国家公务员制度开始，政府就开始对公务员个人进行绩效考核。进入21世纪以来，随着各种内部和外部情况的变化，政府的整体绩效问题开始受到越来越多的关注。在这方面，我国各级政府以及相关政府部门对政府

绩效评估和改进方法进行了积极的探索。比如,很多政府机构实行目标责任制、问责制,珠海、洛阳等一些城市还发起了"万民评议政府"活动。此外,很多地方和政府机构开始借鉴在企业和国外政府机构中常用的关键绩效指标法和平衡计分卡法设计和完善政府绩效考核体系。但就总体看来,我国行政绩效管理起步较晚,目前无论是理论科研还是具体实施都是处于摸索实践阶段,存在的问题多种多样,有的属于公共部门绩效管理共性的问题,有的属于我国在经历转型期发展阶段本身出现的特有的问题。

(一) 我国公共部门绩效管理中存在的主要问题

1. 公共部门绩效管理共性问题

(1) 公共绩效评估指标难以精确量化

绩效评估的一个基本条件是将所有的指标数据以量化的形式呈现出来,然后据此进行评估。在私营部门,对象的量化问题完全可以解决。私营部门追求的是利润最大化,无论是成本还是产出都可以用金钱加以量化,在评估期间可以清晰地将评估对象与金钱进行挂钩。公共品的绩效评估却面临如何量化、难以量化的问题。如某项公共服务改善人民生活的程度,某些公共产品在实际生活中起到多大作用等问题都无法精确量化。在实际操作中绩效标准的难以确定性和不可量化性极大地制约绩效评估的发展,也成为公共绩效管理指标体系建立的一大障碍。另外有些公共绩效存在其量化方式是否适宜作为评估指标的问题,如医院以死亡人数显示其工作的欠缺、公安机关以抓获的小偷数量肯定其工作成绩等方式,显然是不妥的。

(2) 公共绩效管理信息整理难以完备

绩效管理有赖于可靠的信息,其操作过程从某种意义上讲就是信息的收集、筛选和加工的过程,如果所整理的信息出现错误,就无法真实反映公共部门的实际绩效。但是整个信息的汇总过程是个相当精细而麻烦的工作,需要耗费相当多时间、精力、人力和财力。同时信息的沟通和反馈还有赖于民众的参与和支持,如果沟通渠道不畅通,民众参与热情不高,同样无法收集到足够全面的信息,将会大大降低绩效评估的质量,也给绩效管理带来极大的困难。

(3) 公共绩效管理中的人员问题

绩效测量内容的决定和绩效评估的实施都需要配备专门人员,但在人员配备上普遍存在一些问题。首先,绩效测量的内容可能引起逆向选择问题。无论从专业知识还是从实践经验来讲,最符合进行绩效测量的就是组织内部常年从事该工作的人员,由他们制定测量内容、测量指标会更加符合工作实际和客观需要,因此由内部人员做绩效评估显然比聘请外部人员省时、省力,效果更好。但是,按照公共选择理论观点,公共部门内部人员都符合"经济人"假设——追求自身利益最大化。根据这一理论推演,如果由公共部门内部实际工作人员组成评估小组作自我评估,出于自身利益最大化考虑,那么最终测定结果必定有利于部门预算最大化的目标,甚至是有利于内部少数人利益最大化,这将严重影响绩效评估的结果。实际上,这种做法是内部人员利用信息不对称特点进行的一种内向选择,有意识地偏离原有目标为自己谋利。其次是聘请外部人员作评估人员,包括专家、学者、同领域其他优秀人员等。作为外部聘请人员在许多方面将会与现实工作者出现冲突,评估者的种种疑问和责难会给现实工作者带来无形的压力,一旦这种现实压力变成一种威胁,必定会给绩效管理带来阻力,影响绩效评估工作。

2. 我国公共部门绩效管理特有的问题

(1) 缺乏系统理论指导,实践中具有盲目性

到目前为止,我国还没有形成关于政府绩效管理的整体思想体系,对于何谓政府绩效,中央政府的绩效目标和各级地方政府以及各部委的绩效目标之间到底应该是一种怎样的关系,应当如何将中央政府的绩效目标分解到相关部门,应当由谁对政府的工作绩效进行考核等问题,我们还没有形成清晰的认识。目前国内对于绩效管理的理论研究大多从政治学和经济学角度出发,政治学的研究领域多集中在公共政策的研究上,公共项目评价则由经济学的理论作为支撑。但理论上泾渭分明的研究做法很难形成学科交叉研究,对公共政策的研究需要经济学的数据支持,对于公共项目的评价也同样需要公共政策的辅助分析。在实践中,我国公共部门不是把绩效评估作为强化管理的一种日常措施,而是当作解决问题的一种临时手段,仅当某一方面问题成堆时才采取诸如大检查、专项调查等方式,为追求一时的绩效成果,应付了事,因而总陷于被动。其次实践中的盲目性还表现在手段与效果缺乏逻辑性。绩效评估意在确定公共项目与实际社会效果之间的因果逻辑关系,即表明社会公共问题的解决、情况的改变是由于公共项目实施所致。但实际上要确立手段与效果之间的清晰逻辑关系是困难的,因为一项公共项目的效果和影响,可能是多方面因素作用的结果,甚至可能是偶然因素所致。

(2) 绩效管理思想落后、意识淡薄,存在观念障碍

首先,评估人员在绩效管理过程中表现出很大的随意性和自发性。我国历来是"人治"色彩比较浓厚的国家。在"人治"浓厚的环境下,人情关系、主观臆断往往取代科学、客观的评估标准而成为左右评估的主要因素,工作绩效、科学考核、公众评价、法治管理等现代绩效评估理念难以深入人心。一些管理水平较高的部门为了维护和巩固自己既得利益,获得公众对他们的支持,往往会引进绩效管理对该部门进行一定的改革,但其中相当一部分只不过是模仿和生搬硬套,缺乏系统规划。其次,绩效评估是对政府的管理绩效、社会效果和公共管理过程中存在的问题的衡量,并且涉及对公共部门决策者和管理人员的能力的鉴别,这种鉴别使决策者和管理人员感到威胁,因而部分人员将在某

种程度上抵制评估。一些部门因为害怕外部因素介入会影响其既得利益,所以利用信息上的不对称性阻止包括公众、媒体在内的多种力量参与绩效管理。最后,许多公共部门的领导者将绩效评估等同于政绩考核,导致绩效管理个人化。绩效管理要求对公共部门总体业绩进行考核,然而许多公务员,尤其是某些部门领导片面地将组织绩效考核理解成对于自己的政绩考核,盲目地追求显性的、短期的政绩工程,为提高自己的绩效评估成绩做准备,这种个人化的组织绩效考核显然偏离了组织考核的初衷,最终结果也只能是浪费公共资源,牺牲公共利益,成为扭曲公共资源配置的诱因。

(3) 过于偏重绩效考核,而忽视了绩效反馈等环节

"绩效管理不等同于绩效考核,包括许多重要环节,并且各个环节都具有相对独立的功能,如绩效计划提供了明确的绩效期望;绩效实施环节通过不断的沟通保证绩效管理的顺利进行;绩效管理的根本目的是提高员工绩效和达成组织的战略目标,因此必须进行绩效反馈和绩效改进使员工了解自己的工作情况、发掘自身的潜力;绩效结果也要通过奖励和惩罚加以应用,激励工作的积极性,调整组织的人力资源配置。所以,仅仅关注绩效考核远远不足以发挥绩效管理的作用。但在中国公共部门中,绩效管理被片面地理解为绩效考核,止步于考核是否达到了预定的标准,尤其缺少对绩效反馈环节的重视。表现在许多地方政府都开展了市民评议等测定公民满意度的绩效评估,但对评估结果的反馈却较少。上级行政部门和行政领导极少会根据结果与被评估对象进行沟通,缺少对卓越完成绩效目标或未能达到绩效目标的原因进行分析的过程,下级单位和职员都不清楚自己的考核结果,自然不知道是否需要改进以及如何改进。绩效反馈环节的缺失也包括与奖惩制度相脱离,卓越完成绩效目标的没有相应的奖励,未能达到绩效目标的也不会因此受到处罚,绩效管理丧失了最基本的管理作用,成为公共部门管理创新中的'花瓶',更大意义上成为形式主义的存在。缺少绩效反馈的绩效管理是不完整的绩效管理,公共部门绩效管理也会因此而陷入循环的怪圈,即绩效低——实施绩效考核——绩效仍然低——再实施绩效考核,变成一个循环往复的过程而非绩效管理旨在实现的不断上升的过程。"①

(4) 绩效评估技术上还不成熟,评估方法较为单一

绩效评估在我国是个新兴领域,尚处于起步阶段,还未形成规范化、制度化的评估体系,这就给开展具体评估工作带来许多技术上的困难。首先,由于对绩效评估的概念认识不一,对绩效评估的内容范围界定不清,无法建立一套完善的公共部门绩效评估指标体系。其次,开展绩效评估所必需的相关配套措施不完备,如评估资料不足、缺乏评估的专门人才、缺少评估的管理保障体系和评估方法单一。目前我国绩效评估所采用的

---

① 孙林雪:《我国公共部门绩效管理的不足及对策》,载《中国矿业大学学报(社会科学版)》,2008(3),43页。

评估手段、方法并没有超出经济学的范围。成本—效益分析是最广泛采用的评估方法,关心的只是公共项目的直接投入和产出,很少深入社会效果和影响的因果推定,对于伦理道德、价值理性、个人偏好更是无能为力。①

(5) 评估主体单一化,并且专业素养和能力不足

评估主体作为评估活动的主要参与者,其专业素质、考评能力及利益归属都极大地影响了绩效评估的准确性。我国进行绩效评估以来大多数属于政府内部由上至下的评估,缺乏由下至上的评估,更缺乏来自公共组织体系外部的评估,由"经济人"的理论出发进行设想,这种单一的评估主体的设置其利益归属必定属于政府机构的管理层,因而由单一化评估主体进行的绩效评估结果很难让人信服。另外,我国现行评估主体缺乏足够的专业素养及评估能力。首先,我国的评估人员绝大多数来自于政府的管理层,但大多数政府管理层人员并不具备专业的绩效评估知识,同时部分管理层人员更加不了解基层实际情况,这就造成绩效评估的实际效果大打折扣。其次,民众、媒体等外部评估主体在获得信息及参与评估上完全处于被动,在大多数时间只能被动地接受政府相关部门提供的信息,既无法辨识其真实性,也无法获取更多想要考察的信息,这种被限制的知情权使得这些外部主体根本无法获取有效的评估信息,因此无法真正发挥其评估效能。

(二) 完善我国公共部门绩效管理的途径

1. 加强公共绩效理论探讨,合理开展实践工作

构建适合我国国情的、科学化的绩效评估理论体系,对有效推进公共部门绩效评估具有关键性的作用。首先,我国公共绩效理论研究应加紧多学科的综合研究,可以从政治学和经济学不同角度进行不同尝试。经济学不但可以在公共部门行政过程中对公共项目进行评价,而且还应该与政治学相结合共同对公共政策的绩效进行监测,只有这样才能在理论上为绩效管理水平的提高提供保障。其次,我国公共绩效管理研究工作还处于起步阶段,应该更广泛地学习西方先进的管理理论和经验。政府绩效管理的体制和方法是由企业管理派生而来的,西方一些发达国家从事这方面的理论研究和实践创新相对较早,如美国、英国、澳大利亚目前已经积累了很多有关政府绩效管理的经验。我们可以借鉴其成功的经验,结合我国政府的特点对其加以改进和本土化,使其服务于我国的政府绩效管理体系建设,弥补我国目前理论研究滞后的问题。最后,研究我国的公共部门绩效评估,必须立足于本国国情,明确社会所处的发展阶段,围绕我国开展公共绩效评估的历史使命探索公共绩效评估的具体功能和实现途径,从而构建中国特色的公共部门绩效评估理论体系和评估指标体系。

---

① 陈振明:《公共部门绩效管理的理论与实践》,载《中国工商管理研究》,2006(12),73页。

2. 更新思想观念,明确绩效评估价值取向

更新观念,明确定位政府绩效评估是完善我国政府绩效管理的首要工作。政府绩效管理的目的不是针对某个组织部门或者个人,不是以惩罚某些单位的责任人或工作人员为出发点。政府绩效的根本宗旨是要通过绩效评估找到本机关在管理中存在的问题和影响政府效能的因素,最后找出改进政府部门工作的办法,更好地增强政府对人民利益的代表性、回应性和责任性。针对思想观念落伍甚至陷入误区的问题,我们应该加强宣传和沟通工作,在实际操作过程中,排除心理障碍,使其深刻理解公共部门绩效的参照系是公民而不是公共部门及其工作人员。公共部门所追求的经济、效率、效益、公平等绩效价值,都应从公民的角度和立场来看待,人们的满意是公共管理的最高原则。以顾客至上的服务理念管理公共部门,进行政府绩效评估,才能使评估工作落到实处,评估信息丰富翔实、评估结果真实可靠,才能得到民众的理解和支持。

3. 实现绩效考核主体多元化

评估主体是绩效考核的主要组成部分,单一评估主体将在一定程度上影响评估结果的真实性,因此我们提倡建立多元化的评估主体。评估主体分为两类:

第一类是内部评估主体,主要指在政府机关内部部门之间形成的绩效考核机制,一种是上级部门对下级部门的考核,即自上而下的考核,这种考核方式较为常见,通常以填表、谈话等形式进行;另一种是下级对于上级部门的考核,即自下而上的考核,这种考核由于行政权力的影响并没有充分实施。但鉴于基层组织对实际情况掌握得最充分,对行政命令的优劣最有体会,因此,有能力也有权利对上级部门的工作情况进行了解、评判。对于自下而上的评估应积极鼓励,敦促实行,充分保证沟通渠道的畅通,使上下级关系调和,使评估工作客观公平地进行。

第二类是外部评估主体,主要指民众、媒体及各类组织对于政府绩效的考核。民众是政府服务的主要对象,也是公共产品及公共服务的主要消费群体,因此民众的满意程度是政府工作的考核标准。民众也是政府绩效考核的关键力量,应鼓励民众参与政府绩效考核,积极培养民众参与考核的专业素质,同时拓展民众绩效考核渠道,对于民众的知情权要予以保护,以定期的见面会、通气会等形式与民众接触,并且保持政府网站的有效更新,政府重大举措及实际效果要保证民众及时知晓。媒体通常是政府绩效考核最有效的途径。媒体可以用专业的工具及技术手段,在更广的范围内对政府日常工作保持监督,持续考核,并能最简洁地报告考核结果,因此媒体是政府绩效考核的主要力量。对于媒体,政府应充分保证其自由采访权,改正对于媒体的错误看法,不应把媒体当作找碴儿、闹事的消极因素,而应把媒体当作查找不足、督促上进的积极因素。各类民间咨询机构是急需发展的政府绩效考核力量,也是政府绩效考核的新兴力量。由于我国非营利组织起步较晚、发展较慢,因而不能充分发挥其应有的评估作用,但其所拥有的专业高效的评估团队是政府部门进行评估所急需的,因此对于非营利组织我国政府应加大扶持力度,争取早日使这类组织成熟,早日成长为合格的政府绩效评估专业组织。

4. 确保绩效评估信息来源的准确可靠,建立健全绩效评估信息系统

我国公共部门绩效管理效率低下的一个主要原因是公共部门之间信息不流畅,造成政府绩效管理严重滞后。首先,应组织专门力量收集地方有关政治经济社会等方面信息,进行必要的统计、归纳、整理工作,为评估工作的有关材料的收集与查询提供方便。其次,积极建立电子政府,利用现代的信息技术和网络技术建立起网络化的信息系统,把绩效评估的操作办法、进程及考评结果尽快反馈和扩散给有关各方,使评估信息得到广泛使用。最后,尽快建立绩效评估数据库。要充分利用电子计算机和现代通信技术,把绩效评估的数据、结果、开展评估的资料以及有关地方和部门统计指标和数据汇成绩效评估的数据库,从而实现政府绩效评估信息系统现代化、评估信息传递网络化、评估信息利用高效化。

5. 推进政府绩效评估的法制化、制度化建设

绩效评估,尤其是公共部门政府绩效评估,必须要有法律作为保障才能正常进行。首先,要从立法上确立绩效评估的地位,绩效管理机构在政府中应具有相对独立的地位,享有调查、考核、评估有关政府活动的专属权力,不受其他任何组织或个人的干扰。其次,要从法律上树立绩效评估的权威性,绩效评估具有收集、整理、分析相关信息的权力,不受任何组织或个人阻挠,严厉惩治捏造事实、毁坏证据行为,评估结果神圣不可侵犯,不允许随意隐匿、篡改。最后,从法律和制度上保障绩效评估的规范性,对公共行政过程中哪些项目应该进行评估、以何种形式进行评估、评估应注意的事项问题做出详细的规定,使评估工作做到有法可依、有章可循,把绩效评估纳入正常发展轨道。

第十二章 公共管理伦理

CHAPTER 12

公共管理是公务人员运用公共资源对公共事务实施管理与服务,从而实现公共利益、解决公共问题的社会活动过程。在这些社会活动中包含着特定的社会关系和伦理关系,必然要求在运用公共权力规划和实现公共利益的同时还要运用公共道德限制和规范公共权力行为。

一、与时俱进的公共管理伦理:公共管理能力提升的自滤器

伦理能够对人与人之间的关系进行调整,范围包括整个社会范畴。因此,管理与伦理有很强的内在联系和相关性。公共管理伦理不仅包括作为社会行为基本规范的伦理的一般规定性,而且由于公共管理所固有的特殊性质和地位,决定了必然在伦理上有自己的特殊要求和内在规定性。

(一) 公共管理伦理的内涵

1. 伦理的概念及其内涵

伦次序之谓也。"理"则具有分别、条理、道理、治理等意义。伦理二字合用,最早见于秦汉之际成书《礼记》:"凡音者,生于人心者也;乐者,通伦理者也。"在西方,伦理一词源出希腊文 ετησ,意为风俗、习惯、性格等。古希腊哲学家亚里士多德最先赋予伦理和德行的含义。伦理是一种特殊的社会意识形态,是依靠社会舆论、传统习俗和人们内心的信念维系的,表现为善恶对立的心理意识、原则规范和行为活动的总和。伦理关注什么是公正、公平、正义或善,以及我们应做什么问题[①]。它不仅包含对人与人、人与社会和人与自然之间关系处理中的行为规范,而且也蕴含依照一定原则规范行为的深刻道理。

[①] 陈振明:《公共管理原理》,399页,北京,中国人民大学出版社,2003。

伦理问题遍及社会各个领域，具有广泛社会性，渗透于各种社会关系中。伦理规范约束的范围既包括普遍意义上的社会公众，又包括特定岗位的从业者等。前者遵循的是普遍的社会行为的基本规范，表现为处于道德最底线的一种人与人之间的关于性、爱以及普遍自然法则的行为规范，是社会公民人人应当遵循的最为基本的价值准则和行为规范，具有普遍性，属于个人伦理；后者除了遵循一般意义上的伦理之外，还应遵循作为特殊领域规范的伦理，比较集中地表现于职业伦理方面。各行各业都有与本行业和岗位的社会责任、功能、权利和义务相一致的伦理准则和行为规范，是与人的职业角色和职业行为相联系的一种高度社会化的角色伦理。

公共伦理与个人伦理有着明显的区别：个人伦理的主体是个人，伦理约束的行为规范大多不便明文规定，是约定俗成的。其伦理结果的作用对象较少、影响范围较小，伦理行为的评价主要依靠个人的良知判断和社会舆论监督。公共伦理的主体为公共管理系统或公共管理者，虽然公共管理者也是人，但本身却是非人格化的，它代表的不是个人的意志动机，而是社会的利益和政府的利益；公共管理伦理在特定的领域里与所有人或社会的所有成员发生关系，其伦理结果的作用对象多、影响范围较大。公共管理伦理除舆论和内心信念起作用外，还要靠制度的约束。其伦理结果的评价主要看公共管理系统的实际功能和作用，看其在社会公众面前展示的是怎样的基本价值和正义原则。

2. 公共管理伦理的概念及基本内涵

公共管理伦理是特殊领域中的角色伦理，指以政府主导的公共组织以及组织成员为实现公共利益，为社会提供公共产品和服务的活动过程中的道德行为和规范评价的标准，主要包括公务人员的个人伦理、公共管理的职业道德、公共管理机构的组织伦理及管理过程中的政策伦理等方面。公共管理作为一种生产关系和公共组织形式以及相关活动，本身就包含一定伦理的基础和根据，所以它与伦理之间有着不可分割的内在联系。公共管理的主体是国家、政府与社会其他公共组织及其组织成员；公共管理活动的载体是这些人员的工作心理与管理行为；公共管理的目标是主持社会正义、维护社会公平、实现公共利益。在公共管理目标实现的过程中，公共管理主体的利益追求与目标又往往是有矛盾的，这源自于公共管理行为人"作为一般动物的利己天性"。为了有效地预防和阻止公共管理人员的任何窃利心态和行为，必须以相应伦理规范公共管理人员的行为。

公共管理所固有的特殊性质和地位，决定了其必然在伦理上有自己的特殊要求和内在的规定性。解读其含义的特殊性，主要体现在以下几个方面：

(1) 公共管理伦理的本质特征是公共性

公共管理的本质属性是公共性，公共管理伦理区别于一般伦理道德的本质特性也是公共性。其公共性是伴随公共权力产生与发展的。公共权力的产生打破了原始的伦理道德体系，改变了个体利益融合于整体利益之中、没有公私之分的状态。利益分化导致的个人利益和公共利益之间的差别和矛盾需要一种新的公共伦理作为维系和调节人们利益关系的工具,而国家作为公共权力主体,必须遵守这种公共道德并维护这种公共伦理。如何处理公私关系成为判断公共管理主体道德与否的伦理标准,维护公共利益就成为公共管理最根本的伦理要求。

(2) 公共管理伦理的价值基础是公共利益

公共利益指的是一定的社会群体存在和发展所必需的、并能为他们中不确定多数人所认可和享有的内容广泛的价值体。维护公共利益是公共伦理的主要实体内容。公共管理的特性决定其运作的主要目的是提供公共政策和发展公共服务,维护公共秩序和实现公共利益。作为拥有公共权力的公共组织只能是为实现公共利益的需要而存在,作为具体履行公共管理职能的公共管理者,最为根本的就是要公正地处理个人利益与公共利益之间的关系,维护公共利益,以公共利益为价值取向,并将这种价值观念贯彻在公共管理的日常实践中。公共利益成为判断公共管理行为是否正当的价值标准。公共伦理的最终目的是促进实现公共利益。政治思想家洛克认为:"政治权力的目的,在于保护个人权利,保障公共利益,政府的权力不过是来自最高权力的委托,而最高权力则掌握在人民手中。"公共伦理在规范与调节公共管理组织和公共管理者时,必须使之导向实现公共利益的途径,这样公共伦理才能完成自身进行价值规范和价值引导的意义。

(3) 公共管理伦理的核心是公共责任与义务

公共管理伦理的众多要素当中最重要的是公共责任,其观念体系中最根本的问题是权利义务关系。公共责任是公共管理伦理权利义务关系的具体体现,体现为公共管理主体应该承担的义务和履行的职责。伦理道德和法律制度一样,都包含着特定的权利义务关系。但是伦理道德意义上的权利义务关系不像法律制度上的权利义务关系那样相互对应,而是相对分离的。[①] 由于公共利益至上的本质规定,在各种道德义务发生冲突的情况下,公职人员往往需要牺牲其他道德义务保全行政道德义务。只有当政府及其官员履行了应尽的义务,社会公众才能享有相应的权利。公共管理的一切落脚点都在于责任与义务,这本身就是公共管理伦理的基本要求。

(4) 公共管理伦理的显性表现是内在约束机制

权力最容易被人们用来谋取私利。公共管理权力的约束机制包括自律和他律两种基本类型。也就是说,对于公共权力的制约,一方面要充分发挥对公共权力客体和其他权力主体的制约;另一方面更依靠公共管理主体自身的约束功能。显而易见,公共管理伦理属于一种公共权力的自律机制,是一种内在的约束机制。此外,它作为一种观念力

---

① 张国庆:《行政管理学概论》(2 版),518 页,北京,北京大学出版社,2000。

量,可以提高公共权力的合法性。也就是说,公众对公共管理伦理的评价在很大程度上影响对其权力的认同感和支持程度。良好的公共管理伦理可以树立政府在公众心目中的良好形象,获取较高的社会支持与服从。

(5) 公共管理的伦理精神是文化

公共管理的伦理精神体现在管理主体的道德积累、习惯、传统和规范以及社会公众对于公共管理体系特有的态度、情感、信仰和价值观念等。这些精神层面的要素构成一种伦理风尚,其实质就是一种特定领域的文化。公共管理主体通过实践不断地塑造这种文化氛围,并使这种文化被公众所感知。公共管理伦理作为一种特定的文化现象,是在公共管理环境、体制及其运作背景下,通过特定的心理定式、文化积淀和潜移默化所形成的道德意识、道德习惯和伦理传统。同时不可忽视的是,这种特殊的文化对公共管理系统及系统内组织成员的管理行为产生深刻的影响。

(二) 公共管理伦理的构成

公共管理伦理是一个表现形式多样化、内在结构多层次的道德规范体系,涉及的内容包罗万象。可以根据内容和伦理层次两个维度进行分析。

1. 根据伦理内容分析

(1) 公共管理伦理意识

伦理本身就是一种意识形态。公共管理伦理意识是指导公共管理行为的立场和观点,包含伦理准则意识、伦理责任意识和伦理目标意识。准则意识是公共管理的原则立场和根本态度,通过对伦理主体的调控达到由内及外的目的和理想。责任意识是如何看待公共管理的责、权、利,是公共管理伦理认识的核心,认识不同,对公共管理活动的精神和态度就不一样,表现出行政主体自我调控的特质。目标意识的核心是公共管理理想,是激励人们进取的精神力量。人们在公共管理这一岗位上追求什么样的目标和理想,选择什么样的社会价值和自我价值,对公共管理系统起着调节、内驱和导向的作用。

(2) 公共管理伦理实践

管理活动的本质是实践。公共管理伦理实践是以一定的伦理原则为指导的公共管理行为,是如何将价值观和所承担的义务以及这些义务导向的最终目标统一起来。这些活动通过公共管理活动、管理态度、管理作风、管理效果等表现出来。一般来说,公共管理行为与公共管理伦理要与地位、职责、权利和义务一致。[①]

(3) 公共管理伦理评价

伦理评价是检验伦理价值观与伦理实践的唯一手段。伦理评价作为观念与实践的

---

① 陈振明主编:《公共管理学原理》,401页,北京,中国人民大学出版社,2003。

结合形态或中介,指人们在社会政治生活中依据一定历史时期的公共伦理标准,通过社会舆论、传统习惯和内心信念的作用对整个公共管理系统进行的价值判断。除了以检测正确性、公平性和合理性为核心的伦理准则评估外,还包括通过实际的公共管理的职业判断的提高提供道德指导准则和教育活动。①

2. 根据伦理层次不同分析

(1) 国家层面的管理伦理

国家层面的管理伦理体现在国家政策与制度、立法与司法职能行为方面。从这个角度讲,公共管理伦理具体是指国家的政策、制度、法律法规。首先制定程序及结果要符合伦理要求,公正公平、客观准确;另外凡从事制定公共政策与法律、法规等相关工作的国家公务人员,维护国家主权与安全、维护社会秩序、履行宏观调控等国家职能的公务人员的行为应符合基本的道德规范体系。如制定善策和良法;确保国家主权、公民权益不受侵害;公共权力的拥有者(含组织和个人)以公正与公平理念进行政策、法律、制度的安排和创新,实现最广大人民群众的根本利益。②

(2) 政府层面的管理伦理

政府层面的管理伦理体现在国家与政府部门的对内、对外事务方面,包括国家公共安全事务、国家对外关系事务、公共人事管理、财政管理以及政府机关自身管理等。从这个角度讲,公共管理伦理是指从事相关内容管理事务的公务人员应当遵循的基本道德和行为规范体系。如全心全意的服务宗旨和道德规范;模范守法、依法行政的法律规范;秉公办事、不以权谋私的廉政道德规范等。

(3) 社会公共服务层面的管理伦理

社会公共服务层面的管理伦理体现在提供科技、教育、文化艺术、医药卫生等领域以及维持社会公共秩序等其他服务领域。从这个角度讲,公共管理伦理是指所有从事社会公共服务工作的国家公务人员应当遵循的伦理道德规范。这类公共事务与广大普通老百姓的日常生活关系更为密切,涉及全体社会成员的切身利益,群众最为关注。基层部门的公共服务人员必须具备或者努力培养诚信为本、认真负责、廉洁高效的公仆意识和职业道德。当前尤其应该关注和理解困难群众的心态与诉求,以公仆的责任感和使命感帮助他们克服困难,走出困境,从而确保我国政治基础和社会环境的稳定。

(三) 公共管理伦理基本原则

公共管理伦理的基本原则指在公共管理活动中各种准则的最根本的指导原则,也

---

① 娄成武、郑文范:《公共事业管理学》,111 页,北京,高等教育出版社,2002。
② 张文芳:《初探公共管理伦理》,载《华东经济管理》,2008(4),152 页。

是公共伦理体系中最高层次的道德准则；既是社会道德基本要求的体现，又是公共管理这一社会实践领域的特殊伦理要求的反映。

1. 公正原则

从制度的角度看，公共管理伦理是要追求公正，要求公共管理活动必须坚持各社会主体间权利与义务的均衡。

"正义"一词可以有不同的意思：一方面可以作为一种实质性的道德判断，形容一个人、一种行为或一种制度是正义或不正义的；另一方面可以中性地指一个主题，即正义的目的是关心该主题依据何种原则决定人们应有的权利与义务以及应得的利益与责任。在公共管理行为中，正义或公正是一种普遍而基本的追求。公正具有多重定义，然而，它重点强调所有公民平等的政治和社会机会，它同样代表对所有公民而不是仅对公共机构负责。

公正问题产生在人与人的利益关系中，而在各种各样的利益关系中，有两种最基本的关系形式，即利益交换关系与利益分配关系。因此，公正的原则首先体现在交换公正及分配公正，尤其是利益分配的公正性，即在劳动产品实现市场价格以后真正按照多劳多得、少劳少得、不劳不得的分配原则合理而公正地实现利益的分配。从公共管理的角度看，公正的判定体现在公共管理的手段与过程中，即程序公正与规则公正。交换公正和分配公正可以看做是实质性公正，程序性公正和规则性公正虽然是形式的公正，但由于和结果的公正（即实质性的公正）直接相关，体现政治文明要义，具体在公共管理实践中就是要用权的公正、用人的公正、对公共服务对象的平等相待等。现代公共管理系统是一种高度合理化、制度化、程序化和开放的组织，它需要的公共管理伦理首先是平等的合作、合理的规则、普遍可接受可操作的道德规范程序和具有公正性、合理性基础的系统秩序。

总之，公共管理的公正原则要求：尊重生命——公共管理活动的基础，保障自由——社会公众实现公正目标的基本条件，平等交换与公平分配——公共管理活动的主要内容，普遍发展——公共管理活动最终追求的目标。

2. 为人民服务原则

公共管理所有职能的发挥实际上都是为了达到维护人民利益的目的，满足人民日益增长的物质生活和文化生活的需要。因此，为广大人民群众谋利益，提供优质的公共服务成为公共管理制定和执行一切公共政策的出发点和归宿。

随着20世纪90年代以来新公共管理的发展，西方各国掀起了一股有关政府职能转变的浪潮。其转变的重要价值导向是实现由过去的以公共权力为核心的消极行政向以公共服务为核心的积极行政转变。建立服务型政府已经成为世界各国普遍认同的理念。我国政府职能的主导价值观是全心全意为人民服务。毛泽东和邓小平曾分别提出"人民政府为人民"、"全心全意为人民服务"的宗旨以及关于"领导就是服务"的论断,要求国家机关及其工作人员必须牢固树立人民政府为人民的思想,为政府的发展指明了方向。21世纪中国的公共组织应当树立服务的公共伦理原则。

从经济学的角度理解,公共管理过程是基础设施、治安、政策、法律等公共产品的生产过程,公民是政府提供的公共产品的消费者,公共管理的目的是满足消费者的不同需要,因此要求公共管理者以高度的责任心实现高度专业化的工作效率和业绩、高质量的公共产品生产与服务,争取消费者的支持。按照这种理解,政府不仅要为公民服务,而且要尽可能提供好的服务,否则就难以赢得公众的支持,从而失去存在的基础。因此,公共管理活动应为社会和公众提供优质满意的服务,服务是政府的首要职能。

(四) 公共管理伦理功能

公共管理伦理作为公共管理的特定伦理观念体系具有一定的独立性和历史继承性。公共管理伦理在社会中具有特殊地位,决定它对整个社会建设和发展起着关键性作用。

1. 政治保障功能

公共管理伦理从本质意义上说属于政治型伦理。我国的公共管理伦理建设尤其重视政治伦理,其具体内容和规范都受到政治的影响与制约。公共伦理中对于政府和公职人员的要求,实质上也是一种政治要求。同时,政治也离不开伦理,政治取向的选择会受到公共伦理观的影响。我国公共管理部门及公职人员是国家机器的重要组成部分,他们的思想品德修养如何,不仅直接影响国家形象,而且关系到国家稳定和兴衰。加强公共伦理建设对于保证政治发展、维护国家长治久安具有重要作用。

2. 行为引导功能

公共管理伦理的引导功能体现在伦理规范对公共管理主体思想、行为的引导。公共管理伦理使行政系统中的群体有明确的正义目标,大家同心同德为这一目标努力奋斗。公共管理伦理为理论与实践、理想与现实结合提供了一种有效的具体形式。公共管理伦理是现实社会的主体道德,所依据的是国家和社会公认的、共同的道德观念和理想,因此,公共管理伦理的共同原则和基本精神具有社会普遍性,公共管理行为具有公共性。同时,在公共管理活动中,对于符合公共管理伦理要求的情感、信念和行为予以激励和强化,对于不符合公共管理伦理要求的情感、欲念则予以纠正或弱化。特别是在行政行为过程中,出现认识错误、方式或方法失当时,公共管理伦理能够纠正行为者某种自私欲念和偏颇情感,改变自己行为的方向和方式,以避免产生违背行政责任要求的后果。

由于行政系统掌握一定的社会政治资源,由于其所处的特殊地位,它的行为和风貌不仅为社会大众所关注,而且其价值观等渗透到社会生活的各个方面,产生巨大的影响,直接对社会大众起示范效应和导向作用,直接影响民德和民风。孔子的"政者正也;子率以正孰敢不正?"以及"身正不令而行,身不正有令难行"等思想,阐释的就是公共管理伦理所具有的不可替代的导向功能。无论在传统的农业社会、工业社会,还是在知识经济社会,公共管理伦理中关于教育、引导、感化、约束公务人员自觉"修身正道"的功能都将突出地显示其独特价值。

3. 道德规范功能

公共管理伦理是以一定的概念、范畴和一系列的伦理规范反映并作用于公共管理过程和行为而存在的。作为公共管理伦理核心的道德规范,本身就是对当权者行为的种种界定和约束,而权力角色自身的道德意识和人格追求又直接对其自律品质的形成起指导、监督和自我评价作用。这种规范的特点在于:以善恶认识、评价和把握行政过程中行政角色的行政行为,通过外在的舆论评价和内心信念的体验以及一定的制度约束形成强大的规范场,引导和约束行政系统的运行和行政管理者的行政行为,即通过伦理规范限定行政活动的活动范围、行为模式,使行政过程趋于程序化、规范化。①

从某种意义上讲,公共伦理既是法律规范有效发挥作用的基础,又是法律规范作用的补充和扩展。公共管理法治建设共同的基础理念是基于公共管理的各个领域、各个层面的活动都符合社会公德及职业道德的理性要求。公共管理道德的相当一部分,比如各种行政纪律、条例、准则等已经法治化,大量的行政管理法规及制度典章,实质上是以国家强制力实施的道德规范。公共管理伦理对于整个社会道德体系和职业道德有重要的示范和引导作用,它不仅可以作为一种约束手段加强对公共权力的制约,更为重要的是,它可以提高公共权力的合法性和有效性。

4. 文化维系功能

组织文化一旦发育成长到习俗化的程度,就会像组织的规章制度一样对组织中的每个成员的心理和行为产生一种约束和规范作用,这种规范作用产生公认的行为准则,人们会自觉不自觉地遵守这一行为准则,当组织成员的行为背离了规范,持有共同价值观的群体的舆论压力就会起纠偏或矫正行为的作用,使其回到规范的标准上来,最终使组织中每个成员的行为趋于一致,达到管理的目的。文化是一种价值取向,规定人们追求的目标,具有导向的功能。组织文化所遵从的价值观一旦被组织成员所认同,就会像

---

① 陈振明主编:《公共管理原理》,406 页,北京,中国人民大学出版社,2003。

黏合剂一样产生一种黏合力量,使各成员紧密地团结起来,产生一种巨大的向心力和凝聚力。

公共管理伦理建设的过程同时也是其文化的形成过程。公共管理伦理建设的现实意义在于召唤、开启公共管理主体良好的职业意识,确立明确的责任意识,塑造适应公众需求的服务意识,并形成一种自我需要的内驱力,激励和推动公共管理人员的理念、精神上升到更高的层次。公共管理伦理的核心精神是公共利益至上,它以其明确而稳定的道德尺度,使行政主体在行使权力时免于陷入混乱与迷惘。用公共管理伦理规范约束公共管理主体,有利于整个社会形成求真务实、崇尚公正的社会文化。同时,公共管理伦理追求公平原则,它一旦真正付诸公共管理实践之中,有利于形成民主平等、清正廉洁的社会环境,进而从某种程度上直接影响政权的稳固和国家的兴衰。

二、公共管理过程中伦理困境的形成

在公共管理实践过程中,伴随着伦理主体进行伦理评价和伦理选择时不断出现两难状态:伦理困境,体现伦理主体的伦理选择能力与伦理处境所要求的差距。伦理困境的直接表现是相互排斥的多种利益驱使、责任要求和价值指向在公共管理过程中的冲突。伦理冲突,是指伦理主体在进行伦理选择时遇到的矛盾状态,即在特定情况下必须做出的选择一方面符合某一伦理准则,同时又违背了另一伦理准则;一方面实现了某种伦理价值,但同时又牺牲了另一伦理价值,使公职人员面临诸如"忠效两难全"的境地。公共管理实践中最根本的伦理冲突主要表现在以下四个方面。

(一)公共利益与私人利益

《辞源》中的公益概念为:"公共之利益。相对于一个人之私利、私益而言。"由此可见,公益概念涉及"公共"之范围和"利益"之内容。"公益"概念的不确定性,亦因受益对象、公众范围的不确定以及利益内容的不确定造成。虽然在理论上公共利益并没有一个公认的可操作的定义,但是毫无疑义,公共利益是国家存在的正当性理由,是界定政府行为必要性的主要界限。公共利益与私人利益之间的矛盾,可以说是长久以来公权力与私权利冲突的一个缩影。

作为共同体利益和公众利益,公共利益是一个与私人利益相对应的范畴。在这一意义上,公共利益往往被当成一种价值取向、当成一个抽象的或虚幻的概念。以公共利益为本位或是以私人利益为本位,并没有告诉人们公共利益、私人利益包括哪些内容,它只阐明利益的指向性。即使在这种情况下,公共利益也具有显而易见的基本属性:公共利益具有客观性;公共利益不是个人利益的叠加,也不能简单地理解为个人基于利益关系而产生的共同利益。不管人们之间的利益关系如何,公共利益都是客观的,尤其是那些外生于共同体的公共利益。之所以如此,是因为这些利益客观地影响着共同体整体的生存和发展,尽管它们可能并没有被共同体成员明确地意识到。公共利益具有社会共享性。既然公共利益是共同利益,既然它影响着共同体所有成员或绝大多数成员,那么它就应该具有社会共享性,它不是特定的、部分人的利益,而具有相对普遍性。

德国著名行政法学家毛雷尔指出:"公共利益和私人利益有时相互一致,有时相互冲突。"本质上讲公共利益和私人利益之间是对立统一的复杂关系。

公共利益与私人利益具有统一性,表现在以下两个方面:①两者互相依赖。从这个角度看,维护了私人利益(或者说个人利益),也就维护了公共利益。之所以会出现此种结果,原因之一是保护私人利益与政府的公共利益本位假设是有机契合的。此外,由于私人利益的主体总是社会的个人,这就使得私人利益和公共利益的互相依赖成为一种客观存在。②两者互相包含。鉴于利益(不论是私人利益还是公共利益或者其他利益)的主体是有机联系的,或者利益的主体是一个"社会"的人,因此,绝对纯粹的利益是不存在的。客观现实是各种利益犬牙交错。

公共利益与私人利益具有对立性。公共利益与私人利益的对立性可以说自人类社会产生以来就存在着。一方面,单个的私人行为和群体行为都是私人性质的,个人行动的目的首先是追求私人利益,满足私人需求;另一方面,个人(群体)行为的相互作用又产生了彼此之间的"公共"问题,个人之间、群体之间需要对彼此共同的"公共"事物进行认知和处理,因而人类的社会生活中就出现了公共利益与私人利益的差别。① 具体而言,公共利益与私人利益的对立主要表现在以下四个方面:

(1) 公共利益与私人利益各有其独特的价值,不可相互替代。公共利益对于一个健康的公共领域的存续是有积极作用的,但是,对公众有利的,不一定对自己最佳。同时对个人有利的,又往往不利于公共利益。

(2) 私人利益具有反公共利益的倾向。从根本上讲,私人利益的反公共利益性源自人类的本性。《荀子·性恶》指出:"人之性,生而好利。"法国哲学家霍尔巴赫也认为:"不论任何时候和任何地方,都只是我们的好处、我们的利益驱使我们去爱或恨某些东西。"私人利益的这种反公共利益性在市民社会的表现很典型。正如黑格尔所言,在市民社会中,"每个人都以自己为目的,其他的一切在他看来都是虚无"。② 市民眼中的"其他一切都是虚无"可以说非常深刻与形象地反映了私人利益在市民社会的活跃和公共利益的那种极易受忽视的状态。随着人口的增长,随着私人利益日益交织在一起,很难将

---

① 唐纳德·戴维森:《真理、意义、行动与事件》,牟博译,北京,商务印书馆,1993。
② [美]路易斯·亨金:《宪政·民主·对外事务》,邓正来译,北京,生活·读书·新知三联书店,1996。

不断增加的越轨行为引向公共利益。

（3）公共利益具有扩张性，容易成为损害私权的借口。现代国家几乎都在宪法中规定了公共利益条款以备"限制个人权利之需"，这一方面是客观需要；另一方面也极易使政府假公共利益之名行损害私人利益之实。特别是在转型国家，由于政府急于摆脱落后状态，由于改革本身的复杂性，使政府往往利用公共利益的扩张性限制私人利益，这在我国表现尤其明显。

（4）公共利益与私人利益的表达必须相互制约。公共利益和私人利益各有其价值和意义，任何简单地以公共利益为本位而忽视私人利益或者以私人利益为本位而忽视公共利益的做法都是不可取的。放任公共利益的扩张最终会影响到公共利益的真正实现，放任私人利益膨胀也会最终有损于私人利益的维护。

（二）利益多元与利益共识

实际上，从前面对公共利益的分析可以看出，公共利益概念界定不清的原因一方面是由于"公共"的概念具有模糊性；另一方面，"利益"的含义本身异常丰富，因此，我们很难从概念的角度对公共利益进行精确的界定。公共利益与个人利益，集体利益与组织利益，社会利益和国家利益之间的关系可谓盘根错节，十分复杂，这也是我们在公共管理过程中难以准确把握的问题。

利益多元是一个社会转型的最大挑战。自原始社会解体以来，利益多元以及因此而起的利益争执的情况从未停止过。不同的利益群体为各自的利益相互抗衡，相互制约。公共管理体系由不同的团体或个体共同组成，管理主体可能来自不同的利益群体，代表不同的利益，不同的团体或个体之间的利益差别和矛盾是不可避免的。而且，不同的团体在进行制度选择时，往往不是谋求公共利益的最大化，而是为了谋求自身利益的最大化。政府行为中也存在着牺牲公共利益谋取政府自身利益的现象，公务人员作为个体同样受到个人利益的自利性驱动。当这种历史上早已存在的现象引起大家关注并成为热门话题时，"利益多元"这个词已经在当下的时代被赋予了更深刻的含义。

现代公共伦理机制极为重要的内容就是明晰国家、团体和个人的利益关系，合理界定各种利益的边界，平衡和协调多元的利益关系。因此，政府在做出制度安排时，必须坚持最大限度地达成公共利益并扮演这些不同利益均衡者的角色。多元利益之间通过竞争、冲突和妥协达到所谓的"利益共识"，使社会的经济、政治和文化诸多领域达到一种平衡状态。利益整合的过程要求公共管理部门设计的运行机制要致力于使现实存在的利益要求和摩擦通过正常的渠道得到表达，并设计更合理的利益补偿机制对利益受损的社会成员提供一定的补偿。

(三) 公共权力与社会责任

政治权力是权力主体拥有的对其他社会和政治力量及其他政治权力客体的制约力量。政治权力在本质上表现为特定的力量制约关系,在形式上呈现为特定的公共权力。

公共权力是指在公共管理过程中,由政府官员及其相关部门掌握并行使的,用以处理公共事务、维护公共秩序、增进公共利益的权力,是公共组织实施自身职能的前提条件。公共权力是由社会的共同需要产生的。从本源上讲,公共权力来源于人民,是全体社会成员共同意志的集中表现,对全体社会成员具有普遍的约束力,任何国家权力都必须最终归结到对人民负责上来。

公共权力具有以下特性:

公共权力具有人民性。公共权力是人民权力或者人民权利的产物,来自于人民的让渡和人民的授权,这也就是人们经常说的"主权在民"。

公共权力具有相对性。公共权力必须受到人民权利的制约,总是在一定地域范围内存在。一个绝对普遍的公共权力是不存在的,公共权力总是在一定社会层面上成立的,一个能调整任何社会方面的权力不存在,它要受制于社会领域的范围。

公共权力具有支配性。没有支配性的权力就失去了权力应有的性质,甚至不成其为权力。

公共权力具有权威性。没有权威性,公共权力的特定性难以明确,强制性难以体现,权威性无从产生。

公共权力具有组织性。国家权力是一种有组织的系统支配力量,它需要有组织的国家机构分配、行使。

公共权力具有稀缺性。公众共同组建了政府,而直接行使政府公共权力的却只能是部分人。也就是说,政府内公共职位的数量在任何条件下与公众的总量相比总是有缺口的,即存在着公共职位公众所有与部分人代理的矛盾。

公共权力具有特殊的委托—代理关系。公共权力来源于公众,公众是公共权力的所有者。在公共权力的运行中,实际上在公众和权力行使者之间建立了一种典型的委托—代理关系。经过一层又一层的委托和代理,就有可能使本来属于公众所有的公共权力转交到了一部分人甚至是极少数人手中。

公共权力的这些特性使公共权力有着比"私权"更广泛的约束力、强制力和管辖范围。在我国,人们普遍认为:权力首先是指政治上的强制力量,其次是指职责范围以内的指挥或支配力量,它可以要求人们作出某种行为。从权力本身所具有的特性看,权力最容易成为脱缰野马。掌握权力的人总是借助权力的力量把自我凌驾于权力作用范围之上,对于一个国家来说,则表现为凌驾于社会之上。当掌权者为了私人利益而操纵权力,这种权力又不受任何限制时,掌权者就会利用人民赋予的权力去侵害公民的权利。人类文明的历史向世人昭示这样一个道理:不受制约的权力必然导致腐败。

社会责任是指一个组织对社会应负的责任。包括经济责任、道德责任、法律责任等。公共管理最终要达到的目标是实现社会公众的利益,而作为公共管理主体的公共组织所承担的责任必然是一种社会责任。由公共权力的内在矛盾所决定,社会责任的实现并不是一个自然而然的过程。只有对公共权力进行良好的制约,公共责任才能得以真正实现。

一般而言,公民行使的是权利,权利与义务对应;官员行使的是权力,权力与责任对应。马克思主义有一个基本观点:"没有无权利的义务,也没有无义务的权利。"①说的是权利与义务的平衡。权利与义务的平衡是公民伦理的基本要求。对于公共行政伦理来说:"没有无权力的责任,也没有无责任的权力。"这就是权力与责任的平衡。

(四) 管理效率与管理公正

效率是现代官僚制价值规范体系的核心要素之一,而公平是公共行政的基本价值取向。现代公共管理的目标要求管理活动不仅是有效的,而且追求最有效,并且尽可能要使公共事务完成的成本最小。过分追求效率至上,会引起与公平、公正等目标的冲突。这样的目标设定必然导致在追求效率时公平将从属于效率,甚至不惜为追求效率而损害、牺牲公平。

20世纪初,根据企业管理经验,学者们归纳出关于效率的成因、特征以及优越性的理论框架,提倡"效率优先",效率被置于优先和至高无上的地位。一个企业只有通过高效率才可以提高产量、降低成本,从而获得高回报高利润,这一理论成功地阐释了以高利润为目标的企业进步的根本原因。

公共部门的公共性决定当把效率理论转移到政府部门时,这一理论会遇到困境。公共部门管理具有目标的多元性,诸如公平与公正、民主与效率,这些目标之间必然存在一种取舍和权衡。现代官僚制偏重于追求效率的单向维度,既不注重微观层面的服务质量,也不考虑宏观层面的公平性。现实的情境往往是政府在追求行政效率的同时,通常以加大投入和不必要的浪费为代价,造成了机构膨胀、财政紧张,这种运转模式往往又走入艰难的低效率的阶段。因而,"有许多理由说明为什么政府不同于私营部门。最重要的一条是,对许多公共组织来说,效率不是所追求的唯一目的,还存在其他目标。比如在世界许多国家中,公共组织是'最后的依靠'。它们正是通过不把效率置于至高无

---

① 马克思、恩格斯:《马克思恩格斯选集》,第2卷,137页,北京,人民出版社,1972。

上的地位来立足于社会"。①

另外,根据公共选择理论,官僚行为同样符合经济人假设。在现代官僚体系中,当个人利益或官僚集团利益成为位列公共利益之上的最优选择时,效率越高,公共利益受损越重,官僚个人利益或官僚集团利益的实现就越有保证。而且,在市场经济体制下,官僚个体之间、官僚个体与官僚集团之间的利益也会逐步出现分化,这些主体间利益分化的博弈结果导致严格的组织规制发生利益偏向,进而导致制度失范。

总之,公平公正是公共部门不可或缺的价值诉求,追求效率的同时必须兼顾公平公正等目标。

三、公共管理伦理困境的化解

就历史与现实的公共管理实际看,公共管理过程中的伦理困境会造成一系列伦理失范现象,找到困境形成的原因并使其得到有效的化解是公共管理理论建设的前提。

(一) 公共管理伦理困境形成的原因分析

1. 责任与责任冲突

行政伦理困境是行政人员在公共行政实践中面临的最为常见、最为典型的困境。公共行政人员做出的行为选择既要对上级负责,又要对公民负责;既要对公共利益负责,又要对组织利益负责;既要对法律负责,又要对上级和上级的上级负责。因此,就行政伦理困境的实质而言,它实际上是一种"责任冲突"。

(1) 责任

责任是建构行政伦理学的关键概念。在公共行政与公共管理文献中,对于行政责任一直存在争议。行政学者费斯勒和凯特认为,行政责任包括两个方面:其一是负责,表现为忠实地遵守法律,遵守上级的命令和经济与效率的标准;其二是道德的行为,即坚守道德的标准,避免出现不符合伦理道德的行为。

公共伦理学家库伯将行政责任分为主观责任和客观责任。主观责任意指忠诚、良心以及认同,主观责任来自公共管理者对责任的感受和信赖;主观责任强调我们之所以去做某事,是源于内在的驱动力;客观责任是指法律以及上级交付的客观应尽的义务责任,意指负责任和义务。对于公共管理者而言,客观责任来自于对法律负责,对组织规划、政策和标准负责,对服务于公共利益的义务负责。②

---

① 朱国云:《组织理论:历史与流变》,253页,南京,南京大学出版社,1997。
② [美]特里·L.库伯:《行政伦理学——实现行政责任的途径》,68~69页,北京,中国人民大学出版社,2001。

公共管理学者斯塔林认为，一般公众大多赞成或喜好政府具有回应、弹性、一致、稳定、廉洁、慎思、守法、负责等特性，这些价值表述可用"责任"一词作为概括，用以表达人民对政府的价值期待。

从《汉语大辞典》的解释来看，"责任"被赋予三层含义：一是使人担当起某种职务和职责；二是分内应做的事；三是做不好分内应做的事，因而应该承担的过失。它包含客观责任和主观责任两个方面。客观责任与从外部强加的可能事物相关；主观责任则与那些我们自己认为应该为之负责的事物相关。

（2）公共责任

广义的公共责任是指政府作为国家行政主体行使行政权力，通过实施国家行政管理对全体国民即国家权力主体负责。狭义的公共责任是指国家的公务人员在代表国家实行公共管理行为的过程中，违反行政组织及其管理工作的规定，或者触犯法律、法规时，必须承担的责任。

公共管理责任与公共管理伦理是紧密联系、内在统一的。从某种意义上说，公共责任是公共管理伦理的具体化，是公共管理产生和存在的基础。公共责任只要与一定的责任意识相联系，就是公共管理伦理问题，就可能表现为有利于或有害于国家和人民利益的行政行为，它们也就同时成为公共管理伦理责任。任何政府为了实现其统治效能，都必须具有为之服务的公共责任制度。现代公共责任在整个公共管理中占有不可忽视的地位。

公共管理领域中的"责任"内涵十分丰富，具有更为广阔的社会内容和意义。首先，在行为实施之前，公共责任表现为一种义务表述。公共责任是一种职责，作为政府机制构成的行政系统和行政人员，负责任意味着具有高度的职责感和使命感，并以为其服务对象尽责效力、谋取利益作为行政活动的出发点。其次，在行为实施的过程中，公共责任更多地表现为一种任务。行政管理行为的实施过程实际上是公务人员完成权力主体所交付的任务的过程，是承担行政责任并为国民尽义务的过程。这一过程中他们必须通过认真履行自己的义务和职责的方式，对国家权力主体负责。此外，在行为实施之后，公共责任还意味着一种监督、控制和制裁行为，最终接受公众评判并对不当行为承担责任。从某种意义上说，公共责任是一种支撑个体或群体行为的外在约束力。在实行民主政体的国家，行政部门及其工作人员作为国家权力的代表是为主权所有者——国民服务的。因此，必须根据国民的意志，在行政机关的管理活动中承担公共责任，以防止肆意追求特殊利益置国民的利益而不顾。

公共责任是公共管理者行政行为的依据。责任要求一经确立，公共管理者就必须按照其具体要求从事相应的行政活动。没有完成相应的任务或在行政过程中发生有违法失职行为的行政官员，都要承担由上级主管部门根据规定的程序、形式作出程度不等的问责处理。这是行政责任本质所要求的,如果离开这种问责行为,行政责任在很大程度上就将失去其有力的保障作用。

(3) 公共管理伦理的责任冲突

责任冲突是公共管理伦理困境的最典型的表现形式。实践中,权力冲突、角色冲突和利益冲突是行政责任冲突最常见的三种形式:

① 权力冲突。客观上,责任具有两种或两种以上的权力来源:诸如法律、组织上级和公众。法律要求这样做而上级又要求那样做;或者上司指导朝向某一个方向活动,但民众却希望朝相反的方向活动等。

在权力冲突中,通常面临的是由两种矛盾的权力资源带来的两种不同的客观责任之间的冲突。这时我们的任务就是在具体情况下采取负责任的行为,并意识到这些不是我们角色表现的常规的、典型的形式。无论何时,当发现所供职的组织没有为公民的最大利益着想时,所有的公共管理人员,实际上是所有的公共雇员都有责任去维护他们的公民利益。做不到这一点就是违背了受托责任,也是对公民责任的否定。这是最基本类型的伦理关怀问题。公共管理最应该考虑的是如何才能与更广大的公众利益相符合。

面对反映客观责任的权力冲突,必须澄清主观责任并考虑更为广阔和更为基本的客观责任。运用价值观和原则确定哪一种措施最可取,以及如何才能证明做法是正当的。通过对主观责任的评估和对更为基本的客观责任的确定,试图找到一个能同时履行客观责任和主观责任的办法。

② 角色冲突。角色概念是角色责任冲突的关键原因。在特定的情形中,我们所体验到的特定角色的价值观是不相容的或者是互相排斥的。现代社会中的社会关系和个人身份认同变得越来越复杂。人们不再将自己的身份认同为某一个角色或某一些角色,而是复杂的网络系统中相互关联的角色群。然而,每一种角色都有自己的行为方式,这些不同的角色之间时常会发生冲突,必须有效地处理这种冲突以防止一种角色对另一种角色的否定。

在现代社会中,公共管理人员既是公民的雇员又是公民中的一员。公共管理者既有责任为公众提供服务,同时作为公众中的一员又有权接受服务。另外公共管理者的角色十分容易受制于特定组织,并被特定组织界定。当这种情况发生时,效忠组织的义务与维护公众利益的职责之间的关系就被混淆了。公务员是一个受托人角色,任何接受这一职业的人都会被束缚在对所管辖区公众负责的义务中。政府组织工作人员就是负有特殊责任的公民,他们最首要的义务是公民义务。仔细考虑人们如何设计或重新设计角色、各种角色之间的关系以及组织的制度和文化。这一切都对角色予以限制并给角色提供机会。

③ 利益冲突。责任冲突的另一种情况是,在现代社会中,公共行政人员必须是不同

利益的管理者,这是价值相对性和社会多元化的必然产物。政府的政治和行政执法程序皆为不同利益关注的焦点。政府行政部门越来越被严重地卷入管理这些不同利益的问题当中。这种冲突包括角色冲突和各种权力资源之间的紧张关系。这些冲突中较为典型的就是以权谋私,即个人利益与我们作为一个公共管理者的义务之间产生冲突,它们表现为公共角色与私人利益之间的冲突,客观责任与个人可能利益之间的冲突。概要地说,这种冲突的解决方式在很大程度上依赖于我们生活的私人领域和公共领域相关的价值观。

在利益冲突中,我们必须处理伦理问题和法律问题。法律所提供的道德最低标准足以解决现时的困境。然而,为了防止用法律思考替代伦理思考,必须研究如何权衡个人利益与所承担的公务员责任之间的关系。责任冲突还有另外一个重要的方面:道德立法开始越来越多地取代道德思考。一旦公众的道德裁决形成法律形式,就可能把思考缩小到考虑某些行为是否合法这样的问题。总之,解决利益冲突要求既需要法律规制也需要道德评估。

(二) 公共管理伦理困境的化解

公共管理伦理困境的化解过程就是公共管理主体通过博弈进行理性的个人选择,进而协调公共管理过程中的各种矛盾的过程。

1. 公共利益至上

公共利益是公共行政伦理的基石,公共行政的宗旨是维护和服务于公共利益。公共利益至上应该成为公共行政人员最重要的价值目标和最基本的职业道德要求。公共利益这一观念只有真正融入公共行政人员的精神信仰和追求中,进入公共行政人员的主观意识,成为公共行政人员的实践理性,才能成为指导其公共行政行为的内在而根本的精神动力。只有这样才能使公共行政人员在面临各种利益冲突时,能够从公众的立场考虑并切实采取符合公共利益的公共行政行为。

公共利益在法律上的界定往往抽象或空洞,这也加大了人们实现公共利益的难度。公共利益的实现面临体制的困境,特别是我国处于转轨时期,政府在市场经济体制的构建中起着主要推手的作用,而依法治国又要求政府行为必须具有强公性假设,于是,政府往往以实现公共利益的需要为由使其行为正当化,这使公共利益很容易成为社会公共话语的焦点。公共利益的实现面临传统行政文化的困境。由于国家观念缺乏、家国不分的传统、国家和社会同构、中央集权的传统以及法律文化传统深受儒家思想影响,使公共利益的实现在我国缺乏一些深层次的支撑因素。公共利益的实现使其在不特定主体身上转化成为他们享有的权利,进而促成了不特定多数人个人利益的实现,而这种实现有时需要以牺牲少数人的利益为代价,需要限制或消灭少数公民对于部分个人权利的享有,即使这种享有的正当性是无可非议的。公共利益是个人利益的总和,公共利益的实现同时保证了个人利益的实现。

实现公共利益与私人利益的平衡,首先,要通过立法与司法从程序和实体上既有效地限制政府权力,又保护公民个人的合法权益不受侵犯。其次,公共管理部门应当在公民心中树立秉公自律的服务者形象。这其中政府无疑有不可替代的地位。此外,公民作为整个国家的利益密切相关者,应当树立整体观和大局观,为公共行政行为提供相应的协助和支持。

2. 慎用权力

权力的相对性要求对权力予以必要的规制,使其不至于超出应有的范围绝对化、泛化,从而导致权力的恶性膨胀。绝对的权力必然导致专制。柏拉图曾告诫世人:"绝对的权力对行使这种和服从这种权力的人,对他们自己和他们的子孙及其后裔,都是不好的;这种企图无论是以任何方式都是充满灾难的。"权力的相对性就意味着必须反对权力的绝对化。

权力是一把"双刃剑",一方面具有公益性。公共权力以公共利益为目标,要求公务人员运用公共权力公正地管理社会公共事务,维护和服务于公共利益的要求,是实现公共利益的手段。另一方面公共权力的行使掌握在具体的人手中,常常受到个人意志的影响,又具有个人性。如果由于忽视了对公共权力性质的把握,以至于其性质发生了异化,公共权力作为实现公众利益和满足公众需求的作用将会失去。这种双重性构成了公共权力的内在矛盾。因此,在应然的状态中,公共权力应当是属于公众的,而不能成为某些人谋取私利的工具。公共权力被滥用必然会引起以公共权力为媒介的各种交易,这种现象被称之为公共权力泛化。因此,任何公共行政部门和公共行政人员只能将公共行政权力运用于完成公共管理目标、实现公众利益的实践过程中。慎用权力是公共行政人员的基本德性之一。目前除了对公务人员的教育引导,我国还通过完善相关的制度建设达到约束公共权力的行使,控制公共部门及其工作人员行为的目的。

3. 责任本位

传统的政府是一种以权力为本位的组织,政府的组织建构是先设定权力,然后辅之以相应的责任。在这种逻辑下,权力是政府的基础,责任是对权力的限制与指向。传统政府行政模式中,政府官员通过追逐权力实现利益扩张,把权力作为谋取私利的手段,同时,政府往往只争权谋利而推诿责任。基于此,权责一致主张就成为民主与法治的基本诉求,进而成为系统的理论体系。新公共行政学派提出公共行政的基本原则应是高效的政府管理与社会公平,尤其强调公共利益和公共责任。甚至还有学者提出责任是政府的基础,权力是政府履行责任的工具,是先有政府责任然后才有政府权力。这些都体现了权力本位向责任本位转化的价值取向。责任作为人类社会历史发展的结果体现了一种社会关系,包括两方面的含义:①政府及其公共行政人员对社会大众负责,是一种义务;②因过失而受制裁,这是消极意义上的行政责任,是指应该被追究的行政责任。公共权力的公共性规定并体现了公共行政的责任原则。它表明责任与权力是统一的、对等的,拥有什么样的权力,就负有什么样的责任,承担多大的责任才能掌握多大的权力。因此,任何的公共行政主体都是责任主体,任何公共行政部门都必须以责任为本位。这是公共行政的基本逻辑。责任本位是公共行政过程中以责任为本位,即要求公共行政主体在公共行政活动过程中始终处于一种负责任状态,对所实施的公共行政活动承担责任。

四、和谐社会与我国公共管理伦理建设

(一) 我国公共管理伦理建设的现实问题

公共管理伦理的困境在我国国家行政体系的不同层面,在公共管理的过程中如价值理念、制度规范以及公共管理行为上都有表现,总体上可以概括为以下几个方面。

1. 公共管理体制的伦理困境

公共管理体制的伦理困境体现在公共管理系统的权力划分、组织结构、职能配置、运行机制等各个环节中。

由于特定的历史原因,我国社会公共事务管理形成了党委和政府这种二元主体的管理结构。在行政管理上,党政不分、以党代政的体制不仅使党组织因直接处理大量政务分散了精力,削弱了党的领导,而且弱化了政府职能,更容易导致决策的失误。

政府内部组织结构与职能配置存在伦理疾患。作为管理社会公共事务的机构,政府是一个纵向与横向交错的组织系统。在纵向上,政府组织结构表现为中央与地方政府、省级政府与下级政府等垂直方向的职责与权限关系;在横向上,表现为行政组织部门化以及地方政府间平行与斜交的利益与责任关系。各级政府组织以及行政部门间的这种权责关系直接关系到中央与地方的利益分配状况,直接关系到地方府际关系与政策协调,从而影响公共利益的整体实现水平。

过去划分政府职能的方法是对国家事务的"板块"式分割,即将政府职能划分为政治职能、经济职能、社会职能和文化职能等。显然,这种宏观的划分方法不能明确政府与其他社会组织之间的权力界限,更无法深入政府和职能部门之间分析其具体的职能关系。

伦理监督机制不尽完善。从形式上看,我国的行政监督体系是比较完整的,包括外

部监督和内部监督。外部监督主要有权力机关的监督、党的监督、司法监督、社会监督等多种形式,内部监督有一般监督和专门监督。但在实际运行中这些监督的形式并未达到预想的全方位的防范效果。经济体制的转型和政府职能的转换伴随着政府行为的失范乃至道德选择上的无所适从,这使原本不尽完善的行政监督体系更显无奈。缺乏行政监督的道德机制引发了一系列的公共伦理问题。

2. 公共管理组织的伦理困境

组织伦理体现于组织结构、组织文化等各个环节之中,表现为一种道德价值标准,以此增强组织的凝聚力并激励全体成员,进而提高组织绩效。行政组织伦理的现实困境体现在组织伦理与个人伦理行为的矛盾冲突。行政组织伦理制约组织成员个人伦理的不良后果是公务人员机械地服从组织意志,而不从公共伦理的根本要求出发考虑问题。这时个人的内部道德或良知往往屈从于组织的外部控制。"代理转化"的结果就是一个人感觉应对权威的指示负责,而不去想是否对权威规定的行为内容负责。因为命令的执行者认为行为内容是否合理合法是作为命令发出者的上级应该考虑的内容,服从上级命令对自己来说就是符合组织伦理的道德行为。

相当数量的有损于政府形象的行政行为引发了社会公众对政府组织的信任危机、行政机关内部的信任危机。为适应我国体制转轨时期的特定要求,面对新旧体制的摩擦冲突、社会利益和价值取向多元化等诸多社会因素的影响,政府必须改进对社会公众合理诉求的尊重态度,提高对公众需求积极回应的能力,提高社会管理和社会服务水平。

3. 公共管理者的伦理困境

管理伦理最终还是关于人的问题。公共行政的伦理困境不可避免地困扰着行政人,考验他们的法律素养和道德品质,影响行政品质,挑战公共行政民主精神和公正价值。公务人员在实施管理中的角色定位、依据何种服务理念,导致怎样的行为后果,将最终决定公共伦理关系是否会陷入困境以及受困的程度。

通常情况下,公务人员的角色定位受制于不同的政治体制和公共行政体系的制度安排。应然的伦理规定并不能避免公务人员在实际管理活动中的角色困扰,社会系统中的自然人角色总是不断地与公共管理者的职业角色发生矛盾和冲突。在诸多的责任面前,公务人员的选择体现了他的伦理倾向。一种选择是公共职业角色战胜私人角色,公务人员实现公共伦理对私人伦理的超越;另一种选择是公共职业角色让位于私人角色,或公共职业角色让位于组织角色。

我国政府管理体制转型的滞后与政府职能定位的不完善,造成了公务人员无法确定自己在公共管理职业中应该扮演何种角色、承担何种责任。因此,中国的公共伦理问题出现的一个重要原因就在于公务人员的角色不明,公共伦理的主体定位不清。正是公务人员在公共管理活动中出现了角色错位才引发了大量的破坏公共伦理的行为。

公务人员的公共管理价值观扭曲,具体体现在公共管理权力观、地位观、利益观等方面。我国行政模式虽然正在逐渐向服务行政转变,要求政府管理活动"以公民为本位"、"以社会为本位",强调"领导的本质就是服务",但实际中与等级观念相伴随的"政府本位"思想还未实现革命性转换,官贵民贱、上尊下卑的等级价值观仍有其一席之地。现实生活中,许多公共管理者不理解公共权力的来源与性质,有的认为权力是上级给予的,有的认为是职务赋予的,也有的认为是自己凭本事赚到的,而不认为公共权力是人民赋予的、来自于人民委托的权力。历史传统文化和社会环境等某些不利因素的影响,在一些领导干部中或隐或显地滋生着一些错误的权力观。公务人员利益观念的扭曲主要表现为:在处理个人利益与社会利益方面,索取与奉献失衡。有的公务人员完全不顾对社会公众的责任、义务,坐享其成,不劳而获,徇私舞弊,贪赃枉法,为追求个人利益牺牲社会利益甚至触犯宪法和法律;在处理物质利益与精神利益的关系中,看重物质享受、丧失职业理想;注重狭隘的眼前和局部利益,不顾长远和整体利益。

公务人员的公共伦理行为失范。公共伦理失范是公共权力行使中的一种异化现象。公务人员的行为失范是由私人伦理、经济伦理和组织伦理原则对公共伦理原则的侵犯导致的。首先,私人伦理侵害公共伦理导致的行为失范。在两种伦理原则面前,有些官员处理不得当,把私人伦理原则置于公共伦理原则之上,从而为腐败行为埋下了伏笔,引发违背基本职业伦理的公共伦理行为失范。公共伦理行为失范不仅局限于权钱交易等腐败性行为、违法行为,还应包括虽未追求自身利益,但仍产生公共管理不作为行为的情况。比如有的公共管理者在执行公务活动中出现的失职、渎职行为是公共伦理失范的又一种典型表现。再如,某些政府行政人员不仅借职务之便占用公共财产满足个人奢华欲望,吃喝玩乐,追求高档次享受,而且违背基本的人伦道德和社会公德,过着纸醉金迷、堕落腐化的生活,权钱交易、权色交易等,严重败坏了社会风气,损害了政府的正义形象。

(二)构建社会主义和谐社会与公共管理伦理建设

构建和谐的社会主义社会是政府公共行政以及实现社会管理和公共服务的目标和要求。积极推进公共管理伦理的制度化是构建和谐政府的有效途径,建设和谐社会的核心目标是追求社会的公平、正义以及秩序,而行政伦理的核心价值也是追求社会的公正和秩序,公共管理伦理与构建和谐社会紧密地联系在一起。

1. 和谐社会的核心价值理念:公平、正义、秩序

(1)和谐社会的内涵

和谐社会是指"社会生活诸要素或方面已然达到融洽互动与协调发展的社会或社

会状态"。简单说就是社会的发展符合人类社会发展的客观规律。和谐社会状态下社会大系统中的各子系统、系统中的各种要素都处于相互依存、相互影响、相互促进的状态。从广义上讲,和谐社会包括人与人的和谐、人与自然的和谐、个人与社会的和谐、经济发展和社会发展与社会的和谐等多方面的和谐。

和谐社会的第一个标志是,社会阶层之间的相互开放和平等进入;第二个标志是,各个阶层应当得到有所差别的并且是恰如其分的回报;第三个标志是,社会各个阶层之间应当保持一种互惠互利的关系,这就必须在其相互之间实现互惠互利的公正规则。因此,和谐社会是一种伦理上的价值诉求,核心理念是社会公平与公正以及法治精神所维系的秩序性。

2004年,中国共产党十六届四中全会明确提出了"构建社会主义和谐社会"的科学命题。此后,胡锦涛总书记又进一步指出,我们所要建设的社会主义和谐社会,应该是民主法治、公平正义、诚信友爱、充满活力、安定有序、人与自然和谐相处的社会。民主法治,是社会主义民主得到充分发扬,依法治国的基本方略得到切实落实,作为和谐社会建设的首要内容,既是和谐社会的根本保障,也是和谐社会的本质要求;公平正义,是打造和谐社会重要标志,是社会各方面的利益得到妥善协调,人民内部矛盾和其他各种社会矛盾得到正确处理,社会公平和正义得到切实维护和实现;诚信友爱,是构筑和谐社会道德底线,是全社会互帮互助、诚实守信,全体人民平等友爱、融洽相处;充满活力,是构建社会主义和谐社会的必然要求,是能够使一切有利于社会进步的创造愿望得到尊重,创造活动得到支持,创造才能得到发挥,创造成果得到肯定;安定有序,是构建社会主义和谐社会的基础性工作和关键环节,是社会组织机制健全,社会管理完善,社会秩序良好,人民群众安居乐业,社会保持安定团结;人与自然和谐相处,是构建和谐社会的必然要求,是使生产发展,生活富裕,生态良好。①

(2)秩序与公正是公共管理伦理的基本价值观

秩序与公正是行政伦理学说体系中的处于中心地位的价值追求。一方面,公正与秩序是政府在行政伦理建设中首要确定的目标与价值准则,其内涵及规定性体现了社会对公共管理行为的基本要求。公正即公平正义,其实质是社会要处于良好发展状态所必须确立的行为原则和价值标准,是社会秩序追求的最高境界,只有基于公正,社会才能建立起良好的秩序;秩序是人类社会存在的必然需求,具有公平正义性质的社会秩序,才是社会成员所期待的良好的秩序。公正与社会秩序问题,尤其是公正秩序理念,正是现代社会存在的价值合理性的理论前提,由此也就成为当今时代公共伦理建设中首

---

① 胡锦涛:《深刻认识构建社会主义和谐社会的重大意义——在省部级主要领导干部提高构建社会主义和谐社会能力专题研讨班开班式上的讲话》,载《人民日报》,2005年2月20日,第一版。

要选择的目标与行动的准则。

另一方面,公正与秩序是公共管理伦理学说体系中最基本的核心范畴。秩序是一种社会存在的状态,公正则是一种道德的理性原则;秩序的供给机器是政府,公正的存在根基是公众认同;为了维持社会公正的存在,就需要社会有序。为了社会秩序的长久与稳定,需要社会公正,没有公正存在的秩序是非理性的、恶劣的秩序,因而也是易破碎的秩序。唯有实现充足的公正供给,社会才会实现进步的、具有持久生命力的秩序。① 行政伦理追求的目标是构建公正而有序的社会,法律与伦理是保证实现这一理想的两股力量,相对于法律的外部强制力,伦理却是可以由外化转向内化的柔性的力量。

(3) 公共管理伦理建设促进和谐社会的构建

构建社会主义和谐社会必须构建公共管理伦理,因为影响当前中国社会和谐的诸多问题都与公共管理伦理的缺失有关。一方面构建和谐社会与公共管理伦理具有共同的价值取向,这也是在构建和谐社会的进程中公共管理伦理能够发挥主导作用的理论前提;另一方面构建社会主义和谐社会是政府实现社会管理和公共服务的目标要求,其结果的实现前提是政府公共服务和社会管理能力的提升。二者互为因果,相互促进,加强公共伦理建设才能使和谐社会的建构成为可能并且持续。

《中共中央关于构建社会主义和谐社会若干重大问题的决定》认为,"目前我国社会总体上是和谐的",同时也严肃地指出目前存在着诸多影响社会和谐的矛盾和问题。其中,"体制机制尚不完善,民主法制还不健全"、"一些领导干部的素质、能力和作风与新形势新任务的要求还不适应,一些领域的腐败现象仍然比较严重",这些问题其实都是公共行政伦理缺失的表现。公共行政伦理缺失是当前中国诸多不和谐现象的根源所在。因此,在构建社会主义和谐社会的过程中,我们要高度重视公共行政伦理的建构②。

维护和实现社会公正,关键在于妥善处理和协调各种利益关系,在全社会形成合理的利益格局。改革开放的深化和社会主义市场经济的发展,带来我国利益主体和利益需求多样化,使得社会利益关系更加复杂。如果各种利益关系和矛盾不能及时有效地得以调整和解决,就会在各个社会阶层和群体之间造成对立,甚至引发社会不稳定。以最广大人民根本利益为出发点,通过在民主基础上制定法律法规、确定利益主体、界定利益范围、指导利益分配、协调利益关系,并对社会困难群众给予救助,就能维护社会公正,避免社会利益之争的激化,使各个阶层实现共赢共荣,共享社会发展进步的成果。

(三) 公共伦理建设路径

有关公共伦理建设路径问题,中外学者们进行了大量的研究。其中西方学者库伯

---

① 王文科:《行政秩序与公正目标追求中的伦理之思》,载《伦理学研究》,2006(1),81页。
② 冯务中:《构建和谐社会与公共行政伦理的模式选择》,载《理论导刊》,2008(7),7页。

提出的控制责任冲突、解决伦理困境的两种方法论述得比较全面,即外部控制与内部控制,这一观点得到广泛的认可。他认为外部控制是指外在的制度体系,强加在个体身上的诸如伦理规范和伦理立法等;内部控制则指内化于行政人员意识中的职业价值和职业标准,也就是行政人员在社会化过程中遵循和体现的价值观。实践中,公共管理伦理建设是一个系统工程,体现在社会公共管理的政治、经济、文化、法律、道德等诸多方面。经过多年实践,我国行政伦理建设积累了一定的经验,也在某些方面取得了显著的成效。但从整体上看,行政伦理建设仍然严重滞后,亟须完善和加强。结合中国的实际情况和现阶段存在的问题,加强公共管理伦理建设的措施和途径主要侧重在以下两个方面。

1. 依法治国——外控与他律

党的十八大报告再一次重申全面推进依法治国。依法治国也是公共伦理建设的重要保证。其内在意蕴是旨在通过确定行政伦理准则,实行行政伦理法制化的过程,形成行政伦理的外部监督机制和评价机制。公共管理伦理立法是把伦理行为上升为法律规范,使伦理具有与上层建筑的政治同等的监督、制约的权力和作用地位。法律几乎已成为文明发达、法制完善健全国家的伦理规则汇编。

公共行政法制化的归宿是依法治国,构建行政伦理的法律体系。依法治国就是全体社会成员特别是国家行政权力的主体自觉地遵循具有正义与秩序价值的良法体系的治国方略。依法治国是一种治国的行动准则,建立法治国家最直接的目的是规范和限制政府权力,即国家不能依照少数领导者个人的主观意愿治理,而应依法治理。

依法治国的核心是依法行政。依法行政是指国家各级行政机关及其工作人员必须严格按照法律的规定,依据宪法和法律赋予的职责权限,对国家的政治、经济、科技、教育、文化等各项社会事务依法进行有效管理活动,充分行使管理国家和社会事务的行政职能,做到既不失职,又不越权,更不能非法侵犯公民的合法权益。依法行政的范围包括行政立法、行政执法、行政司法都要依法进行,其核心是行政执法。其中,依法行政的核心是依法行政执法。

2004年3月22日,中华人民共和国国务院发布《全面推进依法行政实施纲要》,对依法行政提出基本要求:

合法行政。行政机关实施行政管理,应当依照法律、法规、规章的规定进行;没有法律、法规、规章的规定,行政机关不得作出影响公民、法人和其他组织合法权益或者增加公民、法人和其他组织义务的决定。

合理行政。行政机关实施行政管理,应当遵循公平、公正的原则。要平等对待行政管理相对人,不偏私、不歧视。行使自由裁量权应当符合法律目的,排除不相关因素的干扰;所采取的措施和手段应当必要、适当;行政机关实施行政管理可以采用多种方式实现行政目的,应当避免采用损害当事人权益的方式。

程序正当。行政机关实施行政管理,除涉及国家秘密和依法受到保护的商业秘密、个人隐私外,应当公开注意听取公民、法人和其他组织的意见。要严格遵循法定程序,依法保障行政管理相对人、利害关系人的知情权、参与权和救济权。行政机关工作人员履行职责,与行政管理相对人存在利害关系时,应当回避。

高效便民。行政机关实施行政管理应当遵守法定时限,积极履行法定职责,提高办事效率,提供优质服务,方便公民、法人和其他组织。

诚实守信。行政机关公布的信息应当全面、准确、真实。非因法定事由并经法定程序,行政机关不得撤销、变更已经生效的行政决定;因国家利益、公共利益或者其他法定事由需要撤回或者变更行政决定的,应当依照法定权限和程序进行,并对行政管理相对人因此而受到的财产损失依法予以补偿。

权责统一。行政机关依法履行经济、社会和文化事务管理职责,要由法律、法规赋予其相应的执法手段。行政机关违法或者不当行使职权,应当依法承担法律责任,实现权力和责任的统一。依法做到执法有保障、有权必有责、用权受监督、违法受追究、侵权须赔偿。[1]

依法行政和依法治国的关系是密不可分的。依法立法、依法行政、依法司法和依法监督等内容组成依法治国的主要内容。在这些内容中,依法行政是核心和重点,是现代法治国家政府行使行政权力必须遵循的基本准则,也是实现依法治国的根本保证。

从以上的分析可以看出,依法治国的实质主要是法律制度约束的他律。法治社会是构建和谐社会的前提和保障,所以和谐社会首先应该是一个法治社会。构建社会主义和谐社会,必须健全社会主义法制,充分发挥法治在保障社会和谐、实现社会公正方面的重要作用。首先,政府权力需要通过法治体系所具有的权威性和强制性进行有效制约。只有通过法律手段建立一个规范、稳定的行政秩序,行政伦理才能发挥其应有的作用。其次,依法治国可以弥补以德治国非制度化的缺陷。行政伦理规范是在公共行政中逐渐凝聚而成的一种调整人内心信念和思想境界的力量,仅仅依靠这种精神约束很难形成强有力且规范化的制度机制。依据行政法律的制度性和强制性可以弥补行政道德作用的不足和缺陷。最后,通过行政立法可以明确行政道德规范的强制性和合法地位。没有相关法律保障,加强行政道德建设,建设以德行政的服务型政府只能是空谈。

2. 以德治国——内控与自律

公共行政道德化的归宿是以德治国。治国的关键在于治政,而"政"的主要决定要素

---

[1] 资料来源:http://news.xinhuanet.com/zhengfu/2004-04/21。

和起关键作用的是公共行政人员,只有公共行政人员能够以德行政,才能实现以德治国的目标。公职人员无疑是以德行政的主体,也是以德治国的主体。由此看来,以德治国的基础是由公共管理人员的内在价值观和伦理准则构成的自律。通过加强行政文化建设,使公共管理系统各层级人员树立正确的公共管理伦理观,形成内在的约束机制。可以通过对公务员进行行政伦理的教育和培训,培养行政伦理责任意识,铸造公共行政人员实现行政道德义务与行政良心的统一。行政良心是存在于行政主体意识中各种行政道德观念、心理品质的有机整合,是对行政责任的自觉意识,其本质特征是自律性;还应该提高行政主体在利益冲突和道德冲突中行政行为选择的能力,尤其是面对利益冲突与道德冲突的特殊时刻。这就要求在冲突中行政主体有正确评价功利价值的能力,有分清行政道德价值的能力及遵循社会利益高于个人利益的基本价值理念,这样才能在冲突中作出有效选择。此外激发行政主体进行道德修养的自觉性、完善行政人格也是不可或缺的重要方面,高尚的行政人格是行政主体坚持不懈地自觉进行道德修养的结果。以德治国的问题实际上是一个以德行政的问题,而且公共行政人员的以德行政是社会治理秩序的前提。

伦理建设中道德的力量主要体现在道德制约行政权力具有稳定性。法律对行政权力的制约具有的稳定性和权威性基于国家强制力,随着社会的发展以及行政环境改变,这种稳定性和权威性有时会转化成僵滞性,而道德制约的稳定性就不存在时间滞后问题,道德制约行政权力具有持久性。虽然道德对于公共行政人员的行为约束是潜移默化地缓慢地起作用,逐渐增强他们抵御外部不良诱惑的能力,但是这种力量的效果却是更持久的。良好的道德是合理行政的一项保证。

实际上,当道德主体理性地认识到道德规范、规则和原则,并使自己的行为主动符合这些道德规范、规则和原则的时候,他就获得了行为的自主性。所以说,公共行政人员的道德自觉是把他从一切外在强制中解脱出来的有效途径。只有当行政人员从公共行政的本质要求出发,把公共行政的理念和原则内化为他的道德规范,才能超越公共行政领域中的一切法律制度的外在强制性。

政府公共管理伦理建设是一个系统工程,以权力制约权力的机制侧重于事后的控制或惩罚,以使问题得到控制和解决。以道德制约权力的机制侧重于事先预防,将问题控制在可能出现之前。实际上,两条路径是相辅相成,互相促进的。外控和他律的路径可以为内控和自律提供行政伦理准则和规范,形成强大的外部约束力,起到保证和制约的作用;内控和自律的路径为外控和他律提供发挥作用的动力,强化和延伸外控和他律的效果,最终达到自警自律的高水平、高境界。

（四）和谐社会的公共伦理建设的具体策略

1. 探索新型的公共治理模式

构建服务型政府的新型政府治理模式。服务型政府模式的治理理念抛弃了"官本位、社会本位"，取而代之的是"民本位、社会本位"的理念。服务型社会治理模式更加关注公民社会发展、强调民主和公民参与，重视公民价值，以追求公共利益最大化为自己的最高价值诉求。在这种治理理念指导下，一切治理都是为了公共利益，行政人员的个人利益选择是建立在公共利益与自己个人利益统一的基础上。因此，这种政府治理模式能在很大程度上解决行政人员面临的"责任冲突"问题。

此外，在强调政府自身治理模式改革的基础上，有必要尝试引入"多元治理"模式。简单地说，这种模式强调治理主体的多元性，通过分工、合作、协商、共治的过程实现对社会公共问题的有效治理。《中共中央关于全面深化改革若干重大问题的决定》中指出要改进社会治理方式，实现政府治理和社会自我调节、居民自治良性互动。其核心主旨是反对政府权力的垄断和扩张，要求政府政策的制定、监督控制以及最终评价都必须从公共利益出发，经过不同利益主体的利益表达和博弈，遏制政府决策过程中的自利倾向，抑制行政人员行政执行时的自利行为。在多元治理中尤其要特别加强公民的参与，既要保证行政人员保持公众意识，还需加强公众对行政人员行为的监督，对于遏制行政选择过程中徇私腐败和违法违纪行为的发生具有强大的抑制力。

2. 加强公职人员的公共管理伦理教育

（1）强化公职人员的道德自律意识

道德是自律和他律的统一。自律是内在的约束动力，是他律的根本保证。只有自律意识得到提高，才能将外在的强制变为内在的自觉，从而形成良好的道德习惯。公共行政人员的道德状况决定政府的公共管理水平、公共管理质量及其服务效能等。公正、清廉、勤政、自律等中国历史传统积淀下来的为"官"之道应成为每位公务人员的座右铭。

（2）提高公职人员对公共管理伦理的认知水平

教育公职人员要认识到良好的公共管理伦理是为政之本。每一位公共行政人员都应该明确肩负的责任与使命，正确处理权与责的关系、个人利益与公众利益的关系，在行为选择的价值体系中注重公平与公正，杜绝谋取私利、徇私枉法等破坏政府与行政组织形象等行为的发生。否则，他的行为将是对社会公正的破坏，也会造成政府能力的弱化，使社会成员缺乏对社会的责任心和信任感，降低政府的公信力。

（3）培养公职人员的职业伦理水平

公职人员的工作是一种特殊的职业，他们代表国家和政府行使国家权力、执行国家公务、组织和管理公共行政事务，由此决定了他们必须是社会公共利益的维护者，承担维护公共利益的一系列责任和义务。从职业伦理角度看,行政公务人员既要具备一般社会成员的伦理素质,又要具备作为政治角色的职业伦理水平。职业伦理应该是以职业道德为主要内容的伦理价值体系,职业道德实质上也是责任与义务的表现。责任是对国家权力主体负责,通过完成相关行政事务,履行自身职责,实现为国民谋利益的目标。对行政活动主体而言,行政活动过程也是完成一个为国民尽义务的过程。

3. 培植与规制提供公共服务的多元伦理主体

总的来看,我国现有的有关非政府组织的法律制度框架并不能给予非政府组织的发展以全面促进和积极保护。现行法规解决的问题在很大程度上在于如何规范非政府组织的行为,使其在政府组织的掌控范围内,而不是怎样最大限度地发挥非政府组织为社会公共利益服务的功能。造成的后果就是:一方面非政府组织在烦琐的手续规定和各种不同的法制制度及其实施主体之间的摩擦中艰难地生存;另一方面又肆无忌惮地利用手中的资源和权力为组织成员谋取个人利益。

在我国要明确和落实非政府组织的社会责任和公益功能首先要充分发掘非政府组织的公共伦理主体地位,正确处理官方和民间的关系。加强道德规范建设,完善非政府组织的自律机制。非政府组织本身虽然被认为是一种具有道德性的组织,但实际中的非政府组织常常因为各种利益诱惑而丧失其社会公益性本质,被某些特殊利益集团控制或成为个人谋取私利的工具。通过组织文化的塑造形成多数成员共同遵循的基本信念、价值标准,创造认同和执著追求社会公益的工作氛围,保持文化激励的持久性。此外,非政府组织公益性功能的实现同样有赖于法律制度和社会问责等外部监督机制的完善。

4. 强调公共管理伦理立法

公共伦理法制化可以通过公共伦理立法实现,它通过立法程序把公共管理主体在管理社会公共事务过程中涉及利益冲突的普遍性、基础性的行政伦理准则的最基本的伦理道德要求以法律规范的形式确定下来,并使之规范化、制度化,明确公职人员必须履行的公共责任,确定公职人员必须坚守的伦理底线,使伦理具有与法律同等的监督执行权力的作用和效力。美国的《从政道德法》、英国的《防腐败法》、新加坡的《防止贪污法》、韩国的《公职人员伦理法》和中国香港的《防止贿赂条例》等在政府防腐肃贪中的作用说明了这种做法的必要性。

公共管理伦理法规首先应该体现层次性、针对性,既有行政人员普遍遵守的总规定,又有各级各类行政人员的分类规定。其次,内容要基准化,即以行政人员应当遵守的最起码、最低限度的伦理道德规范为内容。最后,形式的通俗化,即规范本身表现出通俗明白、具体可行的特点。

行政伦理法制化是现代法治国家行政伦理建设的基本趋势。我国政府已经将约束公务人员的基本道德规范纳入法制化轨道。《宪法》、《公务员法》以及各种行政法规等都是伦理制度化的重要体现。但目前我国并没有出台专门的针对行政人员公共伦理行为的伦理法,尚未建立起具有中国特色的社会主义公共伦理法制体系。我国的许多法规和条例中虽然都涉及公务人员伦理行为规范内容,但大量的伦理规范多是名存实亡,形式化严重,其实际的法律效力并不尽如人意。故此,当务之急是探索制定中国公务员伦理法,建立规范国家公务人员从政行为的制度体系,完善领导干部重大事项报告制度和收入申报制度等相关规定。加快廉政立法进程,并将其作为伦理法规的重中之重,完善刑法、刑事诉讼法等相关法律制度。总之,我们亟须基础法律层次即伦理法的根本支持,这样整个公务人员的伦理规范体系才能有坚实的根基。

5. 构建公共伦理评价机制

（1）规范公共伦理评价的主体

伦理评价的主体应该保持相对于评价客体的独立性,改善公共伦理评价的主客体关系。首先,在行政权力体制内部,公共伦理评价主体与被评价对象不能存在行政隶属关系,这是确保公共伦理评价结果真实和有效的关键所在。公共伦理评价工作涉及政策性与运用科学的评价方法,对评价主体的能力和素质有较高的要求,评价者本身要具备良好的公共伦理素养和专业能力,这些直接关系到伦理评价的质量和效果。

（2）规范公共伦理评价的标准

传统的公共伦理评价偏重于盲目的政绩评价,其标准设定和评价过程易受人情关系等左右,或者考虑组织自身利益过多。科学的公共伦理评价应该以公共利益的实现和公共需求的满足为最高标准,体系设定中应体现公正、公平的价值追求,否则将失去伦理评价的意义。因此,公共伦理评价标准的制定和执行应该基于公共管理的职业特点和职位要求,把公务人员的职责完成情况作为基本评价内容。政绩评价要警惕那些急功近利的有害于公共利益的短期行为,评价其优劣的前提是要正确判断该行为的出发点是否与国家和人民的整体利益以及长远利益相一致。同时,不能单纯地把经济指标作为衡量政绩的唯一依据,而要将精神层面的影响作为评价的重要内容。尽管精神层面的伦理评价很难量化,但对精神性成果的评价也要制定出便于操作的标准。

（3）规范公共伦理评价的机构和制度

我国应该设立专门的公共伦理评议、咨询机构,其主要职责是对公务人员进行公共伦理的教育宣传、咨询和评议,并以法律形式授予它对公务人员的伦理训导权、质询权、鉴定权、警示权、褒扬权以及行政和司法建议权等。[①]

---

① 刘慧:《行政伦理评价中的问题及对策》,载《中国行政管理》,2004(5)。

6. 引导公民社会的参与和监督

党的十八大报告指出要加强"四个监督"即加强党内监督、民主监督、法律监督、舆论监督。让人民监督权力,让权力在阳光下运行。在服务型政府的公共伦理体系中,应发挥公民社会参与公共决策和公共管理活动的作用。公民个人虽然并不是公共管理的主体,但却是公共管理活动双向互动的积极参与者,更是公共服务的消费者。服务型政府就是要实现国家与社会的互动,通过引导塑造公民社会的责任感和参与意识,培育公共伦理精神,提高公共管理绩效。形成普遍性、经常化的公民参与方式,对于行政伦理建设起着越来越重要的作用。

具体地讲,公民的参与表现在:①公民参与公共政策的过程,即政策的选择、执行和跟踪反馈都需要公众参与保证其公正、效率、合法地实行;②将公平之类的社会责任纳入绩效评价指标中是公共伦理的现实要求,实现政府管理活动的绩效目标与兼顾社会责任的有机统一;③民众通过加入志愿团体等非政府组织承担起力所能及的帮助公共产品生产和参与提供公益服务的责任;④在市场经济发展过程中,协调阶层的分化和多元的价值,通过公私利益的有机协调达到社会的善治状态;⑤在经济一体化、全球环境治理、国内外突发事件频发的形势下协助政府解决公共管理难题。①

要特别注重发挥社会舆论的监督作用。社会舆论具有明显的行为约束的优势,反映整个社会对人们行为的一种监督。作为一种道德评价模式,社会舆论会促使行政人员遵循最起码的行政道德标准。社会舆论主要通过对某一行政行为的褒贬评价向相关成员传达社会反馈,指明行为准则,指引行为方向,从而起到规范行政行为方式的作用。比如,在美国的行政伦理规范建设中,发挥重要作用的因素除了其政治本身的三权分立、权力制衡外,还包括被称为"第四权力"的新闻媒体以及有宗教领袖参加的组织等社会群体的监督作用。

真正实现公共管理过程中的公民参与还需要法制上的完备与保障。加快公民参与立法建设是一个刻不容缓的法制任务。应该尽快出台公民参与法,改变现行法律体制中有关公民参与法规过于分散,缺少统领性规范的现状,完善专门法中有关公民参与具体程序的规定,使公民参与行为更具有可操作性。

---

① 靳永翥:《论治理变革中的公民参与及责任体系建构》,载《江西行政学院学报》,2005(1)。

第十三章 公共管理改革与创新

由于公共管理事务的复杂化与多样化,公共管理主体要实现善治,就必须顺应时势的变化,适时推进公共管理改革与创新。为此,明确公共管理改革与创新的基本原则,阐明并借鉴西方国家公共管理改革与创新的可行方略,实现协同治理,达到善治,就成为探究公共管理改革与创新所必须明确的核心内容。

一、改革与创新:公共管理发展的永恒主题

在这个变革的时代,政府治理的环境更为复杂和动荡。世界各国政府面对前所未有的问题与挑战,政府要想妥善地应对和解决社会公共管理问题,就必须适时地放弃政府单一管理中心主义,实行以政府为主导的多组织的协同治理,推进公共管理的改革与创新。何为公共管理改革与创新?伯恩认为公共管理改革是"公共服务规划和供给制度安排的审慎变革"。① 我们认为,公共管理改革与创新(Public Administrative Reform and Innovation)就是公共管理主体(核心是一国狭义上的政府)为了提高公共管理效能、改善公共管理职能、权衡多方合法合理利益的实现而进行的改革性与创造性活动。公共管理改革与创新过程实际上是一个持续不断地对公共部门进行完善的过程。值得注意的是,创新(innovation)必然是改革(reform),而改革却不一定是创新。改革与创新可以说是公共管理发展的永恒主题。

公共管理改革与创新的典型新公共管理运动首先在西方国家兴起。"新公共管理概念最早在 1991 年被提出,在一篇名为《一种普适性的公共管理》的文章中,著名公共管理学者胡德指出,在 20 世纪 70 年代中期以后,英国以及其他经合组织国家纷纷掀起了政府改革运动。他将这些改革运动称之为'新公共管理运动'。"② 新公共管理运动以英、美

---

① [英]伯恩等著:《公共管理改革评价:理论与实践》,3 页,北京,清华大学出版社,2008。
② 程祥国、韩艺:《国际新公共管理浪潮与行政改革》,211 页,北京,人民出版社,2007。

为主要代表,在世界各地产生了广泛的影响。"英国政府自 1979 年撒切尔夫人上台后,开始了以注重商业管理技术,引入竞争机制,进行顾客导向为特征的新公共管理运动,推行了西欧最为激进的政府改革计划。"[①]美国政府以奥斯本和盖布勒的《改革政府》为理论指导,于 1993 年克林顿时期,开始了大规模的政府改革——"重塑政府运动"。1994 年,美国政府在此基础上颁布了《顾客至上:服务美国民众标准》,主张建立顾客至上的政府。随后,加拿大、澳大利亚、新西兰、荷兰、日本等国都把顾客导向作为公共管理改革的重要环节,掀起了公共管理改革与创新的浪潮。政府管理创新已经成为世界性热点,例如联合国"全球政府创新论坛"、福特基金会、哈佛大学肯尼迪政府学院"美国政府创新奖"等。一时间,"超越科层制"、"企业家政府"、"电子政府"、"政府流程再造"等成为公共管理改革与创新的热门话题与目标。

(一)公共管理改革与创新的价值

以政府为核心的公共管理主体在推行公共管理改革与创新的过程中,总要遵循和实现某些价值准则。这些价值准则可以从以下两个方面探究。

其一,从价值准则所指向的主体利益取向看,公共管理改革与创新是要在动态的管理变革过程中实现社会多方利益主体合法合理利益之间的综合权衡,以使最终呈现的社会合力支持公共管理改革与创新。美国学者蒙哥马利·范瓦特在《公共管理的价值根源》一文中提出:"有五种主要的价值根源影响着公共政策的制定,它们包括:个人价值、职业价值、组织价值、合法价值和公共利益价值。"经过深入分析之后,他最后认为:"大多数人都知道,极少的管理者会故意违背法律,侵犯公共利益,破坏他们的组织,违背职业规则或恶意获取个人私利。对更多的公共管理者构成挑战的是,他们必须修改不合理的法律;平衡相互竞争的公共利益群体;从组织自身的多种利益中选出适当的组织利益;提出一种更高的、但成本低的职业标准以及不过分追求也不完全放弃个人利益等。在大多数情况下,一个好的管理决策要考虑有两个或更多的合理的价值根源,管理决策要包括处理好非程序性与程序性的矛盾、被动与主动的矛盾、个人利益与公共利益的矛盾等问题。没有固定的规则将这些相互矛盾的价值排好顺序。当各种价值出现矛盾时,管理者靠自己的行为不能判断决策是否是正确的和符合伦理的,只能靠管理者对各种合理价值进行认真思考后才能得出正确结论。"[②]很明显,公共管理改革与创新能否顺利推进,改革的推动者要考量以上五种价值对改革与创新的制衡作用。

其二,从价值准则所反映的治政理念看,归结起来,公共管理改革与创新的可行措

---

① 陈振明:《走向一种"新公共管理"的实践模式——当代西方政府改革趋势透视》,载《厦门大学学报》,2000(2),77 页。
② [美]蒙哥马利·范瓦特:《公共管理的价值根源》,载《经济与社会体制比较》,2002(4)。

施都要符合行政正义的规范要求。所谓行政正义,或者说组织管理合法合理的标准,实际上是三维的,即行政管理乃至所有的管理本质上都要在效率、公平与稳定之间做好权衡,任何时候都不能丢弃任一价值标准。如果违背了这一基本要求,管理必会导向混乱和无序。可以说,任何管理的要点和最大困难就在于组织决策者如何平衡和削弱公平(包括不同公平之间)、效率和稳定诸方面之间的冲突,进而促进诸方面之间的和谐共存、一体共进,公共管理改革与创新亦是如此。①

综合以上两种视角对公共管理改革与创新的价值理解,可以说公共管理改革与创新的终极价值在于公共管理主体(特别是政府)通过行为的完善建立社会公众满意的政府。公共管理行为是否适当,从根本上取决于政府职能是否准确定位,而公共管理改革与创新的成败在很大程度上取决于政府职能转变是否到位,因此,公共管理改革与创新是公共管理主体行为完善的核心。公共管理主体行为的完善既能够提高政府的办事效率,又能够强化政府的行政职能,树立政府的形象,使社会公众的利益得到维护与增进,社会公众对以政府为核心的公共管理主体的管理有较高的认同——这正是其终极价值所在。

(二) 公共管理改革与创新的特性

大体而言,公共管理改革与创新的特性表现为以下七个方面。

1. 实践性

公共管理改革与创新是基于实践的需要,改革与创新的措施如果脱离了实践的客观需求,只会导致蛮干与乱动,就是瞎折腾。当然,这也不是说现实中公共服务对象的任何要求都要在公共管理改革与创新中予以体现与满足。公共管理主体在推进公共管理改革与创新时必须依照法律规范和伦理规则对各种实践现象进行鉴别,明确改革与创新是为了实现善治,而不是为了满足某些利益群体的非法私利。

2. 有效性

管理必须讲效益。尽管对公共管理改革与创新存在某种程度上的新管理主义的批评,企业家政府的提法或许欠妥,但无论如何,公共管理改革与创新强调降低公共管理成本,提高公共管理绩效,毋庸置疑有其内在合理性。

3. 公共性

公共性是公共管理的本质特性,也是公共管理改革与创新的必然要求。公共性要求公共管理改革与创新必须维护与增进公共利益,与此同时,又不是狭隘地只讲公共利

---

① 刘堂灯:《论行政正义的三维标准》,载《内蒙古师范大学学报》,2007(1),92页。

益(国家或者政府的利益)而不顾及公民合法私利的实现。公共性的完整内涵在此特别指公共管理主体(核心是政府)在制定与执行公共政策的过程中,学会利益权衡与统筹兼顾,善于从"公众、公益、公意、公正"的角度处理各种公共问题。

4. 合法性

合法性(legitimacy)问题是现代政治学及其他许多社会科学分支学科的重要研究对象。按照法国学者让-马克·夸克的理解,"最通俗地讲,合法性是对被统治者与统治者关系的评价。它是政治权力和其遵从者证明自身合法性的过程。它是对统治权力的认可"①。正是由于当代社会管理在相当程度上存在合法性危机,才推动和促进了各国政府热衷于实行公共管理改革与创新,并希望借此取得最广大公众满意的政府绩效,提升政府合法性的基础和力度。

5. 回应性

公共管理改革与创新的过程是公共管理主体负责任地不断调整公共管理方法以回应公共服务对象合法合理需求的过程。"简单地讲,回应性(responsiveness)是指公共管理人员与管理机构必须对公民的要求作出及时的和负责的反应,另一方面是对正在实施中的政策的合法性和有效性进行跟踪,及时作出反馈。在必要时还应当定期地、主动地向公民征询意见,解释政策和回答问题。回应性越大,善治的程度也就越高。回应性并不足以否定法制,而是在法律的保障下更好地促进公民参与。回应性与合法性、责任性和效能性密切相关,甚至可以说是它们的一种内在的延伸。"②

6. 民主性

公共管理(学)的兴起本身就意味着公共管理主体的多样化,意味着多个公共管理主体民主参与到公共管理事务中。"当今时代经济结构、社会结构变动加速,产业分工细化,重大的自然和社会突发事件增加,新情况新问题层出不穷,公共管理的范围、复杂性和难度也大大增加。同时,随着经济的发展,人民生活水平的提高,公众对公共产品和公共服务的需求不断增长,参与公共管理的欲望也越来越强,公共管理的内涵和任务都发生了深刻变化。"③公共管理改革与创新的重要体现就是发扬民主,使以公民社会组织(civil society organizations)为代表的其他公共管理主体在国家法律和政府政令的指导之下开展公共事务管理。这一过程既是程序民主与实质民主的彰显,也是政府改善治理方式、提升政府合法性基础、形成新型的政府与社会关系的过程。

---

① [法]让-马克·夸克:《合法性与政治》,12页,北京,中央编译出版社,2002。
② 黄德发:《政府治理范式的制度选择》,215页,广州,广东人民出版社,2005。
③ 陈福今:《以科学发展观为指导 推进公共管理创新》,载《国家行政学院学报》,2006(4),6页。

7. 有限性

有限性的含义首先是指有限政府的建立与完善。有限政府是与无限政府相对立的,是民主政治、市场经济和公民社会的必然要求,也是人类智慧知识的有限性决定的。有限政府具体表现为政府职能有限、政府权力有限、政府规模有限和政府绩效有限。针对公共管理改革与创新而言,有限性又是指改革与创新的步伐不能太快,不能急于求成,要明确改革与创新是一个长期的渐进的过程,不能指望通过一次或几次改革与创新就能解决所有的公共问题。

（三）公共管理改革与创新的动力分析

"20世纪的最后25年,伴随着全球化、信息化、市场化以及知识经济时代的来临,西方各国进入了公共部门管理尤其是政府管理改革的时代。无论是英美、欧洲大陆国家,还是在地球另一边的澳大利亚、新西兰和日本,都相继掀起了政府改革的浪潮(在转轨国家、新兴工业国家和大部分发展中国家也出现了同样的改革趋势)。"[①] 这次公共管理改革浪潮在整个世界兴起,范围广、持续时间长、影响深远,方兴未艾。究其改革与创新的动力,尽管各国政府公共管理,改革的起因、议程、战略、策略,以及改革的范围、规模、力度有所不同,但从本质上讲,世界各国公共管理改革与创新的目的都是为了顺应公民社会的需求,向公众提供公正、透明、高效、优质的公共服务,并借此提升政府形象,增进政府治理的合法性。世界各国推进公共管理改革与创新实有其内在的必要性。概括起来,主要有以下几方面原因。

1. 全球化产生的竞争压力

全球化所带来的竞争压力,迫使各国想方设法提高本国政府管理和服务水平,以吸引投资和一流人才。众所周知,全球化是20世纪70年代以来在世界范围日益凸显的新现象,是当今时代的基本特征,涵盖经济、政治和文化三个领域。全球化使得"政府在行政价值取向上无法单纯根据本国的需要和条件来设定发展目标而置其他国家利益或全球公共利益于不顾,而必须更多地从全球的角度来选择本国可能的发展目标,因为今后单凭一国之内的资源和市场,以及完全由一国政府独自操作、在一国范围内组织经济活动,已很难实现成功的经济发展。各国政府的协调与合作将有助于节约交易成本与交易费用,改善经济环境,促进经济与社会发展"。[②] 全球化下人才、资金等各种资源在全球形成流通,各国要想在全球竞争的市场争得更多有益本国社会经济发展的资源,就必

---

① 陈振明:《走向一种"新公共管理"的实践模式——当代西方政府改革趋势透视》,载《厦门大学学报》,2000(2),76页。
② 陈瑞莲、刘亚平:《全球化时代的公共行政:危机与重构》,载《中山大学学报》,2003(2),35页。

须改善公共管理方式,提高公共管理水平。与此同时,在日趋激烈的国际竞争进程中,无论是发达国家还是发展中国家政府,都将面临更大的压力,不得不在施政过程中考虑国际影响与国际义务。政府必须适时对传统的公共管理职能和公共管理方式进行调整和变革,以顺应国际大环境的需求。

2. 信息化带来的变革

信息化提高了公共管理和服务的技术水平,并对传统官僚制提出了挑战,要求政府调整公共管理和服务的职能。信息化是指随着社会经济的发展,从以物质与能源为经济结构的重心向以信息为经济结构的重心转变的过程。同时,公共管理实现信息化是公共管理改革与创新的出发点和落脚点,也是各国政府进行公共管理改革与创新活动的基本目标。"经合组织曾于1998年3月发表一份报告,指出信息化对公共行政的影响主要体现在:①重塑政府与信息社会的关系。政府作为政策制定者,要承担起信息技术创新、利用的战略规划和引导责任,提供信息技术应用的相关规则,并善于利用信息技术来提高政府公共管理与公共服务的能力。②建立新型的合作伙伴关系。信息技术深刻地改变着政府与其他社会单元之间的关系。政府垄断信息以及传统的政府权威受到挑战,政府必须与其他社会单元建立新型的合作伙伴关系。③改变政府结构。传统政府结构可能只适用于实现政府的某一个功能(如执法),而在为公民提供多元化服务方面,信息化则为政府提供了替代性的组织模式。④越级等级制。信息技术提供了强大而开放的信息系统,从而使不同层次的行政单位能摆脱传统的层级制的管理方式,为不同层级行政单位的合作提供了新的途径。⑤伦理和信任问题。信息化意味着愈来愈多的敏感信息流过互联网,政府将更加透明化。从总体上看,作为一种环境的信息化为公共行政改革提供了强大推动力,作为一种技术手段的信息化为公共行政改革提供了技术支持。但信息化推动公共行政改革必须与其他动力因素结合起来。"[①]可以说,当代世界各国推行的公共管理改革与创新,基本上都受到了信息化和网络政治的影响。

3. 各种危机推动公共管理改革

东西方各国政府在20世纪70年代末期以来,不同程度地出现了财政危机、管理危机和信任危机,这些危机促使政府推行公共管理改革与创新。以西方国家为例,一些西方国家推行的福利国家政策在20世纪70年代遇到严重的挑战。在20世纪70年代末,西方发达国家出现经济"滞胀"。通货膨胀居高不下,经济停滞不前,政府税收增长乏力,政府债务呈现几何级数增长的态势。西方各国为了保证统治的合法性与治理的有效性,纷纷探索与寻求开源节流、平衡预算的可行选择。由于纳税人的税收负担水平已经

---

① 张璋:《20世纪80年代以来的全球行政改革:背景、理论、举措与经验》,载《北京行政学院学报》,2002(4),32页。

较为沉重,依靠减税以缩减预算赤字的空间极其有限。因此,通过改革政府治理方式控制财政赤字,缓解日益尖锐的社会经济矛盾,自然就成了一种现实的可行手段。正如西方学者指出的:"当代西方世界的行政改革主要是由严重的财政赤字所引发。大规模地削减预算无疑构成了大多数行政改革的主要动因。"①西方国家管理危机与财政危机有关,但更主要的是与政府规模庞大、机构臃肿、官僚主义、效率低下有关,财政危机与管理危机自然引发西方国家公众对政府管理的信任危机。再以中国自身的情况为例,1978 年召开的十一届三中全会决定实行改革开放,大力发展经济,无疑也是受到当时的财政压力以及某种程度上管理危机和信任危机的影响,因而决定推行改革开放,并逐步明确改革开放是涵盖政治体制改革的全方位的改革。

4. 媒体和公众舆论迫使政府进行公共管理改革

公民社会逐渐深入发展,大众传媒发达,公众舆论成为公共管理改革的舆论压力。公民社会是指由自由的公民和社会组织机构自愿组成的社会。公民社会在政治上的表现是以人为本方略在全社会得以有效贯彻。在公民社会里,每一个公民都有公民权利,公民拥有较高的法治理念与社会公德意识,他们可以依照法治的原则行使言论、出版、集会等权利,这些公民权利不受其他力量的非法干涉,公民个人、公民组织、公权机构,政党和政府在公共管理事务中都有发言权和参与权。在公民社会里,公民之间结社非常普遍,公民可以通过 NGO 参与公共管理事务。此外,"大众传播媒介的普及形成的监督作用也迫使政府进行改革。电视、广播、报纸、网络的普及形成了一种'鱼缸效应',政府官员像在鱼缸中的金鱼一样一直处于大众的监视之下。媒体为了吸引观众或读者总是力图报道政府的丑闻,批评政治家,对行政官员的低效以及由此造成的对资源的浪费也不断进行揭露。其中一个很有趣的例子就是美国政府办公室要换个灯泡时,虽然灯泡本身的价格只有四美元,但换灯泡得到批准却要经过 17 道程序,耗费 240 美元,极其无效率"。②媒体经常揭露这类事情,使政府处于诚惶诚恐之中,从而迫使政府进行公共管理方面的改革与创新,以提高其自身的管理和服务水平。

5. 民众对政府的不满成为推动公共管理改革的政治压力

民众对政府的不满与对民主的要求,成为公共管理改革的思想基础。自 20 世纪 70 年代末期以来,有关政府问题的争论主要围绕规模和扩张展开。然而,人们逐渐发现,随着时代的变迁,规模庞大并日益扩张的政府在效率上并没有与时俱进地得到提升,反而是效率日渐低下。纳税人支付了高额税负,换来的只是劣质的公共服务,政府规

---

① [荷]瓦尔特·基克特:《荷兰的行政改革与公共部门管理》,见《西方国家行政改革述评》,196 页,北京,国家行政学院出版社,1998。
② 佚名:《当代公共管理与政府改革》,http://lw.china-b.com/gggl/lwzx_634476_4.html。

模导致的税收负担以及税收总额的损失却又由整个社会来承担。这种政府管理无效率的状态,损害了政府作为"最后的依靠"的形象,导致广大民众对政府的不满。这种不满情绪的不断增加,最终形成推动政府改革的政治压力。在公民对政府治理现状日益不满的同时,公民对民主也提出了更高的要求。然而,民主并非意味着让公民当家做主从而完全控制政府官员,因为这样做的交易成本非常高,是不可行的。而且这种民主往往使得民选政府面临巨大的增加公共开支的压力,导致大政府,也易于导致所谓的"民主暴政"。因此,实际的民主应该是公民负担得起、也愿意负担的民主。这种还政于民的现实追求,客观上也要求政府为促进整个社会的和谐,尽快完成其管理方式向有限且有效政府的顺利转型。

6. 新的公共行政理论对政府公共管理改革与创新起到指导和推动作用

新的公共行政理论,如治理理论、新公共管理理论、公共选择理论、新自由主义理论和新制度经济学理论也对政府推行公共管理改革与创新起到了非常重要的指导和推动作用。以新公共管理理论(new public management theory)为例,新公共管理理论是20世纪80年代以来兴盛于英国、美国等西方国家的一种新的公共行政理论和管理模式,也是近年来西方规模空前的公共管理改革的主体指导思想之一。它以现代经济学为理论基础,主张在政府等公共部门广泛采用私营部门成功的管理方法和竞争机制,重视公共服务的产出,强调文官对社会公众的响应力和政治敏锐性,倡导在人员录用、任期、工资及其他人事行政环节上实行更加灵活、富有成效的管理。

新公共管理已经成为西方公共管理改革浪潮中的重要实践和理论,与以往传统的公共行政框架内进行的变革不同,新公共管理不是对现存行政管理体制和方式进行某种程度的局部调整,或仅仅是为了降低行政管理的成本,减少行政费用开支。更重要的是,它是对传统的公共行政模式的一种全面清算和否定。新公共管理理论通过推进改革管理的整体的多元化和公共管理手段的企业化,促使政府不再担当公共产品和服务的唯一提供者,而是担当公共事务的促进者和管理者,这有助于提高公共管理的有效性和促进社会可持续发展。其他的公共行政理论也在不同程度上推进着公共管理的改革与创新。[①]

(四)公共管理改革与创新的基本原则

公共管理改革与创新要取得显著的成效,得到多方的满意和利益的均衡实现,必须坚持以下六个基本原则。

[①] 限于篇幅,其他公共行政理论在此未作具体阐释,相关内容可参见:①竺乾威:《公共行政理论》,上海,复旦大学出版社,2008;②张璋:《20世纪80年代以来的全球行政改革:背景、理论、举措与经验》,载《北京行政学院学报》,2002(4)。

1. 理论与实践相结合的原则

在公共管理的改革与创新的过程中,最重要的是坚持理论与实践相结合的原则。面对当下炙手可热的各种管理理论和管理体制,改革者要保持清醒的头脑。评价一个制度,不能单纯地从理论角度分析它的优劣,要将它放到实际当中去,看它是否具有实用性,能否促进主体的发展。即使同一理论体系或制度,在不同情况的国家或地区也具有不同的适用性。改革者要用谨慎地从中找出与自身实际情况相符的理念和观点,不能全盘接受、照搬照抄。

以新公共管理理论为例,新公共管理运动有力地推动了西方国家的公共行政改革,但这一理论却并不完全适合我国。在任何改革过程中,起初的改革是最好进行的,之后体制的改革稍加困难,而原有思想则是改革过程中的最大桎梏。新公共管理提倡以企业理念经营公共部门的组织机构,并坚持以"顾客导向"为宗旨。这对于我国庞大的公共管理组织来说,要像企业一样运作有一定的困难。而且我国两千年封建制度下的官本位思想深深植入人心,这就使包括政府在内的公共管理组织机构人员很难做到以顾客至上、顾客满意的思想服务人民。

2. 公共性原则

公共管理改革与创新的公共性原则首先与政府公共性的概念理解有关,或者说它与政府公共性的内涵密切相关。对于何谓政府的公共性,不同的学者有不同的理解。孙柏瑛认为:"在一般情况下,它(政府的公共性)指政府作为人民权力的受托者和委托权力的执行者,应按照社会的共同利益和人民的意志,从保证公民利益的基本点出发,制定与执行公共政策。"[1]李景鹏认为:"第一,政府的公共性是一个比较复杂的概念,它首先表现在其合法性上。这就意味着管理的权力是由公众委托的权力,因而是受公众制约的权力。第二,政府的公共性表现在其所管理的对象是公共事务,也就是和每个公民的利益密切相关的事务,而不是仅仅与某个特殊阶层的利益相关的事务。第三,政府的公共性表现在政府的公共决策过程应该是公民与政府之间的互动的过程。第四,政府的公共性表现在政府管理的内容应该主要体现政府对公民的服务。第五,政府的公共性表现在面对政府,每个公民都有平等的参与权利。"[2]简言之,政府的公共性蕴含着履行契约、承担责任、公平公正、开放互动等现代政治文明精神,要求政府的行为围绕"公"(公众、公益、公意和公正)而展开。由此出发,实际上公共管理改革与创新也得围绕"公众、公益、公意和公正"而展开,在这一过程中同时按照效率、公平、稳定三者之间的综合平衡实现各方合法合理利益的均衡实现。

---

[1] 孙柏瑛:《公共性:政府财政活动的价值基础》,载《中国行政管理》,2001(1),23页。
[2] 李景鹏:《论政府政策的公共性》,载《天津社会科学》,2002(6),48页。

3. 人本性原则

"天地之间，莫贵于人。"在公共管理改革与创新的过程中，坚持人本原则，既是构建民主和谐的时代要求，也是公共管理自身内容的要求。公共管理的基本要素之一是人，公共管理存在的终极目标是实现人的合理利益，满足人的需要。因此，人当之无愧的成为公共管理过程的起点和终点。在此，可将人分为管理者和被管理者。各种公共管理的组织和机构的实际运行都是由管理者完成，因此在管理过程中，管理行为更多地体现出一种人格化特征。管理者通过种类繁多的手段和措施对被管理者进行管理和影响，使诸如政策、措施之类的管理要素发挥效应。在此期间，管理者与被管理者的个人素质都会对公共管理的效果产生影响。可以说，公共管理既是对人的管理，也是为人的管理。因此，在公共管理改革与创新过程中坚持人本原则是至关重要的。

4. 统一协调原则

在传统的社会管理模式中，政府成了公共管理的唯一主体，承担着大量的公共产品和公共服务的直接生产任务。政府在国家和社会公共事务的治理中处于绝对主导地位。20 世纪 80 年代，新公共管理理论提出，公共事务的治理主体绝非只有政府一家，其他非政府公共组织、社会团体、企业、社区甚至公民个人也可以在一定的制度安排下成为公共事务的治理主体。公共管理主体的多元化要求改革者在改革过程中坚持统一协调的原则，其他非政府公共组织应以国家政策为导向，坚持国家的统一领导。要充分调动公共管理的其他非政府组织的作用，而不是让政府成为唯一的社会治理机构，要将国家的权威和资源在社会的各个主体之间进行合理的分配，将市场机制和社会民间力量引入公共管理和公共服务领域中，运用市场规律从事公共管理活动，优化资源配置。同时重视第三部门，提高社会自治能力，加强社会各组织之间的管理和约束机制。① 政府以外的其他公共管理主体之间要相互扶持、共同发展，可以在法律规定的范围内进行自治。非政府公共管理组织之间的资源分配、权威以及部门设置的协调与平衡，是我国公共管理改革和创新的重要环节，同时也是改变我国长久以来强政府弱社会现状的关键所在。

5. 精简效能原则

在中西方行政改革的过程中，改革者将精兵简政，优化政府组织结构作为行政改革的重要任务。同样，在公共管理改革的过程中，作为公共管理主体的非政府组织也要将坚持机构改革和其他改革相配套，减少机构重叠和人员冗余现象，相应地推行人事改革，优化组织人员的结构，达到精干的效果。在优化内部组织结构的同时，也要注意明确

---

① 刘雪飞：《浅析治理理论对我国公共管理改革的启示》，载《科技信息》，2009(3)，519 页。

不同组织之间的分工,避免出现多个组织行使同一职能造成物力和人力资源浪费现象。并且,我们要将竞争机制引入组织内部,增强组织人员的竞争意识,激发工作人员的热情和创新意识,并采用绩效评估方法监督人员的工作。公共部门绩效评估的内容主要包括服务质量、顾客满意度、效率和成本收益等。评估标准主要是以"3E"为标准,即经济、效率和效益。[①] 同时,在改革过程中积极利用现代科技成果,运用包括计算机和电信技术在内的最新成果促进公共管理在技术方面的创新,提高管理的效率和服务质量,达到精简、效能的效果。

6. 灵活多变、可持续发展原则

公共管理改革和创新行为具有长期性、复杂性和艰巨性,改革者必须客观、谨慎地对待公共管理改革与创新,千万不能仅仅凭着一两次改革取得了令人满意的成效就沾沾自喜,裹足不前,要始终以发展的眼光看待改革工作。目前,众多学者对我国公共管理环境和现状进行了深入的分析和探讨。在政治法制环境方面,我国的社会主义的政治文明取得了重大成效,法制建设日益完备,但是要彻底实现法治仍有很多工作要做;经济环境方面,市场经济取得的成就是有目共睹的,但是伴随着经济的飞速发展而产生的严重的贫富差距问题已经开始威胁社会稳定;社会文化方面,公民社会逐渐形成,人们的政治意识日益增强,人们对于民主、公正的理解更加深入,然而仍有些迂腐陈旧的思想在社会上流传。在肯定成就的同时,对于出现的消极现象改革者要给予充分的重视,在公共管理改革和创新的过程中学习妥善应对,在制定改革策略时要灵活、有弹性,同时要具有前瞻性。在改革过程中,对原本可以利用的条件因势利导,从而达到创新的目的。

迄今为止的中国行政改革实践表明,为有效地推进行政改革,必须明确理解和坚持以下八条成功经验:①行政改革具有长期性、复杂性和艰巨性,我们必须客观冷静地对待行政改革,切不可以为仅凭一两次改革就能取得令社会公众满意的成效;②必须坚持以顺应社会经济基础的要求为改革目标,把转变政府职能作为行政改革的关键;③坚持精简、统一、效能的原则,把精兵简政和优化政府组织结构作为行政改革的重要任务;④坚持积极稳妥的方针,既审时度势,把握时机,坚定不移地迈出改革步伐,又充分考虑各方面可行的程度,审慎地推进改革,将改革的力度、发展的速度和社会可承受度有机地结合起来;⑤坚持机构改革与其他改革相配套,相应地推行干部人事制度改革和行政文化创新,妥善安排分流人员,优化干部队伍结构,形成有利于开展新时期行政管理和服务工作的行政文化;⑥坚持统一领导、分级负责、分步实施,从实际出发,因地制宜地进行改革;⑦坚持依法进行行政改革,建立、健全一整套法律、法规;⑧行政改革既要根据

---

① 邹银凤:《从"新公共管理"到"新公共服务"的转型》,载《赤峰学院学报》,2009(5),38 页。

国情坚持自己的成功经验,又要借鉴国外发达国家的可行措施。以上这八条经验虽然是针对中国行政改革而言的,但细究其内容,完全可以成为公共管理改革与创新的重要原则。

二、西方国家公共管理改革与创新的理论与实践

西方国家的公共管理与创新是由政府主导推动的,改革与创新的代表性成果几乎都是在政府的推动下创造的,所以西方国家公共管理改革与创新在一定程度上称为西方国家的行政改革。要理解西方国家公共管理改革与创新的理论与实践,必须对西方国家行政改革的发展历程、当代西方国家公共管理改革的总体情况和一般特征、当代西方国家公共管理的主导模式、当代西方国家公共管理改革与创新对中国改革的启示等内容有较为深入的理解。

(一) 西方国家行政改革的发展历程

西方国家行政改革源于 20 世纪 70 年代的政府改革,它首先发轫于英国、美国、澳大利亚,随后扩展到全世界,引发了各个国家的公共行政改革。公共管理改革侧重于公共行政改革。

要深入理解西方国家行政改革的发展历程,必须理解和认识人类社会发展至今的国家行政的主要模式。对于如何划分国家行政模式,不同的研究者有不同的理解和认识。

学者张康之将迄今为止的人类社会的国家行政模式分为统治行政、管理行政和服务行政。他认为:在人类政治社会的早期,即我们通常所称的传统社会中,行政行为及其模式属于统治行政的范畴;近代社会逐渐成长起来的行政行为及其模式属于统治管理行政的范畴。在现实的公共生活中,统治行政已经失去了生命力,在许多国家已经成为历史陈迹。同时,与近代社会相伴生的管理行政也开始面临冲击。[①] 为此,全球各国政府为应对各种压力和冲击,先后推行了程度、范围、策略不一的行政改革,但随即发现形式上的修补已不能解决根本问题,而是需要建立一种全新的行政模式,即服务行政模式。

学者吴江、马庆钰侧重从西方行政发展的实践出发,将国家行政模式分为统治行政、放任行政、管制行政和服务行政,并且认为统治行政对应的时代是中世纪和封建社会,依托的条件是传统农业文明和家长政治制度的存在;放任行政存在于 18 世纪产业革命发生以后,依托的条件是自由资本主义市场经济环境的形成和资产阶级民主政治制

---

① 张康之:《寻找公共行政的伦理视角》,5 页,北京,中国人民大学出版社,2003。

度的建立;管制行政出现在工业社会的成熟时期,即 19 世纪 80 年代以后,依托的条件是市场经济环境的充分发展和资产阶级民主政治制度的成熟;服务行政对应的时代是后工业社会或者叫做信息社会和知识经济时代,确切地说是出现于 20 世纪 70 年代末 80 年代初,依托的条件是成熟的市场经济制度和民主政治制度以及全球化的扩展。① 以上两种观点各有侧重,综合比较来看,后一种分类模式客观、准确地反映了西方国家行政发展的演进历程,因此更为可取。

(二) 当代西方国家公共管理改革的总体情况和一般特征

当代西方国家的公共管理改革兴起于 20 世纪 70 年代末,至今方兴未艾,影响深远。代表性的国家主要有美国、英国、法国、德国和澳大利亚。综合西方国家的公共管理改革的措施,我们就会发现西方公共管理改革总体上具有以下特征:

1. 公共行政民主化

公共行政民主化包括权力的分散化和放松管制。权力分散涉及民主的价值本原,体现出权力向社会和公民回归的社会历史趋势。权力分散包括"分权"和"权力的非集中化"两种做法,前者是权力与责任的一起下移,后者是将不包括决策责任的权力下移。规制分为政府内部管理规制和政府外部管理规制。外部管理规制又有经济性规制和社会性规制之分。伴随各国政府职能的扩张,规制功能逐渐走向初衷的反面,成为限制企业发展和公民自由的工具。为了恢复民间的自主与活力,放松规制成为这次改革中的主要内容之一。

2. 公共部门民营化

公共部门民营化即将国有企业和事业单位这类公共部门民营化,以实现"政府瘦身"的目的。改革过程中,各国政府基本认识到政府规模庞大不利于提高管理效能。另外,公共管理学研究者从公共选择理论、委托代理理论、交易成本理论、公共服务的安排与生产理论出发,②也必须推进公共部门的民营化。

3. 公共服务市场化

公共服务市场化即把市场竞争机制引入公共服务,促进提高公共服务的质量。通过市场竞争机制提供公共产品服务是各国在行政改革中普遍实行的措施。具体措施有非垄断化与竞争、强制推动竞争、公共部门与私营部门竞争以及公共部门之间的竞争。

---

① 吴江、马钰:《25 年来国外行政改革分析与评价》,载《新视野》,2003(5),29 页。
② 具体内容可参见詹国彬:《西方公共部门民营化改革的理念追寻及其反思》,载《岭南学刊》,2005(1),18 页。

4. 公共运营信息化

公共运营信息化是大力推行电子政务。公共运营信息化的核心是电子政务。这是随着信息技术在世界范围内的迅猛发展,特别是互联网技术的普及应用,在政府管理领域出现的崭新事务,与此同时,出现的是网络民主和影响深远的互联网舆情。电子政务及电子政府(e-government)首先于1993年在美国政府发展起来,此后随着信息化的迅速发展,各国政府都大力推进电子政务的建设。迄今为止名列世界前茅的是美国、新加坡、加拿大、澳大利亚、丹麦、英国、芬兰、德国、爱尔兰、荷兰、法国、韩国、新西兰、挪威、日本等国政府。①

5. 重视政府绩效改革

政府绩效在西方被称为"公共生产力"、"国家生产力"、"公共组织绩效"、"政府业绩"、"政府作为"等,其字面意义是指政府所做的成绩和所获得的效益,但内涵非常丰富,既包括政府"产出"的绩效,即政府提供公共服务和进行社会管理的绩效表现;又包括政府"过程"的绩效,即政府在行使职能过程中的绩效表现。政府绩效还可分为组织绩效和个人绩效,组织绩效包括一级政府的整体绩效、政府职能部门绩效和单位团队绩效。②重视政府绩效改革是公共管理改革与创新的核心措施。上述公共行政的民主化、公共部门民营化、公共管理的企业化、公共服务的市场化、公共运营的信息化很大程度上是以提高绩效为改革导向的。在政府绩效改革的运动中,以英国与美国的成效最为显著。③

6. 重视发展政府执行性机构,以便提高行政效率、降低行政成本和提高公共服务质量

改革的措施能否见到成效,关键在于执行有力与执行到位,即所谓赢在执行。为了强化执行效力,西方国家在公共管理改革中特别注意建立相当数量的执行机构。如英国,执行机构的数量由1990年的33个增加到1997年的124个。④ 在美国,"规模大、权力大的独立执行局"成为美国公共行政体制的三个组成部分之一。⑤ 这样,好的公共政策才能在社会实践中真正取得实效。

---

① 以上四个要点除个别字句有所调整外,均引自马钰:《国外行政改革的五大趋势》,载《中国党政干部论坛》,2003(4),20页。

② 此处关于"政府绩效"的阐释引自中国行政管理学会课题组:《政府部门绩效评估报告》,载《中国行政管理》,2006(5)。

③ 具体内容可参见程祥国、韩艺:《国际新公共管理浪潮与行政改革》,252~260页,北京,人民出版社,2007。

④ 申喜连:《英国执行局的行政改革及其对我国行政改革的启和借鉴》,载《青海师范大学学报》,2004(2),57页。

⑤ 毛寿龙等:《西方政府的治道变革》,212页,北京,中国人民大学出版社,1998年。

（三）当代西方国家公共管理的主导模式

西方国家的公共管理改革路径各不相同，各有所侧重，从不同的视角归纳可总结出不同的类型。

首先，从大的历史进程看来，西方行政发展过程中出现的三种范式及其主要表现：①古典范式，以贯彻实施"小政府"和"政党分赃制"为代表，时间跨度大致从18世纪80年代资产阶级革命胜利到19世纪70年代末"政治—行政"二分法提出之前。②现代范式，有学者将其称为传统行政管理阶段，以贯彻实施"官僚行政"和"福利国家"为代表，经历了从19世纪80年代到20世纪70年代近100年时间。③后现代范式，以贯彻实施"新公共管理"和"新公共服务"为代表，经历了从20世纪70年代至今30余年时间，且仍处于实践进程中。[①]

联合国公共行政全球网络在《2005年世界公共部门报告》中指出，政府行政可分为公共行政、公共管理和回应治理三种模式[②]，见表13-1。

表13-1 政府行政的三种模式

	公共行政	公共管理	回应治理
公民与国家的关系	服从	授权	准许
资深官员的责任	政治家、政客	顾客	公民与利益相关者
指导原则	遵循制度与规章	效能与结果	责任、透明与参与
成功的标准	产出	结果	过程
关键特性	公平	专业精神	回应性

此外，根据公共行政理论研究的演进历程，依其运行的主导理论模式来进行区分，我国台湾学者彭锦鹏对公共行政典范作了如下比较分类，见表13-2。[③]

以上探讨的当代西方国家公共管理改革与创新模式同样可从不同的角度加以区分。由于当代各国公共管理改革路径各异，从不同的角度进行归纳可以总结出不同的类型。

---

① 靳永翥：《论西方行政管理实践范式的历史演进》，载《西南民族大学学报》，2005(7)，151～154页。

② Department of Economic and Social Affairs. Unlocking the Human Potential for Public Sector Performance—World Public Sector Report 2005 (New York: United Nations publication, 2005), 7. http://www.unpan.org/dpepa_worldpareport.asp.

③ 转引自竺乾威：《从新公共管理到整体性治理》，载《中国行政管理》，2008(10)，56页。

表 13-2　公共行政的三种典范

	传统官僚制	新公共管理	整体性治理
时间	1980 年代前	1980—2000	2000 年后
管理理念	公共部门形态管理	私人部门形态管理	公私合伙/中央地方结合
运作原则	功能性分工	政府功能部分整合	政府整合型运作
组织形态	层级节制	直接专业管理	网络式服务
核心关怀	依法行政	动作标准与绩效指标	解决人民生活问题
成果检验	注重输入	产出控制	注重结果
权力运作	集中权力	单位分权	扩大授权
财务运作	公务预算	竞争	整合型预算
文官规范	法律规范	纪行与节约	公务伦理与价值
运作资源	大量运用人力	大量利用信息科技	网络治理
政府服务项目	政府提供各种服务	强化中央政府掌舵能力	政策整合解决人民生活问题
时代特征	征政府运作的逐步摸索改进	政府引入竞争机制	政府制度与人民需求科技、资源的高度整合

1. 按照政府干预模式的不同,各市场经济国家的政府公共管理可以分为英美的市场主导模式、欧洲或莱茵模式与东亚的政府主导模式①

这种划分方法是由厦门大学陈振明教授在其主编的《公共管理学——转轨时期我国政府管理的理论与实践》一书中提出的。该方法以政府干预的深度与广度为切入点,从各国经济发展水平、政治文化与历史传承等方面的差异出发,将各市场经济国家的政府公共管理模式区分为英美的市场主导模式、欧洲或莱茵模式与东亚的政府主导模式。

(1) 英美的市场主导模式

该模式主要依靠市场调节,政府的干预或调控被限制在相对狭窄的范围内,具有浓厚的自由主义色彩。第二次世界大战后到 20 世纪 70 年代初,美国的市场经济奉行凯恩斯主义,以需求管理作为主要调节方式,对社会经济总量进行宏观调控。国有经济比重较小,垄断大企业在经济中起主导作用,政府对企业的调节与干预主要靠维护自由竞争的市场秩序。英国是自由放任思想的故乡,是比较典型的以市场机制作为资源配置手段的自由市场经济。

---

① 张康之等编著:《公共管理导论》,249 页,北京,经济科学出版社,2003。

(2) 欧洲或莱茵模式

这种模式的特点是政府宏观调控的力度较大,国有经济的成分也比较大,有明显的混合经济色彩。德国、法国和北欧国家都属于这种模式。法国具有推崇政府作用的国家主义传统,指导性经济计划在政府宏观调控中地位突出。法国对经济实施宏观干预与调节,采用集中管理方式,宏观调控与管理的决策权集中在中央。德国的"社会市场经济"模式则力图实现市场自由秩序与社会均衡原则的结合,政府参与调节,以形成有序的市场经济。这种模式以国家调节和市场竞争相结合作为基本方针,以立法形式保护市场公平竞争秩序作为国家的基本任务,以物价稳定、充分就业、适度经济增长和国际收支平衡作为宏观调控的政策目标。

(3) 东亚的政府主导型模式

日本、韩国、新加坡、印尼、马来西亚、泰国等东亚新兴工业化国家所采取的是政府引导市场模式,即采取"亲"市场战略,政府的干预遵循"充分的市场,必要的政府"原则。这种模式与前两种模式相比,政府干预的力度更大,政府在财政、金融、贸易、产业、计划以及社会资本投入、技术开发、人才培养等方面的调控作用突出。

2. 盖伊·彼得斯的治理模式论

前述两种分类方法主要是就各国改革实践现象层面加以归纳总结。西方学者在研究思考政府公共管理改革过程中,在系统评价席卷全球的政府改革运动的基础上,探索并提出了政府未来的治理模式。其中最著名的是由美国匹兹堡大学政治学教授、公共管理学大师B.盖伊·彼得斯博士提出的政府治理的四种模式。彼得斯博士在其名著《政府未来的治理模式》一书中,在对传统治理和全球行政改革进行多年潜心研究的基础上,将世界各国各种不同形式和不同程度的改革分为市场式政府、参与式政府、弹性化政府和解制型政府四种改革模式,并进一步指出这四种模式是改善当代政府治理的主要方式。[1]

(1) 市场模式

市场模式(market model)是改革中最流行、最受推崇的一种模式。这种模式认为,竞争能够提高效率,使投入少而产出多;通过竞争可以打破垄断,能迫使公营垄断组织对顾客的需要作出反应,从而实现消费者主权与"公民主权";通过竞争可以提高公共部门组织内部员工的自尊心和士气;当下的行政改革是利用市场并接受这样的假定,即私营部门的管理方法几乎可以说是与生俱来的优越于传统的公共部门的管理方法。人们普遍假设提高政府组织效率的最佳甚至唯一的方法是用某种建立在市场基础上的机制代替传统的官僚体制。正是在这一思潮的影响下,许多国家将市场化作为改革的标杆。

---

① [美]B.盖伊·彼得斯著:《政府未来的治理模式》,吴爱明等译,北京,中国人民大学出版社,2001。

通过私有化、公共服务付费制、合同制、建立政府内部市场、分权化等方式推行市场化改革。

(2) 参与模式

参与模式(participation model)又称授权模式,其主张在观念形态上几乎与市场模式相反。B. 盖伊·彼得斯认为,该方法所倡导的用以证实其思想的政治意识形态是反市场的,它的价值倾向是寻求一个政治性更强、更民主、更集体性的机制向政府传达信号。参与是20世纪90年代的主要政治议题之一。在当今时代,如果没有公众的积极参与,政府很难使其行动合法化。按照参与模式,在传统官僚制模式中被排除在决策过程之外的团体,被允许更多地介入到组织机构的活动中来。该模式认为,传统官僚制的组织结构和管理方式是影响公共管理效率发挥的主要障碍。因而其政治主张是:①应该分权,也就是放权于基层,让那些长期处于被动执行的管理者具有参与权;②放权于服务对象,也就是给服务对象更多的权利,其理由是,服务对象作为纳税人是政府消费的提供者,是政府服务的最好评判者;③共同协商,即有效地吸收基层公务员和社会团体、公众参与政府公共管理。总之,参与模式体现了当代政府重视并激励公民参与公共管理的价值理念。

(3) 弹性化政府

灵活型政府模式(flexible government model)又称弹性化政府,它是指政府及其机构有能力根据环境的变化制定相应的政策,而不是用固定的方式回应新的挑战。弹性化政府是四种政府模式中最受关注的模式,也是概念最模糊的模式。就基本层面而言,弹性化政府是指政府有应变能力,能够有效回应新的挑战。然而,很多东欧、中欧及发展中国家的政府在这方面的尝试均告失败。因而,对该模式更准确的理解应是,政府及其机构有能力根据环境的变化制定相应的政策,而不是以固定的方式回应新的挑战。该模式主张在组织上建立临时机构以完成一些日常事务和专门性的特别任务,在人事上实施短期的或临时的雇(聘)佣制,在权力上根据地缘管理原则下放权力。在组织机构创新问题上,该模式获得美国里根派和英国撒切尔派的推崇。然而对弹性化政府模式对公共管理的影响问题,学术界仍存在较多的争议。

(4) 解制型政府

"解制型政府模式"(deregulating government model)又称非管制政府模式,它的基本含义是通过取消公共部门过多的规章制度,取消过程取向的控制机制,相信并依靠公务员的责任心、潜力和创造力提高政府的行动水平,让政府更具有创新性和效率。该模式的主要思想是改变官僚体制下的官员循规蹈矩的传统,让政府官员尽可能发挥出潜力和创造力,以实现使社会各阶层满意的创造性工作,增进社会的整体利益。其基本主张是:如果取消一部分对官僚机构的限制和制约,政府机构就可以使目前的工作更有效率,而且还可能从事新的创造性工作改进社会的整体利益;如果政府不去干预,政府雇员将会做好自己的工作,用一种虽然不完美但却很合理的方式为公众提供服务。由于该模式的基本观点与20世纪80年代大多数政治家对待政府作用的看法相比差别很大,解制型政府要想在政治上或实际操作中广泛为人们接受,还需要有一个相对漫长的过程。

3. 费利耶的治理模式论[①]

英国学者E.费利耶(E.Ferlie)等人在《行动中的新公共管理》一书中认为,在当代西方政府改革运动中,至少有过四种不同于传统的公共行政模式的新公共管理模式,它们都包含重要的差别和明确的特征,代表了建立新公共管理理想类型的几种初步尝试。根据费利耶的论述,这四种模式及其特征分别如下。

(1) 效率驱动模式(the efficiency drive)

这是当代西方政府改革运动中最早出现的模式,往往被称为撒切尔主义的政治经济学。它在20世纪80年代初及中期居于支配地位,但目前受到了挑战。这种模式代表了将私人部门管理(工商管理)的方法和技术引入公共部门管理的尝试,强调公共部门与私人部门一样要以提高效率为核心。

(2) 小型化与分权模式

这种模式在20世纪80年代虽然没有像效率驱动模式那样处于支配地位,但其影响力正在不断增强,地位日益重要。它与20世纪组织结构的变迁密切相关。这种模式派生于这样一种论证:20世纪前四分之三世纪(1900—1975)组织结构向大型化、合理化、垂直整合等级(科层制)的历史转变已走向它的反面,20世纪最后的25年出现了组织发展的新趋势,包括组织的分散化和分权,对组织灵活性的追求,脱离高度标准化的组织体制,日益加强的战略和预算责任的非中心化,日益增加的合同承包,小的战略核心与大的操作边缘的分离等。

(3) 追求卓越模式(in search of excellence)

这种模式显然与20世纪80年代兴起的企业文化(公司文化)的管理新潮有关,特别是受《公司文化》和《追求卓越》两本畅销书的影响。这种模式部分反映了强调组织文化重要性的人际关系管理学派对公共部门管理的影响。

(4) 公共服务取向模式(public service orientation)

这是目前最不成熟的模式,但却展示出了无穷的潜力。它代表了一种私人部门管理观念和公共部门管理观念的新融合,强调公共部门的公共服务使命,但又采用私人部

[①] 转引自陈振明:《公共管理学——一种不同于传统行政学的研究途径》,118~120页,北京,中国人民大学出版社,2003。

门"良好的实践"中的质量管理思想。它赋予新型公共部门——既与以往旧的公共组织决裂,又保留了明确的认同感和目标使命——以合法性。

4. 中国学者对治理模式的理解

王浦劬、李风华在《中国模式导言》中认为,治理模式存在两个基本维度,一个是决策成本的减少;另一个是政治结构体系的吸纳能力。这两种能力都有重要的价值,好的治理模式最好能够在这两个方面都能取得高分。不过,这两种目标又存在一定的矛盾:一种广泛吸纳社会力量的政治制度往往在决策成本方面比较高,决策成本低的政治制度又往往不具有广泛吸纳的能力,从而导致政治不稳定。从治理模式偏重角度的不同区分两种对立的治理模式:政府—市场模式,政府—生产者模式。①

此外,刘泽伦、刘小云在《迈向回应型政府——全球化下政府治理范式转换的路径》中提出,未来政府的治理模式是迈向建立回应型政府。②谢一帆、古雯在《当代西方公共管理创新模式评析》中指出,随着传统官僚制模式弊端的显现,西方国家在公共管理实践中不断推出新的模式:绩效导向模式、以公民为中心的模式、市场模式、弹性管理模式、风险管理模式等。其共性特征在于治理主体的多元化、效率和公平的均衡与统一、政府与市场作用的平衡、政府管制与公共服务相结合、借鉴私部门的管理理念与方法、实行弹性化和权变管理。③

(四) 当代西方国家公共管理改革与创新对中国改革的启示

随着市场化、全球化、信息化进程的推进,针对我国的具体国情,有选择地比较借鉴西方公共管理改革与创新的成功经验能为我国公共管理改革的顺利推进提供很好的教益。考察西方公共管理改革与创新的历程及其具体措施,我们认为以下六种经验值得我国借鉴吸收:①重视通过立法推进行政改革、保障改革的重要成果。西方国家往往在改革之初就制定相关法律,以规范改革的路径、方式和步骤。②合理划分政府职能是改革成功的关键。③裁减冗员,精简政府机构,简化办事程序,改革繁文缛节是西方国家公共管理改革的重要表现。④重视引入竞争机制,提高政府公共管理和服务的效率和质量是西方国家公共管理改革的重要措施。一方面,西方国家通过在政府内部推行绩效考评机制,促进政府和公务员努力提高工作绩效;另一方面,通过在公共服务领域推行市场化和民营化,有力地推动了公共服务质量的改善。⑤积极推行电子政务是政府管

---

① 王浦劬、李风华:《中国模式导言》,载《湖南师范大学学报》,2005(5)。
② 刘泽伦、刘小云:《迈向回应型政府——全球化下政府治理范式转换的路径》,载《江淮论坛》,2006(5),72~77页。
③ 谢一帆、古雯:《当代西方公共管理创新模式评析》,载《安徽大学学报》,2006(6),148~152页。

理和服务顺应信息化时代的必然要求。⑥推行财政预算改革,实现低成本的有效管理是西方各国公共管理改革的普遍措施和追求。

三、21世纪中国公共管理改革与创新的任务

21世纪中国公共管理改革与创新,从政府内外两方面看主要有以下几个方面。

(一)公共财政改革

党的十八届三中全会公报中指出,财政是国家治理的基础和重要支柱,科学的财税体制是优化资源配置、维护市场统一、促进社会公平、实现国家长治久安的制度保障。因此,公共管理改革必要求推动财政管理体制的改革,反之,财政管理体制的改革也为公共管理改革提供有力的保障。

建设社会主义市场经济体制下的公共财政基本框架通常应当包括收入、支出、财政政策等方面的内容,其中居于核心地位的是公共财政支出。在收入和支出的关系上,支出是目的,收入是手段。由于政府各项职能的实现主要依赖于财政资金,因而无论是政府的公共性还是财政的公共性,都集中体现在公共财政支出上,甚至财政收入形式也是由支出决定的。我国经济的高速发展带来财政收入的持续增长,但同时财政收支矛盾日益突出。因此,无论从理论层面还是从现实层面上看,公共财政支出都是建设公共财政框架的核心。

预算是国家对其经济和社会目标施加影响的主要工具,它受经济条件的影响并对其产生反影响。同样预算实践也会受决策环境的影响,同时也用来影响决策环境。OECD(经济合作与发展组织)成员国的改革深刻地表明了这一点。他们在"新公共管理"的起点下做了一系列财政管理改革:①财政管理的重点由对管理程序的重视转为对绩效和结果的重视;②在政府财政活动中大力引进竞争机制;③强调支出的总量控制;④与分权和注重结果相配合,政府财政管理活动大力推进可核算化;⑤强调报告责任,改革预算会计制度。

公共部门从管理型向服务型的转变,以及财政预算从供给型财政向公共型财政的转变,标志我国财政改革已经起步。但就目前情况看,财政预算资金管理不善,预算不透明,国有资产流失等问题仍普遍存在。尽管中央政府不断推出加强财政管理的措施,少数地方政府也出台了新的管理措施,但总体上仍未有大的改观。因此,财政管理体制的改革任务更重更紧迫,必须抓紧时间推进公共财政体制改革。从OECD成员国的改革经验来看,我们至少可以在以下几个方面借鉴和学习:①明确政府的事权范围,建立公共财政框架,推行绩效预算管理模式,划小预算执行单位,进一步明确财政支出责任,使

整个预算形成以绩效为目标的良性机制。②处理好分权和集权的关系，坚持以分税制为重点的事权和财权相协调的管理体制。赋予地方税收立法权，扩大地方财政自主权，使财权与事相匹配。③建立、健全预算资金管理的责任制度。财政管理的核心是预算编制与执行，遵循科学、规范、透明的预算编制程序要求，编制出管理科学、制约有效的预算。④切实加强财政监督，保证规范税费管理的落实。使政府的财政行为透明公开，避免"黑箱"操作，减少滋长"腐败"的温床。

党的十八届三中全会对国家治理事务深化改革作了全面部署，公报中提出深化财税体制改革，必须完善立法、明确事权、改革税制、稳定税负、透明预算、提高效率，建立现代财政制度，发挥中央和地方两个积极性。改进预算管理制度，完善税收制度，建立事权和支出责任相适应的制度。保护现有中央和地方财力格局总体稳定，结合税制改革，考虑税种属性，进一步理顺中央和地方收入划分。2014年2月19日，中共中央政治局常委、国务院副总理张高丽在省部级主要干部学习贯彻十八届三中全会精神全面深化改革专题研讨班上以关于深化财税体制改革的几点思考为题作了报告，提出要按照中央的部署，坚持稳中求进、改革创新，以改进预算管理制度、完善税收制度、建立事权和支出责任相适应的制度为重点，深化财税体制改革，建立现代财政制度。张高丽指出，深化财税体制改革，必须坚持底线思维，注意战略思考，把握正确方向，厘定改革思路，搞好总体谋划，精心研究协调，积极稳妥推进。要完善立法，明确事权、改革税制、稳定税负、透明预算、提高效率，坚持处理好政府和市场的关系、充分发挥中央和地方两个积极性、兼顾效率和公平、统筹当前和长远、总体设计和分步实施相结合，协同推进财税和其他改革，努力建设法治财政、民生财政、稳固财政、阳光财政、效率财政。

总之，公共财政改革事关重大，要遵照顶层设计，稳妥有序推行；另外，还要借鉴西方国家的成熟经验和可行方法。只有这样，我国公共财政的改革才有可能取得好的成效，从而实现公众受益、经济健康发展、政府有效运转之间的统一。

（二）公共部门人力资源改革与发展

进入21世纪，经济全球化的步伐不断加快，人力资本作为一种具有创新力并可不断开发、再生的资本，日益取代其他物质生产资本在经济增长中起着越来越关键的作用，各个组织、部门逐渐认识到人力资本的重大作用，相继调整或重新设立相关职能部门，着眼于开发和有效使用这种资源，以满足于当前和今后对人力资源的需求。

1954年，当代著名管理学家彼得·德鲁克（Peter F. Drucker）在《管理的实践》一书中首次提出"人力资源"这一概念时，他认为，人力资源拥有当前其他资源所没有的协调能力、融合能力、判断能力和想象力。随着经济全球化和信息化的发展，人力资源对于一个国家和地区经济、社会发展所起的巨大作用是以往任何一个时代和其他任何一种自然资源无法比拟的。人力资源在经济和各项事业发展中的重要地位已经毋庸置疑了，但是有关职能部门却没有充分发挥应有的职能，特别是公共部门人力资源管理存在不少问题，各种陈旧的观念仍然存在，缺乏合适的方法和途径合理利用这一重要资源，改革迫在眉睫。公共部门在国家生活中处于极其重要的地位，如何科学地开发和管理好人力资源不仅对自身工作质量与效率的提高有重要作用，且对全社会人力资源的开发与利用有十分重要的表率作用。简言之，公共部门的人力资源就是国家、政府组织从事公共事务管理的工作人员，与此相对应，公共部门人力资源管理是指为充分、科学、合理、有效地发挥公共部门人力资源，在行使国家行政权力、管理国家和社会公共事务过程中，对社会进步和经济发展起积极作用而进行的资源配置、素质提高、能力利用、开发规划及效益优先等一系列活动相结合的有机整体。① 公共部门最大的特点是它的公共性。

国外公共部门人力资源管理经验值得我们借鉴。他们在以下几方面取得了较好的成就：①管理法制化；②管理现代化；③政策制定和执行透明化；④选拔任用机制公平、公开；⑤有效的激励机制和评价监督机制；⑥注重雇员自身的发展。

我国的公共部门人力资源管理中还存在很多的问题：① 公共部门的传统积弊太深。公共部门沿袭了我国一些传统保守思想，使得公共部门的人力资源没有一个良好的生存环境，无法为成员提供良好的进步氛围。另外，我国一些公共部门仍然充斥着权力至上、唯上是从的思想，使得公共部门内的人才没有施展的空间。② 人才选拔、任用机制有待改进。我国公共部门中的人才选拔和任用机制十分陈旧，使得公共部门的人才没有宽阔的生存空间，也没有良好人才生存空间所必须具备的与组织配置和市场配置相结合的公平、公开的选拔任用机制。② 有些公共部门内还存在权力大于权利的风气，靠关系、血缘等提拔任命干部，没有体现人才选拔和任用中应该有的唯才是举的原则，直接破坏了公共部门人才选拔和任用的公平性。③ 激励机制还需进一步加强。我国至今尚未建立有效的激励机制，这也是我国公共部门人力资源管理中急需解决的问题。④ 人力资源开发不足。我国公共部门人力资源管理中存在重管理、轻开发的现象。忽视人力资源的开发，忽略工作人员自身素质提高的要求，利用人才而忽略培养人才的重要性，利用增加工作强度、延长工作时间的方式完成工作，忽视提高工作人员综合素质和工作效率的重要性。③

以上问题要求我们适时地对公共部门人力资源做出改革与调整：①更新人力资源管理观念，首先是要树立科学的人才观念，要在观念上确立人才的重要性，人才是需要

---

① 李文良：《公共部门与人力资源管理》，长春，吉林人民出版社，2003。
② 陈颖、赵玉伟：《对我国公共部门人力资源管理若干问题的思考》，载《前沿》，2003(1)，103 页。
③ 聂晴：《公共部门人力资源管理现状及对策分析》，载《兰州学刊》，2005(3)，218 页。

进行开发、充分发挥其创造力和潜能的一种关键性的资源和能高效增殖的资本。① 充分注重对人才的引进和培养,坚决反对权力至上的官本位思想,用以人为本的思想引导和规范公共部门人力资源管理。②建立有效的公平公正的激励机制。为此,需要建立起有效的绩效评估机制,改革考评方式和手段。③建立更加科学的干部选拔任用机制。遵照中共中央组织部2013年12月6日颁行的《关于改进地方党政领导班子和领导干部政绩考核工作的通知》和中共中央2014年1月14日颁布实施的《党政领导干部选拔任用工作条例》的规定要求,全面、科学、客观、立体地考核干部业绩,告别唯GDP政绩观,更重以德为先。④实现人力资源管理的法制化,使公共部门在人力资源管理过程中出现问题时有法可依,最大限度地实现人力资源开发与管理的高效与公平。

总之,公共部门的人力资源管理改革刻不容缓,而改革的关键在于树立新观念,实行新举措,在公共部门内形成广纳群贤,人尽其才,充满活力的用人机制。

(三) 行政机构改革

著名发展经济学家托达罗认为政府有效的"管理和行政能力"是发展中国家"最稀缺资源"。② 就我国而言,新形势下如何切实转变政府职能以适应环境的变化,如何提高政府管理的有效性以获取人才"最稀缺的资源",对于处于公共服务第一线的政府,无疑是一项非常紧迫的任务。特别是在经济全球化背景下,随着社会发展目标的不断提升,政府在经济和社会发展以及整个国家经济社会发展中的地位越来越突出,能力问题更为凸显,这就要求对政府以及政府职能有更加清醒的认识,以期通过进一步完善其职能实现政府行政效能的提高。

政府职能是指根据社会的需求,政府在国家和社会管理中承担的职责和功能。一般来说,政府职能决定了政府的规模、结构、组织形态和管理方式。政府职能反映了政府活动的基本方向、根本任务和主要作用,是行政管理的核心和主要部分。③ 政府职能合理、科学与否在某种程度上决定政府管理的有效性。党的十八大报告指出,"行政体制改革是推动上层建筑适应经济基础的必然要求。要按照建立中国特色社会主义行政体制目标,深入推进政企分开、政资分开、政事分开、政社分开,建设职能科学、结构优化、廉洁高效、人民满意的服务型政府。深化行政审批制度改革,继续简政放权,推动政府职能向创造良好发展环境、提供优质公共服务、维护社会公平正义转变。稳步推进大部门制改革,健全部门职责体系。优化行政层级和行政区划设置,有条件的地方可探索省直接管

---

① 刘仁春:《论公共部门人力资源管理发展的新趋势》,载《四川行政学院学报》,2005(6),17页。
② [美]迈克尔·P.托达罗:《经济发展与第三世界》,北京,中国经济出版社,1992。
③ 金太君:《政府职能梳理与重构》,广州,广东人民出版社,2002。

理县（市）改革，深化乡镇行政体制改革。创新行政管理方式，提高政府公信力和执行力，推进政府绩效管理。严格控制机构编制，减少领导职数，降低行政成本。推进事业单位分类改革。完善体制改革协调机制，统筹规划和协调重大改革。"①

新中国成立以来我国政府进行过几次大的机构改革，最近的改革分别是1998年、2003年、2008年和2013年的机构改革。2003年，十届全国人民代表大会一次会议批准了国务院机构改革方案。这次改革是对1998年改革的深化，改革的动作没有上一次大，主要是对有关职能进行整合，使政府机构设置和政府管理方式更加顺应社会发展的实际需要，改革的突出特点是强化监管，稳中求进。这次改革撤销了国家经济贸易委员会和对外贸易经济合作部，新成立了国务院国有资产监督管理委员会、中国银行业监督管理委员会和商务部，将国家发展计划委员会改组为国家发展和改革委员会，在国家药品监督管理局的基础上组建国家仪器药品监督管理局。经过改革，除国务院办公厅外，国务院组成部门设置27个。

2008年3月11日，十一届全国人大一次会议听取了国务委员兼国务院秘书长华建敏关于国务院机构改革方案的说明，3月15日，会议通过关于国务院机构改革方案的决定，批准了这个方案。国务院机构改革是深化行政管理体制改革的重要组成部分。按照精简统一效能的原则和决策权、执行权、监督权既相互制约又相互协调的要求，着力优化组织结构，规范机构设置，完善运行机制，为全面建设小康社会提供组织保障。深化行政管理体制改革的总体目标是，到2020年建立起比较完善的中国特色社会主义行政管理体制。这次国务院机构改革的主要任务是，围绕转变政府职能和理顺部门职责关系，探索实行职能有机统一的大部门体制，合理配置宏观调控部门职能，加强能源环境管理机构，整合完善工业和信息化、交通运输行业管理体制，以改善民生为重点加强与整合社会管理和公共服务部门。这次国务院改革涉及调整变动的机构共15个，正部级机构减少4，改革突出了三个重点：①加强和改善宏观调控，促进科学发展；②着眼于保障和改善民生，加强社会管理和公共服务；③按照探索职能有机统一的大部门体制要求，对一些职能相近的部门进行整合，实行综合设置，理顺部门职责关系。

2013年3月10日在第十二届全国人民代表大会第一次会议，国务委员兼国务院秘书长马凯作了《关于国务院机构改革和职能转变方案的说明》，对机构改革和职能转变的必要性紧迫性、机构改革和职能转变的指导思想和原则、国务院机构改革的具体内容和组织实施等进行说明。国务院的机构改革明确，政府职能转变是深化行政体制改革的核心。转变国务院机构职能，必须处理好政府与市场、政府与社会、中央与地方的关

---

① 胡锦涛：《高举中国特色社会主义伟大旗帜为夺取全面建设小康社会新胜利而奋斗——在中国共产党第十七次全国代表大会上的报告》，2007年10月15日。

系,深化行政审批制度改革,减少微观事务管理,该取消的取消、该下放的下放、该整合的整合,以充分发挥市场在资源配置中的基础性作用、更好发挥社会力量在管理社会事务中的作用、充分发挥中央和地方两个积极性,同时该加强的加强,改善和加强宏观管理,注重完善制度机制,加快形成权界清晰、分工合理、权责一致、运转高效、法制保障的国务院机构职能体系,真正做到该管的管住管好,不该管的不管不干预,切实提高政府管理科学化水平。改革撤销铁道部、卫生部、国家人口和计划生育委员会、国家广播电影电视总局、国家新闻出版总署、国家电力监管委员会单设的国务院食品安全委员会办公室,组建国家卫生和计划生育委员会、国家食品药品监督管理总局、国家新闻出版广电总局和国家铁路局(由交通运输部管理)。这次改革,国务院正部级机构减少4个,其中组成部门减少2个,副部级机构增减相抵数量不变。改革后,除国务院办公厅外,国务院设置组成部门25个。这次改革的重点是:紧紧围绕转变职能和理顺职责关系,稳步推进大部制改革,实行铁路政企分开,整合加强卫生和计划生育、食品药品、新闻传播和广播电影电视、海洋、能源管理机构。

党的十六大明确提出,政府拥有四项职能,即经济调节、市场监管、社会管理和公共服务。作为中央政府履行这四项职能不仅适当,而且义不容辞。地方政府的职能与中央政府有所不同,中央政府职能定位于宏观调控、社会管理、公共服务,而对于地方政府来说主要是承担具体公共事务管理,尤其是市县以下地方政府不承担宏观调控职责。所以我们应明确中央政府与地方政府的关系,这包括:①必须强化中央政府应有的权威,发挥中央政府在现代市场经济运行中的主导作用。②保障与尊重地方政府合理的自主权益,充分调动地方政府的主动性与创造性。③正确处理集权与分权的相互关系,促进中央与地方两级政府的协调运行。④健全协调运行机制,实现中央与地方的权力制衡。目前,作为地方政府必须着力处理好的关系有:地方与中央的关系、"条"与"块"的关系、地方与地方的关系、地方上下级之间的关系、政府与政党的关系、行政与立法和司法的关系、政府与社会的关系、政府与市场的关系、政府与企业的关系、融入国际市场与发展地方经济的关系,等等。这些关系构成地方社会管理与资源配置的网络体系,其协调的程度如何直接关系到整个社会体系的稳定与协调发展。

近年来,全国范围的新一轮地方政府机构改革正在如火如荼地有序推进。这一轮地方政府机构改革,中央为地方因地制宜改革留出了广阔的探索空间。对地方政府机构设置的具体形式、名称、排序等,中央不统一要求上下对口。实行大交通、大农业、大水务的"大厅局模式",一件事情一个部门负责。关于这次地方政府机构改革,中央的精神是既坚持原则性,又强调灵活性,因地制宜。与国务院机构改革相比,"有同,也有不同,一切从实际出发"。这次机构改革充分显示了机构改革不是为了改革而改革,而是为了加快建设服务型政府,推动一个地方的经济社会发展,更好地造福一方百姓。从目前情况来看,地方政府从实际出发,从长远考虑,因地制宜操作,使这次改革更加符合实际,更能取得实效。

在实施可持续发展战略中,政府的角色至关重要。政府能否发挥积极作用,取决于政府职能是否顺应可持续发展的要求进行适时和适当的调整。在行政体制改革的总体框架内,中央与地方政府机构改革值得我们深思,要处理好二者关系,增强总体协调能力,突出服务行政作用。

(四)电子政府建设

近年来,在欧美各国,人们正在热烈讨论利用互联网实现政治改革,利用互联网进行选举宣传、进行电子投票、扩大民众与当选议员间的交流、实现法制进程的公开化等,从而缩小公民与政府的距离。这无疑是新世纪利用科学技术进行政府执政方式改革、提高行政效率、实现民主的良好途径。

电子政府有两种含义:狭义的电子政府是指以提高效率、公开信息、提高服务质量为目标,实现政府和行政部门内部以及与国民和企业等民间部门间的网络化和信息化。这就要求彻底变革政府和行政部门的工作和组织方式。广义的电子政府是建立一种政治家与行政、政治家与公民和企业间的交流更加密切的民主政治形态,也就是实现电子民主。

美国从20世纪90年代中期开始推进电子政府建设,很多做法值得参考。1993年,克林顿就职后不久即掀起"重建政府"的行政改革运动。90年代后半期互联网在美国国内逐渐普及,建立电子政府一直被作为行政改革运动的重要支柱,并取得了重要成果。美国的行政改革和电子政府之所以迅速发展并取得成功,有两个原因:①政府发挥领导作用,主要是通过推进体制改革落实电子政府计划;②切实实行法律制度改革。通过上述努力,美国正在实行各种登记和申请手续电子化。其中代表性的例子就是国内税务署实行的税款电子申报手续。国内税务署历来是通过书面材料办理退税申请,现在建立了通过按钮式电话机和互联网进行申请的系统。书面申请的错误率达16%,建立电子申报系统后的错误率为0,申请时间也缩短到6分钟,这仅相当于原来所需要时间的一半。这样看来,建立电子政府,重要的是确立基于政府强有力领导的推进体制,在利用信息技术的同时完善法律制度,彻底修改工作程序。

近几年,我国电子政府的建设取得一定的进展,但还存在很多不完善之处。以政府网站为例,仍存在较大的提升空间:①政府网站建设与政务工作结合紧密程度还有待提高。部分政府网站的建设仍然没有得到主管领导和政府部门工作人员的重视,致使网上的服务内容无法有效覆盖各个政务部门,或长期处于不更新的睡眠状态,网站建设与政务工作"两张皮"的现象仍然存在。②政府网站的实用性还有待进一步增强。尽管当前政府网站服务内容的范围不断扩大、内容不断丰富,但多数政府网站仍然以提供行政办事服务为主,在公众生活、学习、工作占据较大比例的、联系紧密的公共服务在政府网站上相当有限,政府网站提供实用性较强的便民服务能力不足。③政府网站互动渠道在解决实际问题方面的能力还有待提升。总体来看,各级政府网站的参与渠道基本能较好地对公众疑问进行解答,但在受理并解决公众实际问题方面的表现不尽如人意。

因此,我们要采取有效措施对电子政府建设进行改革。仍以政府网站为例,必须建立起各部门共同参与的办站机制,共同推进网站建设。各级政府应加大对公共企事业单位服务资源的梳理和整合力度,结合用户实际需求组织便民服务,提高服务的实用性。另外,应加大公众参与反馈机制的建设力度,在相关部门中落实责任,确保公众问题"有回音,能解决"。此外,政府网站的建设还要紧跟时政热点提供针对性服务,信息公开的内容要日益全面规范,提供实用性、人性化的服务要成为各级政府网站在线服务建设的趋势。

此外,在加强电子政府建设、推进电子政务的实施过程中,政府为了顺应网络社会和信息化社会的发展需求,还要在维护网络安全、做好网络传播、引导网络舆情等方面加强工作。正是基于这一考虑,2014年2月27日,中央网络安全和信息化领导小组宣告成立,中共中央总书记、国家主席、中央军委主席习近平亲自担任组长,李克强、刘云山任副组长,再次体现了中国最高层全面深化改革、加强顶层设计的意志,显示出在保障网络安全、维护国家利益、推动信息化发展的决心。

(五)中国公民社会组织发展

公民社会组织(civil society organizations,CSOs)广泛存在并参与到公共管理事务中是社会发展和进步的重要体现。要理解这一概念,首先要明确公民社会的基本内涵。"关于公民社会,各国学者提出了许多不同的定义,大体上可以分为两类:一类是政治学意义上的,一类是社会学意义上的。两者都把公民社会界定为民间组织,但强调的重点不同。政治学意义上的公民社会概念强调'公民性',即公民社会主要由哪些保护公民权利和公民政治参与的民间组织构成。社会学意义上的公民社会概念强调'中间性',即公民社会是介于国家和企业之间的中间领域。"①

在实际语汇运用中,公民社会组织又往往被称为第三部门、非政府组织(NGO)或非营利组织(NPO)。美国学者莱斯特·塞拉蒙在《非营利领域及其存在的原因》一书中对非营利组织的特征进行了分析。他认为:①正规性。非营利组织的首要特征是它具有正规性。所谓正规性是指非营利组织要有合法的身份,有法人资格,要具有民事行为能

---

① 俞可平等著:《中国公民社会的兴起与治理变迁》,189页,北京,社会科学文献出版社,2002。

力。某些组织如果是临时聚在一起,即使经常在一起活动,也不属于非营利组织范围。②民间性,就是说它从组织形式到活动,都应该是独立于政府的。③非营利性,是指非营利组织不得为参与其中的人员牟取利益,即使在一定时期有一定的积累或盈余,也不得在其成员中分配,而是要用于发展公益事业。④自治性。非营利组织应该具备控制自己活动的能力,有不受外部控制的内部管理程序。⑤志愿性,是指在非营利组织开展活动过程中,要有一定的志愿参与成分。⑥公益性,即服务于某些公共目的和为公众奉献。①但是,尽管公民社会组织最近一二十年发展较快,但实际上,"我国公民社会发展的制度环境中存在着大量不利于民间组织发展的制度性因素,由此导致我国民间组织发展中存在着规模实力偏小、资金缺乏、能力不强、效率不高、内部管理不规范等结构性缺陷,尚不完全具备组织性、非政府性、非营利性、自治性和志愿性等基本特征,具有明显的过渡时期组织的特征"。②

公民社会组织参与公共管理有其理论依据,主要表现在:"第一,在公共管理的实际过程中,存在着市场失灵和政府失灵的问题。因此第三部门可以起到弥补这两种失灵的功能。第二,在服务与消费领域,还存在'合约失灵'问题,非营利组织或第三部门比营利性企业能更好地解决这方面的问题。第三,非营利组织或第三部门所从事的服务活动,虽然不以营利为目的,但参与非营利组织的成员仍然可以获取许多利益,这是非营利组织能够产生发展并能在公共管理领域发挥重要作用的另一个理论依据,这就是所谓的'供经理论'。第四,非营利组织虽然可以弥补市场与政府在提供公共服务方面的失灵,但它的功能也是有限的,非营利组织或第三部门的事业发展还有赖于政府的支持,实现政府与第三部门的互补,以弥补'志愿失灵'的问题。第五,非营利组织参与公共管理还出于以社会制约权力的理论。"③

俞可平教授在《中国公民社会:概念、分类与制度环境》一文中指出,中国公民社会制度环境特征典型地体现为宏观鼓励与微观约束、分级登记与双重管理、双重管理与多头管理、政府法规与党的政策、制度剩余与制度匮乏、现实空间与制度空间的共存。何增科教授在《中国公民社会组织发展的制度性障碍分析》一文中也指出,中国公民社会组织发展面临注册、定位、人才、资金、知识、信任、参与、监管八大困境。"中国公民社会的制度环境特征及其所面临的制度困境,从一个侧面反映着中国公民社会的成长发展的总体状况,是中国公民社会整体特征在制度环境方面的某种体现。经过20多年的发展历程,中国公民社会又到了一个新的阶段,现存的制度环境在许多方面已经难以适应它

---

① [美]莱斯特·塞拉蒙:《非营利领域及其存在的原因》,见李亚平、于海选编:《第三域的兴起》,33~35页,上海,复旦大学出版社,1998。
② 何增科:《中国公民社会组织发展的制度性障碍分析》,载《中共宁波市委党校学报》,2006(6),24页。
③ 汪玉凯:《公共管理与非政府组织》,66~69页,北京,中共中央党校出版社,2003。

进一步生长的需要,其中有些制度性因素已经成为制约公民社会发展的'瓶颈',必须进行相应的改革。改革的重点,应当是在深刻认识公民社会发展规律的基础上,进一步转变对公民社会的态度,对公民社会给予正确的定位和合理的分类,加紧修订和完善关于民间组织的法律、规章和政策,从审批、登记、注册、监管、经费、税收等方面对民间组织既积极支持、热情帮助,又正确引导、合理规范,营造一个有利于公民社会健康成长的制度环境,防止民间组织成为政府的对立面,使公民社会更好地与政府合作,齐心协力建设一个民主、公平、善治、宽容的和谐社会。"①

最后,党的十八届三中全会提出要创新治理体制,激发社会组织活力。"正确处理政府和社会关系,加快实施政社分开,推进社会组织明确权责、依法自治、发挥作用。适合由社会组织提供的公共服务和解决的事项,交由社会组织承担。支持和发展志愿服务组织。限期实现行业协会商会与行政机关真正脱钩,重点培育和优先发展行业协会商会类、科技类、公益慈善类、城乡社区服务类社会组织,成立时直接依法申请登记。加强对社会组织和在华境外非政府组织的管理,引导它们依法开展活动。"这为公民社会组织的健康发展创造了有利的制度环境和条件。

(六) 基本公共服务均等化

公共服务从属性上讲,可以分为基本公共服务和非基本的公共服务。基本公共服务是指从以人为本出发,依照人道和公平的原则,在一定社会经济条件下,一个社会成员所应享有的必需的基础性公共服务。按照2012年7月11日国务院颁行的《国家基本公共服务体系"十二五"规划》的阐释,"基本公共服务,指建立在一定社会共识基础上,由政府主导提供的,与经济社会发展水平和阶段相适应,旨在保障全体民公民生存和发展基本需求的公共服务。享有基本公共服务属于公民的权利,提供基本公共服务是政府的职责。基本公共服务范围,一般包括保障基本民生需求的教育、就业、社会保障、医疗卫生、计划生育、住房保障、文化体育等领域的公共服务,广义上还包括与人民生活环境紧密关联的交通、通信、公用设施、环境保护等领域的公共服务,以及保障安全需要的公共安全、消费安全和国防安全等领域的公共服务"。非基本公共服务是满足更高层次的社会公共需要的公共服务。总之,公共服务均等化是政府公共性的内在特质,政府是基本公共服务的核心提供者,满足公民需求强调体现无差别的共享;政府又是非基本公共服务的主要倡导者,满足公民需求强调体现市场化的竞争,同时是整个公共服务的规划者和管理者。

依照《国家基本公共服务体系"十二五"规划》的阐释,"基本公共服务均等化,指全体

---

① 俞可平:《中国公民社会:概念、分类与制度环境》,载《中国社会科学》,2006(1),122页。

公民都能公平可及地获得大致均等的基本公共服务,其核心是机会均等,而不是简单的平均化和无差异化"。依据这一理解并结合当前中国的实际情况,基本公共服务均等化可以理解为是指一定区域内的全体居民均等享有满意质量的基本公共服务。"一定区域"是指在可操作层面上讲,基本公共服务均等的空间范围不能太大,且不说城乡之间差别巨大,就是在一成之内,中国不少城市能做到基本公共服务均等就算不错。"满意质量"同样是指在可操作层面上讲,对基本公共服务的供给质量不能提过高的要求,当前首先确保有合格的基本公共服务供给,然后才是追求有优秀的基本公共服务供给。

"欧美各国很早就开始广泛倡导并积极推进基本公共服务均等化,经过多年努力,较好地实现了义务教育、基本医疗卫生、社会保障等与民众生活密切相关的公共服务的均等化。"① 自新中国成立以来,中国政府就特别关注公共服务的均等化,甚至在某种程度上被形容为管理上的平均主义。但不可否认,30年改革开放使政府在公共服务均等化方面出现了相当明显的问题。这些问题甚至引起了联合国开发计划署的注意。在由中国(海南)改革发展研究院执笔的《2007/08 中国人类发展报告》(以下简称《报告》)中,集中对中国政府在开展公共服务均等化方面提出了深入的专业分析。下面的内容引自这篇反响较大的报告。

过去30年,中国人类发展指数一直持续上升。中国人类发展总体水平在快速提高的同时,城乡、区域、不同社会群体之间的人类发展差距比较明显,这在一定程度是基本公共服务差距的后果。因此,通过基本公共服务均等化促进人类发展的均衡仍然面临着许多挑战。

首先,由于城乡二元公共服务制度尚未根本改变,农村基本公共服务与城镇相比还存在着较大的差距。例如基本社会保障体系的重心仍在城镇,农村社会保障体系建设滞后。一方面,城镇养老、医疗、失业、工伤等各项基本社会保障起步早于农村,已经初步建立了相对完善的体制和制度;另一方面,农村基本社会保障体制和制度仍在探索之中。例如,城镇已经建立了职工养老保险,而农村养老保险制度尚未完全定型;城镇早在20世纪90年代初就已开始建立居民最低生活保障制度和各种社会救助制度,而农村居民最低生活保障2007年才全面启动;城镇社会救助制度已经比较完善,而农村社会救助制度的保障水平有限,处于不稳定状态。农村的基本社会保障距离实现农民"困有所救、病有所医、老有所养"等目标仍有很大差距。

其次,区域发展不平衡是中国的基本国情。改革开放以来,各地区经济都有很大发展,但区域差距总体上是扩大的趋势。由于现行体制和地区经济发展水平的制约,基本

---

① 具体内容可参见樊继达:《欧美国家的基本公共服务均等化》,http://www.ccps.gov.cn/dxrd.php?col=161&file=8832。

公共服务水平的区域差距仍然突出。例如,从义务教育投入的差距看,2005年,小学、初中生人均教育经费全国平均分别为1 822.76元和2 277.32元,两项指标最高的都是上海市,分别是指标最低的河南省的10倍和9.8倍。从各级政府在学校日常运行投入方面看,2005年,小学、初中生人均预算内公用经费全国平均为166.46元和232.61元,两项指标最高的仍是上海,最低的分别是广西和安徽,小学、初中生人均预算最高省份是最低省份的31.5倍和27.46倍。西部地区初中生预算内公用经费仅为东部地区的40%。

最后,广大的农民工群体已成为基本公共服务均等化的焦点。由于受城乡二元的户籍制度和公共服务体制的限制,农民工融入城市的过程仍然面临诸多问题,如劳动权益得不到充分保障、劳动收益长期偏低、基本社会保障欠缺、子女接受义务教育困难。有关分析表明,2006年中国农民工平均生活质量指数为0.532,农民工生活质量总体水平仅相当于城镇居民平均水平的53.2%。分类指数中权益保护指数、健康和就医指数以及收入和消费指数分别为0.659、0.642和0.635,劳动时间指数为0.552,住房指数为0.494,而社会保障指数只有0.251。这说明农民工享受的基本社会保障水平只有城镇居民的25.1%,差距悬殊。

一个国家(地区)人类发展的总体水平在很大程度上取决于基本公共服务的供给水平;一个国家(地区)人类发展的公平程度在很大程度上取决于基本公共服务的均等化水平。为了促进城乡之间、不同地区之间和不同社会群体之间发展均衡,中国正在构建惠及13亿人的基本公共服务体系,建立基本公共服务均等化的制度框架:①把人的全面发展作为发展的核心,强调关注民生、重视民生、保障民生、改善民生,着力解决好人民群众最关心、最直接、最现实的基本公共服务;②把义务教育、基础医疗和公共卫生、基本社会保障、公共就业服务等摆到更为突出的位置,着力改变社会发展严重滞后于经济发展的局面;③基本公共服务政策和投入向农村倾斜;④基本公共服务向欠发达地区倾斜,加大中央财政对中西部地区的转移支付;⑤基本公共服务向困难群体倾斜,强化公共就业服务,消除"零就业家庭",建立城乡最低生活保障制度等,尽快建立惠及13亿人的基本公共服务体系,使经济发展带来的物质成果能够转化为人的素质的全面提高。

从中国实际出发,有效应对基本公共服务不均等的挑战,逐步推进基本公共服务均等化进程,需要着力构建一套相互配合和相互支持的公共政策体系、体制和机制。对此,《报告》提出促进基本公共服务均等化的相关政策建议:①用统一的标准清晰地确定全体中国公民都有权享受的基本公共服务的范围;②明确界定政府的基本公共服务供给责任,并将这种责任的履行作为政府行政管理体制改革和能力建设的基石;③改革完善公共财政制度,充分保障基本公共服务均等化所需的资源,并使这些资源能够被分配到最急需的政府机构手中;④建立城乡统一的公共服务制度,消除影响农村人口公平获得基本公共服务的结构性障碍;⑤明确划分中央、省级以及省以下各级政府在基本公共服务供给上的权限与职责;⑥引入全国统筹的政策架构,为农民工群体提供基本公共服务;⑦建立基本公共服务绩效评价与监测体系,使基本公共服务成为政府绩效评价的重要内容,强化对各级政府官员的激励机制,促进基本公共服务的有效供给;⑧建立基本公共服务的多元参与机制,加强社区和社会组织在公共服务供给中的作用,包括实际参与供给、监督以及表达消费者对公共服务的要求与预期等;⑨建立一个系统、协调一致的基本公共服务法规体系,整合现有部门和地方公共服务法规,提高立法层次,增强这些法律、法规的权威性。①

(七) 公共权力运行中的监督与制约

不可否认,中国在社会转型过程中,公共部门出现了比较严重的腐败问题。腐败简言之就是公共权力的滥用。要抑制腐败,防止权力者滥用权力,需要综合治理,其中一个很重要的措施就是加强对权力者用权的监督。中国公共管理改革与创新要得以顺利推行,无疑要在公共监督(即对公共管理主体合法合理推行公共管理行为的监督)方面取得更大的进步。由于中国目前的国情决定了公共监督的核心是对政府部门的监督,即行政监督,因此要完整理解公共监督的内涵,必须首先对行政监督有一个完整的理解。概括起来,可从以下十个方面理解行政监督。

(1) 行政监督的前提是实行行政公开。如果不能做到行政信息公开,各种监督主体不知道行政主体如何决策和执行,行政监督的推行就很容易流于形式。为此,各级政府部门要切实贯彻《政府信息公开条例》及其他法规和政策对于政府实行行政公开的要求,让政府在阳光下推行政务,防范暗箱操作,方便各种监督主体了解其所作所为,以便对其实行有效的监督。为确保行政相对人的根本权益,政府特别要公开行政收费依据、行政许可的标准和程序、事关社会公众切身利益的重大决策的依据及其流程。

(2) 行政监督的关键是从制度上保障监督者的地位优于被监督者。从词源上讲,"监督"一词就是监视、察看并督导的意思。《说文》曰:"监,临下也。"后来引申为监视和监督等。在英语中,监督(supervision)一词,由 super 和 vision 两部分组成,前者有优于、位居上方的意思,后者指观察、察视,二者连用,即指位居上方、加以察看的意思,这与汉语同义。以上的词源分析表明中西方监督一词都内含一种上下级关系。这就是说,监督者在实施监督行为时,应有有效的制度保障使其处于优势地位。通俗地讲,监督者不怕因实施监督而反遭被监督者的打击报复。我们现在之所以出现行政监督成效不大问

---

① 联合国开发计划审计署编:《中国人类发展报告 2007/08》,中国对外翻译出版公司,2008年11月版。报告全文内容可参见:http://ch.undp.org.cn/modules.php?op=modload&name=News&file=article&catid=18&topic=24&sid=445&mode=nocomments&order=0&thold=0。

题,其中很重要的一环就是没有从公共制度制定和执行上采取切实措施确保监督者的地位优于被监督者,使监督者的权益不会在实施监督之后受到损害。

(3) 行政监督的实质是对行政权力运作的监督。行政行为的运作过程实质上是行政权力的运作过程。权力就其本质而言,是一种影响力和支配力的统称。在权力的诸多属性中,权力内在存在扩张性和腐蚀性的缺陷,即如果不对权力行使主体加以必要的监督和控制,权力行使主体总是倾向扩大其权力行使的范围,并且有可能假借权力实施假公济私、损公肥私行为。行政权力作为一种特殊的社会公共权力,同样存在这两种内在的缺陷,并且因这种权力影响范围广、作用力强,执掌者往往面临巨大利益的诱惑。为防止行政权力主体不致使在行使权力过程中迷失自我,做出违法乱纪、损害公益的行为,就必须对行政权力主体实施及时有效的监督。

(4) 行政监督的标准是行政管理和服务的合法性和合理性原则。行政监督是按照国家法制、中央政策和社会公德的要求判断行政行为运行的方向和力度,是看实际执掌行政权力的组织以及公务员是否坚持依法行政和合理行政的有机结合。现实中由于法制也会存在规定不到的地方,也存在内在不足,所以如果将行政监督仅仅理解为行政法制监督,忽略从伦理合理性的角度以及行政法上的比例行政原则监督实际执掌行政权力的组织以及公务员,显然是不合适的。

(5) 行政监督的重点是对各级行政领导干部特别是"一把手"的监督。因为领导决定如何实施行政行为,决定公共资源的使用和分配,所以行政监督的重点必然是对各级行政领导干部特别是"一把手"的监督。《中国共产党党内监督条例》(试行)在第三条明确指出:"党内监督的重点对象是党的各级领导机关和领导干部,特别是各级领导班子主要负责人。"与之相对应的是,实行行政监督时还必须对重点工程、重点领域等容易滋生腐败现象的地方加强监督。

(6) 行政监督的形式是实行多样化、立体化、经常化的监督。实行行政监督时,只有将内部监督与外部监督,制度他律与个人自律,平时监督与专门考核,主管监督、职能监督与专门监督,事前监督、事中监督与事后监督等各种监督形式全面结合起来,才能保证行政监督取得实效。反言之,监督的形式越是单一,监督的效果越是难以保障。

(7) 行政监督的基础是建立和实行科学的绩效考核制度和严格的行政责任制度。为保证行政监督的效果,必须依照科学发展观的要求,在各级政府部门建立明确可行的公务员绩效的科学考核制度和严明合法、客观合理的行政责任制度,落实《公务员考核规定》和《体现科学发展观要求的地方党政领导班子和领导干部综合考核评价试行办法》,根据监督所掌握的情况,奖优罚劣,使被监督者不敢随意违法乱纪,这样才能使监督不致流于形式,才能督促相关组织和人员积极认真地履行职责。

(8) 行政监督的目的是维护公共利益,保障公民权利。监督本身不是目的,不是为了追求简单的对政府的控制开展监督,而是为了规范行政权力运作,预防和惩治腐败,维护公共利益,保障公民权利。因此,在实行行政监督的同时,只要政府开展工作的目的是基于维护公共利益和保障公民权利,符合法治行政和伦理行政的要求,就必须保障政府在法治之下拥有自由行动的权力,使得政府敢于开展政府创新工作。

(9) 行政监督的内力是在整个社会树立行政监督文化,培养公务员形成自觉接受行政监督的观念。人的观念指导人行为的开展。行政监督内在的持久力是在整个社会树立行政监督文化,使各种社会主体形成积极监督政府行为的自觉性,变"要我监督"为"我要监督"。为此,必须加强行政伦理的制度化建设,加强对公务员的思想道德教育建设,促使公务员将行政伦理内化于心,形成自觉接受行政监督的观念。

(10) 行政监督的限度是尊重公务员个人拥有的合法权益,不能无限放大行政监督的范围。这就是说不可犯完美理想主义者的错误,将行政监督所能取得的效果理想化,而应该容许公务员个人拥有必要的合法的私密空间,理解现实行政管理和服务中可能存在的不足,理解当前我国行政监督可能采取的监督措施,理解行政监督中成本与收益的比值关系,理解行政监督中根本准则与轻微过犯的比较关系,达到实在、客观的行政监督效果。

总之,推行及时有效的行政监督,明确理解并贯彻以上有关行政监督的 10 个要求是基本准则,再从指导思想上明白实行行政监督需要贯彻以权力制约权力、以社会制约权力、以权利制约权力和以道德制约权力的施政方略,这样才能实现规范行政权力运作,保障公民权益,预防官员腐败,促进社会和谐,提升政府合法性的基础和力度,并且借此促进建立公正透明、廉洁高效的政府,完善法治行政和责任行政,推进服务型政府建设,最终建立人民满意的政府。"路漫漫其修远兮,吾将上下而求索",实行行政监督既非一日之功,更不是权宜之计。公共管理改革与创新需要在现实政府工作中始终不渝地推行及时有效的行政监督,我们应以追求完满的精神开展行政监督工作,又要理性地接受和容纳不尽完满的结果。

四、善治是公共管理的未来发展趋势

公共管理的运行以平等协商、共同参与等治理形式为主要,并希望由公共管理导向公共治理。在这个过程中,追求善治无疑是公共管理与公共治理的共同目标。

(一) 何谓治理

"英语中的治理(governance)一词源于拉丁文和古希腊语,原意是控制、引导和操控。长期以来它与统治(government)一词交叉使用,并且主要用于与国家的公共事务相关的管理活动和政治活动中。"①"根据有关考证,西方第一次使用'治理'一词是在十四世纪,作为引导或领导解释。②""最早将现代意义上的治理概念明确引入到国家治理中来的是世界银行。1989 年,世界银行在《撒哈拉以南非洲问题的报告》中,在描述当时非洲的发展情形时,首次使用了'治理危机'(crisis in governance)一词,并且明确指出治理就是'为了发展而在一个国家的经济与社会资源的管理中运用权力的方式'。"回顾治理研究的历史,"治理"长期以来主要用于与国家的公共事务相关的管理活动和政治活动中。国内学者毛寿龙将此英文单词译为"治道"。③ 本书认同国内学术界的普遍翻译方法,即为"治理"。此处应该特别强调的是,西方政治学意义上的治理与我们日常生活中常说的"环境治理"、"治理脏乱差"、"治理污染"等意义有着明显的区别。

自从'治理'一词成为众多专家的时髦语后,它的含义也在不断得到丰富。关于治理的定义始终没有一个统一的标准,可以说是仁者见仁、智者见智。"在西方,治理的概念最初源于关于城市环境的管理,称为'城市治理',主要用于解决日益复杂的城市问题,促进城市发展,后来被用于企业层次上(公司治理)和国家层次上(国家治理)。最新的用法是全球治理或国际治理,试图解决全球化和信息化条件下世界范围的经济社会发展问题。它也早已不再仅仅被禁锢在英语世界中使用,而是在全世界范围内流行起来。"④

20 世纪 90 年代以来,西方学者,特别是政治学家和政治社会学家,对治理作出了许多新的界定。治理理论的主要创始人之一罗西瑙(J. N. Rosenau)在《没有政府的治理》中将治理定义为一系列活动领域里的规则体系。治理与政府统治不同,治理指的是一种由共同的目标支持的活动,这些管理活动的主体未必是政府,也无须依靠国家的强制力量实现。治理是一种内涵更为丰富的现象,治理的机制既包括政府机制,也包括非政府与非正式的机制。⑤

罗茨(R. Rhooles)认为治理是一种新的规则,"治理标志着政府管理含义的变化,指的是一种新的管理过程,或者一种改变了的有序统治状态,或者一种新的管理社会的方式",并且指出治理至少包含着六种含义,即作为最小的国家、作为公司治理、作为新公共管理、作为善治、作为社会控制系统、作为自组织网络。⑥

格里·斯托克(Gerry Stoker)对流行的各种治理概念做了一番梳理后指出,到目前为止,各国学者们对作为一种理论的治理已经提出了五种主要的观点,分别是:①治理

---

① 俞可平:《治理与善治》,1 页,北京,社会科学文献出版社,2000。
② 马运瑞:《中国政府治理模式研究》,2 页,郑州,郑州大学出版社,2007。
③ 毛寿龙、李梅:《西方政府的治道变革》,北京,中国人民大学出版社,1998。
④ 马运瑞:《中国政府治理模式研究》,3 页,郑州,郑州大学出版社,2007。
⑤ [美]詹姆斯·N.罗西瑙:《没有政府的治理》,5 页,江西,江西人民出版社,2001。
⑥ 俞可平:《治理与善治》,86~87 页,北京,社会科学文献出版社,2000。

意味着一系列来自政府但又不限于政府的社会公共机构和行为者;②治理意味着在为社会和经济问题寻求解决方案的过程中存在界限和责任方面的模糊性;③治理明确肯定了在涉及集体行为的各个社会公共机构之间存在权力依赖;④治理意味着参与者最终将形成一个自主的网络;⑤治理意味着办好事情的能力并不仅限于政府的权力,不限于政府的发号施令或运用权威。①

1995年,联合国全球治理委员会发表了一篇题为《我们的全球伙伴关系》的研究报告,该报告对治理的定义具有很好的代表性和权威性。报告认为:"治理是个人和公共或私人机构管理其公共事务的诸多方式的总和。它是使相互冲突的或不同的利益得以调和并且采取联合行动的持续的过程。它既包括有权迫使人们服从的正式制度和规则,也包括人民和机构同意的或以为符合其利益的各种非正式的制度安排。"治理有四个特征:治理不是一整套规则,也不是一种活动,而是一个过程;治理过程的基础不是控制,而是协调;治理既涉及公共部门,也包括私人部门;治理不是一种正式的制度,而是持续的互动。②

从上述各种关于治理的定义我们可以看到,治理理论者发现,在政府或国家不能发挥主导作用而需要联合行动的领域和问题上,治理概念是很有用的。国际社会是"没有政府的治理"的典型,在考虑国际社会在全球化背景下建立必要的制度、规则、秩序和公正方面,"全球治理"具有日益重要的意义。国内有学者研究后认为,治理一词的基本含义是指在一个既定的范围内运用权威维持秩序,满足公众的需要。治理的目的是在各种不同的制度关系中运用权力引导、控制和规范公民的各种活动,最大限度地增进公共利益。从政治学的角度看,治理是指政治管理的过程,它包括政治权威的规范基础、处理政治事务的方式和对公共资源的管理。它特别关注在一个限定的领域内维持社会秩序所需要的政治权威的作用和对行政权力的运用。③

(二)何谓善治

"20世纪90年代因美国的里根主义和英国的撒切尔主义为代表的新保守主义政策的失利而完全依赖市场这只'看不见的手'调控经济的做法在现实已经被证明是不可行的了。这就促进治理理论在西方国家的兴起和盛行,并逐渐影响和渗透到其他许多国家。"④为了改变政府机构臃肿、效率低下并促进社会良性发展,治理理论成为当今世界的追求。但是由于存在治理失效的情况,针对如何克服治理的失效,不少学者和国际组

---

① 格里·斯托克:《作为理论的治理:五个论点》,载《国际社会科学杂志》,中文版,1999(2),23~29页。
② 《我们的全球伙伴关系》,2~3页,见俞可平:《治理和善治引论》,载《马克思主义与现实》,1999(5)。
③ 赵景来:《关于治理理论若干问题讨论综述》,载《世界经济与政治》,2002(3)。
④ 邓雪琳:《优化地方政府规模终极价值:善治》,载《理论与实践,理论月刊》,2009(10)。

织纷纷提出"元治理"(meta-governance)、"健全的治理"、"有效的治理"和"善治"等概念,其中影响最为广泛的是"善治"理论。

影响广泛的维基百科认为:"善治被看作是一种文明习惯,它用于描述公共机构进行管理公共事务和公共资源,以保障人权的实现。另外,'善治'这一概念可以适用于企业、国际、国家、地方治理或与社会其他部门之间的相互作用。这些国家的机构通常所定的标准,往往使'善政'意味着很多在许多不同的情况下不同的事情。"①

实际上,对于什么是善治,我们每个人或许都有自己的理解和认识。《中国日报》2004年11月9日的文章《促成善治》对此有非常好的阐释。该文指出:"今天,善治被看成是实现可持续发展和社会公平的基本条件。"在强调善治的理论背景下,各国政府、政治家、发展规划人员和一些国际组织经常用到"善治"这个术语。前联合国秘书长科菲·安南说:"善治或许是消灭贫穷和推动发展的诸要素中最重要的单一因素。""善治的特征在于:参与、基于共识、问责、透明、回应、效能、平等和包容,以及遵循法治。一个好的政府能确保最大限度地避免腐败,考虑少数人的意见,在决策过程中被忽视人群的声音能够被听取。法治是善治的基石,如果不能中立和适当地运用法律,不管是人民的愿望还是制度民主的初衷都无法达成。法治意味着没有任何东西高于法律,法律对所有人都平等适用。善治被看作是一种文明习惯,它必须经由国家的关键人物用一种制度化的措施,那是一种着眼于未来的制度化措施,来建立、强化和精心培养。""为了达到善治的最低标准,政府首先必须真诚而且执著地奉行善治的原则,即问责、透明、参与和可预测。"②

总之,"善治实际上是国家的权力向社会的回归,善治的过程就是一个还政于民的过程。"③"善治是当今社会政治发展的一个'可欲'的目标,但同时我们要认识到,善治的现实基础是公民社会,没有一个健全发达的公民社会,就不可能有真正的善治。"④从全社会的范围看,善治离不开政府,更离不开公民与公民社会,离不开政府与公民及公民社会之间形成良好的协作关系。善治有赖于公民自愿的合作和对权威的自觉认同,没有公民的积极参与和合作,至多只有善政,而不会有善治。所以,如何培育公民社会达到善治目标,是摆在当今政府面前的一道难题。

---

① 由于维基百科实行开放性的网络构架设计,此段引文不能明确作者是何人。但一般而言,其中的观点在很大程度上能反映学界对相关问题的基本认识,因而具有较大的影响力。参见:http://en.wikipedia.org/wiki/Good_governance。

② 该文是网友atticthinker的译作,原文《促成善治》发表于《中国日报》2004年11月9日。译文发表于中国选举与治理网,具体参见:http://www.chinaelections.org/newsinfo.asp? newsid=129417。

③ 俞可平:《治理与善治》,11页,北京,社会科学文献出版社,2000。

④ 陶文昭:《改革政府主导型社会,推进中国善治》,载《温州职业技术学院学报》,2009(3),65页。

（三）善治的标准

要深入理解善治，就必须进一步明确善治的标准。对此，不同机构、不同研究者作出略有差异的分析和理解。

在2001年欧盟治理白皮书中，依照白皮书本身的定义，欧盟治理指的是"对欧盟行使权力产生影响的规则、程序和行为，特别是从开放、参与、责任性、效率和协调性角度来看"。这体现为：①开放。这一原则要求欧盟机构内部具有更大的透明性。公民应当更容易了解欧盟的行动，并得到与欧盟工作相关的资讯。此外，各成员国政府和欧盟机构必须制定一项交流政策，以便宣传欧盟行动并提高所有参与者对欧盟机构的信任。②参与。在政治决策过程中，欧盟委员会和其他欧盟机构应当动员尽可能多的与欧盟政策相关的角色参与。例如，欧盟委员会应当加强（工会、雇主协会与欧盟机构之间的）社会对话，并创立一种（公民社会组织与欧盟机构之间的）公民对话制度。③责任性。欧盟机构应当明确说明并承担与他们所实施的政策相关的责任。各成员国政府和介入其他决策层次的其他角色也应当表现出更大的透明性，并在与欧盟合作从事的各项政策和计划中充分承担自己的责任。④效率。这一原则要求对欧盟所推行的政策和计划进行更多的评估。一项政策的效率也取决于对辅助性（决策必须由欧洲、国家、地区或当地这几个层次中最合适的层次作出）和比例性（公共行动只有在必需的情况下才开展）原则的遵守。⑤协调性，欧盟的全部政策应当形成一个协调的整体。例如，在欧盟的对外政策中，欧盟与发展中国家的贸易政策不应该与发展合作政策相矛盾。如同白皮书所重申的那样，"协调性体现在欧盟机构赋予政治方向和明确承担责任的能力之中，其目的是保证一种方法与一个复杂体系的整合"。①

何增科教授在《治理、善治与中国的政治发展》一文中指出，应按照善治的10条标准逐条探讨中国在迈向善治目标方面所取得的成就：①合法性。现代政权的合法性建立在民主选举的基础上，依靠民众的同意和社会的共识管理社会。②法治。实行法治，保障司法独立是善治的又一重要内容。改革开放以来，中国在实行法治方面不断迈出新的步伐。③透明性。政治透明度是善治的重要内容，其主要内容是政治信息的公开化，俗称政务公开。④责任性。建立责任政府、增强官员的责任感是善治的重要内容。改革开放以来，中国在建立责任政府和增强官员的责任感方面也取得了一系列成就。⑤回应性。政府能否及时对公民的要求作出反应，提供优质高效的服务是衡量善治程度的重要内容。⑥参与。公民特别是利害相关者参与决策，是政策获得公民支持与合作的基

---

① European Commission: *EUROPEAN GOVERNANCE A WHITE PAPER*, 2001. http://ec.europa.eu/governance/governance_eu/white_paper_en.htm.

本条件。公民政治参与程度是衡量善治实现程度的一条重要标准。⑦有效。效能或有效性是善治的重要内容。改革开放以来,中国政府在提高政府的效能和效率方面做了大量的工作,取得了显著的成效。⑧稳定。能否保持长期的、动态的政局稳定是衡量善治程度的重要尺度。改革开放以来,中国在经济高速发展社会急剧转型的情况下,保持了长期的政局稳定。中国目前被公认为世界上投资最安全的地方之一。⑨廉洁。政府的廉洁程度是善治的一项重要内容。改革开放以来,中国的腐败程度经历了一个由低到高再有所降低的倒"U"形发展曲线。⑩公正或包容性。社会公正或社会政策的包容性是善治的重要内容。①

2006年,中国台湾学者詹中原在《全球治理下国家公共政策的影响指标：理性选择制度论的观点》一文中根据世界经济论坛(World Economic Forum)《全球竞争力报告》(Global Competitiveness Report)提出的评价治理的指标,如创新(innovation)、科技转移(technology transfer)、资讯与沟通技术(information and communication technology)、契约与法律(contracts and law)、贪污(corruption)、宏观经济的稳定性(macroeconomic stability)、政府浪费的因素(government waste variable)等,以及世界银行公布的六项指标,总结出治理的15项指标,它们分别是：改变消费形态、注重利害关系人、重视课责、修正产业结构、动员与管理资源、培养公民意识、强调资讯揭露、发展永续科学、调整财政机制、建构危机处理机制、转移与分享技术、与私部门建立伙伴关系、运用准政府或非政府组织的力量、改善相关国际法和加速国际社群合作。②

2008年12月15日,中央编译局比较政治与经济研究中心主持的"中国治理评估框架"课题学术成果发布会在北京举行。课题组发布了中国治理评估框架指标,认为应当包括12个方面的基本内容：①公民参与。公民参与是民主治理的基础,公民参与程度越高,民主治理的程度也就越高。衡量中国公民参与状况最重要的环节有两个,即选举民主和协商民主。②人权与公民权。直接反映中国人权和公民权状况的重要领域是法律对公民权利的保护,公民权利的实现程度,妇女、儿童、贫困居民等弱势群体的权利保护,对少数派和不同意见者的保护和宽容,公民和官员的人权意识,公民合法的游行示威,公民的自我保护能力,公民的维权,以及对公民的法律救助等。③党内民主。决定党内民主的主要变量有党内选举、决策和监督法规、各级党委领导人的产生方式、党委推荐和任用干部的民主程度、党代会的作用、党委的决策和议事程序、党内的权力监督、党务公开的程度、党代表的直接选举以及共产党与其他民主党派的政治协商情况。④法治。法治与民主是一个硬币的两面,互不可分。法治也是民主治理的基础,没有法治就

---

① 何增科：《治理、善治与中国的政治发展》,载《中共福建省委党校学报》,2002(3)。
② 詹中原：《全球治理下国家公共政策的影响指标：理性选择制度论的观点》,参见：http://www.npf.org.tw/post/2/2417。

没有善治。⑤合法性。合法性即政府权威和政治秩序被公民自觉认可和接受的程度。它既是政府治理的民意基础，也是民主治理的直接后果。⑥社会公正。社会公正是社会全面进步的重要尺度，是社会主义制度的首要价值。社会公正不只是合理的财富分配，还包括机会的均等，其内容涉及政治、社会、文化、教育、司法等各个方面。⑦社会稳定。安定的社会秩序和稳定的政治局面直接关系到公民的生活和社会的发展，是民主治理的基本目标之一。中国是一个正处于重大转型中的发展中国家，在社会稳定方面面临着严重的挑战，维护社会稳定是中国政府的核心价值之一。⑧政务公开。政治透明既直接关系到民主选举和民主决策，也直接关系到政府官员的廉洁和政治腐败的状况，对民主治理极其重要。⑨行政效益。行政效益包括行政效率和行政效能两个方面，它直接体现政府的治理绩效。⑩政府责任。政府责任是政府机关对公民必须履行的法定职责，它包括政府依法主动尽职和及时对公民的请求做出负责的反应。⑪公共服务。现代民主治理的一个重要趋势是不断从管制政府走向服务政府。⑫廉洁。腐败不仅大大增加交易成本，而且严重损害政府的公信力，遏制严重的腐败是中国政府最紧迫的任务之一。①

  包国宪、周云飞在《中国公共治理评价的几个问题》中对善治的指标作了相当广泛和深入的分析，指出最新的善治范围界定是联合国开发计划署的世界治理评价（WGA）。该评价认为公共治理评价包括公民社会、政治社会、政府、官僚机构、经济社会、司法共六个领域，通过对这六个领域的治理状况进行评价就可以反映出公共治理的整体水平。他们自己通过分析，认为根据中国的实际情况，善治的标准应该包括：公平，是不管背景如何，规则公正、平等地应用于社会的每个成员的程度；法治，是法律体系的完备程度及其法律在公共治理中的地位与作用；可持续性，是着眼于长期发展政策的制定与贯彻执行；参与，是公共治理主体参与治理过程的程度；透明度，是公共治理过程与结果的公开程度；责任，是公共治理中的回应性、公共资金的支配、公共物品的满足程度；效能，是公共部门经济、效率、效益的反应。以上七个指标相互依存、相互支持，共同构成一个体系，并且每一个指标下面有四个指标要素，通过指标要素反映指标的水平。综合七个指标的水平，就可反映公共治理的整体状态与水平。②

  综合上述观点，细究看来，无论是立足于全球意义分析善治的一般指标，还是着眼于中国国情探讨善治的具体指标，核心内容都具有重合和相通之处，而且分析都具有相当的合理性。作者在此就不再陈述自己对善治指标的具体见解。实际上，或许善治的指标就在每个人的心中，每个人心中都有对善治的具体理解。因此，作者就不做狗尾续貂的工作，让读者自己去理解和评判善治的指标。

---

① 俞可平：《中国治理评估框架》，参见：http://www.chinaelections.org/NewsInfo.asp?NewsID=139837。
② 包国宪、周云飞：《中国公共治理评价的几个问题》，载《中国行政管理》，2009(2)。

参考文献

1. [美]R. M. 克朗:《系统分析与政策科学》,北京,商务印书馆,1986。
2. [美]塞缪尔·P. 亨廷顿:《变化社会中的政治秩序》,上海,上海三联书店,1989。
3. [美]西奥多·W. 舒尔茨:《人力投资》,北京,经济科学出版社,1990。
4. [美]史蒂文·凯尔曼:《制定公共政策》,北京,商务印书馆,1990。
5. [美]丹尼斯·C. 缪勒:《公共选择》,北京,商务印书馆,1992。
6. [德]哈贝马斯:《公共领域的结构转型》,上海,学林出版社,1999。
7. [美]埃莉诺·奥斯特罗姆:《公共事务的治理之道》,上海,上海三联书店,上海人民出版社,2000。
8. [美]奥斯特罗姆等:《公共服务的建构》,上海,上海三联书店,上海人民出版社,2000。
9. [美]迈克尔·麦金尼斯主编:《多中心体制与地方公共经济》,上海,上海三联书店,2000。
10. [澳]休·史卓顿、莱昂内尔·奥查德:《公共物品、公共企业和公共选择》,北京,经济科学出版社,2000。
11. [美]里贾纳·E. 赫兹琳杰等:《非营利组织管理》,北京,中国人民大学出版社,2000。
12. [美]罗纳德·费雪:《州和地方财政学》,北京,中国人民大学出版社,2000。
13. [美]V. 奥斯特罗姆等:《制度分析与发展的反思》,北京,商务印书馆,2001。
14. [美]B. 盖伊·彼德斯:《政府未来的治理模式》,北京,中国人民大学出版社,2001。
15. [美]史蒂文·科恩:《新有效公共管理者:在变革的政府中追求成功》,2版,北京,中国人民大学出版社,2001。
16. [澳]欧文·E. 休斯:《公共管理导论》,北京,中国人民大学出版社,2001。
17. [德]柯武刚、史曼飞:《新制度经济学》,北京,商务印书馆,2002。
18. [美]亨利:《公共行政与公共事务》,北京,中国人民大学出版社,2002。
19. [美]拉塞尔·M. 林登:《无缝隙政府:公共部门再造指南》,北京,中国人民大学出版社,2002。
20. [美]托马斯·P. 戴伊:《自上而下的政策制定》,北京,中国人民大学出版社,2002。
21. [美]戴维·奥斯本:《摒弃官僚制:政府再造的五项战略》,北京,中国人民大学出版社,2002。
22. 麦克尔·巴泽雷:《突破官僚制:政府管理的新愿景》,北京,中国人民大学出版社,2002。
23. [美]瑞尼:《理解与管理公共组织》,北京,清华大学出版社,2002。
24. [美]莱斯特·M. 萨拉蒙等:《全球公民社会——非营利部门视野》,北京,科学技术文献出版社,2002。
25. [法]米歇尔·克罗齐:《科层现象》,上海,上海人民出版社,2002。
26. [美]罗伯特·B. 登哈特:《公共组织理论》,3版,北京,中国人民大学出版社,2003。
27. [美]乔治·伯恩《公共管理改革评价:理论与实践》,北京,清华大学出版社,2008。
28. [美]查尔斯·J. 福克斯等:《后现代公共行政话语指向》,北京,中国人民大学出版社,2013。
29. [美]戴维·B. 马格莱比等:《民治政府:美国政府与政治》,北京,中国人民大学出版社,2014。
30. [美]格罗弗·斯塔林:《公共部门管理》(第九版),北京,中国人民大学出版社,2014。
31. [美]彼得·G. 诺斯豪斯:《领导学:理论与实践》(第六版),北京,中国人民大学出版社。2014。
32. 周易之:《周恩来行政哲学》,上海,上海人民出版社,1991。

33. 汪翔、钱南:《公共选择导论》,上海,上海人民出版社,1993。
34. 陈振明主编:《政策科学原理》,成都,四川人民出版社,1993。
35. 张德:《人力资源开发与管理》,北京,清华大学出版社,1996。
36. 吴培良等:《组织力论与设计》,北京,中国人民大学出版社,1998。
37. 陈振明主编:《政策科学》,北京,中国社会科学出版社,1998。
38. 吕凤太:《社会中介组织研究》,上海,学林出版社,1998。
39. 施雪华:《政府权能理论》,杭州,浙江人民出版社,1998。
40. 孙光:《现代政策科学》,杭州,浙江教育出版社,1998。
41. 杨冠琼:《当代中国行政管理模式沿革研究》,北京,北京师范大学出版社,1999。
42. 中国财政学会编:《中央与地方财经民族工作者探索》,北京,经济科学出版社,1999。
43. 杨冠琼:《政府治理体系创新》,北京,经济管理出版社,2000。
44. 俞可平主编:《治理与善治》,北京,社会科学文献出版社,2000。
45. 毛寿龙、李梅:《有限政府的经济分析》,上海,上海三联书店,2000。
46. 夏书章:《现代公共管理概论》,长春,长春出版社,2000。
47. 周镇宏等:《政府成本论》,北京,人民出版社,2001。
48. 邓国盛:《非营利组织评估》,北京,社会科学文献出版社,2001。
49. 张成福、党秀云:《公共管理学》,北京,中国人民大学出版社,2001。
50. 顾爱华:《公共管理》,沈阳,华北大学出版社,2002。
51. 陈荣富:《公共管理学前沿问题研究》,哈尔滨,黑龙江大学出版社,2002。
52. 彭澎:《政府角色论》,北京,中国人民大学出版社,2002。
53. 刘靖华等:《政府创新》,北京,中国人民大学出版社,2002。
54. 李习彬、李亚:《政府管理创新与系统思维》,北京,北京大学出版社,2002。
55. 王强:《学习型政府》,北京,中国人民大学出版社,2003。
56. 连玉明:《学习型政府》,北京,中国时代经济出版社,2003。
57. 俞可平:《全球化:全球治理》,北京,社会科学文献出版社,2003。
58. 陈振明:《公共管理学:一种不同于传统行政学的研究途径》,2版,北京,中国人民大学出版社,2003。
59. 陈振明:《公共管理学原理》,北京,中国人民大学出版社,2003。
60. 汪玉凯:《公共管理》,北京,中央党校出版社,2003。
61. 张康之:《公共管理导论》,北京,经济科学出版社,2003。
62. 苏保忠、张正河:《公共管理学》,北京,北京大学出版社,2004。
63. 叶常林:《公共管理学概论》,北京,北京大学出版社,2005。
64. 李军鹏:《公共管理学》,北京,首都经济贸易大学出版社,2005。
65. 张良:《公共管理学》,2版,上海,华东理工大学出版社,2005。
66. 曹现强、王佃利:《公共管理学概论》,北京,中国人民大学出版社,2005。
67. 陈振明:《公共管理学》,北京,中国人民大学出版社,2005。
68. 王德高:《公共管理学》,武汉,武汉大学出版社,2005。
69. 庄序莹:《公共管理学》,上海,复旦大学出版社,2006。

70. 黄德林、田家华：《公共管理若干前沿问题研究》，武汉，中国地质大学出版社，2006。
71. 赵定涛：《公共管理学》，合肥，中国科学技术大学出版社，2006。
72. 严新明：《公共管理学》，北京，科学出版社，2007。
73. 徐双敏：《公共管理学》，武汉，武汉大学出版社，2007。
74. 顾建光：《现代公共管理学》，上海，上海人民出版社，2007。
75. 王乐夫：《公共管理学：原理、体系与实践》，北京，中国人民大学出版社，2007。
76. 王乐夫、蔡立辉：《公共管理学》，北京，中国人民大学出版社，2008。
77. 黄健荣：《公共管理学》，北京，社会科学文献出版社，2008。
78. 夏书章：《行政成本概论》，广州，中山大学出版社，2009。
79. 崔运武主编：《公共事业管理》，上海，复旦大学出版社，2013。
80. 侯志山等：《行政监督与制约研究》，北京，北京大学出版社，2013。
81. 陈振明等：《政府改革与治理——基于地方实践的思考》，北京，中国人民大学出版社，2013。
82. 冯云廷主编：《城市管理学》，北京，清华大学出版社，2014。
83. 巫永平主编：《公共管理评论》（第十五卷），北京，清华大学出版社，2014。
84. 黄德林等主编：《公共管理学教程》，北京，科学出版社，2014。
85. 赵秋成等：《公共部门人力资源管理》，北京，清华大学出版社，2014。
86. 蒋永甫等：《区域公共管理导论》，南宁，广西人民出版社，2014。
87. 赵建国等主编：《公共经济学》，北京，清华大学出版社，2014。